개정신판

관광소비자행동

박근수 지음

ㅣ자들의 행동에 대한 연구는 1930년대부터 부분적으로
도되었으나 본격적인 연구는 1960년대에 시작되었다. 미
게서 소비자행동에 관한 논문이 나온 것이 1930년대이
만 첫 교과서의 등장은 1968년이다. 국내에서는 1970년
게 소비자행동론이 소개되었고 1980년대에 들어와서 활
한 연구가 시작되었다. 따라서 소비자행동에 대한 연구
국내·외적으로 비교적 최근에 시작되었다고 할 수 있
. 왜 소비자행동에 대한 연구가 최근에야 활발해졌을까?

소비자행동은 1960년대 이후 전개된 소비자행동론에서의 모델 또는 가설을 말한다. 인간은 살아가면서 끊임없이 소비자활동을 하는 경제적 동물이기에 소비의 주체, 다시 말해서 소비자라고 부른다. 이들의 소비성향은 각자의 소득액, 객관적 환경요인, 개인의 기호 등 주관적 요인에 따라 좌우되며 그에 따른 자유로운 선택은 현대 시장경제체제에서 결정된다.

백산출판사

머리말

저자가 처음 관광소비자행동론을 대학강단에서 강의하기 시작한 것은 1998년 3월이었다. 이후 지금까지 11년간 이 과목을 강의하면서 학생들에게 흥미와 감동을 줄 수 있는 강의콘텐츠를 만드는 작업을 해왔다. 관광소비자행동론은 중요하게 인식되는 반면 교재가 거의 없는 특이한 분야로 그 동안 남아 있었다. 본인은 학생들에게 강의한다는 것은 배우가 무대에 서서 관객들을 재미있게 하고 감동을 주는 연기이자 연출이라고 믿어 왔다. 교수가 이러한 강의연출을 하는데 있어 가장 기본이 되고 중요한 것은 강의콘텐츠이며 학생들과 양방향적인 강의진행을 하기 위해서는 좋은 교재의 개발이 필수적이다.

이 책은 저자가 그 동안 발굴한 강의교수법 중 몇 가지 중요한 원칙을 기초로 구성되었다.

첫째, 강의는 재미있어야 하고 학생들은 교재를 재미있고 친숙하게 읽을 수 있어야 한다. 이를 위해서 저자는 이 책에서 주제와 관련된 많은 사례들을 들어가는 이야기, 사례분석, 본문 중의 사례들로 나누어 제시하였다.

둘째, 각 단원의 주제나 개념에 대한 이해를 쉽고 빠르게 해야 한다. 이 책은 국내 교재로서는 드물게 주제와 관련된 사진과 사진에 대한 설명을 알기 쉽게 제시하였다.

셋째, 기존 소비자행동론 교재들이 소비자들의 행동과 심리를 집중적으로 기술한 반면 이 책은 관광수요의 욕구에 대응하는 관광상품의 기획과 개발도 다루었다. 따라서 관광수요와 이에 기초한 관광공급의 측면도 교재 구성에 포함시켰다.

넷째, 각 장마다 관련 주제의 국내・외 우수한 연구들을 연구목적, 연구방법, 연구결과, 시사점으로 나누어 요약하여 제시하였다. 이러한 연구들은 최근 2~3년간의 연구들로 선별하였으며 학생들이 관련 주제와 연계하여 해당분야의 연구추세를 파악할 수 있도록 하였다.

이러한 특징을 함축한 책이지만 여러 가지로 미흡한 점이 많으리라고 생각된다. 향후 이 책을 사용하시는 독자 여러분들의 날카로운 비평과 지도편달을 부탁드리며 지속적으로 교재를 알차게 보완해 나갈 계획이다.

이 책이 나오기까지 주위의 여러분들께서 도와주셨다. 원고작업을 도와준 배재대학교 석사과정의 박광석군과 방명지양, 학부과정의 이재탁군과 서용제군, 그리고 뉴턴(NewTrun)연구회원 학생들에게 감사드리며 이들의 앞날에 영광이 있기를 빈다. 좋은 책이 되도록 도와주신 백산출판사의 진욱상사장님과 직원여러분의 정성과 노고에 감사드린다. 좋은 교재를 쓰라고 응원해 주신 배재대학교의 서진욱교수님, 곽용섭교수님을 비롯한 주변의 많은 교수님들께 고마움을 전한다.

언제나 하늘에서 나를 지켜주시는 사랑하는 나의 어머니, 무슨 일이 있어도 내편에 서주시는 아버지 · 장모님 · 장인어른, 뒤에서 후원을 아끼지 않는 누님께 감사드린다. 내가 세상에서 가장 사랑하는 아내 장연옥과 눈에 넣어도 아프지 않을 재롱둥이 선민, 준성이에게 이 책을 바친다.

2009년 1월

박 근 수

차 례

제1부 관광소비자행동의 개관

TOURISM CONSUMER'S BEHAVIOR

제1장 관광소비자행동의 이해

제2장 관광소비자의 이해

TOURISM CONSUMER'S BEHAVIOR

제2부 관광소비자행동의 수요와 공급

제3장 관광상품

제1부

관광소비자행동의 개관

제1장 관광소비자행동의 이해

❦들어가는 이야기
❦핵심개념

1-1. 소비자행동 연구의 개요
(1) 소비자행동(消費者行動, consumer's behavior) 연구의 등장
(2) 소비자행동(消費者行動, consumer's behavior)의 정의
(3) 행동과학으로서의 소비자행동

1-2. 관광소비자행동이란
(1) 관광소비자행동의 특징
(2) 관광소비자행동 연구의 대상과 목적

1-3. 관광소비자행동론의 구성요소
(1) 관광(tourism)
(2) 관광객(tourist)
(3) 관광수요(tourism demand)
(4) 관광소비자 의사결정(tourist decision making)
(5) 관광마케팅(tourism marketing)
(6) 관광상품(tourism product)
(7) 관광시장조사(tourism market analysis)

❦관련 논문소개
❦사례분석
❦토론문제
❦참고문헌

관광소비자 행동의 이해

들어가는 이야기

핵심개념

소비자행동 연구의 개요

- 소비자행동 연구의 등장
- 소비자행동의 정의

관광소비자행동이란

- 관광소비자행동의 특징
- 관광소비자행동 연구의 대상과 목적

관광소비자행동론의 구성요소

- 관광(toutism)
- 관광객(tourist)
- 관광수요(tourism demand)
- 관광소비자 의사결정 (tourist decision maketing)
- 관광상품(toursm product)
- 관광시장조사

관련 논문소개

사례분석

토론문제

참고문헌

들어가는 이야기

끊임없이 변하는 관광소비자 욕구

▌"따분한 펜션은 가라"

펜션이 진화(進化)하고 있다. 최근 2년새 인기바람을 타고 펜션공급이 집중되면서 "나홀로 펜션"의 단점을 보완한 단지형 펜션과 단조로움을 극복한 테마형 단지들이 잇따라 선보이고 있기 때문이다.

▌이색테마가 뜬다

입지여건만을 강조한 펜션은 더 이상 수요자들의 관심을 끌기엔 역부족이다. 자연환경이 뛰어난 입지여건을 갖춘 펜션들이 우후죽순격으로 생겨나고 있어 "플러스알파"를 기대하는 수요자의 입맛을 고려하지 않은 펜션은 경쟁에서 뒤질 수밖에 없는 게 현실이다. 특히 본격적인 휴가철을 맞아 머무는 기간이 길어지고 있어 "이색 테마"는 펜션업계로선 생존전략인 셈이다.

최근 펜션 공급업체들은 객실 가동률을 높이기 위해 골프장 부킹보장, 주말무료농장, 애견 하우스, 어린이전용 펜션 등 특이한 테마를 펜션에 접목시키고 있다. 제주도 서귀포시 영남동에서 아르도펜션 40동을 분양 중인 브오카티코리아는 이용객들에게 골프장 부킹을 보장한다.

또 항공예약 관광투어 등의 서비스도 덧붙여 제공한다. 주말체험농장, 정통핀란드식 사우나, 골프연습장, 야외수영장, 바비큐장 등 기본 부대시설도 갖출 계획이다. 강원도 평창군 도암면 용평리조트 인근에서 황토펜션을 분양하고 있는 황토빌은 분양 고객 전원에게 주말농장 10~20평을 덤으로 나눠준다. 인체에 가장 좋다는 해발 7백m 고지대에서 배추, 무, 감자, 홍당무, 샐러드 등 고랭지 채소를 재배할 수 있다. 부대시설로는 수중안마시설, 미용클리닉, 개인 황토찜질방 등이 갖춰진다.

강원도 평창군 도암면에서 분양중인 "쌍용 하이디마을"은 애완견과 가족을 위한 펜션이다.

애견하우스 애견카페, 애견산책로, 개썰매코스 등을 펜션단지 내에 설치하여 애완견과 함께 휴가를 즐길 수 있게 했다. 경기도 가평군 가평읍 금대리에서 ING펜션 3차를 분양 중인 전원 아이엔지는 선착장, 풀장, 낚시터 등을 갖췄다. 청평호반을 끼고 있는 입지의 장점을 테마와 연결시켰다.

– 한국경제신문(2003.7.15). '펜션이 뜬다. 투자전략 : 톡톡튀는 펜션 수익도 쏠쏠' –

〈그림 1-1〉 다양한 펜션의 모습

왼쪽 위부터 하이디마을과 노블렛의 모습.

한라산 남쪽 중산간에 위치한 노블렛은 정통 핀란드 통나무로 지어졌으며 남조로를 따라 자동차를 달리다 보면 입간판을 만날 수 있다. 이곳에선 통나무의 편안함 뿐만 아니라 대형장기놀이의 즐거움을 느낄 수 있다.
사진출처: 하이디마을 (www.heidivill.com), 노블렛 (www.noblet.jeju.kr)

consumers behavior

Tourism 핵심개념

1. 소비자행동연구
2. 소비자보호운동
3. 국제마케팅
4. 관광소비자행동의 특징
5. 관광소비자행동의 구성요소
6. 관광의 형태
7. 관광수요
8. 관광마케팅
9. 관광상품
10. 관광시장조사

1-1 소비자행동 연구의 개요

(1) 소비자행동(消費者行動, consumer's behavior) 연구의 등장

소비자행동은 1960년대 이후 전개된 소비자행동론(消費者行動論)에서의 모델 또는 가설(假說)을 말한다. 인간은 살아가면서 끊임없이 소비활동을 하는 경제적 동물이기에 소비의 주체, 다시 말해서 소비자라고 부른다. 이들의 소비성향은 각자의 소득액, 객관적 환경요인, 개인의 기호 등 주관적 요인에 따라 좌우되며 그에 따른 자유로운 선택은 현대 시장경제체제 속에서 생산을 결정하고 사업자로 하여금 원하는 상품이나 서비스를 원하는 조건으로 제공하도록 유도하는 역할을 한다.

소비자들의 행동에 대한 연구는 1930년대부터 부분적으로 시도되었으나 본격적인 연구는 1960년대에 시작되었다. 미국에서 소비자행동에 관한 논문이 나온 것이 1930년대이지만 첫 교과서의 등장은 1968년이다. 국내에서는 1970년대에 소비자행동론이 소개되었고 1980년대에 들어와서 활발한 연구가 시작되었다. 따라서 소비자행동에 대한 연구는 국내외적으로 비교적 최근에 시작되었다고 말할 수 있다. 왜 소비자행동에 대한 연구가 최근에 활발해졌을까? 소비자행동에 대한 연구가 시작된 배경은 다음과 같다.

산업혁명과 대량생산

〈그림 1-2〉 미국의 발명가 에디슨

미국의 발명가 에디슨
1882년 에디슨에 의한 최초의 직류집중식발전소의 건설은 동력기술의 신기원을 이룩하였음
사진출처: 네이버백과사전(100.naver.com)

영국에서 일어난 산업혁명은 1830년 이후 기계에 의한 기계의 대량생산체제가 확립되었으며 이것이 미국으로 건너가면서 자동화 혁명으로 발전하였다. 산업혁명으로 인한 대량생산이 확산되면서 공급과잉현상이 일반화되고 지금까지 무관심하였던 수요측면인 소비자가 중요한 존재로 부각되었다. 이로 인해 판매자와 소비자의 거래관계는 판매자 중심시장(seller's market)에서 구매자중심시장(buyer's market)으로 바뀌었다. 세계 169개국에서 자동차를 판매하는 미국의 대표적인 자동차회사인 GM은 소비자들의 욕구를 효과적으로 만족시키기 위해서 시보레, 뷰익, 올즈모빌, 캐딜락 등의 자회사로 나누어 운영하고 있으며 각각 시장층을 달리하여 제품을 생산하고 판매하고 있다. GM은 고객의 소득수준에 알맞는 차종의 다양화, 스타일링의 중시, 매년 모델변경, 할부판매 등 판매전략에서도 독창적인 역량을 발휘하여 1928년 이래 포드자동차를 누르고 업계 수위의 자리를 지키고 있다. GM의 사례는 소비자들의 욕구를 충족시킴으로서 기업이 성공한 대표적인 예이다.

제품수명주기의 단축

제품의 수명주기는 개발단계 · 성숙단계 · 표준화단계로 구분된다. 제품의 수명주기를 도입기 · 성장기 · 경쟁기 · 성숙기 · 쇠퇴기의 5단계로 구분하기도 하는데, 경쟁의 심화와 기술혁신의 촉진에 의해서 이러한 제품의 수명주기가 단축된다. 전자제품이나 컴퓨터 관련 제품은 제품수명주기가 3개월이라고 할 정도로 짧은 편이다. 다른 기업과의 경쟁에서 우위를 차지하는 신제품을 개발하기 위해서는 소비자들의 욕구를 충족시키는 것이 필수적이다.

〈그림 1-3〉 초록매실의 성공사례

웅진제약 초록매실

제품수명주기가 특히 짧고 경쟁이 치열한 음료시장에서 웅진식품의 초록매실은 소비자의 건강 지향적이고 자연친화적 욕구를 충족시켜 준 것이 히트 배경이 됐다. 이 제품은 오렌지나 포도 등 외산 과일을 원료로 한 주스류 일색이던 음료시장에 매실이라는 독특한 소재를 써 2000년 1천 5백억원에 이르는 새로운 시장을 만들어냈다.
사진출처: 웅진식품(company.wjfood.co.kr/pr/model.asp)

구매행동의 변화

소비자들의 소득수준, 교육수준의 향상과 생활환경의 빠른 변화로 점차 소비자들의 구매행동이 개성화, 다양화, 인터넷화를 추구하고 있다. 상이한 개성을 지닌 소비자들의 욕구를 보다 충실히 만족시켜 주기 위해서는 전체시장을 하위시장으로 나누는 시장세분화전략이 병행되어야 한다. 요즘 패밀리레스토랑에서 확산되고 있는 고객 눈높이 주문받기 서비스(퍼피독서비스)는 소비자의 성향에 따라서 기분좋은 서비스가 될 수도 있고 부담스러운 서비스가 될 수도 있다. 2003년 7월 19일부터 8월 2일까지의 남대문시장의 야간 쇼핑족을 대상으로 한 여름용 야간행사는 젊은 올빼미족이 많은 동대문과는 차별화된 성격의 행사로 다양한 세분시장들을 대상으로 행해진다. 행사는 메사 야외광장 특설무대에서 가족고객을 대상으로 한 '메사가요제'와 '야외 인형극', 어린이들을 대상으로 한 '키드짱 어린이 댄스 경연대회', 코스프레 팬들을 위한 '코스프레' 공연 등이다. 코스프레란 코스튬(의상)과 플레이(놀이)를 합성한 말로 인기연예인이나 만화·영화 주인공 의상을 입고 이들을 모방함으로써 대리만족을 느끼는 놀이를 말한다.

최근 구매행동의 큰 변화는 인터넷에 의해 진행되고 있다. 엠파스 포털사업본부에 따르면 초고속 인터넷 보급이 본격화한 2000년에는 주로 인터넷 자체와 멀티미디어, 게임, 섹스 등에 대한 소비자들의 관심도가 높았으나, 2001년부터는 여행, 부동산, 독후감, 아르바이트, 리포트, 방학숙제, 쇼핑 등 인터넷 활용도가 다양해지고 있다. 즉, 인터넷이 생활의 중심에 들어오고 있다.

〈그림 1-4〉 온라인 쇼핑몰의 대표주자 옥션

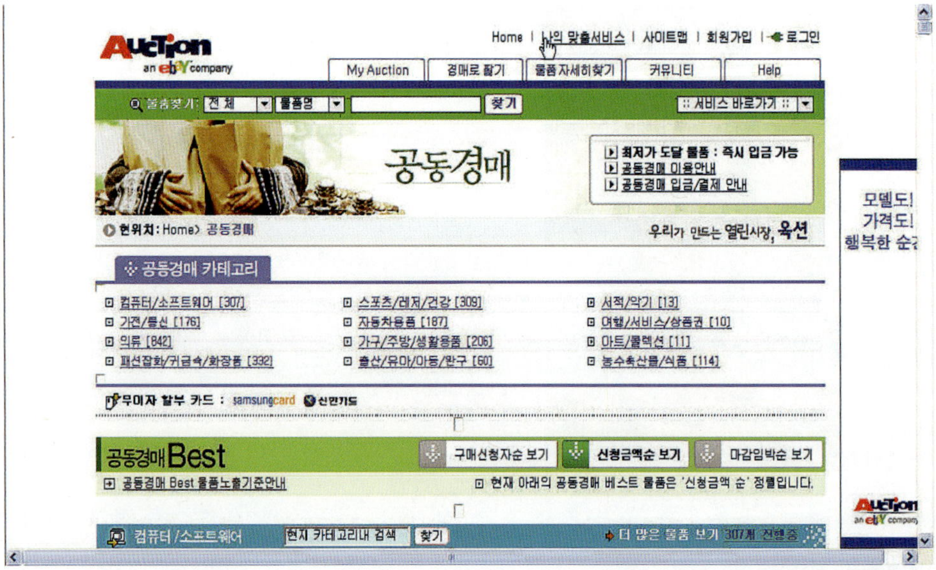

사진출처: 옥션(www.auction.co.kr)

2003년 AC닐슨이 24세부터 60세 사이 아시아, 호주, 뉴질랜드 거주 7,800명의 소비자들을 대상으로 5월 15일에서 27일까지 조사한 결과에 따르면 소비자들의 절반이상이 경기 우려감으로 여전히 지출을 꺼려하고 있는 것으로 보고 됐다. 이것은 소비자신뢰도가 이라크전과 사스 바이러스로 인해 2002년 12월 조사결과 대비 하락한 것으로 소비자들의 구매행동이 거시적인 생활환경에 민감하게 반응하는 것을 보여주고 있다.

이러한 소비자의 변화하는 기호를 조사하여 이에 상응하는 마케팅전략을 수립하여야지 기업은 살아남을 수 있으며 소비자행동에 대한 연구는 더욱 중요해지고 있다.

소비자보호운동

소비자들 스스로의 권익을 옹호하기 위한 소비자보호운동은 전 세계적으로 전개되고 있으며 기업들의 실질적인 압력단체로 등장하고 있다. 소비자운동은 1964년 미국이 랄프 네이더가 제너럴모터스 자동차의 구조적 결함으로 인한 피해보상 소송에서 승리한 것이 계기가 되면서 태어난 용어다. 그 이후 네이더와 그를 지지하는 청년의 모임인 네이더스레이더스(Nader's Raiders 돌격대)를 중심으로 소비자보호운동을 전개하고 있다. 처음에는 네이더 혼자서 공해추방 캠페인을 벌였으나, 그 운동에 동조한 젊은이들이 협력하게 되어 환경오염·환경파괴 등의 공해와 소비자운동에 대한 자료를 적극적으로 조사·수집·분석하여 공해를 고발하는 등 그 규모와 활동범위가 확산되었다.

소비자보호를 위한 국제단체로는 국제소비자연맹(國際消費者聯盟, International Organization of Consumers' Union)이 있으며 영국·미국 등 선진국의 소비자단체가 중심이 되어 1960년 4월에 설립한 소비자보호를 위한 국제단체이다. 주된 목적은 소비자의 이익증진을 위한 세계 소비자단체의 자립을 돕고, 상품의 비교 테스트, 소비자 정보·교육·보호 등에 관한 국제적 제휴를 촉진하며, 국제연합 등 국제기구를 통하여 저개발국의 소비자교육 및 보호를 위해 실제적 원조를 한다는 것 등이다.

국내에서는 국무총리직속기관인 공정거래위원회, 한국소비자보호원, Cyber Law Institute of Korea, 의료사고 판례정보, 소비자보호를 위한 뉴스추적 등의 단체가 각 분야에서 소비자보호를 위해 활동하고 있다. 소비자보호법(消費者保護法)은 1980년 1월 4일에 제정·공포되고, 2004년 1월 20일 일부 개정되었는데, 소비자의 이익옹호와 증진에 대해서 중앙정부, 지방자치단체, 사업자의 책무와 소비자가 이룩해야 할 역할을 명확히 함과 동시에 그 기본이 되는 사항을 정하여 국민소비생활의 안정과 향상을 확보하기 위해서 제정된 법률로서 소비자보호에 대한 제도적인 장치이다. 구체적인 시책으로서 상품·서비스에 대한 위해의 방지, 계량·규격표시의 적정화, 공정자유경쟁의 확보, 계발활동과 교육의 추진, 소비자의견의 시책에의 반영 등에 대하여 규정하고 있다.

〈그림 1-5〉 청주 YMCA 시민중계실에서 운영하는 소비자대학 캐릭터

사진출처: 청주YMCA(cheongju.ymca.or.kr)

소비자보호운동은 특정 기업의 제품에 대한 구매를 거부하거나, 특정제품을 선호하여 기업의 도산 또는 성장을 좌우하는 힘을 가지고 있는데, 이러한 경제체제를 소비자주권경제(consumer sovereignty economy)라 부른다. 소비자보호운동의 활동분야는 다양하여 소비자를 위한 약관법 개정, 기념사진의 원판 보유권한, 전자상거래 소비자보호운동 등 생활 속에서 소비자들이 겪는 불편함과 불공정행위를 시정하는 역할을 한다. 공정거래위원회는 2003년 6월 15일 '약관의 규제에 관한 법률'(약관법) 개정안을 확정하였는데, 기존의 사업자단체가 만들어 공정위에 심사를 청구해야만 표준약관을 제정할 수 있던 규정을 고쳐 소비자보호원과 소비자보호법에 의해 등록된 소비자단체에게도 제정 요청

권을 부여하는 것이다. 이는 소비자다수의 피해가 반복되는 경우를 막고 소비자에게 불리한 약관내용은 효력을 인정하지 않고 최고 5천만원까지 과태료를 물리는 것을 의미한다. 2003년 5월 11일에 재정경제부에 의해 '소비자피해보상 규정 개정안'을 마련하여 결혼, 돌, 졸업 때 찍은 기념사진의 원판을 소비자가 직접 가질 수 있게 된다. 최근 전자상거래가 급증하면서 사이버네이더리즘이 등장하였는데 인터넷상의 소비자보호운동이다. '사이버네이더리즘(Cyber Naderism)'은 소비자들이 전자상거래 과정에서 발생한 불만사항을 고발해 적극적으로 권익을 찾는 운동을 말한다. 인터넷쇼핑몰 등의 문제점에 대해 네티즌들이 조직적으로 불매운동을 벌이거나 게시판에 비판적인 내용을 올려 회사의 이미지를 깎아내리는 등 다양한 방법이 동원되고 있다.

따라서 현대의 기업들은 제품이나 서비스에 대한 구매저항을 극복하고 소비자의 지지를 얻는 것이 중요하며 이를 위해 소비자행동을 적극적으로 연구할 필요성을 느끼는 것이다.

국제마케팅

〈그림 1-6〉 대표적인 다국적 기업인 코카콜라의 마케팅

사진출처: 한국코카콜라 (www.cocacola.co.kr)

〈그림 1-7〉 한국유니레버사의 마케팅

사진출처: 한국유니레버 (www.unilever.co.kr)

기업은 이윤창출을 위해 존재하는데 기업의 마케팅활동은 가장 중요한 활동이라 할 수 있다. 최근 기업들의 국제화 추세에 따라 마케팅활동도 국내마케팅에서 국제마케팅으로 그 활동영역을 확대하고 있다. 국제마케팅의 일환으로서 이루어지는 광고활동을 국제광고라고 하며 늘고 있는 추세이다. 국제광고가 늘어나는 까닭은 첫째, 세계 각국의 국민총생산이 늘어남에 따라 가처분소득이 증가하고 자기 나라에는 없는 남의 나라 제품을 살 수 있는 여유가 생기며, 둘째, 세계 각국의 무역량이 늘어나기 때문에 자연히 광고도 늘게 되고, 셋째, 다국적기업의 진출이다. 자동차의 경우, 미국의 GM・포드 등과 일본의 도요타・혼다 등이 외국시장으로 진출하면 자연히 광고를 내게 되는데, 그 결과 그 나라의 국제광고가 늘어난다. 세계적 세제(洗劑) 제조회사인 미국의 프록터-갬블사(社)나 영국과 네덜란드의 합작인 유니레버사(社)는 매출액의 10% 정도를 광고비로 쓴다. 한국의 국제광고 첫 사례는 1957년 8월 11일 ≪뉴욕타임스≫ 일요부록에 낸 것으로 추정된다. 한국의 국제광고가 늘어나게 된 것은 1970년대 이후 수출의 증가와 때를 같이한다. 이렇게 기업이 문화적 배경이 전혀 다른 소비자들을 상대해야 하는 상황인 경우 마케팅 프로그램도 소비자의 문화적 배경에 맞게 제시하지 않으면 마케팅활동이 실패한다는 것을 의미한다.

(2) 소비자행동(消費者行動, consumer's behavior)의 정의

소비자행동은 많은 학자들이 정의를 내리고 있다.

▌Walters & Paul(1974)은 "개인이 재화와 서비스의 구입여부와 어떤 것을 언제, 어디서, 어떻게, 누구로부터 구입할 것인가를 결정하는 과정"이라고 정의

▌Cohen(1981)은 "소비자행동은 경제적인 재화와 서비스를 획득하고 사용하는데 직접적으로 관련된 의사결정단위(개인과 가족도 포함)의 행동과 이러한 행동에 선행하는 의사결정과정을 포함"한다고 정의

▌Engel & Blackwell(1982)은 "경제적인 재화와 서비스를 획득하고 사용하는데 직접적으로 관련된 개인의 행동과 행동을 결정하는데 선행하는 제반 의사결정과정"이라고 소비자행동을 정의

▌Zaltman & Wallendorf(1983)은 "소비자행동이란 개인, 집단, 조직이 제품, 서비스와 그 밖의 자원을 획득하고 사용하며 이로 인한 경험을 통해서 나타내 보이는 행동, 과정과 사회적 관계"로 정의

▌Loudon & Della Bitta(1984)는 "개인이 재화와 서비스를 평가하고 구매하며 사용하고 폐기하는 물리적인 행동과 의사결정과정"이라고 정의

▌Shiffman & Kanuk(1991)은 "소비자들이 그들의 욕구를 충족시켜 주리라고 기대하는 제품이나 서비스 혹은 아이디어를 탐색, 구매, 사용, 평가하면서 보여주는 행동"이라고 정의

▌김세범・전영종・허남일(1997)은 "소비자행동이란 개인과 집단이 상품이나 서비스의 구매와 관련하여 행하여지는 모든 행동과 의사결정과정"이라고 정의

〈그림 1-8〉 소비자행동 연구의 등장

위의 정의들을 정리해 볼 때 소비자행동은 구매활동전, 구매활동, 구매활동후의 소비자들의 행동을 포함하는 포괄적인 의미를 가지고 있다. 구매전 상품에 대한 정보를 수집하고 대안에 대한 비교와 평가를 하며 구매한 후 사용해보고 평가하는 과정이 모두 소비자행동의 범주에 해당된다는 것이다. 소비자행동에 있어 의사결정단위는 개인, 집단, 조직체를 아우르는 포괄적인 개념이다. 소비자행동의 개념은 위와 같이 포괄적이며 소비자행동에 대한 연구 역시 다양한 분야를 다루게 된다.

(3) 행동과학으로서의 소비자행동(消費者行動, consumer's behavior)

행동과학(behavioral science)이란 사회 · 문화적 환경 내에서 인간행동에 관해 전체적으로 연구하는 학문이다. 행동과학은 심리학, 사회심리학, 사회학, 문화인류학, 정신분석학 등 인간을 연구대상으로 하는 종합과학적 접근방법(interdisciplinary approach)에 의해 이루어진다. 행동과학은 다음과 같은 특징이 있다: 객관성, 종합과학의 특성, 응용과학, 규범과학적 성격.

인류의 학문 중에서 행동과학과 가장 관련이 깊은 것은 심리학, 사회학, 인류학이라고 할 수 있다. 심리학의 경우 1950년대 후반이후로는 인지(認知) 및 지각심리학, 장이론(field theory), 역할이론(role theory)으로 발전하였다. 사회학은 집단내에서 영향을 받는 인간의 행동에 주된 관심을 둔다. 따라서 사회계층과 준거집단이 구매와 의사결정과정에 미치는 영향 등을 연구하고 있다. 인류학은 고고학(archaeology), 문화인류학(cultural anthropology), 언어학(linguistics), 형질인류학(physical anthropology)의 네 분야로 이루어져 있으며 이중 문화인류학이 마케팅과 관련되어 연구되어왔다. 문화인류학은 인간과 인간의 작업에 관한 연구이며 지금까지 학습되어온 인간의 모든 행동(사회적, 언어적, 기술적, 일반적 행동)을 해석하려는 연구이다.

소비자행동은 이러한 행동과학적인 특성을 배경으로 그 동안 연구되어 왔다.

1-2 관광소비자행동이란

(1) 관광소비자행동의 특징

관광소비자는 관광객이며 관광소비자행동이란 관광객행동(tourist behavior)이라 말할 수 있다. 관광소비자행동론은 상품, 서비스, 체험을 선택하고 구매한 후 이용하는 관광객의 특성에 관한 연구이다. 일반소비자와 관광소비자는 많은 공통점이 있으나, 일반상품과 구별되는 관광상품의 특성과 이에 따른 관광소비자행동의 특성을 이해할 필요가 있다.

첫째, 일반상품은 유통현장에서 소비자가 모양과 성능을 확인하고 비교해 볼 수 있으나 관광상품은 체험할 때까지는 확인이 불가능하다. 둘째, 일반상품은 종류에 따라 그 구입과정이 저관여수준과 고관여수준으로 다양하게 나타나는데 비해 관광상품은 고관여수준에서 이루어지는 경우가 대부분이다. 또한 환경적 영향요인, 즉 사회계층, 문화, 가족, 준거집단의 영향력이 일반상품에 비해 상대적으로 강하다는 특성이 있다.

〈그림 1-9〉 한국 대학생들의 인기 관광코스인 태국 방콕의 왕궁

왜 태국이 한국 대학생들 졸업여행의 인기목적지인가?
여행상품이 고관여제품인 특성상 이미 가격 대비 상품내용이 알차다고 검증된 태국 관광상품이 인기있는 것은 당연한 일인지 모른다.

이러한 관광상품의 특성과 관광소비자행동의 특성에 의해 관광소비자 의사결정과정(tourist decision making)도 일반상품의 그것과는 다른 독특한 면이 있다는 점을 이

해할 필요가 있으며, 이러한 관광소비자 의사결정과정에 연관된 태도형성, 변화, 행동 간의 관계는 관광소비자행동 연구의 중요한 연구주제이다.

(2) 관광소비자행동 연구의 대상과 목적

관광소비자행동 연구의 대상은 다양하다. 관광소비자행동연구의 중심에는 관광소비자가 있다. 관광소비자는 관광소비의 주체를 의미한다. 관광의 주체는 개인, 집단, 조직이 될 수가 있다. 즉, 개별관광객이 관광의 주체가 될 수도 있고 가족과 같은 집단이나 기업, 교회, 학교와 같은 단체관광객이 관광의 주체가 될 수도 있다. 이를 크게 세부분으로 나누면 관광소비자행동, 관광소비자 내적 요소, 그리고 관광소비자 환경적 요소로 나누어진다.

첫째, 관광소비자행동은 다른 사람들에게 분명하게 관찰되고 측정되어지는 관광객의 물리적인 행위를 의미한다. 공항 면세점에 위치한 롯데면세점 카메라점에 가는 행동은 관광소비자행동이지만 이곳에 갈지 여부를 결정하는 행위는 다른이에게 관찰될 수가 없기에 관광소비자행동이라고 할 수 없다. 이러한 결정여부는 정신적 행위라고 할 수 있을 것이다. 행동(Behavior)은 전통적으로 마케팅 전략에서 가장 중요한 부분으로 인식되어져 왔다. 그 이유는 행동만이 판매로 이어지며 이윤이 창출되기 때문이다. 물론 관광소비자 내적 요소나 환경적요소 등도 행동에 영향을 미치는 것으로 알려져 있고 마케팅 전략도 이를 활용하는 부분이 많지만 궁극적인 관광기업의 이윤을 창출하는 요소는 관광소비자행동이기에 가장 연구할 가치가 큰 요소라고 할 수 있다. 이러한 관광소비자행동을 유도하는 마케팅전략은 다양하다. 질 높은 관광상품을 제시하는 전략(클럽메드의 높은 가격 노팁 전략), 저렴한 가격으로 승부하는 전략(태국 패키지 졸업여행상품), 여행사의 브랜드를 내세우는 전략(하나투어의 유럽여행상품), 온라인토탈정보서비스로 승부하는 전략(일본 인바운드 전문여행사 '서울나비') 등이 그 예이다.

둘째, 관광소비자 내적 요소는 관광소비자 의사결정과정을 이해하는 중요한 부분이다. 관광객의 내적 심리작용과정을 이해한다는 것은 관광객이 어떤 행동을 할 때 그 단서를 제공해준다. 이러한 관광객의 심리작용과정은 인식, 동기, 욕구, 학습, 성격, 자아개념, 태도를 연구함으로써 분석될 수 있으며 이러한 심리작용과정이 상품이나 상표를 인식한 후 어떻게 상호작용하여 태도나 행동으로 나타나는지에 대한 메카니즘을 이해할 수 있게 해 준다.

셋째, 관광소비자 환경적 요소는 관광소비자의 생각, 느낌, 행동에 영향을 미치는 외적인 모든 것을 의미한다. 관광소비자 환경적 요소는 사회적 자극(social stimuli)과 물리적 자극(physical stimuli)으로 구성된다. 여기에서 사회적 자극은 문화, 하위문화, 사회계층, 준거집단, 그리고 가족이 관광소비자에게 미치는 영향을 의미한다. 물리적 자극은 관광상품, 유통경로, 광고, 홍보물 등이 관광소비자의 생각이나, 느낌, 그리고 행동에 영향을 미치는 것을 말한다. 마케터에게는 관광소비자의 환경적 요소가 매우 중요하다. 환경적 요소는 마케터가 자극을 통해 관광소비자들의 태도를 원하는 방향으로 변화시킬 수 있는 매개체(medium)이기 때문이다. 최근 온라인 웹사이트도 관광소비자 환경적 요소를 구성하는 중요한 요소로 부각되고 있다.

관광소비자행동론 연구의 목적은 관광객의 행동을 체계적으로 분석하여 관광객의 올바른 의사결정과정을 도와서 만족을 증대시키며 기업의 마케팅에 활용하며 국가의 정책수립을 위한 정보를 제공하는데 있다.

〈그림 1-10〉 관광소비자행동 연구의 대상

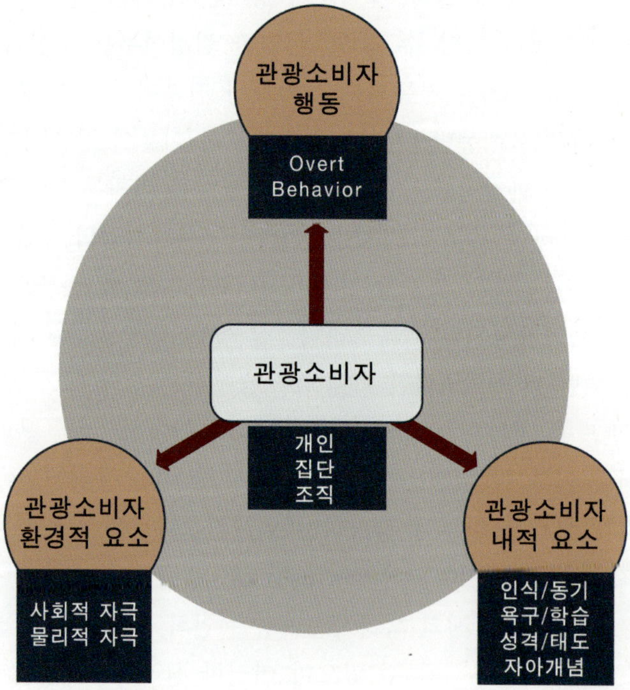

1-3 관광소비자행동론의 구성요소

(1) 관광(tourism)

자유로운 시간 중에서 일상생활권 밖으로의 이동을 수반하며 생활의 변화에 대한 욕구에서 생기는 일련의 행동을 관광이라고 한다. 자유로운 시간이란 생활시간에서 수면, 식사 등의 생활상 필수적인 시간과 업무, 공부, 가사와 같이 사회생활상 필요한 시간, 그리고 통근과 통학시간을 제외한 시간으로서 여가시간을 의미한다. 일상생활권 밖으로의 이동이란 통근, 통학, 쇼핑과 같이 일상생활을 하면서 행동하는 권역밖으로 이동하는 것으로 여행뿐만이 아니라 당일치기의 행락도 포함된다. 생활의 변화에 대한 욕구란 일상생활권 밖에서 찾는 휴양, 감상, 지식, 스포츠와 같은 욕구로서 여러 가지의 정보에 의하여 촉발되는 경우가 많다. 일련의 행동이란 이동, 감상, 휴양, 식사, 수면, 이동을 포함하며 출발로부터 귀가까지의 계속된 여러 가지의 행동을 의미한다. 또한 관광이란 정착(resettlement)이나 유급노동(paid work)을 수반하지 않는다는 조건하에 비거주자들이 특정지역을 여행하는 결과로 파생되는 관계와 현상들의 총체이다.

관광의 형태는 다양하게 나타나고 있다. 종교관광(sightseeing at religious places), 보양관광(health tourism), 건강관광(health tourism), 교육관광(educational tourism), 스포츠관광(sports tourism), 체험관광(experience tourism), 서포팅 투어리즘(supporting tourism), 쇼핑 투어리즘(shopping tourism), 갬블 투어리즘(gamble tourism), 섹스투어(sex tour), 도시관광(urban tourism or city tourism), 산업관광(technical tourism), 테크니컬 비지트(technical visit), 이벤트관광(event tourism), 헤리티지 투어리즘(heritage tourism), 전장 투어리즘(battlefield tourism), 허구관광(fictional tourism), 문화관광(culture tourism), 자연관광(nature tourism), 역사관광(historical tourism), 에스닉 투어리즘(ethnic tourism), 환경관광(environmental tourism), 레크리에이션 관광(recreation tourism), 채집수렵관광(hunting and gathering tourism), 에코투어리즘(ecological tourism or ecotourism), 지속가능한 관광(sustainable tourism)이 최근까지 나타난 관광의 유형이다.

〈그림 1-11〉 스포츠관광의 일종인 패러글라이딩

(2) 관광객(tourist)

관광행동 또는 관광행위의 주체인 관광주체를 일반적으로 관광객이라고 한다. 특히 관광사업, 관광관련사업의 손님이라고 볼 때에 관광객이라는 용어를 사용한다. 유사한 용어로서 여행자가 있으나, 엄밀하게 구분한다면, 여행자, 그 일부로서의 관광자, 다시 그 일부로서의 관광객으로 구분되기도 한다. 여행자와 관광자와의 차이는 즐거움을 추구하는 레저로서의 여행인지에 달려 있다.

WTO(World Tourism Organization : 세계관광기구)와 OECD(Organization for Economic Cooperation and Development : 경제협력개발기구)의 관광위원회와 같은 기구들은 관광통계를 낼 목적으로 국제여행자의 정의를 내리고 있다. 이에 따르면 국제여행자(international travelers)를 국제방문객(international visitors)과 그 이외의 국제여행자(other international travelers)로 분류하고, 전자의 국제방문객만을 관광

통계의 대상으로 하도록 권고하고 있다. 국제방문객과 그 이외를 구분하는 경계는 여행기간을 1년 미만으로 할 것과 여행의 목적이 보수를 받는 것이 아닐 것뿐이다. 따라서 정주나 주재 등 1년을 초과하는 예정의 입국자나 흥행 등의 수입을 목적으로 하는 입국자는 '기타의 여행자'인 것이며, 관광통계의 대상으로 하지 않는다. 국제방문객은 다시 2개의 카테고리로 나누어지며, 숙박을 하는 국제방문객을 '국제관광객(international tourist)'이라고 부르며 숙박하지 않는 국제방문객을 '당일치기 국제방문객(international sameday visitors)'이라 하고 있다. 이 정의는 1993년에 유엔 통계위원회의 승인을 얻은 '관광통계에 관한 권고'에 의한 것으로 '당일치기 국제방문객'은 이전에는 '국제 엑스커셔니스트'라고 부르기도 하였다.

(3) 관광수요(tourism demand)

경제학적으로는 수요란 어떤 주어진 기간내에 어떤 재(財)나 서비스를 여러 가지 가격으로 얼마만큼 구입할 의사가 있는가를 나타낸 예정표이다. 따라서 관광수요란 관광(관련)재나 서비스의 구입량의 예정표를 의미한다. 즉, 관광수요란 직장이나 거주지로부터 멀리 떨어진 장소에서, 관광시설이나 서비스를 이용하여 여행하는 사람들 또는 여행을 하고 싶어하는 사람들의 총수를 의미한다.

관광수요와 관련되는 개념은 관광수요함수(tourism demand function), 여행성향(travel propensity), 관광수요의 계절성(오프시즌, 온시즌), 관광파동(tourism wave), 관광수요의 가격탄력성(price elasticity of tourism demand), 관광수요의 소득탄력성(income elasticity of tourism demand), 관광수요의 교차탄력성(cross elasticity of tourism demand), 대체효과(substitution effect), 소득효과(income effect), 관광수요예측(demand forecasting) 등이 있다.

(4) 관광소비자 의사결정(tourist decision making)

인간은 매일의 일상 속에서 여러 형태의 의사결정을 하면서 살아가고 있다. 의사결정은 기업의 소유자 또는 경영자가 기업 및 경영상태 전반에 대한 방향을 결정하는 일을 의미하기도 하고, 소비자의 구매결정과정에 관련되는 사항을 의미하기도 한다. 관광소비자 의사결정은 관광객이 관광상품을 구매하는데 어떠한 과정을 거쳐 결정하는가 하는 것을 의미한다. 관광소비자 의사결정에 있어서 의사결정자를 확인하는 것도 흥미있는 주제이다. 관광소비자 의사결정과정에 관여하는 사람이 1인일 경우 의사결정자가 개인이 될 수 있으나 가족이나 기업과 같은 집단일 경우 의사결정자를 분석하는 것은 어려운 일이 되기도 한다. 집단이 의사결정을 하는 경우 역할에 있어 다음과 같은 분담이 이루어질 수 있다 : 제안자, 영향력 행사자, 의사결정자, 구매자, 사용자. 기업은 제품을 개발하거나 광고메시지를 결정할 때 이러한 역할들에 따라서 마케팅전략이 달라져야 하므로 역할규명을 잘해야 한다.

관광소비자의 의사결정에 영향을 미치는 요인은 크게 두 가지로 분류할 수 있다 : 환경적 영향요인, 개인적 영향요인. 환경적 영향요인에는 문화, 사회계층, 준거집단, 가족, 상황적 요인이 포함되며, 개인적 영향요인에는 지각, 학습, 태도, 성격, 라이프스타일, 동기, 지식이 포함된다.

(5) 관광마케팅(tourism marketing)

관광마케팅이란 기업이나 기타의 조직이 관광객의 관광행동실현에 관련되는 욕구를 만족시킴과 동시에 사업목적을 달성하는 등의 거래를 실현하는 과정을 의미한다. 관광마케팅은 주체나 공급측의 성질에 의하여 특징지어지는 것이 아니라, 대응하여야 할 수요측의 특징, 즉 관광객의 관광행동실현에 관련되는 욕구에 기인하는 수요에 의하여 특징지어지는 것이다. 관광마케팅의 기본적인 역할은 관광객과의 사이에 서로 만족할 수 있는 거래를 실현하여 관광수요를 창조, 확대, 유지함으로써 사회적 관광흐름을 활발하게 하는데 있다.

〈그림 1-12〉 롯데의 이승엽마케팅

롯데의 이승엽마케팅

일본 지바 롯데 마린스팀에서 뛰고 있는 이승엽 선수가 최근 연속 홈런을 치면서 맹활약하자 롯데그룹이 이승엽 선수를 활용한 마케팅에 적극 나서고 있다. 한국롯데와 일본롯데는 이승엽효과를 계기로 그룹 이미지를 글로벌 기업으로 변신시킨다는 목표 아래 계열사별로 마케팅활동에 들어갔다. 롯데닷컴은 2004년 4월 6일 이승엽 선수의 한국 팬들을 위해 롯데마린스의 한국 홈페이지로 롯데마린스닷컴(www.lottemarines.com)을 공식 오픈했다. 롯데닷컴은 이 사이트와 연결해 롯데마린스의 갈매기 캐릭터를 활용한 야구용품,액세서리 등을 판매하는 쇼핑몰도 운영키로 했다. 이와 함께 현재 마린스 경기와 일본관광을 연계시킨 '이승엽투어' 상품을 판매하고 있다.
사진출처: 한국롯데마린스(www.lottemarines.com)

관광마케팅의 주요 개념을 살펴보면 고객지향(customer orientation), 고객만족(customer satisfaction : CS), 사회지향적 마케팅(societal marketing), 환경지향적 마케팅(environment oriented marketing), 전략적 마케팅(strategic marketing), 마케팅전략(marketing strategy), 마케팅환경(marketing environment), 상품차별화(product differentiation), 시장세분화(market segmentation), 지역시장대응형 마케팅(area marketing), 니치 마케팅(niche marketing), 포지셔닝(positioning), 마케팅믹스(marketing mix), 관광지 라이프사이클 전략(life cycle strategy for tourist area), 플레이스 마케팅(place marketing), 디마케팅(demarketing), 릴레이션십 마케팅(relationship marketing), 데이터베이스 마케팅(database marketing)이 있다.

(6) 관광상품(tourism product)

관광객이 그 욕구를 충족시키고자 거래를 통하여 획득하는 편익의 묶음이나 가치의 패키지를 의미한다. 또한 관광상품은 관광행동의 과정에서 발생되는 다양한 욕구를 충족시킬 수 있는 기능을 하며 거래대상이 되는 모든 것을 포괄한다. 일반적으로 상품은 행태를 갖춘 유형상품과 형태가 없는 무형상품으로 분류되는데 관광상품은 유형과 무형의 결합상품이지만 무형적 성격의 서비스 부문의 비중도가 유형재에 비하여 대체적으로 높은 편이다.

〈그림 1-13〉 외국인들이 가장 선호하는 서울 동대문상가

어떻게 해야 인바운드 시장이 활성화될까?

한국인들에게 해외여행은 이제 일상생활의 한 부분이 되었다. 정부는 늘어나는 아웃바운드 수요에 비해 인바운드 수요가 크게 늘지 않아서 관광적자의 폭이 커지면서 많은 고민에 쌓여 있다. 인바운드 시장을 과학적으로 조사하여 관광수요예측을 통해서 공급을 맞추는 것이 이러한 고민을 풀 수 있는 해결책의 첫 걸음일 것이다.

WTO는 관광상품을 '관광지, 숙박시설, 교통수단, 서비스와 매력의 결합공급물'로 정의하고 있다. 한국관광공사는 광의의 관광상품과 협의의 관광상품으로 분류하고 있는데, 광의의 관광상품은 관광업계가 생산하는 모든 재화와 서비스를 말하며, 협의의 관광상품은 여행상품과 관광에 관련된 모든 서비스를 의미한다. 관광상품의 특성으로는 무형성, 생산과 소비의 동시소멸성, 비저장성, 계절성, 동질성, 독특함, 보완성, 효용의 주관성이 있다.

(7) 관광시장조사(tourism market analysis)

관광시장은 정치, 경제, 사회환경의 변화에 따라 미래에 대한 불확실성이 높다. 이러한 불확실성은 미래에 대한 과학적인 예측을 필요로 한다. 관광상품의 수요예측은 현재의 관광기업이 생산하여 판매하고 있는 기존 관광상품과 새로운 관광상품을 기획하는 경우 모두 관광수요예측이 필요하다. 관광의 경우 수요는 일정한 기간내에 당해 관광지를 방문한 관광객의 수를 가리키며 몇 가지의 계측방법이나 예측모델을 사용하여 특정 관광지의 장래시점에 있어서의 방문객 수를 예측하는 것을 관광수요예측이라고 한다.

관광수요예측 방법은 추세분석, 회귀분석, 중력모델, 확률모델, 계량경제학, 델파이기법이 있다. 관광시장조사 방법은 관광조사(tourism survey), 통계조사(statistical research), 개성기술조사(case study), 행동조사(behavioral research), 의식조사, 앙케이트조사(questionnaire method), 실태조사, 지향조사, 방문자조사, 유동조사, 입역자(入域者) 조사, 체재자조사(hotel method), 모티베이션 리시치(motivation research), 이미지조사(image survey), SD법(Semantic Differential Method), 언어연상법(word association method), 평정법(rating method), 투영법(projective method), 사항선택법(choice method), 사전사후법(before and after method) 등이 있다.

consumer's behavior

관련 논문소개

1. 논문제목

Small-scale event sport tourism : fans as tourists(소규모 스포츠 이벤트 투어리즘 : 관광객으로서의 스포츠팬)

2. 저자 : Gibson, H.J., Willming, G., & Holdnak, A.

3. 출처 : Tourism Management, Vol 24(2), 2003, pp.181-190.

4. 내용소개

(1) 연구목적

최근 다양한 형태의 테마관광이 늘어가고 있으며 이 중 스포츠관광은 특히 관심을 끌고 있다. 그동안 연구자들의 스포츠관광에 대한 관심은 스포츠팬의 정체성이나 영국의 훌리건니즘(hooliganism)에 대한 연구로 이어졌다. 이 연구는 미국의 대학 스포츠가 하나의 지역사회의 관광매력물로서 중요하다는 점에 착안하여 스포츠팬을 관광객으로서 분석하고자 하였다. 따라서 University of Florida(UF) 풋볼경기에 참가하는 스포츠팬의 관광행동을 분석할 목적으로 진행되었다.

〈그림 1-14〉 스포츠팬도 관광객?

사진출처: University of Florida(www.ufl.edu)

(2) 연구방법

조사지역은 UF가 위치한 플로리다주 중북부의 Gainesville이다. UF의 학생수는 46,000명 정도이다. UF의 스포츠팀은 Gators로 부르고 있으며 한 시즌당 10개의 시합을 치르게 되는데 5게임은 이 지역에서 치르고 5게임은 다른 지역에 원정가서 치르게 된다. 이 지역에서 시합이 열리면 평균 84,000명의 팬이 구장을 찾으며 이 중 50,000명은 학생이 아니고 21,500명은 시즌티켓을 가진 학생들이다. 비학생 시즌티켓의 80% 정도가 이 지역 밖에서 여행오는 사람들이다. 이 연구를 위해서 1999년 181명의 Gators 팬들을 단순표본추출법에 의해 조사하였으며 2000년에 기존조사자중 41명의 팬에 대해 대면면접법을 사용해 조사하였다.

(3) 연구결과

이 연구에서는 스포츠팬을 관광객 행동에 근거하여 스포츠엑스커셔니스트(sport excursionists)와 스포츠관광객(sport tourist)으로 분류하여 이들의 소비행동을 비교하였다. 스포츠엑스커셔니스트는 평균 USD$114.82를 쓴 반면 스포츠관광객들은 USD$293.38을 소비하였다. 스포츠관광객들은 특히 숙박과 식사에 더 많은 비용을 사용하는 것으로 나타났으며 호텔과 모텔숙박이 높았으며(30%), RV나 캠프숙박(13%)이 그 뒤를 이었다. 이 연구대상자들인 스포츠팬들이 관광객으로서 보여준 행동패턴은 세 가지이다. 첫째, 팬으로서, 둘째, Gators 풋볼 성지로서의 순례, 셋째, 팀과의 여정동행으로의 행동패턴이다.

(4) 시사점

Sydney 2000 올림픽게임에서도 드러났지만 스포츠이벤트를 유치하면 스포츠팬들이 자동적으로 인근지역을 관광하고 관광상품을 구매할 것이라는 생각은 착각이라는 것이 지적되었다. 지역사회의 여행사가 스포츠관광객을 대상으로 이 지역을 관광하고 소비행위를 유도하도록 전략을 수립하고 지역사회와 긴밀히 협조해야 한다. 호주의 Gold Coast Honda Indy 연구에서 제시되었듯이 스포츠이벤트가 열리는 인근 지역에서 사업자들이 스페셜이벤트를 개최하면 고객유치를 더 많이 할 수 있다는 것이다. Gators 명예의 전당을 UF 대학 캠퍼스에 조성하는 것도 좋은 아이디어이며 지역의 레스토랑, 바, 야외 레크리에이션 지역에서 각종 스포츠 관련 사교이벤트를 개최하고 주차난과 교통난을 고려하여 스포츠팬들에게 교통편을 제공한다면 UF 대학 풋볼경기는 훌륭한 하나의 관광매력물이 될 것이다.

consumer's behavior

사례분석

1. 주제 : 태국의 관광상품 특징 분석

2. 출처 : KBS1 원단기획 21세기를 연다. "5천억달러 특수를 잡아라" 2001.1.

3. 내용

태국의 치앙마이는 43만명이 거주하는 작은 도시이지만 한해 1천200만명의 관광객이 오는 성공적인 관광도시이다. 시내에 25개의 여행사가 있으며 한해 9억달러의 수익을 올리고 있다. 이것은 시 전체 수입액의 25%에 해당한다. 아침 7시면 배낭여행객들이 공항에 도착하며 택시와 숙박시설 안내인들의 서비스도 시작된다. 치앙마이의 주요 관광상품은 코끼리타기, 뗏목타기, 소달구지타기이다. 코끼리타기는 1인당 USD$12~13 정도이며 가장 많이 알려져 있는 관광상품이다. 뗏목타기 상품은 최근 젊은 관광객들을 대상으로 인기를 끌고 있는 상품이며 래프팅과 비슷하나 더 역동적이라서 모험심이 있는 관광객의 관심을 끌고 있다. 하지만 뗏목을 만들기 위해서 10개의 대나무막대를 즉석에서 베어 만들며 뗏목타기가 끝나면 태워버리기 때문에 환경오염의 우려가 있다. 환경보호를 위해 주민들 교육이 필요하며 정부당국자도 주민교육의 필요성을 느끼고 있다. 소달구지타기는 가족전체가 같이 타고 치앙마이의 전원을 여유있게 감상할 수 있는 상품으로 1인당 USD$1 정도로 저렴하다.

칸차나부리에는 영화의 배경이 되었던 콰이강의 다리가 있다. 이곳에는 콰이강의 주변에 숙박과 음식상가가 조성되어 있으며 콰이강의 다리축제가 매월 12월에 개최된다. 축제기간 중 이곳을 찾는 관광객은 하루에 1만여명이며 지역에서는 많은 수익을 올리고 있다. 영화의 이미지가 관광붐으로 연결된 대표적인 사례이다.

태국의 수도 방콕에는 약 5만 4000여실의 숙박시설이 있으며 1일 $40를 넘지 않아서 세계 어느 도시보다도 싸다. 몬티엔리버사이드호텔의 객실점유율은 70퍼센트 이하로 종업원들에게 관광객들에 대한 친절교육을 강화하고 있다. 룸의 키를 건네더라도 공손한 전통 태국식 인사와 함께 건네고 있으며 관광객들의 감동을 유도하고 있다. 호텔 뿐만 아니라 배낭여행객들을 대상으로 한 게스트하우스는 카오산가에 몰려 있다. 게스트하우스의 장점은 가격이 $2, 즉 한화 ₩24,000 정도로 저렴하며 한방에 10명 정도의 배낭여

〈그림 1-15〉 태국의 트렌스젠더쇼 관광상품

행객들이 같이 투숙하기에 여행정보를 자연스럽게 교환할 수 있다. 또한 배낭여행객 스스로 직접 세탁이 가능한 점과 열차예약 등의 다양한 서비스를 제공하고 있다. 게스트하우스는 시설보다는 서비스가 장점으로 분석되고 있으며, 배낭여행객들의 요구를 적절히 파악하여 상품화에 성공한 사례이다. 이렇게 숙박시설의 수가 많고 가격이 싸기 때문에 세계의 많은 배낭여행객들이 언어의 불편함을 무릅쓰고 태국을 찾고 있는 것이다.

방콕에 있는 차우프라야강의 식당에서는 식사와 전통민속공연을 같이 제공하고 있는데 오후 5시부터 11시까지 영업을 하고 있다. 외국 관광객들을 대상으로 음식을 자극적인 맛을 줄이면서 태국 고유의 향을 첨가하여 많은 관광객들로부터 좋은 평을 받고 있으며, 디저트 만드는 방법을 교육하는 체험프로그램도 운영하여 인기리에 운영되고 있다.

태국의 관광상품은 다양하며 풍부한 관광숙박시설을 기반으로 관광객들의 다양한 욕구에 부합하는 관광상품을 개발하여 성공적으로 판매하고 있다. 태국의 관광수입은 세계관광수입의 1.5%에 해당하는 거대한 수익을 올리고 있으며, 태국의 전체 수입 중 30%정도가 관광수입이다. 한해 920만명의 외국관광객이 찾고 있는 관광대국이다.

토론문제

1. 소비자행동연구가 등장하게 된 배경을 설명해 보세요.

2. 관광소비자행동의 특징을 설명하세요.

3. 관광소비자행동 연구의 대상과 목적을 설명하세요.

4. 관광소비자행동론의 구성요소를 설명하세요.

5. 스포츠관광의 현황과 활성화 방안을 설명하세요.

6. 태국관광상품의 특징을 분석해 보세요.

참고문헌

김세범 · 전영종 · 허남일(1997). 「소비자행동론」. 형설출판사.
네이버 국어사전(2003). www.naver.com.
네이버 백과사전(2003). www.naver.com.
매일경제신문(2003.7.18). 화제 인기검색어로 본 네티즌 생활사.
매일경제신문(2003.7.17). 쇼핑몰 남대문가면....
매일경제신문(2003.7.10). AC닐슨 지역 소비자신뢰도조사 : 아시아 소비자들 여전히 구매 꺼려.
매일경제신문(2003.7.7). 창업 고객을 다정한 친구처럼 대하라.
야후코리아 경제학사전(2003). www.yahoo.co.kr.
이진희(2003). 「장소마케팅」. 대왕사.
최승이 · 이미혜(1999). 「관광상품론」. 대왕사.
한경수(2000). 「觀光客行動論」. 형설출판사.
한국경제신문(2003.7.15). 펜션이 뜬다. 투자전략 : 톡톡튀는 펜션 수익도 쏠쏠.
한국경제신문(2003.6.16). 공정위, 소보원 · 소비자단체에도 표준약관 제청권 부여.
한국경제신문(2003.5.12). 결혼, 돌사진 원판 돌려받을 수 있다.
한국경제신문(2001.11.16). 경제용어 '사이버네이더리즘(Cyber Naderism)'.
한국국제관광개발연구원 역(2003). 長谷政弘 編著.「觀光學辭典」. 백산출판사.

Cohen, D.(1981). Consumer Behavior. New York : Random House, Inc.
Engel, J. F., & Blackwell, R. D.(1982). Consumer Behavior. New York : The Dryden Press.
Gibson, H. J., Willming, C., & Holdnak, A.(2003). Small-scale event sport tourism : fans as tourists. *Tourism Management*. 24(2). pp.181-190.
Loudon, D. L., & Della Bitta, A. J.(1984). Consumer Behavior : Concepts and Applications. New York : McGraw-Hill.
Peter, J.P., & Olson, J.C. (2005). Consumer Behavior & Marketing Strategy. Boston: McGraw Hill.
Schiffman, L. G., & Kanuk, L. L.(1991). Consumer Behavior. Englewood Cliffs. N.J. : Prentice-Hall.
Walters, C. G., & Paul, G. W.(1974). Consumer Behavior(1974). Consumer Behavior : An Integrated Framework. Homewood, II. : Richard D. Irwin, Inc.
Zaltman, G., & Wallendorf, M.(1983). Consumer Behavior : Basic Findings and Management Implications. New York : John Wiley & Sons.

Tourism

제2장

관광소비자의 이해

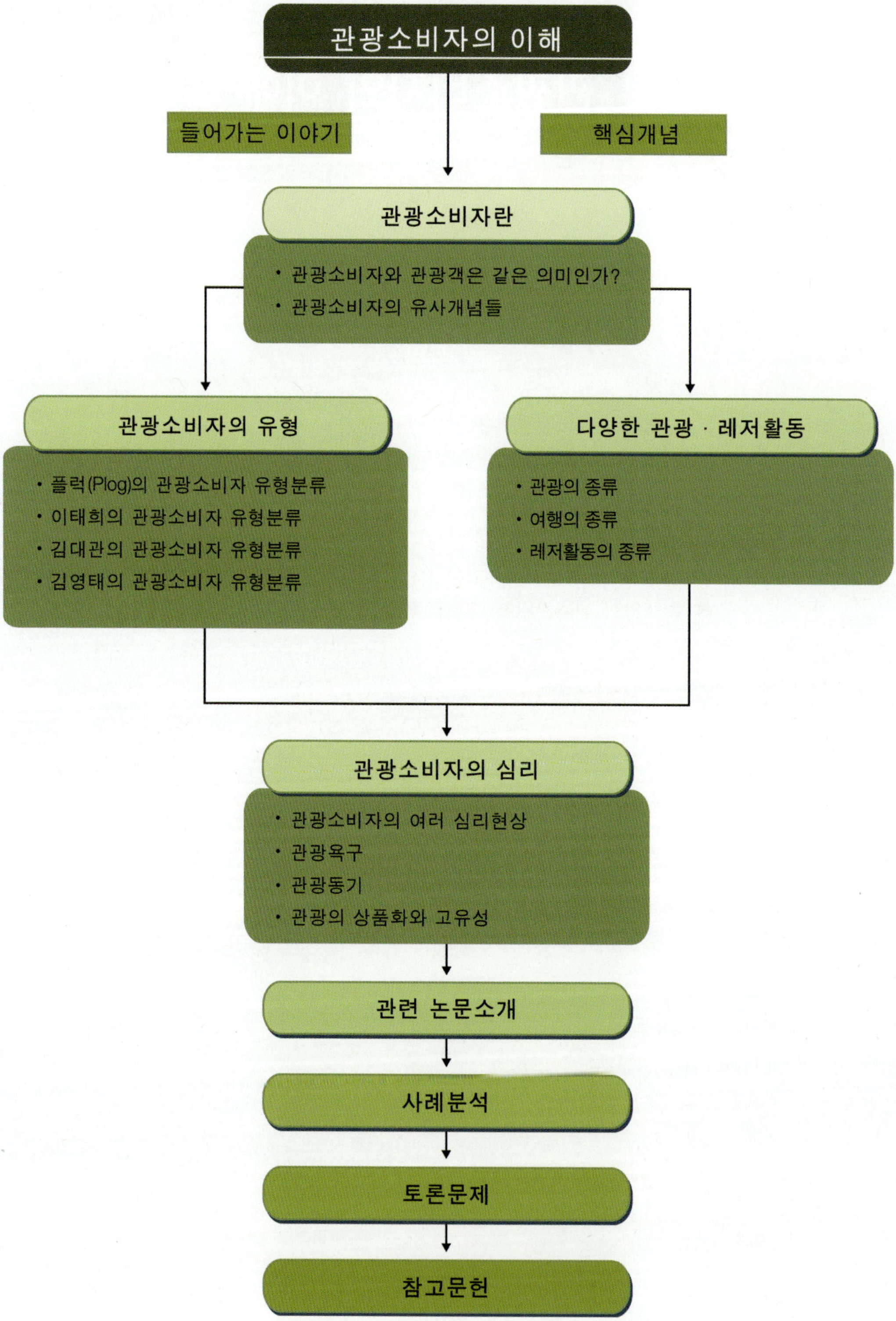
관광소비자의 이해
들어가는 이야기
핵심개념
관광소비자란
· 관광소비자와 관광객은 같은 의미인가?
· 관광소비자의 유사개념들
관광소비자의 유형
· 플럭(Plog)의 관광소비자 유형분류
· 이태희의 관광소비자 유형분류
· 김대관의 관광소비자 유형분류
· 김영태의 관광소비자 유형분류
다양한 관광 · 레저활동
· 관광의 종류
· 여행의 종류
· 레저활동의 종류
관광소비자의 심리
· 관광소비자의 여러 심리현상
· 관광욕구
· 관광동기
· 관광의 상품화와 고유성
관련 논문소개
사례분석
토론문제
참고문헌

들어가는 이야기

관광소비자, 그들의 입맛을 잡아라

▌일본관광객, 비빔밥 "따봉"

일본인 관광객들은 한국음식에 대해 전반적으로 만족하고 있으며, 특히 비빔밥을 선호하는 것으로 나타났다. 한국관광공사가 지난 3월19~28일까지 한국여행을 마치고 본국으로 돌아가는 일본인 216명을 대상으로 실시한 한국음식 및 한국음식점에 대한 조사 결과 가장 맛있게 먹은 음식은 비빔밥(48.6%)이었으며 뒤를 이어 불고기(44.4%), 갈비(39.8%), 김치(31.9%), 부침개(23.6%) 순으로 나타났다.

이와는 반대로 맛이 없다고 생각하는 음식은 냉면(22.1%), 떡볶이(19.3%), 해물탕(14.5%) 등이었다. 그밖에 '특별히 맛없는 음식이 없었다'는 응답자도 상당수 있었으며, 한국음식외에 맛이 없었다고 언급한 음식으로 소바, 우동, 스시, 커피, 오무라이스 등 대부분 일식이나 양식이었다. 또한 일본인들은 한국음식의 우수한 점으로는 '맛'(61.1%)을 가장 높게 평가했으며, '저렴한 가격'(44.0%), '건강에 좋다'(40.3%) 는 의견도 많아 한국음식을 맛이나 가격 외에도 '건강에 좋은 음식'으로 인식하는 것이 특징이었다. 우리 음식의 나쁜 점으로는 '너무 자극적'(62.4%)인 점과 '모양이 나쁘다'(23.6%)는 점을 꼽았다.

한국음식점의 좋은점에 대해서는 54.3%가 '추가 반찬이 무료로 제공'되는 점을 들었으며, 친절(41.9%), '주문 음식이 빨리 나오는 것'(38.6%), '일어메뉴판 구비'(29.5%) 등이라고 답했다. 그러나 한국음식점 이용시 '일어 메뉴판이 많지 않은 것'과 '화장실 불결'(각 29.8%)이 일본인들에게 가장 불편했던 점 1위로 나타났고, '메뉴의 사진자료가 없어 불편'(28.3%)했다는 응답 또한 높게 나타났다.

이밖에도 '비위생적'(18.3%), '불친절'(9.9%) 등이 불편사항에 포함되어 있었고 자유기술한 의견 중에는 '구두를 벗는 것이 불편하다', '가격이 분명치 않는 곳이 있다', '메뉴의 사진과 실제 사진이 다르다', '종업원 표정이 무뚝뚝하다', '추가 주문을 강요받는다' 등은 하루빨리 개선되어야 할 것으로 지적됐다.

한국음식과 한국음식점 서비스에 대한 일본인들의 만족도를 알아본 결과, 한국음식에 대한 만족도는 높은 반면(만족 82.4%), 한국음식점 서비스에 대한 만족도는 낮아(만족 53.0%) 이의 개선이 필요한 것으로 나타났다.

이상의 조사결과를 종합해 볼 때, 일본인관광객이 자주 방문하는 각 업소에서는 일어메뉴판 및 메뉴의 사진자료를 구비하고, 음식 및 화장실을 포함 식당내부의 청결상태를 유지하며, 친절수준이 많이 높아졌지만, 종업원 교육강화를 통한 서비스 개선에 더욱 노력해야 할 것으로 나타났다.

또한 흔히 알려진 한국의 주 메뉴 외에 일본인의 입맛에 맞으면서 건강식임을 강조할 수 있는 신규메뉴를 개발하여 참신한 맛으로 일본인 관광객의 한국음식 기행을 지속시켜야 할 것으로 보인다.

-여행정보신문 2003.4.18.

〈그림 2-1〉 외식업소의 차별화 전략

대전 대짜배기감자탕의 차별화 전략, 업장규모의 대형화, 놀이방의 대형화

잘되는 집은 뭐가 달라도 다르다. 대전의 한 감자탕식당은 언제가도 사람이 많다. 왜 그럴까? 가격이 저렴하면서도 음식 양이 많은 점은 기본. 식사후에 무료 아이스크림은 애교. 업장규모와 놀이방이 대형화되어서 아이들이 외식할 때가 되면 '대짜배기감자탕'을 외친다. 이제는 음식점도 키즈마케팅과 같은 차별화전략이 필요한 것이다.

핵심개념

1. 관광소비자
2. 호모루덴스
3. 백팩커
4. 관광소비자의 유형
5. 사이코그래픽스
6. 플럭의 관광소비자 유형분류
7. 이태희의 관광소비자 유형분류
8. 김대관의 관광소비자 유형분류
9. 김영태의 관광소비자 유형분류
10. 리미노이드
11. 관광욕구
12. 매슬로우의 욕구단계설
13. 관광동기
14. 관광의 상품화
15. 고유성

2-1 관광소비자란

(1) 관광소비자와 관광객은 같은 의미인가?

관광행동 또는 관광행위의 주체인 관광주체를 일반적으로 관광객이라고 한다. 특히, 관광사업, 관광관련사업의 손님이라고 볼 때에 관광객이라는 용어를 사용한다. 따라서 관광소비자와 관광객은 같은 의미라고 할 수 있다. 유사한 용어로서 여행자가 있으나, 엄밀하게 구분한다면 여행자, 그 일부로서의 관광자, 다시 그 일부로서의 관광객으로 구분되기도 한다. 여행자와 관광자와의 차이는 즐거움을 추구하는 레저로서의 여행인지에 달려있다.

(2) 관광소비자의 유사개념들

관광소비자의 유사개념들은 다음과 같다.

호모루덴스(homo ludens)

인간존재의 본질에 관하여 호이징가(Huizinga, J., 김윤수(1988)에서 인용)는 호모루덴스, 즉 유희(遊戲)하는 인간 속성이 인간의 가장 큰 특징이라고 지적하였다. 유희를 통하여 예술과 과학, 문화와 문명이 발달하여 왔다는 주장은 산업화가 진행되는 동안의 새로운 인간관으로서 수용되어 오늘날의 놀이와 레저의 연구에 영향을 주고 있다.

방문객(tourist visitors to the site)

관광지를 찾아온 관광객을 말한다. 관광지의 주민이 아니라, 그 관광지 이외의 곳으로부터 관광지를 방문한 사람을 관광객이라고 하는 데서 나온 말이다. 숙박관광객과 당일관광객, 그리고 잠시 들렀다 가려는 경유관광객을 포함한다. 경우에 따라서는 그 관광지의 주민이고 협의의 관광목적 이외의 사람이라도 방문객으로 보는 경우도 있다.

비기너(beginner)

해외여행을 처음 해보는 사람을 호칭하는 말이다.

리피터(repeater)

특정 목적지를 빈번하게 방문하는 자(frequent visiter)를 일컫는 말이다. 리피터의 어감에는 '또 온다'라는 확신적 기대가 내포되어 있다. 리피터의 창출을 관광마케팅의 전략으로 하려면 고객에게 더욱 신기한 짓이나 신기한 것을 기대하게 하는 연구가 필요하다.

프로페셔널 투어리스트(professional tourist)

여행을 직업으로 하는 사람이다. 특히 다른 문화를 조사하는 인류학자를 가리키며, 이제 인류학자의 조사지에는 반드시 관광객도 방문하고 있는 현상을 반영하고 있기도 하다. 인류학자의 조사연구, 예를 들면 필드노트나 민족지를 쓰는 행위와 관광객의 관광활동, 즉 일기나 그림엽서를 쓰는 행위 등이 어떤 공통점과 차이점이 있는지를 비교하는 것은 흥미있는 일이다.

국제여행자(international travelers)

WTO(World Tourism Organization : 세계관광기구)와 OECD(Organization for Economic Cooperation and Development : 경제협력개발기구)의 관광위원회와 같은 기구들은 관광통계를 낼 목적으로 국제여행자의 정의를 내리고 있다. 이에 따르면 국제여행자(international travelers)를 국제방문객(international visitors)과 그 이외의 국제여행자(other international travelers)로 분류하고 전자의 국제방문객만을 관광통계의 대상으로 하도록 권고하고 있다. 국제방문객과 그 이외를 구분하는 경계는 여행기간을 1년 미만으로 할 것과 여행의 목적이 보수를 받지 않는 것뿐이다. 따라서 정주나 주재 등 1년을 초과하는 예정의 입국자나 흥행 등의 수입을 목적으로 하는 입국자는 '기타의 여행자'인 것이며, 관광통계의 대상으로 하지 않는다. 국제방문객은 다시 2개의 카테고리로 나누어지며, 숙박을 하는 국제방문객을 '국제관광객(international tourist)'이라고 부르며 숙박하지 않는 국제방문객을 '당일치기 국제방문객(international someday visitors)'이라 하고 있다.

이 정의는 1993년에 유엔 통계위원회의 승인을 얻은 '관광통계에 관한 권고'에 의한 것으로 '당일치기 국제방문객'은 이전에는 '국제 엑스커셔니스트'라고 부르기도 하였다.

〈그림 2-2〉 러시아 캄차카에서의 프로페셔널 투어리스트

러시아 캄차카는 마지막 남은 생태보고

2003년 4월 배재대학교 캄차카 조사연구단이 발족되어 캄차카의 문화 조사와 여행상품 개발을 목적으로 현지를 방문하여 조사하였다. 현지에서의 개썰매상품 체험후 현지인들과 사진 한컷.

백팩커(backpacker)

1980년경 호주에서 백팩을 짊어진 여행자를 묘사하는데 사용하기 시작한 용어이다. 일본의 정부관광조사국의 정의에 의하면, 적어도 1박을 저렴한 숙박시설을 이용하여

장기간 여행하는 사람을 말한다. 또한 다른 사람과의 만남을 강하게 원하고, 독자성이 강한 유연한 여행계획을 세워서, 관광활동에도 적극적으로 참여한다고 한다.

일본 직장인들이 가장 선호하는 배낭여행 경로는 케언스·에어즈락·시드니 일정인데, 이는 호주 대자연의 아름다움을 경험하며 백인과 원주민의 문화를 동시에 접할 수 있는 방법이기 때문이다. 호주 여행을 하는 일본인들은 케언스, 에어즈락 그리고 시드니를 보면 "호주를 모두 봤다"고 말할 정도로 인기가 있다.

〈그림 2-3〉 시드니의 명물 오페라하우스

시드니의 오페라하우스

시드니는 현대적 세련미와 자연미가 조화된 대표적 도시이며 케언즈는 퀸즐랜드 관광청에서 추천하는 최상의 휴양도시. 또한 에어즈락은 지구의 배꼽이라 불리는 거대한 모래바위로 호주 원주민의 오랜 역사와 문화를 볼 수 있는 곳. 이 세곳은 최근 가장 선호되는 배낭여행 경로이다.

항공은 케세이퍼시픽항공과 콴타스항공 이용시 항공료는 119만원이며 숙소는 백팩커 이용시 18달러 정도이다(2002.6월 기준).

히치하이커(hitchhiker)

지나가는 자동차에 돈 안내고 편승하여, 이동하는 사람을 말한다. 특히 젊은이들에게서 많이 볼 수 있다. 교통기관이 정비되고 저렴한 숙박시설이 발달된 1930년대부터 구미에서 볼 수 있게 되었다. 교외의 인터체인지 근처에서 행선지를 쓴 보드(board)를 보이거나 또는 방향을 손가락으로 표시하기도 하여, 편승할 기회를 기다리는 경우가 많다.

이처럼 관광소비자와 관련된 용어들은 많이 있으며 정확하고 통일된 의미로 용어를 정립해 나갈 필요가 있다.

2-2 관관광소비자의 類型學(typology)

관광소비자를 유형화(typology)하는 기준으로 전통적으로 인구통계적 요인이 가장 많이 사용되어 왔다. 하지만 관광소비자의 유형화하는 기준이 점차 다양해지고 있으며 몇몇 연구자들은 성격(personality), 신기성과 변화에 대한 욕구, 쇼핑욕구, 관광동기 등을 관광소비자 유형분류의 기준으로 활용하고 있다. 최근 이러한 여러 가지 유형화 기준과 인구통계적 요인을 병용하여 관광객을 유형화하고 있으며 그 방법이 점점 정교화되고 있다.

다음은 관광소비자를 유형화한 몇몇 사례이다.

(1) 플럭 (Plog)의 관광소비자 유형분류

Plog(2004)는 관광객의 성격에 따라 관광행동(tourist behavior)의 특성을 파악하였다. Plog은 성격을 기준으로 관광소비자들을 의존형관광객(Dependables), 모험형관광객(Venturers), 중간형관광객(Centrics)으로 크게 세 부류의 관광객으로 나누고 다시 이를 6부류로 세분하였다. Plog은 관광객의 성격에 따라 목적지 선택, 선호하는 교통편, 관광목적지에서의 활동, 숙박시설의 선택 등 많은 부분에 있어 다른 특성을 보여준다고 제안하였다. 또한 변화와 신기함을 추구하는 정도가 성격유형을 분류하는 기준으로 활용하였다. 다음은 의존형관광객과 모험형관광객의 성격상 특징이다.

의존형관광객의 성격상 특징은 첫째, 새로운 아이디어를 추구하거나 새로운 경험을 추구하는 등의 지적추구활동이 많이 제한된 성향이 있다. TV를 많이 보며 독서를 적게 하는 것도 특징이다. 둘째, 일상생활에서도 조금스럽고 보수적인 성향인데 중요한 결정을 내려야 하는 상황을 피하는 경향이 있다. 셋째, 자유재량소득을 잘 쓰지 않는 편이다. 절약은 좋은 미덕이지만 미래의 계획을 세워서 절약하는 것이 아니라 막연한 불안감에 근거해서 절약하는 것이다. 넷째, 인기있고 잘 알려진 소비상품브랜드를 선호하는 성향이 있다. 이렇게 인기있는 상품브랜드는 비교적 안전한 선택이 될 경우가 많기 때문이다. 다섯째, 자신감이 없고 활동량이 적다. 여섯째, 일상생활을 하는데 권위있는 사람의 충고나 행동을 따라하는 경향이 있다. 이것은 이들이 의사결정을 하는데 익숙치 않기에 나타나는 현상이다. 따라서 영화스타 등 유명인사를 활용한 광고가 의존형관광객들에게는 효과적일 수 있다는 것을 의미한다. 일곱째, 일상생활을 할 때 문제가 발생하면 수동적으로 움츠려드는 경향이 있다. 여덟째, 이들의 라이프스타일은 상대적으로 단조로우며 반복적인 생활을 좋아한다. 아홉째, 새로운 친구를 만나는 것보다 기존 친구들이나 가족들과 같이 지내는 경향이 있다.

모험형관광객의 성격상 특징은 대체로 의존형관광객과 반대 성향이 있다. 첫째, 이들의 주변세상을 탐구하려는 지적호기심으로 충만해 있다. 끊임없이 새로운 경험을 하고 싶어하며 활동하는 것을 좋아한다. TV를 보는 것을 좋아하지 않으며 신기하고 독특한 것을 좋아한다. 둘째, 의사결정은 신속하고 쉽게 내린다. 이들은 어떠한 결정을 내리더라도 인생은 위험을 안고 사는 것이라고 생각한다. 셋째, 자유재량소득을 쉽게 사용하는 성향이다. 이들은 미래가 과거보다는 나을 것이라는 긍정적인 믿음을 바탕으로 지금의 노동의 결실을 즐기려는 것이다. 넷째, 시장에 신상품이 출시되자마자 구매하려는 성향이 강하다. 다섯째, 자신감이 충만하며 열정이 넘치는 하루하루를 산다. 최신 기술을 더 알고자하며 다른사람의 생각이나 개념들에 흥분하는 경향이 있다. 여섯째, 일상생활에서의 준거지침이 그들 자신이다. 주변의 권위있는 사람이나 전문가의 의견보다는 자신들 스스로의 결정이 최고의 결정이라고 생각한다. 일곱째, 일상생활에서 매우 활동

〈그림 2-7〉 플럭의 관광소비자유형 : 현재와 과거

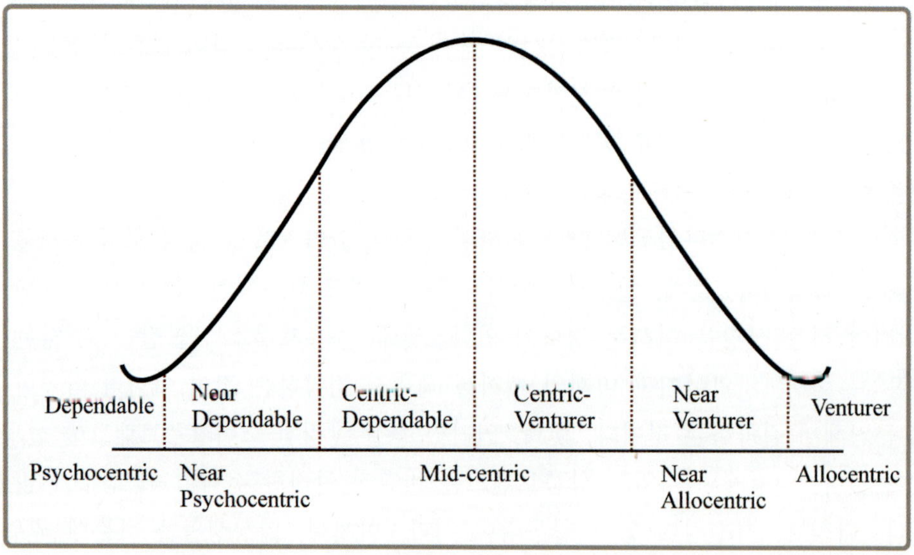

• 유형분류기준 : 신기성과 변화에 대한 욕구
• 출처 : Plog, S.C. (2004), 'Leisure Travel : A Marketing Handbook', p.51.

적이며 상대적으로 공격적인 편이다. 만약 공항에서 비행기편이 취소되거나, 이들이 구매한 제품에 결함이 있으면 적극적으로 설득력있게 상황을 바로잡으려 노력하는 성향을 보여준다. 여덟째, 단순한 일상을 보내기보다는 다양한 활동과 도전을 하려고 노력한다. 아홉째, 비록 다른 사람들과 친밀하지만 혼자있는 것을 즐기며 명상을 좋아한다.

앞서 살펴보았던 의존형관광객과 모험형관광객의 성격상 특성은 이들의 관광패턴과 기호를 결정짓는 중요한 요인이다. 의존형관광객과 모험형관광객의 관광행동의 특징은 다음과 같다.

의존형관광객은 첫째, 빈도수에 있어서 여행을 적게 한다. 둘째, 일단 여행을 하게 되더라도 일정을 짧게 하려는 경향이 있다. 셋째, 관광목적지에서 사용하는 1인당 하루비용이 다른 유형의 관광객보다 적다. 넷째, 항공보다는 차량을 이용해 이동하는데 집에서 쓰던 것들을 보다 더 많이 가져가서 여행지의 숙소를 집과 같은 분위기로 만들려는 성향 때문이다. 다섯째, 관광지로서 많이 알려지고 유명한 곳을 선호하는데 이러한 관광지를 선택한 많은 사람들에 편승하려는 성향 때문이다. 여섯째, 집에서 하는 여러 레저활동을 관광지에서도 하려고 한다. 10대는 비디오게임을, 성인들은 쇼핑을, 가족들은 미니골프를 흔히 즐긴다. 일곱째, 활동성향이 낮기 때문에 해변가에서 휴식을 취하면서 즐기거나 풀장에서 햇살을 즐기는 경향이 있다. 여덟째, 예전에 방문하지 않았던 관광지에서는 개별관광보다 가이드를 동반한 관광을 즐긴다. 아홉째, 이 그룹에 속하는 관광객들은 기념품이나 자질구레한 장신구를 사서 방문했던 관광지를 기억하려는 성향이 있다. 열째, 이들은 좋아했던 관광지에 반복해서 방문하려는 경향이 있다. 이렇게 하면서 새로운 관광지가 '최근 좋았던 관광지만큼 좋지 않으면 어떻게 하지?' 하는 걱정을 덜 수 있다.

모험형관광객은 의존형관광객의 관광행동과 상이한 특징을 보여준다. 첫째, 이들을 둘러싼 주변 세상을 탐험하는 것이 이들의 인생에 중요하기 때문에 여행하는 것을 중시하며 여행빈도수가 잦다. 둘째, 여행일정이 길다. 셋째, 1인당 하루경비가 많은 편이다. 넷째, 항공교통편을 즐기는데 관광목적지에서 보내는 시간을 더 갖고자 함이다. 다섯째, 관광객이 많이 방문하는 번잡한 곳을 피하고 독특하며 개발이 덜 된 자연미를 간직한 지역을 강력히 선호한다. 여섯째, 독특한 여행경험을 위해서 불편한 숙소도 감수한다. 일곱째, 지역문화와 지역민이 하는 활동에 같이 참여하고 싶어하며 관광객만을 위한 무대화된 상품을 꺼려한다. 여덟째, 국제관광을 하는데 있어 혼자하는 여행(FIT travel)을 패키지여행보다 선호한다. 아홉째, 이들은 여행할 때 무척 활동적이며 깨여있는 대부분의 시간을 방문한 지역을 배우는데 할애한다. 열째, 기념품대신 지역고유의 예술품이나 수공예품을 구매하는 것을 선호한다. 열한번째, 매년 새로운 관광지를 추구하며 그들의 풍부한 추억을 더 풍족하게 만들려고 노력한다.

의존형관광객과 모험형관광객은 그 수가 적은 편이며 중간형관광객이 일반적으로 많다.

〈그림 2-8〉 플럭의 관광소비자 유형과 선호관광지 : 1972년 결과와 2003년 결과의 비교

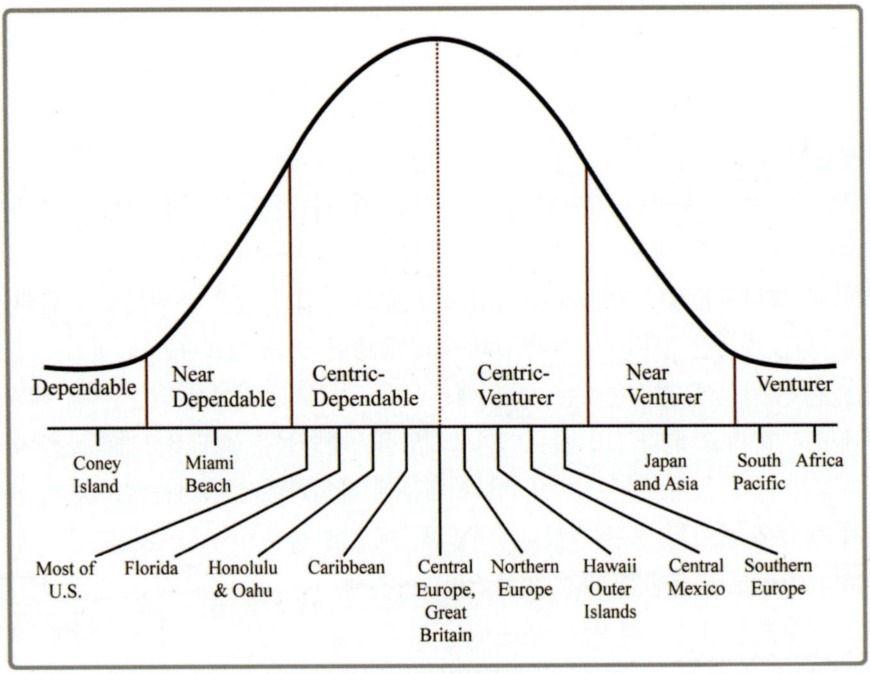

Dependable	Near Dependable	Centric-Dependable	Centric-Venturer	Near Venturer	Venturer
• Branson • Atlantic City • Myrtle Beach • Orlando • Beach Resorts • Indian Casinos	• Hollywood • Las Vegas • Theme Parks • Honolulu • Florida • The Dakotas • Ohio • Kansas • Mexico(border) • Caribbean Cruises • Escorted Tours (U.S. and Europe)	• Alaska Cruises • U.S. Parks • Illinois • Washington D.C. • The Carolinas • Michigan • Chicago • Georgia • Kentucky • Hilton Head • Philadelphia • Los Angeles • Caribbean(most) • Ontario • London • Rome • Israel • Italy	• New Mexico • Arizona • New England • Hawaii(outer is.) • Washington State • Oregon • Colorado • Wyoming • Montana • San Francisco • New York City • Quebec • Bermuda • Brazil • Mexico(interior) • Hong Kong • England (countryside) • Scandinavia • Paris	• Russia • Tahiti • New Zealand • China(big cities) • Poland • Costa Rica • Egypt • Jordan • Thailand • Australia • Ireland • Scotland • Kenya • Africa • Expedition Travel	• Alaskan Wilderness • Gual • Fiji • Hard Adventure Travel • Vietnam • Antarctica • Amazon • China(interior) • Tibet • Nepal

• 출처 : Plog, S.C. (2004), 'Leisure Travel : A Marketing Handbook', p.59.

(2) 이태희의 관광소비자 유형분류

이태희(1998)는 신기성을 추구하는 정도에 따라 관광객을 적극적 신기성추구 관광객, 단순변화추구관광객, 소극적 신기성추구 관광객으로 분류하였다. 신기성추구는 다시 변화추구, 모험추구, 지루함극복, 놀라움에 대한 기대의 네가지 기준변수로 군집분석을 하여 세부집단으로 분류하였다. 적극적 신기성추구 관광객은 색다르고 인상적이며, 비일상적인 관광지를 선호하기 때문에 어느 정도의 위험부담이 따르지만 모험감과 같은 흥분을 유발하며 큰 폭의 기분전환을 경험할 수 있는 관광지를 선호하는 자들이다. 이들이 선호하는 목적지는 아프리카, 인도, 남미, 러시아, 중동으로 나타났다. 단순변화추구 관광객은 대중화된 목적지보다는 신기성 수준이 비교적 높은 관광지를 선호하는 관광객이 이 부류에 속하게 된다. 적극적 신기성추구 관광객과 소극적 신기성추구 관광객의 중간에 위치하는 그룹이라 할 수 있다. 소극적 신기성추구 관광객은 낯설고 생소한 곳 보다는 가급적이면 안전하고 친숙한 환경을 선호하여 가급적이면 대중화되고 안정감을 줄 수 있는 관광지를 선호하는 관광객이다. 이들은 집을 떠났다는 것만으로도 혹은 외국에 와 있다는 것만으로도 생활의 변화를 가져와 적정한 즐거움을 경험한다.

(3) 김대관의 관광소비자 유형분류

김대관(2002)은 관광동기중 쇼핑을 기준으로 관광객유형을 쇼핑관광객과 비쇼핑관광객으로 분류하여 그 행동특성을 분석하였으며, 쇼핑관광객을 다시 비계획 쇼핑관광객, 이차목적 쇼핑관광객, 일차목적 쇼핑관광객, 유일목적 쇼핑관광객으로 분류하였다. 연구대상자는 미국의 일리노이주, 인디아나주, 미시간주, 미네소타주, 오하이오주, 위스콘신주, 캐나다의 온타리오주에 살고 있는 18세 이상의 5,999명의 성인이었다. 조사방법은 전화인터뷰를 하였으며 조사기간은 1998년 9월부터 1999년 8월까지 1년간이었다.

쇼핑관광객과 비쇼핑관광객을 비교하였을 때 그 관광행동에 있어 많은 차이가 있음이 나타났다. 쇼핑관광객들은 '휴가'와 '야외휴양활동'이 주된 여행목적이었으며 여행사 이용과 패키지여행상품 구입을 선호하였다. 교통편은 항공편을 선호하였고 호텔이나 모텔을 주된 숙박시설로 이용하는 숙박관광을 대부분이 하였다. 또한 상대적으로 활동적인 관광객으로 분석되었는데 드라이브, 관광매력물 방문, 특색있는 음식점에서의 식사, 외지 및 소도시 방문, 야간활동 등의 관광활동에 활발하게 참가하고 있었다.

또한 쇼핑관광객을 쇼핑의도의 정도에 따라 여행목적이 애초에 포함되지 않았으면

비계획 쇼핑관광객, 쇼핑이 여행목적 중 두 번째 목적인 경우는 이차목적 쇼핑관광객, 첫 번째 목적인 경우는 일차목적 쇼핑관광객, 쇼핑이 관광의 유일한 목적인 경우를 유일목적 쇼핑관광객으로 분류하여 그 관광행동의 특성을 제시하고 있다. 비계획 쇼핑관광객 그룹은 친구 및 친지 방문이 여행의 주목적이었으며, 많은 수가 친구와 친지집에서 숙박을 하였다. 유일목적 쇼핑관광객 유형은 주로 당일여행을 하였고 캠핑장비가 부착되지 않은 승용차 또는 트럭을 주요 교통수단으로 이용하였다. 유일목적 쇼핑관광객 유형보다는 다른 유형에 속한 관광객들이 여행사를 통해 여행하였고 교통수단으로 항공편 또는 렌터카를 이용하였으며 야간활동에 참여하는 비중이 높았다.

(4) 김영태의 관광소비자 유형분류

김영태(2001)는 여행객들의 활동, 태도, 관심, 의견과 같은 심리분석적 변수들을 사용하여 생태관광소비자를 '단체/캠핑족', '젊은 활동족', '가족/휴양족'의 세 개의 집단으로 분류하였다. 단체/캠핑족은 가족, 친구, 연인과 여행을 하며 캠핑을 선호하는 것으로 나타났다. 여행중 선호 레저활동은 산책이나 휴양림에 가는 것은 좋아하며 여행으로 많은 것을 배우려고 하는 지식추구형의 집단이다. 젊은 활동족은 25세 이하가 많으며 주된 여행동반자는 친구이며 콘도를 숙박시설로 선호하는 집단이다. 여행중의 주요 레저활동은 산책과 삼림욕으로 나타났으며 운동을 즐기는 여행자로 분석된다. 가족/휴양족은 여행을 하는 주된 이유가 편하게 쉴 수 있고 일상에서 벗어날 수 있기 때문이다. 주 연령층은 26~35세이며 여행동반자는 가족을 선호한다. 숙박시설은 콘도를 선호한다.

2-3 다양한 관광 · 레저활동

(1) 관광의 종류

체재형 관광(滯在型觀光)

한 관광지에 일정기간 체재하는 관광형태를 말한다. 주된 목적은 온천보양과 피서, 피한지에서의 보양이나 휴양 외에 스포츠나 아웃도어·레크리에이션 행동 등이다.

주유형 관광(周遊型觀光)

복수의 관광지 또는 관광대상을 보고 돌아다니는 관광행동의 형태를 말한다. 주유형 관광의 구성요소는 교통계획에서 말하는 관광대상과 그것을 묶어주는 이동수단이며, 관광자에게 매력적인 관광코스를 제공하기 위해서는 그것을 적절하게 조합시키기 위한 소프트면의 계획이 중요하다.

회유행동(回遊行動 : excursion patterns of tourists)

동물행동학에서 말하는 '회유'란 어류 등 물에서 사는 동물이, 일정한 주기를 거쳐서 제자리로 돌아오는 것처럼 시공간적으로 규칙적인 이동을 말하는데, 관광도 역시 회유행동을 기본형으로 하고 있다.

(2) 여행의 종류

단체여행

단체여행에는 개인, 가족, 그룹여행에 대하여 많은 사람을 한 곳에 모아서 여정을 모두 통일행동으로 하는 경우와 교통편의 운임과 이용하는 시설요금의 할인을 받을 때에 정해진 기준으로서 사용되는 경우 등 두 가지의 의미가 있다.

가족여행

일본의 경우, 집단여행이 주류를 차지하여 왔으나 1970년의 오사카 만국박람회를 계기로 가족여행이 일반화가 되었다. 가족여행이 성행하게 된 배경으로는 핵가족화의 진전이라는 사회구조상의 변화, 자동차화(motorization)의 보급 등이 있다.

〈그림 2-9〉 연어의 회귀행동과 관광객의 회귀성

연어와 관광객의 비교

연어는 바다에서 살다 태어난 하천으로 돌아와 산란하는 모천회귀어류로 일생에 한번만 산란하고 생을 마감한다. 어린 새끼는 바다로 나간 후 북태평양의 알래스카와 베링해에서 3-5년 후에 성어로 자라 산란을 위해 자기가 태어난 하천으로 회귀한다.

강원도 양양의 남대천연어축제는 회귀하는 연어를 활용하여 성공적으로 축제를 개최하고 있다. 관광객의 대표적인 특성도 자신의 일상생활권으로 돌아오는 회귀성에 있다.

사진출처: 양양군청(www.yangyang-gun.gangwon.kr/festival)

개인여행

단체로부터 가족으로, 가족으로부터 그룹, 개인으로의 여행형태가 변화하고 있으며 참가자의 수로 여행형태를 구분하기는 어려운 경우가 많아지고 있다. 교통기관이나 숙박시설은 동일하더라도 현지에서의 행동이 개인적인 경우, 그것을 단체여행의 범주에 넣기는 어려울 것이다. 오히려 여행자의 여행목적의 공통성이나 이질성이 개인여행 여부를 판단하는 기준이 될 것이다.

위안여행

기분전환, 즐기기 등을 주목적으로 하는 '위안형'의 여행은 단체여행과 밀접한 관련을 가지면서 발달되어 온 것으로, 일본의 경우는 관광여행의 주류를 이루고 있다. 일본의 경우 위안형의 여행은 대도시보다는 동, 마을, 촌에 더 수요가 많으며 연령이 높을수록 높아지는 경향이다.

직장여행

망년회 등을 겸하여 온천에 숙박하며 연회를 가지는 사원여행을 위안여행이라 하는데 반해 직장여행은 해외사원여행을 가리키는 경우가 많다. 일본의 경우 여비를 복리후생비로서 손비에 산입하는 것이 단계적으로 인정받게 되어 1993년부터는 현지 4박 이

내까지 확대가 되었다는 것과 국내여행보다도 보상효과가 크고 스포츠활동이 풍부하게 갖추어져 있어서 개인행동지향에 대응하기 쉽다는 이유로 해외가 선호되기 때문이다.

인센티브투어(incentive tour)

보상여행을 말한다. 예를 들면, 자동차회사나 화장품회사 등이 판매점이나 판매원에 대하여 일정한 목표 이상의 실적을 올린데 대한 보상으로 국내나 해외의 여행에 초대하여 여행지에서 감사하는 뜻의 파티를 개최한다. 각 여행업자에게는 거액의 인센티브 투어가 치열한 획득경쟁의 목표가 된다.

경기관광공사는 최근 인센티브투어 상품을 일본기업에 성공적으로 판매하여 고가관광상품의 상품화 가능성을 현실화하였다. 경기관광공사기 일본 유수의 내의 제조 및 판매회사인(주) 샹데루(シャンデル)의 사원 인센티브 단체관광객 1,600여명을 경기도로 유치했다. 이번 유치는 경기관광공사가 일본 최대여행사인 JTB(일본교통공사) 및 국내 세방여행사와 함께, 일본기업 단체관광객에 대해 21세기 맞춤형 관광상품화 전략의 일환으로 추진해온 공동프로모션의 결과이다. 일본 전역에 130만여명의 회원을 확보한 (주)상데루(シャンデル)지원 중 매출실적이 우수한 판매사원으로 이루어진 이번 단체관광객은 1차로 4월 15일(화) 530여명, 2차로 4월 16일(수) 1,070여명으로 나누어 수원 화성, 용인 민속촌, 통일전망대 및 이천 도예촌 등 도내 유명관광지를 방문하였다.

이러한 인센티브 투어의 효과에 대해 경기관광공사 관계자는 “기존의 저가위주 개인여행객(FIT) 유치전략에서 탈피, JTB(일본교통공사) 및 농협교류센터 등 일본 현지 여행업계와 공동으로 인센티브 및 수학여행단 유치전략을 병행함과 동시에 도자기체험 관광상품, 스키관광상품, 병영체험 관광상품 및 농촌체험 투어 등 21세기형 체험위주 고가관광상품을 개발하여 다양한 계층의 일본관광객 유치를 적극 추진할 예정”이라고 밝혀서 인센티브 투어상품을 잘 개발하면 큰 시장이 있음을 보여주고 있다.

귀성여행

가사나 사사(私事) 때문에 출신지로 귀성하는 여행을 말한다. 여행의 종류는 그 목적에 따라서 관광을 위한 여행, 업무를 위한 여행, 사사로운 여행의 세 종류가 있다. 사사로운 여행은 조상의 제사, 결혼식, 학급회, 귀향 등이 포함된다. 귀성여행은 연말연시, 황금주간(golden week), 여름휴가 등의 휴가시에 관광여행을 겸하여 하는 경우가 많아서, 이 시기의 교통혼잡을 가중시킨다.

신혼여행

결혼식이 끝난 다음 신랑신부가 가는 여행을 말한다. 일본의 경우, 연간 약 80만 쌍의 신혼커플이 탄생하며 그의 약 90%가 해외여행을 가는 것으로 추산된다.

졸업여행

일본에서 해외여행이 보급된 1980년대부터 급성장한 학생수요의 여행으로서, 1990년 이전에는 값싼 해외여행을 주로 갔으나 1990년대 이후에는 일반적인 패키지 투어를 이용하는 경향이 있다.

수학여행

학생들의 연수를 위하여 단체로 행하여지는 여행이며 초, 중, 고교생의 9할 이상이 참가하는 여행이다. 수학여행이라는 표현이 처음 나온 것은 일본에서는 1886년이며 그 무렵부터 교외학습을 목적으로 한 여행이 시작된다.

실버여행

연금 수급대상자의 여행이다. 고령화사회에서 건강하고 시간적 여유가 있는 노인층이 커다란 시장을 형성해가고 있다.

쇼핑투어

여행지에서의 쇼핑자체를 여행목적으로 하는 투어이다. 국내에서는 산지에서 사게 되면 더 신선하고 값도 쌀 것이라는 점을 세일즈 포인트로 삼아서 손님을 끄는 상품이다. 해외에서는 브랜드(상표) 지향 또는 내외가격차를 배경으로 하여, 젊은 여성들의 그룹여행이 현저하게 높다.

홈스테이(home stay)

해외여행 또는 단기유학으로 일반가정에 1주일 이상부터 반년 정도 체재하는 여행업자가 생각해낸 여행스타일이다. 일상생활에서의 회화나 풍속, 습관을 체험할 수 있고 그곳에 살고 있다는 감각을 가지게 해준다.

팜스테이(farm stay)

도회지 등에서 온 방문자가 농가에서 단기간 체재하며 벼베기, 야채가꾸기 등의 농사를 집주인인 농가와 함께 체험하는 것을 말한다.

〈그림 2-10〉 홍콩 면세점의 쇼핑관광객들

관광에서의 쇼핑의 매력

관광을 할 때 쇼핑활동은 빼놓을 수 없는 요소이다. 문화권에 따라서 해외관광을 할 때 쇼핑활동의 폭이나 적극성이 다르다고 알려져 있다. 중국, 대만, 한국의 경우 해외여행중 주변 사람들에 대한 선물을 준비하기 위해 많은 시간을 보내기도 한다.

사진출처: Hong Kong DFS Galleria (www.dfsgalleria.com/Galleria/Korean/Hong_Kong)

(3) 레저활동의 종류

▌아웃도어 레저(out-door leisure)

야외활동, 아우팅 엑티비티(outing activity)와 같은 뜻이다. 자연관찰, 농·어업의 관찰, 민속, 축제 등 지역문화의 체험과 등산, 캠프, 오리엔티어링, 사이클링 등의 육상활동, 해수욕, 다이빙, 요트 등의 수상활동, 눈위의 스키, 스케이트 등 많은 활동이 있다. 이러한 활동을 거주지에서 떨어진 곳에서 체험하는 여행이 있기에 관광레크리에이션이라고 부른다.

▌삼림욕(forest-bath)

녹지가 줄어든 도시의 생활자들이 야외에 나가서 푸르름 속에 풍부한 산소를 마시며 생활에서의 활기를 되찾는다는 것은 가장 좋은 레크리에이션이 된다.

오리엔티어링(orienteering)

산야에서 지도위에 표시된 몇 개의 지점을 콤파스를 보고 찾아내어, 될 수 있는 대로 빠르고 정확하게 목적지에 도착하는 경기로서, 콤파스의 이용기술과 지형, 지도 등의 관찰, 판단이 요청된다. 19세기 말부터 북유럽에서 유행하였으며, 1961년에는 국제경기가 되었고, 일본에서도 1966년부터 OL(Orientierungs-Lauf)이 거행되고 있다.

〈그림 2-11〉 대전에서 인기있는 삼림욕장인 장태산 휴양림

인기있는 레저활동 삼림욕

대전의 장태산휴양림은 단순히 건강을 위한 삼림욕을 즐기는 사람뿐만이 아니라 가족단위로 소풍와서 즐기는 사람들도 많으며 인기있는 지역주민들의 레저장소가 되고 있다.

캠프(camp)

정주지를 떠나 가설의 시설에서 숙박하는 것이다. 야외에서 원시적인 생활을 즐기면서 대화를 나눈다는데 의미가 있다. YMCA(Young men's Christian Association : 기독교청년회)나 학교의 조직캠프에서는 캠프 크라프트(campcraft)에 의한 기술과 프로그램이 있으며 그 중에서도 캠프파이어는 반드시 들어가는 프로그램이 되었다.

오토캠프(auto-camp)

호텔이나 여관 등의 숙박업소보다는 텐트나 자동차내 또는 트레일러 등에서 숙박하면서 하는 자동차여행과 그것을 위한 시설을 말한다. 유럽과 북미에서는 고속도로 양변에 많은 시설이 있어서, 취사장, 변소, 욕실과 취사를 위한 가스, 수도시설이 정비되어 있다. 일본의 경우 좁은 도로사정 때문에 트레일러는 발달되지 못하고 왜건이나 텐트에 의한 가족캠프가 많다.

반더포겔(Wandervogel)

독일어로 철새를 의미하며, 영어의 원더링(wandering)과 거의 같은 뜻이다. 1895년경, 독일에서 청소년이 산야를 걸으면서 신체를 단련하고 서로 대화하는 것을 목적으로 만들어진 지역 청소년단체와 그 운동을 말한다.

트레킹(trekking)

남아프리카에서는 우차를 이용하여 느긋하게 하는 여행을 의미한 것이었는데, 1953년의 에베레스트 등정 무렵부터 히말라야, 카라코름 지역에서 행하는 고도의 등반기술에 의한 등산이 아닌 산기슭을 캠프하면서 아름다운 산을 바라보며 걷는 가벼운 등산여행이라는 뜻으로 사용된 후 급속하게 퍼졌다. 현재는 네팔 등에서도 트레킹코스가 설정되어 있는 등 관광여행의 한 형태가 되었다.

버드워칭(bird watching)

삼림, 하천이나 호수, 해안 등 자연속에서 생활하고 있는 야생조류의 생태를 관찰하고 감사하는 것을 말한다. 망원경을 이용한 관찰과 감상 외에 망원카메라에 의한 촬영, 테이프 레코더에 의한 야생조류 소리의 녹음 등도 행한다.

행글라이더(hang glider)

1975년에 일본에 등장하여 그 후 급속하게 애호가들이 증가되고 있는데, 행글라이더에는 런처대와 착륙장, 어느 정도의 고저차가 필요하다.

사이클링(cycling)

사이클링은 1시간부터 한나절 정도의 간단한 것부터, 자전거를 사용하여 여행하는 사이클 투어링, 사이클 캠핑이라 부르는 활동까지 폭이 넓다. 사이클링에 의한 여행은 유럽 여러 나라에서 활발하며 독일에서는 많은 도로에 자전거 전용의 레인이 설치되어 있다.

머린스포츠(marine sports)

바다에서 행하여지는 일반적인 스포츠들을 가리키는데, 최근에는 호수나 하천에서 행하여지는 것까지 포함하여 총칭한다. 보트, 요트, 카누, 스쿠버 다이빙, 스노클링, 서핑, 보드세일링, 제트스키 등이 있다.

피싱(fishing)

릴과 낚싯대로 낚시를 즐기는 레크리에이션을 가리킨다. 게임 피싱은 IGFA (International Game Fishing Association)가 규칙을 정비하고 있으며, 보다 가느다란 실로 동일종류의 큰 물고기를 잡는 경기로서 기록인정을 하고 있다.

보드세일링(board sailing)

서프보드 위에 세일을 고정시키고 범주하는 스포츠를 말한다. '윈드서핑'은 상표이다. 1984년부터 올림픽의 정식종목이 되었다. 경기에는 슬라로움, 웨이브 퍼포먼스, 코스 레이싱의 세 가지 종목이 있다.

파라세일링(Para-sailing)

미리 펼쳐진 낙하산을 자동차나 모터보트로 견인하여 떠오르게 한 다음 공중유영을 즐기는 스포츠이다. 일본의 경우 1980년대에 해양스포츠로서 소개되었다.

스쿠버다이빙(SCUBA diving)

스쿠버란 Self Contained Underwater Breathing Apparatus(자급식 잠수기구)의 머릿글자를 따온 것이다. 수중에서도 숨을 쉴 수 있는 기구를 사용하여 행하는 스포츠를 말한다.

아일랜드 호핑(island hopping)

도서지역에서 여러 섬을 방문하는 주유성이 높은 관광형태를 말한다. 대표적인 것은 카리브해 크루즈와 에게해 크루즈가 있다. 1개소의 체재는 짧지만, 전체적인 여행기간은 길어지는 것이 특징이며, 객선의 체재성과 이동의 쾌적성도 매력을 형성하는 큰 요인이다.

탈라소테라피(thalassotherapie)

해양치료법이라고도 한다. 해양 및 해안의 환경이 질병을 고친다는 생각에 의거한 치료법이다. 해안에서의 생활, 해수욕 또는 항해 등을 하는 일종의 전지요법도 겸하고 있다. 18세기 초부터 잉글랜드를 중심으로 해수욕을 비롯한 치료법이 시작되어, 러셀이 해수요법의 요양소를 개설하고 있다. 프랑스의 의사인 라 보니디엘(La Bonnardiere)이 1869년에 그리스어로 바다를 나타내는 타라사와 테라피(치료)를 합성하여 만들어낸 말이다.

탕치(湯治 : hot spring therapy)

온천에 입욕하거나 온천수를 마셔서 질병을 치료하는 것이다. 오래 전부터 세계적으로도 온천의 효능은 경험적으로 잘 알려져 있으며, 조수나 고승의 온천발견전설이 지금도 전해지고 있다. 17세기, 세계각국에서 온천의학이 발달되어 탕치객들이 늘었다. 유럽에서는 근대온천의학이라는 이름으로 온천요법이 확립되어 오늘날에도 탕치, 온천보양이 활발하다.

음천(飮泉)

온천을 음용하여, 온천요양을 하는 것을 말한다. 일반적으로 온천의 온도가 낮은 유럽의 온천지에서 발달되어, 특히 이탈리아에서는 많은 탕치객들을 모으는 훌륭한 음천장이 있다. 음천에는 온천의 질이 중요하며, 위장병 등 만성 소화기병에는 염화물천(塩化物泉)이 좋다고 하며, 간장병, 위장병 등에도 음천요법으로 치료한다.

팜 홀리데이(farm holiday)

주말이나 여름휴가 등에 농가에 체재하여 풍성한 자연과 평온한 시골에서 보양하거나, 평소에 체험할 수 없는 농사에 참여하기도 하는 휴가를 말한다. 장점은 농산촌에는 스트레스로부터의 해방을 촉진시키는 치유능력이 있다는 것, 체재경비가 비교적 저렴하다는 것, 농가에서 기르고 있는 동물과의 접촉이 도시에서 온 어린이들에게 다대한 정서교육효과를 준다는 점이다.

2-4 관광소비자의 심리(psychology of tourists)

일상생활을 떠나서 낯선 땅을 여행한다는 것은 관광객의 긴장감을 높이고, 정신적 피로를 느끼게 되기 쉬운데, 긴장감은 감수성이나 정서성을 강하게 하는데도 작용하여, 쾌·불쾌나 좋고·싫음 등의 인상이 마음에 새겨지기 쉽다. 관광에 의하여 일상생활에서 이탈한다는 것은 생활상의 여러 가지의 속박으로부터 일시적으로 해방이 된다는 것이므로, 해방감을 높이는 작용을 한다. 여행을 떠나면, 육체적·정신적 피로를 느끼면서도 즐거움을 맛보게 되는 것은 이것 때문이다.

(1) 관광소비자의 여러 심리현상

리미노이드(liminoid)

리미노이드란 Victor Turner가 개발한 용어로서 일상생활의 바깥 혹은 그 주변의 모든 조건을 의미한다. 리미노이드는 역치성(liminality)에 근거한 개념인데 역치성이란 문지방이란 한계를 넘는다는 뜻이며 일상적 실존의 기본적인 정치·경제적인 사건, 과정과 무관한 조건을 의미한다.

〈그림 2-12〉 리미노이드의 해석

- 리미노이드란 Victor Turner가 개발한 용어
- 역치성(liminality)-문지방이란 한계를 넘는다는 뜻
- 일상생활의 바깥 혹은 그 주변의 모든 조건을 의미
- 즉, 일상적 실존의 기본적인 정치, 경제적인 사건, 과정과 무관한 조건을 의미

관광모럴(tourist moral)

관광객이 지켜야 할 도덕관념을 말한다. 관광여행은 일상생활에서 벗어나면서 해방감을 가지기 때문에, 자기중심적으로 판단하거나 무책임하게 되기 쉽다는 점에서, 관광

여행을 할 때 다른 사람에게 폐를 끼치지 말 것, 관광대상을 손상시키지 말 것, 도덕적으로 문제가 있는 행동을 하지 않을 것 등은 관광객이 유의하여야 할 사항이다.

(2) 관광욕구(tourist's want)

관광행동을 하고 싶어지는 심리적 원동력이 되는 것 일반을 의미한 개념이다. 이 용어가 관광연구에 채택되어, 관광성립의 원인과 결정요인을 설명하고자 의도한 관광욕구의 분류는 이미 1930년대부터 시도되었다. 현대의 관광행동에는 여러 가지의 욕구가 관계하고 있어서 관광의 성립에 영향을 주고 있는 욕구의 총체를 관광욕구로서 이해하는 것이 필요하다.

매슬로우의 욕구단계설(Maslow's theory of personality)

욕구단계설은 미국의 심리학자 매슬로우(Maslow, A. H.)의 '인간성의 심리학'(1971)에 의하여 제창되었는데, 인간행동일반을 설명하는 이론이다. 욕구단계설에 따르면 인간의 욕구는 5단계의 계층을 이루고 있으며 '생리적 욕구', '안전의 욕구', '소속의 욕구', '존경의 욕구', '자기실현의 욕구' 순으로 순차적으로 나타난다는 것이다. 관광은 이들 각 단계의 욕구로부터 생길 수 있는 것으로 생각되고 있다.

〈그림 2-13〉 매슬로우의 욕구단계설

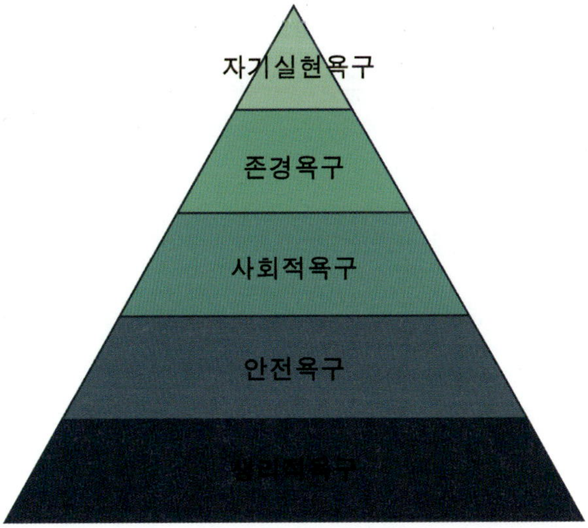

(3) 관광동기(tourist's motive)

관광욕구와 더불어 관광행동을 생기게 하는 심리적 원동력을 의미하는 개념이다. 욕구가 행동을 일으키게 하는 잠재적인 힘인데 대하여, 동기는 욕구에 의거하여 특정한 행동에로 향하게 하는 심리적인 에너지를 의미한다.

▌그뤽스만(Glücksmann, 1935)에 의한 관광동기의 분류

사람은 태어나면서부터 생존, 관계, 성장에의 욕구를 가진다. 성장과 더불어 이것이 사회화되고, 구체화·세분화된다. 사람의 행동은 그러한 욕구를 충족시키는 수단적 의미를 가진다. 예를 들면 '변화욕구'를 충족시키고자 하는 사람이 관광하는 것으로 알려져 있는데, 이처럼 관광행동의 원천이 되기 쉬운 욕구를 총칭하여 관광욕구 또는 관광동기라고 한다.

▌이마이(今井省吾) 등에 의한 '관광동기'의 분류

1960년대 후반에 일본 도쿄 도립대학의 이마이 등에 의하여 실시된 '관광의 심리분석'에 관한 조사연구는 일본에 있어서 그 분야에 관한 선구적인 것이다. 이 조사에서 직장여성, 봉급생활자, 주부 등을 대상으로 한 질문지 조사에 의하여 사람들이 관광을 하게 되는 동기로서 '긴장해제의 동기', '사회적 존재동기', '자기확대 달성동기'가 분석되었다. 구체적으로 긴장해제의 동기에는 '기분전환', '피로회복', '번거로움에의 도피', 사회적 존재동기에는 '친구와의 친목', '다른 사람의 유혹을 받아서', '다들 가니까', '상식적으로 알아두기 위해서', '자기확대 달성동기'에는 '미지의 세계에 대한 동경', '지방의 풍속과 접촉하기 위해서'가 있다. 매슬로우의 욕구단계와 비교해보면 흥미있는 결과임을 알 수 있다.

(4) 관광의 상품화와 고유성(Authenticity)

관광의 정수(essence)는 문화라고 할 수 있다. 관광객이 다른 지역의 다른 문화를 체험할 때 진정한 관광의 기쁨을 느낄 수 있다는 의미이다. 많은 전문가들이 이에 공감하지만 많은 논쟁거리가 되는 부분이 문화의 고유성과 문화의 상품화가 어느 정도까지 허용되어야 하느냐이다. 진정한 지역의 문화란 무엇일까? 고유성의 개념을 초기에 논의했던 MacCannell(1976)은 현대사회의 생활자체가 고유성이 결여되어 있다는 점(unauthentic)을 지적하였다. 따라서 다른 시대의, 다른 지역의, 다른 사람들의 생활속에 있는 고유한 문화를 경험하기 위해 현대인들은 관광을 한다는 것이다.

고유성에 대해 1970년대부터 최근까지 많은 연구를 한 Cohen(2007)은 최근 흥미있는 고유성 개념을 제시하고 있다. 첫째, 고유성은 객관적(object authenticity)인 기준을 제시할 수 있는 개념이 아니라 완전히 주관적인 개념(subject authenticity) 이라는 것이다. 이러한 주관적인 고유성은 관광객의 여행하는 동안 체험하는 심리상태와 밀접한 관계가 있는데 이러한 심리상태는 Csikszentmihalyi의 'flow 경험', Maslow의 'peak experiences', Cary의 'authentic moment'라는 개념들과 일맥상통한다. 둘째, 관광객들이 기대하는 지역문화(지역명소, 상품, 축제 등)의 고유성 정도는 상당히 다양하다는 점이다. 어떤이는 하와이의 폴리네시안 센터에서 보여주는 전통춤이나 쇼를 보고 재미있어하며 만족하기도 하지만 이를 보고 연출된 위조품이라고 부르짖는 관광객도 있을 것이다.

〈그림 2-14〉 칠레 비냐델마르 정통해산물레스토랑에서의 칠레전통의상을 입어보는 관광객들

• 칠레 전통의상을 입어보는 관광객들은 이것이 과연 고증된 전통칠레의상인지 의심할까?

consumer's behavior

관련 논문소개

1. 논문제목

The Sacred and the Profane : A Tourist Typology

2. 저자: Wickens, E.

3. 출처: Annals of Tourism Research, Vol. 29(3), 2002, pp.834-851.

4. 내용소개

(1) 연구목적

다양한 관광객들의 행동과 상(이미지)을 단순화하는 한 가지 방법은 이들 사이의 공통점을 찾아 이들 사이에 다리를 놓아줄 수 있도록 유형화하는 것이라는 코헨의 제안으로부터 그동안 많은 학자들이 관광객 유형을 분류하려고 노력해왔다. 이 연구는 Goffman(1967)과 Cohen(1972)의 관광객 유형분류에 기반을 두고 그리스 Chalkidiki 지역 Kalimeria 해안리조트 마을을 방문한 영국관광객들을 5가지 유형으로 분류하려고 시도하였다.

(2) 연구방법

이 연구의 연구방법은 준표준화면접법(semi-structured interviews)과 참여관찰법(participant observation)을 사용하였다. 면접을 할 때 조사대상자의 허락하에 녹음을 병행하였다. 조사기간은 1993년부터 1996년까지 4년간 여름 7월에서 8월 성수기이다. 86명의 영국에서 온 휴가자들을 대상으로 조사했으며 조사는 바(bars)나 선술집(taverns)과 같이 다양한 곳에서 이루어졌다. 표본선정방법은 스노우볼 표집방법(snowball sampling)으로 하였다.

(3) 연구결과

이 연구의 모든 조사대상자들은 코헨의 분류해 의하면 개별대중관광객(individual mass tourists)에 해당되었으며 경제적으로 활발한 활동을 하는 계층이었고, 기술직이나 반숙련직에 종사하는 사람들이었다. 조사대상자들은 두 가지의 공통점을 나타내었다. 첫째는 모든 이가 어느 정도 Kalimeria의 태양, 바다, 모래사장을 즐긴다는 것이고, 둘째, 화장실, 청결과 같은 기초편의시설에 대한 바람이 어느 정도 있다는 것이다. 이 연구의 조사결과 조사대상자들은 5개의 그룹으로 나뉘어졌다.

문화유산형(The Cultural Heritage Type)

- Kalimeria의 문화적 측면 강조
- 그리스 역사와 문화에 대한 이전 경험이 있음
- 지난 6년간 최소 2번 이상 그리스를 방문한 경험
- 주된 방문목적이 그리스의 自然美, 역사, 문화임
- 여행브로셔에 있는 전통적 환대와 전형적 그리스 마을 생활체험에 대한 묘사가 이들이 Kalimeria로의 처음 방문 결정 유도
- 이들의 관광활동은 관광은 관광화가 되지 않은 사랑스럽고 평화로운 전형적인 그리스 마을로 묘사되는 Kalimeria와 인근 Aghia Paraskevi, Thessaloniki의 역사유적지, Petralona 동굴 유람
- Kalimeria 지역 주민과 선술집, 카페, 가게, 해변에서 접촉하고 대화하는 것이 주된 활동
- 지역환경에서 고립되지 않고 가족단위로 관광하는 경향. 18명이 이 유형에 해당

쾌락추구형(The Raver Type)

- 18명으로 구성
- 해변이나 나이트 클럽이 주무대. 육체적 쾌락을 추구
- 이들의 행동은 즐기고, 마시고, 춤추고, 바보같은 짓을 하는 것을 즐김.
- 해변에서 섹스를 즐김. 섹스파트너는 1인 이상. 그룹섹스도 경험. 섹스파트너는 다른 관광객이나 그리스 지역민도 있음. 그룹섹스를 하는 이유는 재미있기 때문이라는 응답
- 이 곳에 온 이유는 가격이 저렴한 패키지였기 때문이며 다음번에 재방문을 원하지 않음.

셜리 발렌타인형(The Shirley Valentine Type)

- 14명의 여성이 이 유형에 해당
- 주로 혼자나 다른 여자친구와 여행하는 경향이 있고 그리스에 여행해 본 경험이 있음.
- 'Shirley Valentine' 영화에서 나온 전형적인 친절한 그리스 남성을 애인으로 만날 수 있을 것이라는 기대로 이 지역을 방문. TV 프로그램인 'Holiday Romances in Greece', 라디오 프로그램인 'Real Shirley Valentine in Greece'와 신문을 보고 이러한 방문동기 형성
- 대부분의 시간을 해변에서 보내고 수영이나 일광욕을 즐김. 웨이터나 바텐더와 쉽게 연애하는 경향
- 쾌락추구형과의 차이점은 특정 유형의 이성을 원하고 로맨틱한 사랑을 원함. 또한 술을 많이 마시지 않으며 클럽을 좋아하지 않으며 약물을 하지 않음
- 가까운 장래에 재방문을 원하며 재방문 때 이번에 만난 애인과 다시 해후를 원함

태양숭배형(The Heliolatrous Type)

- 25명이 이 유형
- 휴가 2주간을 강렬한 태양아래서 지내고 태양을 즐기기 위해서 방문. 영국은 태양을 볼 기회가 적고 춥고 날씨 측면에선 비참함
- 이 지역에 대해서는 잘 모르지만 그리스의 열기와 강렬한 태양에 대해서는 알고 왔음.
- 여행사의 마케팅전략 : 태양 보증
- 피부를 적당히 태양에 태우는 것을 하나의 패션으로 생각
- 지역 여행사에서 알선하는 역사 유람은 관심없고 하지도 않음
- 이 지역에 다시 오지 않을 계획

로드바이론형(The Lord Byron Type)

- 11명으로 구성
- 매년 같은 지역, 같은 장소로 재방문
- 이 지역 주민과 친구관계에 있으며 식사에 초대받으며 가족의 일원으로 여김.
- 지역주민들이 가는 식품가게에서 쇼핑하고 지역민들이 즐겨찾는 선술집과 식당을 가면서 지역주민화를 원함.

(4) 시사점

이 연구결과 나타났듯이 그리스 Chalkidiki에 개별대중관광을 하는 관광객들은 극히 다양한 관심과 활동패턴을 보여주고 있다. 이러한 다양한 관광객을 연구상황에 따라 소유형으로 분류하여 유형별 행동패턴을 연구하여 이해할 필요가 있다. 이 연구는 그러한 유형분류 연구의 한 시도이다. 필리핀, 베트남, 말레이시아와 같은 동남아시아의 해변지역과의 비교연구도 흥미있는 결과를 가져올 것이다.

사례분석

1. 주제 : 스웨덴의 얼음호텔

2. 출처 : 해외정보신문 2000.6.18 ; 조선일보 2000. 12.15.

3. 내용

스웨덴의 얼음호텔 "아이 추워! 얼음침대에서 하룻밤을"

〈그림 2-15〉 스웨덴 얼음호텔 전경

사진출처: Scantours (www.Scantours.com)

꿈나라에서나 볼 수 있었던 얼음호텔을 스웨덴 북부 지방 유카스예르비에 가면 직접 볼 수 있다.

얼음호텔은 북극권 남방한계선으로부터 2백km 북쪽으로 떨어진 지점에 거의 얼음과 눈만으로 지은 건물로 실내 온도는 섭씨 영하 5도, 침대와 가구도 매끄러운 얼음 덩어리로 만들어져 있다. 편안함을 찾기 위해 스웨덴의 얼음호텔을 찾는 사람들이 있다면 미리 만류하고 싶다. 낯선 곳에서 고통을 겪는 사이 열악한 환경을 미래지향적으로 바라보는 긍정적인 시각을 갖고자 하는 사람은 유카스예르비의 얼음호텔로 떠나자.

겨울에만 문을 여는 스웨덴의 얼음호텔이 2000년에는 최대규모로 확장됐다고 AP가 15일 보도했다. 모든 내부구조물이 얼음으로 만들어진 이 호텔은 이날 스웨덴 북부의 유카샤에르비에서 개관했다. 높이 9m의 단층 돔형건물로, 45개의 더블룸과 15개의 스위트룸이 있다. 실내온도는 영하 9도에서 영상 4도 사이이며, 투숙객들은 얼음 침대에 두꺼운 모피 담요를 깔고 잔다. 숙박료는 지난해 더블룸을 기준으로 성인 1 명당 약 89달러(한화 약 10만원). 지난해 9000명이 이 호텔에 묵었으며, 올 겨울에도 이미 1만명이 예약을 마쳤다. 11월에 지어지는 얼음호텔은 4월이나 5월이 되어 녹아내릴 때까지 문을 여는데, 얼음호텔의 특이한 구조는 중세의 노르만 대성당과 비슷한 데가 많다. 아치형의 천장과 휘장을 정교하게 만들었는데, 단단하게 다진 눈과 얼음 2천톤으로 지어진 건물을 벽체만으로 떠받치고 있고, 전기톱을 이용하여 강에서 잘라온 얼음은 여기저기 장식용 서까래와 기둥을 만드는데 쓰였다.

접근성을 보면 얼음호텔은 스웨덴의 철광지대 키루나에서 15km 떨어진 유카스예르비까지 개가 끄는 썰매를 타고 가야 한다. 호텔에 들어가기 위해서는 '스노스쿠터복' 이라는 옷으로 갈아입어야 하는데, 소재가 '비버 나일론'인 스노스쿠터복은 소매 끝이 공기가 통하지 않게 만들어져 있어 기온이 영하 22도까지 내려가더라도 체온을 유지할 수 있다.

여느 호텔과 마찬가지로 얼음호텔에는 거대한 접견실, 파란 빛깔의 보드카 칵테일을 주는 얼음바, 등급별 멀티미디어 극장, 화려하게 조각된 14개의 객실, 2개의 사우나가 있다. 또 손님들이 예배를 보거나 결혼식을 올릴 수 있는 예배당도 있어 그 편의를 더해 주고 있다.

〈그림 2-16〉 스웨덴의 얼음호텔 내부

사진출처: Scantours (www.Scantours.com)

호텔의 손님들은 대체로 짜여진 일정이 너무 힘겨워 11시가 지나면 밖에 나와 사람들과 어울리는 일이 거의 없다. 이곳에는 대담한 여행자들이 즐길 만한 활동이 다양하게 준비되어 있어 하루가 끝나면 기진맥진해질 수밖에 없다. 손님들은 스노스쿠터를 타고 베체레예르비 호수에도 가고, 얼음낚시와 서바이벌게임을 즐기기도 한다. 뿐만 아니라 사미캠프도 방문하고, 개썰매를 타는가 하면, '스파크'(스칸디나비아 사람들이 오래 전부터 눈덮인 오솔길과 도로를 다니는데 사용한 썰매)를 타고 그림같이 아름다운 외곽 지역을 마냥 돌아다닐 수 있다.

얼음호텔에서 가장 견디기 힘든 순간은 얼음침대에서 잠을 자는 밤시간이다. 폭신폭신한 순록 가죽을 깔아 놓은 침대는 놀라울 정도로 편안하다. 얼음 위에서 잠자기에는 나름대로 안성맞춤이고 품이 넉넉한 침낭은 단열이 잘되어 따뜻하고 편안해 나무랄데가 없다. 하지만 얼음침대가 차가운 것만은 부인할 수 없는 사실. 이 정도로 만족한다면 추위의 고통 속에서 어느 정도 잠을 이룰 수 있다.

얼음호텔은 매년 새로운 디자인을 선보이며 12월부터 이듬해 5월까지 운영된다. 얼음호텔은 11년 전 한 여관주인의 아이디어로 처음 문을 열었다. 호텔측은 "수요가 엄청나지만 우리는 너무 커지는 것을 원치 않는다"고 말했다. 얼음호텔 주변에는 얼음스크린이 장치된 영화관, 얼음예술센터, 얼음술집 등이 함께 문을 열었으며 크리스마스 때에는 얼음교회도 세워진다.

토론문제

1. 일본인 관광객이 느끼는 한국음식점의 장·단점은 어떤 것이 있는지 설명해 보세요.

2. 관광소비자의 유형을 분류하는 기준인 사이코그래픽스에 대해 설명하세요.

3. 레저활동의 종류 중 2가지를 설명해 보세요.

4. 리미노이드를 사례를 들어 설명해 보세요.

5. 매슬로우의 욕구단계설을 설명해 보세요.

6. Wickens가 그리스의 Chalkidiki 지역 Kalimeria 해안리조트 마을을 방문한 영국관광객들을 분류한 5가지 유형의 관광객 특성을 설명하고, 이러한 유형분류가 학계/업계의 마케터에게 어떤 의미가 있는지 설명하세요.

7. 스웨덴의 얼음호텔을 방문하는 관광객들을 플럭/ 이태희/ 김대관/ 김영태의 관광소비자 유형분류에 의해 어떠한 유형의 관광객일지 설명해 보세요.

consumer's behavior

참고문헌

경기관광공사(2003). www.kto.or.kr.

김대관(2002). '관광객 쇼핑행동에 관한 연구'. 「관광학연구」. Vol. 26(3). pp.211-232.

김영태(2001). '생태관광시장의 시장세분화 : 대전, 충남지역 관광객들의 심리적 요인을 중심으로'. 「관광학연구」. Vol. 25(1). pp.233-251.

김윤수(1988). 「호모루덴스 : 놀이와 문화에 관한 한 연구」, 까치.

네이버 국어사전(2003). www.naver.com.

네이버 백과사전(2003). www.naver.com.

손대현 (1996). 「관광론」. 일신사.

여행정보신문(2003.4.18). '일본관광객, 비빔밥 따봉'.

이진희(2003). 「장소마케팅」. 대왕사.

이태희(1998). '관광객의 신기성 욕구수준에 따른 관광목적지 선호도 차이에 관한 연구'. 「관광학연구」. Vol. 22(1). pp.9-20.

조선일보(2000.12.15). '9m '얼음호텔' 스웨덴서 문열어'.

조선일보(2002.6.17). '호주의 백미 케언즈, 에어즈락, 시드니를 한번에'.

최승이 · 이미혜(1999). 「관광상품론」. 대왕사.

한경수(2000). 「觀光客行動論」. 형설출판사.

한국국제관광개발연구원 역(2003). 長谷政弘 編著. 「觀光學辭典」. 백산출판사.

해외정보신문(2000.6.18). '스웨덴 얼음호텔 "아이 추워! 얼음침대에서 하룻밤을"'.

Cohen, E. (2007). 'Leisure, Tourism and Authenticity', 제3회 춘천국제여가심포지엄 발표문. pp.317-325.

Plog, S. C. (2004). Leisure Travel: A Marketing Handbook, New Jersey: Pearson Education, Inc.

Wickens, E.(2002). The Sacred and the Profane : A Tourist Typology. *Annals of Tourism Research*. Vol. 29(3). pp.834-851.

제2부

관광소비자행동의 수요와 공급

Tourism

제3장 관광상품

❦들어가는 이야기
❦핵심개념

3-1. 관광상품의 개념
- (1) 상품이란?
- (2) 상품의 유통경로
- (3) 상품의 매매
- (4) 관광상품의 개념
- (5) 관광상품의 특성

3-2. 관광상품의 구성요소와 종류
- (1) 관광상품의 구성요소
- (2) 관광상품의 종류

3-3. 새로운 형태의 관광상품 : 에코투어리즘
- (1) 에코투어리즘의 개념
- (2) 에코투어리즘의 등장배경
- (3) 에코투어리즘과 도시관광의 비교

3-4. 관광상품 생애주기
- (1) 관광상품 생애주기의 개념
- (2) 관광상품 생애주기의 영향요인
- (3) 관광지 생애주기 연구

❦관련 논문소개
❦사례분석
❦토론문제
❦참고문헌

관광상품

들어가는 이야기

핵심개념

관광상품의 개념

- 상품이란?
- 상품의 유통경로
- 상품의 매매
- 관광상품의 개념
- 관광상품의 특성

관광상품의 구성요소와 종류

- 관광상품의 구성요소
- 관광상품의 종류

새로운 형태의 관광상품

- 에코투어리즘의 개념
- 에코투어리즘의 등장배경
- 에코투어리즘과 도시관광의 비교

관광상품 생애주기

- 관광상품 생애주기의 개념
- 관광상품 생애주기의 영향요인
- 관광지 생애주기 연구

관련 논문소개

사례분석

토론문제

참고문헌

들어가는 이야기

관광상품 만들기-오색다리 한강의 밤

▌한강의 밤이 더욱 황홀해진다.

서울시는 오는 10월까지 반포대교, 한강대교, 잠실대교의 야간조명 설치공사를 완료하고 연말까지는 양화대교, 당산대교, 광진교에도 각각 9억원의 예산을 들여 형형색색의 야간조명을 밝힐 계획이다. 이에 따라 이미 야간조명이 설치된 9개 다리까지 합하면 서울시 관할 21개 한강대교 가운데 15개 다리가 서울의 밤을 화려하게 밝히게 된다. 서울시 안재혁 도시경관팀장은 "앞으로 한강변을 지나는 시민이나 차량들은 조명과 어우러진 한강다리의 화려한 모습을 볼 수 있을 것"이라며 "외국 관광객의 눈길을 끄는 서울의 명물이 될 것으로 기대한다"고 말했다.

➡ 새로 조명이 설치되는 다리 서울시는 최근 양화대교, 당산철교, 광진교에 대한 야간조명 계획 공모를 실시해 수상작품을 선정했다. 총 23개 응모작 가운데 양화대교는 ㈜누리플랜, 당산철교는 ㈜크리룩스, 광진교는 ㈜아이슬라의 디지인이 각각 당선됐다.

양화대교에는 꽃 문양의 다리 난간을 더욱 돋보이게 하는 희푸른 간접조명을 연출하고 교각에는 투광등 192개를 설치, 따뜻한 느낌의 오렌지빛 나트륨 광원을 비춘다. 특히 다리 남단에 위치한 선유도공원의 야간조명과 조화를 이루도록 조명 색상 등을 맞췄으며 선유도공원의 둘레에도 연말까지 외벽조명을 설치할 예정이다.

지하철 2호선이 통과하는 당산철교에는 2호선의 상징색인 녹색으로 조명해 안전한 철교의 이미지를 강조한다. 한강유람선 운행을 고려해 유람선이 통과하는 교량 하부를 특히 밝게 연출하고 난간에는 백색 포인트 조명을 설치, 신선한 도시의 이미지를 부여한다. 오는 10월 개통될 예정인 광진교에는 가장 큰 특징인 6개의 발코니형 전망대에서 시민들이 쉬어갈 수 있도록 밝은 노란색 조명을 밝힐 예정이다. 다리 난간에는 푸른색과 초록색의 필터를 교대로 설치해 마치 파도를 타는 듯한 리듬감을 살린다.

서울시는 이들 당선작에 대해 경관조명 전문가의 자문을 거쳐 9월 중 공사에 착수할 예정이다. 지난 5월 야간조명 설계를 마친 반포, 잠실, 한강대교는 전기선로와 등기구 설치공사가 끝나는 10월부터 일몰 이후 밤 12시까지 조명시설이 가동된다.

➡ 서울 야경을 세계적 관광상품으로 서울시는 '낮보다 밤이 아름다운 서울'을 만들기 위해 앞으로 서울시가 관할하는 21개 한강 교량 전체에 야간조명을 설치할 계획이다. 또 신촌, 이태원, 영등포 등 시내 주요 거점을 야간 경관지구로 지정해 관광명소로 만들 예정이며, 2005년 말 복원공사가 마무리될 청계천에도 가로등, 수목등, 수중조명 등 야간 조명시설을 설치할 계획이다.

서울시는 공공시설물뿐 아니라 민간 대형건축물에도 야간조명 설치를 의무화하도록 관련법 개정을 추진, 2010년까지는 서울에 야간 관광문화를 정착시킬 계획이다.

-중앙일보(2003.7.14), '오색다리 한강의 밤'

〈그림 3-1〉 서울 양화대교 야경

야경을 통한 서울시 야간관광활성화 전략

서울시는 다리의 야경을 외국인을 끌어들이는 명물로 만들려는 계획이다. 야간에 관광객들이 할 거리가 부족하다는 지적이 나오는 가운데 이러한 야경조성은 좋은 매력물이 될 것이다.

사진출처: 서울특별시 (www.seoul.go.kr)

Tourism 핵심개념

1. 관광상품의 개념
2. 관광상품의 특성
3. 관광상품의 구성요소
4. 관광목적지 매력요소
5. 관광목적지 시설과 서비스요소
6. 관광목적지 접근성
7. 관광목적지 이미지
8. 가격정책
9. 관광상품의 종류
10. 에코투어리즘의 개념
11. 관광상품 생애주기
12. 관광상품 생애주기의 영향요인

3-1 관광상품의 개념

(1) 상품이란

〈그림 3-2〉 다양한 상품의 사례

상품이란?

상품이란 매매의 대상이 될 수 있는 유형 · 무형의 모든 재산을 의미한다. 왼쪽 사진은 청바지이며 오른쪽 사진은 난타 기념품이다.

상품이란 매매의 대상이 될 수 있는 유형・무형의 모든 재산을 의미한다. 상품은 단순히 물자나 서비스 그 자체가 아니고 그것이 갖는 효용이며 그 소비를 통해 얻어지는 소비자욕구의 만족이다. 상업학의 입장에서 보면, 상품은 인간의 물질적 욕망을 만족시킬 수 있는 실질적 가치를 지니고 있다. 또 매매를 위해 이동이 가능한 유체재산을 가리키는 것으로 유가증권, 부동산, 상표권 등은 제외된다. 전통적인 상품의 개념은 식료품이나 잡화와 같은 소비가 비교적 단순하게 이루어지는 유형재를 일컬어 왔지만, 인간의 소비생활의 다양화와 활발한 마케팅활동으로 이제는 무형의 서비스에까지 그 상품의 영역이 확대되고 있다.

경제학의 입장에서 보면 상품은 한편으로는 가치를 지니고, 다른 한편으로는 사용가치나 효용(效用)을 지닌 노동생산물이다. 어느 재화가 아무리 인간의 생활에 유용하고 사용가치를 지니고 있다 하더라도 공기나 천연의 물과 같이 노동의 생산물로서의 가치를 가진 것이 아니면 상품이라고 할 수 없다. 또 반대로 사용가치가 없는 무용의 것이라면, 노동생산물이라 하더라도 상품이 될 수 없다.

상품이 사용가치나 효용을 지닌다고 하더라도 이것은 상품생산자의 물질적 욕망을 만족시키는 사용가치가 아니라 타인을 위한 사회적 사용가치여야 한다. 노동생산물이 상품으로 불리게 되는 것은 그것이 교환되어 타인의 물질적 욕망을 만족시켜야만 한다.

상품교환은 생산력의 발전과 더불어 교환의 규칙적인 반복에 의해 필연적인 것으로 되었다. 원시공동체사회의 붕괴, 사회적 분업의 발달, 사유재산제의 확립, 상품교환을 매개하는 화폐의 성립 등에 의해서 상품생산이 전사회적 규모로 행하여지는 경제적 조건이 성숙하였다. 이와 같이 상품생산은 자본주의의 성립에 선행하는 것으로서, 노예제사회나 봉건제사회에서도 그 사회체제 속에서 부수하여 발전되어 왔으나, 그 전면적인 발전은 자본주의 체제하에서 달성되었다.

이상의 내용을 정리하면 상품은 소비자, 특히 표적시장의 욕구를 충족시켜주어야 하며 상품을 중심으로 생산자와 소비자간의 교환이 이루어져야 한다. 교환의 요체는 소비자는 편익과 효용을 제공받으며 생산자는 소비자로부터 비용을 제공받는다. 상품은 전통적인 유형재와 무형의 서비스까지 상품의 영역이 확대되고 있다. 이러한 상품의 영역은 소프트웨어, 폐기물, 정보까지 포함하는 방향으로 나아가고 있다.

(2) 상품의 유통경로

상품이 생산자를 떠나 소비자에게 이르는 과정을 유통경로라고 한다. 유통경로는 상품의 종류, 생산양식, 생산장소, 생산규모, 시장의 구분 등에 의하여 달라진다. 상품의 유통경로는 일반적으로 그 생산양식 또는 출처에 따라 정리될 수 있다. 그런데 농수산물의 경우 산지가 분산되어 있기 때문에 수집업자나 협동조합에 의해 생산물이 수집된 후, 산지도매상을 통해 소비지의 분산도매상에게로 보내진다. 소비지에서는 분산도매상에서 소매상을 거쳐 소비자에게 판매된다.

가공품의 경우 이와는 다른 경로를 취한다. 농수산물의 유통경로의 특징은 전반이 수집과정, 후반이 분산과정으로 되는 점이다. 이에 대하여 광공업제품은 대량생산이 일반적이므로 유통경로 전체가 분산과정이 된다. 국제무역에서의 상품유통은 수출상·수입상, 때로는 생산자의 대리점이나 브로커에 의하여 촉진된다. 국내로 들어온 상품은 원칙적으로 국내 상품과 같은 유통경로를 거쳐 소비자에게 도달한다.

(3) 상품의 매매

상품매매에서 그 품질·종류·수량·가격·인도장소·인도시기·대금결제방법 등을 계약에 의서 분명히 해야 힌디. 이를 상품의 매매조건이라 한다. 상품의 품질을 정하는 방법으로는 현품·견본·상표·표준품 등에 의해서 정한다. 수량에 대해서는 상품의 종류에 따라 사용되는 기준이 달라지며, 유통단계(예를 들면 공장도나 도매거래 등)에 따라 매매단계가 달라진다.

섬유나 피혁은 길이나 면적을, 액체상품이나 목재는 용적을, 곡물이나 광산물은 중량을 사용하는데, 개수를 쓰는 경우도 있다. 상품의 수도(受渡)의 상소나 방빕도 여러 가지가 있으며, 운임·보험료·보관료 등의 부담방법에 따라서도 가격이 달라진다. 수도의 시기도 즉시인도나 일정기간 후 인도 등 여러 방법이 있으며, 대금결제방식에도 선불·후불·현금불 등의 구분이 있다.

(4) 관광상품(tourism product)의 개념

관광상품은 유형과 무형의 상품이 같이 포함된 특징을 가지고 있다. 관광상품은 관광객의 욕구충족의 대상이 되며 관광행동을 만족시킬 수 있는 유형·무형의 모든 시설 및 대상과 각종 서비스 등이 복합적으로 결합되고, 시간적·공간적·기능적으로 적절히 구성되어 판매가능한 모든 재화 및 서비스로서, 관광산업과 관련되는 모든 경제적 활동이다. 관광상품은 관광객이 스스로의 관광행동을 실현하고, 완결시키려는 과정에서 발

〈그림 3-3〉 패키지 관광상품

태국의 패키지 상품

관광상품은 관광객들이 스스로 참여해서 만들어가는 상품이다. 여행업이 취급하는 교통, 숙박, 식사, 관광 외에 가이드의 서비스 수준이 상품의 질을 좌우하며 이 과정에서 관광객들의 참여도가 즐거움을 좌우한다.

생하는 다양한 욕구를 만족시킬 수 있게 하는 능력을 가지며, 거래의 대상이 되는 모든 것을 포괄한다.

협의로는 여행업이 취급하는 교통, 숙박, 식사, 관광, 패키지 투어 등의 단독이나 조합된 상품을 말한다. 상품은 재화나 서비스로 구성된다는 의미에서 비행기나 기차를 타거나 호텔 또는 여관에 숙박하는 것은 교통기관이나 숙박시설이 그들의 서비스를 고객에게 제공하고 있는 것이 되므로 여행상품이라고 할 수 있다. 일반적으로 여행상품이라고 할 때에는 교통, 숙박, 식사, 관광 등 여행소재를 사전에 매입하여 그것들 자체 혹은 조합하여 기획된 상품으로 마련하고 있는 경우가 많은데 전형적인 사례가 패키지여행이다. 패키지 여행상품에 의해서 대량으로 싼 가격에 관광소비자에게 제공되었기 때문에 관광이 국민들 사이에 보급되어 대중화된 것이다.

이상의 내용을 정리하면 관광상품은 관광객 욕구를 충족시켜 주는 것이며 유형재와 무형재가 같이 관광상품의 구성요소가 된다. 관광상품의 대표적인 예가 패키지 여행상품이다.

(5) 관광상품의 특성

관광상품은 일반적인 상품과 구별되는 특성이 있으며 다음과 같다

무형성(intangibility)

관광상품은 눈에 보이지 않는 무형상품으로서 손으로 만져 볼 수도 없고 시험해 볼 수도 없다. 상품의 구매자는 서비스상품의 제공자를 막연히 신뢰할 수밖에 없다. 이러한 무형성 때문에 관광상품은 진열하기가 곤란하며 제품처럼 저장·운송·재판매가 불가능하다.

〈그림 3-4〉 호텔종업원의 서비스

블라디보스톡의 호텔

러시아는 공산주의 국가에서 자본주의 사회로 변화를 꾀하고 있다. 하지만 여전히 호텔 종업원들의 표정은 여전히 굳어있고 서비스는 만족스럽지 못하다.

이러한 무형성의 문제점을 해결하여 잠재고객에게 구매를 유도하기 위해서는 실체적인 단서를 강조하여 서비스의 명확성을 증가시키고, 구전커뮤니케이션을 자극하여 강력한 이미지를 창출하며, 상표명을 사용하여 그들이 제공하는 서비스에 대한 신뢰성을

높임과 동시에 가격설정에 있어서 원가회계 등의 비용정보를 이용하고 구매 후 커뮤니케이션에 신경을 써야 한다.

비분리성(inseparability) : 생산과 소비의 동시성

일반상품은 생산과 판매후 장기간 사용이나 보관이 가능한 반면에 대부분의 관광상품은 동일한 장소에서 동일한 시간에 생산되어 판매되고 소비된다. 따라서 일반제품의 생산-판매-이용-평가와 같은 일련의 연속적 상품의 흐름을 파악하여 그 제품의 속성을 측정하기가 어렵다는 문제가 있다. 이러한 경우 사람들은 상품의 구매를 위해서는 그들이 가지고 있는 정보에만 전적으로 의존할 수밖에 없다. 관광상품의 비분리성의 특성을 활용한 상품판매를 하기 위해서는 고객과 접촉하는 서비스요원을 신중히 선발하고 철저히 교육하는 것이 중요하다.

이질성(heterogeneity)

서비스는 변화의 가능성이 매우 높다. 서비스는 일반적으로 서비스의 제공자가 매우 제한적이며 주로 사람에 의존하는 인적서비스가 절대의 부분을 차지하고 있다. 서비스

〈그림 3-5〉 레스토랑 상품

블라디보스톡의 레스토랑

레스토랑 상품은 비분리성의 대표적인 예이다. 음식은 현장에서 만들어져서 고객에게 바로 제공된다. 고객은 현장에서 바로 제품을 소비한다.

의 표준화가 어렵기 때문에 기업으로서는 어떻게 서비스를 일정수준 이상으로 유지하는가, 또는 표준화시키는가가 큰 문제이다. 이러한 표준화의 어려움은 고객에게 서비스의 차별화 기회도 제공한다. 이러한 서비스의 차별화는 다양한 고객욕구를 만족시키는 전략이다.

소멸가능성(perishability)

관광상품은 판매되지 않는 경우에는 재고로 저장이 불가능하다. 항공기 좌석, 열차, 고속버스, 관광버스의 좌석, 쾌속정의 객실, 호텔객실과 같은 상품들은 해당 시간에 판매되지 않는다면 그대로 소멸되어진다. 따라서 이러한 상품을 생산하거나 보유하고 있는 회사는 많은 노력을 기울여 어떠한 방법으로든 상품을 팔려고 노력하고 있으며, 종종 가격파괴로 인한 덤핑문제, 항공사나 호텔 및 숙박업소의 초과예약 등의 문제가 고질적으로 발생하고 있다.

일반적으로 수요가 안정적인 경우에는 소멸성은 별문제가 되지 않는데, 예측이 매우 용이하므로 서비스 판매원을 사전에 배치하여 상품을 판매하면 되기 때문이다. 그러나

〈그림 3-6〉 항공상품과 소멸성

블라디보스톡 항공사

항공기 좌석은 당일 판매하지 않으면 재고가 남지 않아 소멸해버린다. 따라서 할인전략 등을 통해 재고가 남지 않도록 경영하고 있다.

수요의 변동이 심하여 예측이 불가능한 경우 서비스상품 판매회사의 어려움은 심각하다. 이러한 특성을 고려하여 수요와 공급을 고려한 전략을 세울 필요가 있다.

▌계절성(seasonality)

관광상품은 기후나 계절의 영향 그리고 법정휴가제도에 따라 관광수요가 변화한다. 따라서 관광상품의 수요는 주말이나 공휴일, 휴가철 또는 연휴기간에 집중하는 특성을 지니고 있다. 이러한 관광상품의 계절성(seasonality)은 관광수요가 일시적으로 집중되는 성수기와 분산되어 관광수요가 거의 발생되지 않는 비수기로 구분되고 있다. 불과 몇 년 전까지만 해도 서비스상품의 계절적인 편차가 매우 뚜렷하여 최고경영진은 활로개척에 부단한 노력을 하여 왔다. 이러한 현상은 여행상품과 호텔상품에 가장 극심한 발생의 빈도를 나타내었고, 기업은 문제해결의 방식으로 전통적인 가격차별화전략을 선택하게 되었다. 이는 성수기와 비수기의 가격을 차별화시켜 구매고객에게 적용시키는 가격제도의 시행인 것이다.

▌비용산출의 난이성(difficulty of cost evaluation)

서비스기업의 가격결정, 가격조작은 품질과 가격에 관한 소비자의 지각에 근거를 두는 비가격경쟁에 의해 영향을 받는다. 즉, 일반제품의 경우 그 제품의 비용을 산출하고자 할 때 그 제품의 고정비와 변동비를 어느 정도까지는 측정하여 산출할 수 있다. 그러나 우리가 알고 있는 무형의 서비스상품은 그 상품의 속성 자체가 매우 변화가 많은 요인을 내포하고 있기 때문에 일반제품과 같은 방식의 비용산출은 매우 어렵다.

▌일시적 소유

소비자는 관광상품을 일시적으로만 소유한다. 예는 휴가용 별장, 항공기 좌석의 구매, 박물관의 관람시간을 위한 티켓의 구매 등이 여기에 해당한다.

▌불가분성

관광상품은 고객과 관광상품의 생산자 사이에서 지연됨이 없이 동시에 생산하고 소유한다. 그 결과로 관광상품의 소비자들은 유형상품에서 볼 수 있는 상품의 반납이나 교환하는 조건이 없이 구매활동을 할 수 있다.

▌동질성(parity)

관광상품의 구성요소는 본질적으로 비교가 가능한 동질성(parity)을 지니고 있다. 예를 들면, 관광객이 항공기좌석을 구매할 때 모든 항공기좌석은 동일성을 지니고 있어

고객의 항공기 선택에는 다른 영향요인이 작용함을 알 수 있다. 따라서 이러한 관광상품의 동질성은 동업종 간에 치열한 경쟁상태를 가져오므로 관광기업은 관광상품의 동질성 문제를 해결하도록 노력해야만 한다.

〈그림 3-7〉 항공좌석과 일시적 소유

블라디보스톡 항공기내
고객은 항공기 좌석을 구매하지만 항공기 좌석을 소유하지는 못한다. 약속된 일정기간동안 사용권을 구매할 뿐이다.

유일성(uniqueness)

관광상품의 동질성 문제해결은 관광상품마다 제각기 유일한 특성(uniqueness)을 지니게 하여 차별화시키는 데 있다. 이러한 관광상품의 유일적 특성은 관광매력으로서 지역이나 국가간 이질적인 사회나 문화와 접하기 위하여 관광객의 관광활동을 촉진시킨다.

보완성(complementarity)

관광상품은 관광부품의 조성으로서 이루어진다. 따라서 관광상품을 구매할 때는 연쇄반응(a chain reaction)을 구성한다. 하나의 관광상품을 구매하게 되면 이어 연속적으로 보완성(complementarity) 상품의 구매가 이루어지기 때문이다. 예를 들면, 스키장을 가기 위하여 항공권을 구매하고 호텔을 예약하고, 스키장에서 식음료 등을 연속적으로 구매하게 된다. 따라서 스키활동을 위한 관광상품은 구매의 연속성이 나타나고, 한편으로는 관광상품의 상호 보완성을 의미한다.

효용의 주관성

관광상품을 소비한 후 느끼는 관광객들의 효용은 개인적으로 차이가 크다. 이러한 특성은 관광객 개인마다 이들에 대한 측정평가기준인 가치척도가 다르기 때문에 관광상품 구매후 느끼는 만족도가 또한 다르게 나타나게 된다. 따라서 관광객이 관광활동후 각각 다르게 나타나는 효용의 주관성(subjectiveness of utility)에 대응하기 위하여 관광시장 세분화전략이 더욱 요구된다.

3-2 관광상품의 구성요소와 종류

(1) 관광상품의 구성요소

관광을 시장(market)-연결통로(linkage)-목적지(destination)의 하나의 시스템속에서 본다면 관광상품은 관광객에게 제공해야 하는 많은 서비스와 시설요소로 구성되어 있음을 알 수 있다. Pearce(1989)는 관광상품의 구성요소를 다음과 같이 5가지로 제시하고 있다: 관광목적지 매력요소(Attractions), 숙박시설(Accommodation), 편의시설과 서비스요소(Other Facilities & Services), 기반시설(Infrastructure), 교통시설(Transport), 시장지향성 서비스 (Market-Oriented Services).

관광목적지 매력요소

관광목적지 매력요소는 관광목적지 내의 환경으로서 주로 관광객의 선택을 결정하는데 영향을 주고 잠재고객의 구매동기에도 영향을 주는 요소이다. 관광목적지의 매력요소는 다음과 같이 5가지로 분류할 수 있다(김홍운, 1999).

- 자연자원 관광매력요소(natural attractions) : 산악, 구름, 호수, 하천, 계곡, 폭포, 평원, 산림, 해안, 지질, 동식물, 온천, 지형, 지질, 천문, 기상, 도서, 전망대, 자연현상 등
- 위락자원 관광매력요소(recreational attractions) : 캠프장, 수영장, 테마파크, 놀

이시설, 레저타운, 수렵장, 쇼핑센터, 카지노, 보트장, 카누장, 승마장, 나이트클럽, 경마장등

- 문화자원 관광매력요소(cultural attractions) : 고고학적 유적, 사적, 사찰, 건축물, 유무형문화재, 기념물, 민속자료, 공원, 성역, 박물관, 미술관, 조각, 축제 등
- 사회자원 관광매력요소(social attractions) : 풍속, 행사, 생활, 예술, 교육, 종교, 사상, 철학, 음악, 무용, 스포츠, 음식, 사회형태, 국민성 등
- 산업자원 관광매력요소(industrial attractions) : 공업단지, 유통단지, 관광목장, 백화점, 전람회, 전시회, 사회공공시설, 농업, 생산공정, 상업

〈그림 3-8〉 지리산 뱀사골의 雲海

천혜의 비경 지리산 뱀사골 운해

지리산의 뱀사골은 운해가 장관이다. 전라남도 남원은 이러한 천혜의 비경이라는 자연자원에 고로쇠축제와 같은 축제이벤트 프로그램을 활용하여 관광객을 유치하려고 시도하고 있다.

〈그림 3-9〉 최근 인기를 끌고 있는 종합리조트 클럽메드

종합 휴양 리조트

리조트는 숙박시설의 한 형태이나 최근 클럽메드나 PIC클럽과 같은 종합휴양리조트가 생기면서 그 자체로 관광 매력물이 되고 있다. 클럽메드에서는 클럽메드 허니문패키지 상품을 판매한다. 클럽메드에서는 G.O.라는 독특한 종업원제도를 운영한다.

〈그림 3-10〉 캄차카 최고의 상품 가이저계곡

가이저 계곡과 접근성

캄차카 가이저계곡은 헬기로만 접근 가능하다. 1인당 경비는 약 $250으로 비싼 편임

〈그림 3-11〉 대표적인 인공자원 디즈니랜드

미국 LA의 디즈니랜드
1955년 만화영화제작자 월터 디즈니가 로스앤젤레스 교외에 세운 대규모 오락시설
개장 이후 총 입장자 수는 2억 명을 넘어섰으며 연간 입장자가 1,000만 명을 넘고 그 중 70%가 어른
사진출처: 디즈니랜드(disneyworld.disney.go.com)

숙박시설 (Accommodation)

관광상품을 구성하는 요소중 가장 중요한 부분이 숙박시설이다. 숙박시설은 매우 다양하게 진화하고 있다. 숙박시설은 상업적 부문(commercial sector), 개인적 부문(private sector), 중간 부문 (intermediate category)로 구분할 수 있다.

숙박시설의 상업적 부문은 전통적인 사업숙박시설인 호텔, 모텔, 게스트하우스, 리조트 등을 포함한다. 숙박시설의 개인적 부문에는 개인의 별장, 친구나 친지의 집 등이 포함된다. 캠핑의 경우는 개인캠핑장비를 상업캠핑야영지를 활용하는 경우이기 때문에 상업적 부문과 개인적 부문이 혼합된 형태라고 할 수 있다.

숙박서비스도 전통적인 호텔서비스에서 벗어나 숙박장소 자체가 관광목적지로서 역할을 하는 클럽메드와 같은 독특한 형태의 리조트가 인기를 끌고 있다. 소유권의 유형도 다양해지고 있어 콘도와 같이 1년중 특정시기를 사용할 수 있는 형태의 숙박시설도 인기리에 판매되고 있다.

편의시설과 서비스 요소

편의시설과 서비스 요소는 관광지에서 관광객들이 체류하면서 즐기고 관광활동에 참가하는데 도움을 주는 요소들로 구성되어 있다. 관광목적지에서의 기념품가게를 비롯한 스포츠용품점, 약국, 편의점, 식품점, 옷가게 등 다양한 상점들이 이에 포함된다. 레스토랑이나 바, 은행, 미용실, 의료시설도 관광객이 관광목적지에서 필요로 하는 다양한 서비스 중의 하나가 될 것이다.

기반시설

관광목적지에서 관광객이 필요로 하는 다양한 시설과 서비스가 가능하게 해주는 지원시설이 기반시설이다. 교통기반시설인 도로, 주차장, 공항, 철도, 항구가 대표적인 시설물 들이며 전력공급이나 쓰레기처리시설 등과 같은 공공시설물등도 이에 속한다. 교통비를 징수하는 몇몇 도로 시설물을 제외하고는 대부분의 기반시설은 수익사업의 대상이 되지 못한다.

교통시설

관광은 발전은 전통적으로 교통시설의 발달과 맥을 같이 하고 있다. 교통시설은 관광객들로 하여금 관광지에 도달하는데 필요한 비용(cost), 속도(speed), 그리고 편의성(convenience)에 영향을 주는 요소들이다. 관광역사에서 초기 인기관광지였던 해변이나 온천 등은 철도의 등장과 함께 인기를 누렸다. 제2차 세계대전이후 서양의 국내관광은 자동차의 보급과 함께 인기를 누렸고 국제관광은 항공기의 발전과 함께 붐을 이루었다고 할 수 있다. 교통시설의 발달은 관광의 유형을 다양하게 만들었으며 궁극적으로는 새로운 형태의 관광서비스와 관광사업을 창출해내기도 하였다. 자동차의 보급으로 고속도로를 이용하는 관광객이 늘자 호텔을 대체하는 고속도로 주변의 모텔이라는 새로운 형태의 숙박시설이 나타나게 된 것이 그 예이다. 항공시설의 발달은 국제관광을 활성화시켰는데 지중해지역의 단체국제관광객이 폭발적으로 늘게 된 것은 전세기(charter airlines)의 도입으로 가능해졌다.

교통시설에서 중요한 것은 관광객의 거주지에서 관광목적지까지의 교통, 관광지내에서의 교통, 관광목적지까지의 교통시설과 관광지내의 교통시설을 연결하는 교통시설의 잘 연결되어 있어야 한다는 것이다. 관광지내에서의 교통시설은 시티투어버스나 전망을 보기위한 곤돌라 등이 관광객을 위한 교통시설이 되지만 지역주민들이 이용하는 평범한 버스,택시, 지하철 등도 이에 해당된다고 할 수 있다.

▌시장지향성 서비스

관광목적지로 관광객을 유치하기 위한 여러 가지 전략은 관광객이 출발하기전 그들의 거주지(관광시장)에서 시작된다. 여행업서비스, 정보관련 서비스(information services)에 해당하는 안내서, 지도, 카탈로그, 영화, TV, 방송, 관광안내소 등과 출입국수속 서비스인 여권, 비자, 각종 여행보험, 환전 등이 여기에 해당한다. 이러한 서비스를 통해 잠재적 관광객들에게 관광지의 이미지를 심어주며 관광의사결정을 할 때 영향을 미치려고 하는 것이다. 이미지란 감각대상에 대한 직접적인 자극이 없이도 의식 중에 만들어지는 상이기에 의사결정과정에 중요하다고 말할 수 있다. 시장지향서 서비스중 중요한 요소가 가격정책이다. 일반적으로 시장은 가격에 의해서 수요가 결정된다. 관광상품도 마찬가지이며 가격결정에 영향을 주는 구체적인 요소들은 다음과 같다: 비용(cost), 법과 제도적 문제(legal and regulatory issues), 구매자 지각(buyer's perception), 기업목표와 마케팅 목표(organization and marketing objectives), 가격목표(price objective), 마케팅 믹스 변수(marketing mix variables), 경쟁상황(competition), 유통업자 기대치(channel member expectation).이다.

(2) 관광상품의 종류

앞서 살펴본 관광상품의 구성요소를 바탕으로 현재 나와있는 관광상품의 종류는 다음과 같다: 기획여행(agent-organized tour), 기획여행상품(package tour product), 세트여행(set tour), 패키지투어(package tour), 희망여행(arranged tour), 단체희망여행(group operation), 인센티브 기획상품 (package tour for incentives), 포괄여행(inclusive tour), 캐리어패키지(carrier package), 선택투어(optional tour), 제 2브랜드(second brand), 모니터투어(monitor tour), FIT(foreign independent tour), FET(foreign escorted tour), SIT(special interest tour), 생태관광(ecotourism), 오프 더 비튼 형(off the beaten type), 어학연수투어, 딜럭스형관광 (deluxe tour), 풀패키지형관광(full package tour), 스켈레튼형관광(skeleton tour), DIY형(Do-It-Yourself tour), 단품(simple facilities), 에어온리(air only)

▌기획여행 (agent-organized tour)

기획여행이란 여행업을 영위하는 자가, 미리 여행의 목적지와 일정, 여행자가 제공받을수 있는 운송 또는 숙박서비스의 내용, 여행자가 여행업을 영위하는 자에게 지불하여야 할 대가에 관한 사항을 정해 놓은 여행에 관한 계획을 작성하고 거기에 참가할 여행자를 광고 등의 방법으로 모집하여 실시하는 여행을 말한다. 이것에 대비되는 여행으로서는 여행자로부터 의뢰를 받아서 운송, 숙박, 기타 여행에 관한 서비스에 관하여 알선을 하는 희망여행이 있다.

▌기획여행상품(package tour product)

주로 여행업자가 기획하고 조직한 기획여행상품을 말한다. 테마를 정한 기획형의 여관권이나 숙박시설에서 독자적으로 설정한 상품도 이 범주에 포함된다.

▌세트여행(set tour)

운수나 숙박기관의 좌석이나 객실 등을 미리 확보하여 여행전체를 세트시켜 두고 개인여행자를 모집하는 여행을 말한다. 일본에서는 1960년대에, 일본교통공사가 발매한 '신혼세트'가 최초라고 하며, 그 밖에 '항공세트', '가족농반 · 그룹세트', '오키나와세트' 등이 판매되었다. 기획여행의 일종이다.

▌패키지투어(package tour)

소비자인 여행자를 위하여 운송부문과 지상부문(숙박, 관광, 식사 등)을 패키지(한덩어리)로 판매하는 상품으로 본 개념이다. 기획여행과 같은 뜻이다.

▌희망여행(arranged tour)

여행업자가 여행자로부터 의뢰를 받아서 운수 · 숙박 기타의 여행서비스를 제공받을 수 있도록 기획하는 여행을 말한다. 기획여행은 여행업자가 기획하여 불특정 다수의 여행자를 모집하여 행하는데 대하여 희망여행은 여행자의 위탁을 받아서 한다는 점이 다르다.

▌단체희망여행(group operation)

개인희망여행과 차이는 일정한 단체(group)단위로 여행소재(항공기, 호텔, 버스, 철도, 레스토랑 등)의 일시를 지정하는 이용권을 예약하는 것을 말한다. 그룹의 구성은 직장여행 등 유연(類緣) 단체인 경우와 개인 베이스(base)인 참가자들 모임으로 그룹이 형성된 패키지투어인 경우가 있다. 단체로 집약함으로써 단체할인요금이 적용되어 비용절감효과가 있으나, 다른 면으로 보면 개인행동지향이 제한되는 단점도 있다.

▌인센티브 기획상품(package tour for incentives)

인센티브여행, 직장여행 등의 목적을 위하여 기획된 값싼 여행상품을 말한다. 이 단체기획상품이 단체여행의 조직자(organizer)에게 집중적으로 판매되어, 제1차 오일 쇼크 이후의 해외여행 보급의 전략상품이 되었다. 제2차 오일쇼크 이후에 단체여행의 부진에 따라 이 상품이 신문 등 미디어를 통하여 불특정다수에게 종래보다도 싼 값으로 판매되기에 이르러, 값싼 항공권시장이 확립되는 요인이 되었다.

▌포괄여행(inclusive tour)

운송부문(항공)과 지상부문(숙박, 관광, 식사)이 포함된 포괄여행을 말한다. 일정한 사람수에 따른 단체포괄여행(Group Inclusive Tour : GIT)이 일반적이지만 개인에 대하여 적용되는 개인포괄여행(Individual Inclusive Tour : IIT)도 있다. 항공운임은 지상부문을 포함한다는 조건으로 할인운임이 적용된다. 여행출발전에 여행비용이 지급되며, 출발지로부터 다시 출발지로 돌아온다는 것 등 기본조건이 충족되어야 하며, 항공운임에 지상부문의 비용을 가산한 판매가격이 목적지, 일수, 시기, 여행형태별로 IATA(International Air Transport Association : 국제항공운송협회)에서 정해져 있다.

▌캐리어패키지(carrier package)

운송기관(캐리어) 계통 여행업자의 기획상품을 가리킨다. 여행업자는 운송기관이나 숙박시설을 소재로 하여 기획여행을 기획하는데, 항공회사나 철도회사 계통의 여행회사에서는 이 점에서 자신들이 운송수단을 가지고 있기 때문에 유리하게 좌석을 구입할 수가 있다.

▌선택관광(optional tour)

처음에 시작하는 여행일정에는 포함되지 아니하는 투어로서 현지에서 신청을 하는 여행을 말한다. 여행의 메뉴를 선택으로 설정하는 선택관광은 시정된 투어가 이니리, 프리타임(free time)이 많은 투어를 좋아하는 여행수요가 강해짐에 따라서 그 종류도 많아졌다. 관광일정에서 관광이나 식사를 적게 함으로써 여행본체의 가격을 낮추어 여행상품의 경쟁력을 높이고 현지에서 선택관광을 유도함으로써 수입을 올리려는 것이다.

▌제2브랜드(second brand)

패키지투어의 수요를 환기시키고, 판매의 확대를 도모하기 위하여, 제1브랜드(main brand)에 대하여, 저가격지향(budget type)의 제2브랜드로서 설정된 해외여행상품을 말한다. 항공기의 항로(route)나 시간대, 호텔의 등급이나 객실, 식사내용과 횟수, 관광내용 등의 면에서 차별화되고 있다.

▌모니터투어(monitor tour)

사업자인 기획여행업자의 의뢰에 의하여 여행의 내용과 품질에 관한 사항에 대하여 평가하고, 감상을 종합・정리하여 보고하는 사람(모니터, 상품감시원)이 참가하여 실시하는 기획여행을 가리킨다. 해외여행의 경우, 항공회사나 정부관광국의 기획이나 협찬, 후원, 협력, 여행업자의 여행기획 등의 방법으로 실시되는 경우가 많다.

▌FIT(foreign independent tour)

여행업자의 인솔자가 딸린 패키지여행(FET)에 의존하지 않고 혼자서 자유로이 해외여행을 하는 것을 말한다. 최근에 해외여행경험자의 증가와 함께 이러한 종류의 여행이 늘어나고 있다. 보통 FIT는 값싼 항공권뿐이거나, 운수기관과 숙박의 예약만 하고 여행하는 경우가 많다.

▌FET(foreign escorted tour)

인솔자가 딸린 해외여행을 말하며 해외여행의 원형이라고도 할 수 있는 여행형태이다. 해외여행에 숙달되지 아니한 여행자는 현지사정에 어둡고 현지언어도 자유로이 구사할 수 없기 때문에 인솔자나 현지 안내인의 동행은 더없이 마음 든든한 것이어서, 손쉽게 선택하는 경향이 있다.

▌SIT(special interest tour)

관광이외의 특별한 목적을 가진 투어로서, 특정한 관심을 충족시키기 위한 투어를 가리킨다. SIT는 단순한 구경과 놀이인 패키지투어만으로는 만족하지 않는 여행자의 다양한 수요를 흡수하고 정형화된 상품에 대한 차별화로서 기획되어 왔다. 종류는 교양(문학, 예술 등)여행, 자연보호의 관심을 반영하는 생태관광, 명확하게 관광과는 목적이 다른 NGO(nongovernmental organization : 비정부조직)에 의한 발전도상국 농촌체험을 위한 스터디투어(study tour) 등이 있다.

생태관광(ecotourism)

자연, 문화유산, 생활양식을 포함하는 지역 생태계를 보호할 목적으로 자연관찰과 문화체험을 한데 엮은 여행을 말한다. 대규모 관광개발이나 방문객의 급격한 증대가 그 지역의 환경악화를 초래하고 있다는 사실에 대한 반성으로서, 근년에 생태관광이 주목을 받기 시작하였다. 투어를 실시함에 있어서 소그룹으로 나눔으로써 지역의 적정한 수용력이나 생태를 손상하지 않도록 행동규제를 지키고, 동행하는 전문해설자에 의하여 즐겁게 배울 수 있는 조건 등이 요청되고 있다.

오프 더 비튼 형(off the beaten type)

'밟아 다져진 길에서 벗어나라'라는 직역(直譯)과 같이 남극방문, 히말라야 트레킹, 오스트레일리아 내륙부에 있는 아웃백(outback : 미개지), 열대우림탐방, 실크로드 순례 등 관광지화되지 않은 비경에의 여행을 말한다. 여행회사가 특수한 행선지로 가는 여행으로 기획하는 이러한 경우에는 모험욕구를 충족시켜 주면서 여행자의 안전확보와 환경의 보전이 필요하다는 점에서 전문적인 탐험대와는 다르다.

어학연수투어

단순한 관광목적의 투어가 아리라 어학연수를 목적으로 기획된 투어를 가리킨다. 학생용 투어를 전문으로 기획하여 판매하는 여행업자가 기획·판매하는 어학연수투어 외에, 유학알선을 업으로 하는 자가 여행업자로서 어학연수투어를 기획하고 판매하는 경우도 있다. 내용은 일반가정이나 대학의 기숙사에 머무르면서 어학학원이나 대학의 어학연수과정에서 공부하는 어학연수형과, 일반가정에서 숙식하면서 현지인들과 교류하거나 이문화(異文化) 체험을 통하여 실제로 어학을 배우는 생활체험형이 있다.

에어온리(air only)

호텔, 관광이 빠진 항공권만의 상품을 가리키는 것으로 값싼 항공권이라고도 부르며 통상의 항공권(정상운임)과 구별된다. 종전에는 예전의 GIT운임을 적용한 항공권을, 지상알선은 빼고 항공권만을 팔았던 것을 말한다. 지금은 GIT 운임을 대신하는 개인포괄여행(IIT) 항공권으로 대체되었다.

3-3 새로운 형태의 관광상품: 에코투어리즘

(1) 에코투어리즘의 개념

에코투어리즘의 어원과 의미

에코투어리즘은 Ecology(생태)와 Tourism(관광)의 결합어로 사용되고 있으며 멕시코의 NGO회장인 Hector Ceballos-Lascurain이 1981년에 처음 용어 사용하였다. 처음에는 스페인어인 'Turismimo Ecologico'(스페인어)로 사용되다가 1983년에 'Ecoturisimo'로 축약하여 사용되기 시작하였다. 에코투어리즘은 자연관광의 한 형태 멸종의 위협을 받는 동 식물을 보호하고 보전하면서 자연을 즐기고 체험하는 관광유형이다. 앞으로의 관광형태는 자연을 탐방하고 학습하면서 즐기는 체험형 생태관광이 각광을 받게 될 것이다.

에코투어리즘은 근래에 와서 더욱더 새로운 감각으로 호소력있게 사용되고 있으며 도시생태계, 농촌생태계, 지역생태를 보존하면서 하는 관광이다. 현재 가장 보편적으로 행해지는 대중관광의 등장과 함께 환경의 무질서한 개발과 파괴를 수반하였으며 이에 대한 반발로서 대안관광이란 말이 등장하였고 대안관광의 가장 대표적인 관광유형이 에코투어리즘이다. 에코투어리즘의 특징은 계획적 토지이용과 자연경관의 유지, 적절한 개발규모, 경제적, 사회적, 문화적, 생태적 수용체계의 확립방법을 수반한다. 에코투어리즘의 유사용어로는 지속발전 가능한 관광, 생태관광, 녹색관광, 자연관광, 대안관광이라는 용어들이 사용된다. 다시말하면 에코투어리즘은 친환경적 관광을 통해 도시와 농어촌 지역 사이의 교류를 확대함으로써 도시와 지역사회 모두에게 도움이 되는 새로운 관광형태라고 할 수 있다.

에코투어리즘의 정의

에코투어리즘의 정의는 다음과 같다. 첫째, 에코투어리즘은 일반적으로 방문하는 환경과 문화에 대한 보존, 이해 그리고 평가가 시도되는 관광이라고 할 수 있다. 둘째, 에코투어리즘은 관광자가 자제하고 방문지에 최소의 영향을 미치며 방문지의 문화를 이해하는 관광이다. 셋째, 자연지역으로의 여행을 포함해서 특별지역에 대한 관광이며 환경 피해를 최대한 억제하면서 자연을 관찰하고 이해하며 즐기는 여행 방식이나 여행 문화를 에코투어리즘이라 할 수 있다.

(2) 에코투어리즘의 등장배경

에코투어리즘은 제2차 세계대전이 끝난 후 프랑스에서 처음으로 시작되었다. 관광이 경제적 이익의 수단으로 인식되면서 전세계적으로 이익을 우선으로 하는 관광개발이 계속되고, 이로 인한 자연파괴가 늘어나자 1960년대부터 북아메리카를 중심으로 환경에 미치는 영향을 최소화하자는 운동의 일환으로 에코투어리즘이 나타나기 시작하였다.

(3) 에코투어리즘(Eco-Tourism)과 도시관광(Urban Tourism)의 비교

에코투어리즘의 특징을 도시관광과 비교하면 다음과 같다.

〈표 3-1〉 에코투어리즘과 도시관광의 특징 비교

	에코투어리즘	도시관광
1. 유형	Agri Tourism, Rural Tourism, Green Tourism	Resort, culture, history, entertainment
2. 방문대상지역	농촌지역 (도농복합도시)	도시지역, 해외
3. 운영주체	농촌지역 거주하는 농업인, 비농업인	도시지역 거주하는 도시주민(관광사업경영자)
4. 이용목적	자연, 농림어업의 체험, 직거래, 농업농촌지원협력	쇼핑, 관람 등 다양한 관광
5. 주요고객	가족단위, 소그룹, 회사단체, 학생단체	개인, 일반단체, 부인회, 노인회 등 다양함
6. 체재기간	숙박형	당일형, 숙박형
7. 방문형태	목적지형, 경유지형	목적지형, 경유지형
8. 활동내용	다양한 자연, 농림어업 체험, 학습교류, 전통문화(식사등) 체험	테마관광, 단체활동 등
9. 차별화 포인트	저렴한 가격, 농업 농촌과 공생, 공존, 공영	다양한 가격 및 시설(숙박, 오락, 테마시설 등)
10. 서비스 제공자	농업인, 현지거주 비농업인	관광사업경영자, 훈련받은 종업원
11. 관광성립조건	주민참가에 의한 합의형성, 살기좋은 마을가꾸기 추진, 교류체험과 활동메뉴 다양화, 농업농촌활성화 운동	유일한 테마로 유인력 확보, 수익성 확보, 양질의 서비스
12. 지역과의 관계	지역환경 정비등 사업효과는 지역에 환원, 여성 노인노동력활용	개인사업체(관광사업경영자)에 환원, 고용효과

13. 자연과의 관계	자연, 주변경관, 기존시설을 활용, 중소규모개발, 환경보전에 공헌, 지역안내지도자 활동	유명한 자연자원개발, 대규모 중규모 농촌형 테마파크 개발, 훈련된 종사원
14. 숙박형태	농가민박, 지역의 공적 체재시설(폐교, 농업체험관)	호텔, 여관
15. 자본금	농가, 농업과 행정에 의한 보조(융자), 독립채산성이 기본(중소규모)	개인관광사업자, 대기업 계열에 의한 투자(대규모)

출처: 류선무외 5인, '그린투어리즘 이론과 실제', 2003, p. 51에서 인용

3-4 관광상품 생애주기(Tourism Product Life Cycle)

(1) 관광상품 생애주기의 개념과 특성

인간의 생애주기가 있듯이 상품도 생애주기를 가지고 있다. 상품은 인간과 같이 탄생을 시작으로 마지막에 사라지는 쇠퇴기까지의 생애주기를 맞이한다. 이러한 상품생애주기는 상품계획의 기초로서 매우 중요하다. 왜냐하면 신상품 개발이나 기존상품의 개량, 또는 기존상품의 신용도 개척 등의 시기성과 그 방향을 시사해주기 때문이다.

상품생애주기(PLC : product life cycle)란 신상품으로 개발되어 시장에 투입되어진 이후 일정기간을 경과한 후에 차츰 진부화되어 가면서 소비자 수요가 쇠퇴할 때까지의 상품수명단계의 개념이다. 관광목적지도 일반상품과 같이 생애주기가 있다. 관광목적지의 생애주기는 일반적으로 도입기(introduction stage), 성장기(growth stage), 성숙기(maturity stage), 쇠퇴기(decline stage)로 나눌 수 있다.

▮도입기

관광상품이 처음으로 관광시장에 출시되는 단계로서 시장개척기 또는 시장개발기라고도 한다. 이 시기에는 관광상품에 대한 인지도나 수용도가 매우 낮은 편이다. 그러므로 관광수요가 적고 신관광상품에 대한 인지도가 낮아서 수용상 저항이 강하기 때문에 판매율은 광고나 사용해 본 주변 사람들의 구전에 의한 인지도에 따라 서서히 수요가 환기되므로 선택적 수요보다 기본적 수요를 더욱 자극시켜야 한다. 관광상품 설명회,

전시회, 경품부가 등의 적극적인 판촉이 필요하다. 판촉비용이 많이 소요되는 한편, 판매상 매출은 저조한 편이며 수요의 가격탄력성이 낮고 채산성도 저조한 편이라 업체로서는 지속적 투자기간이라 할 수 있다.

성장기

도입기에서 관광상품에 대한 인지도가 서서히 높아짐에 따라 관광수요가 증가해지는 시기이다. 관광상품에 대한 각종 판매촉진전략으로서 관광상품에 대한 인지도가 높아지고, 구매후 사용경험의 증가로 수요가 급속하게 증가되어 판매매출액이 급격히 늘어나는 단계로서, 관광상품의 기능이나 질에 만족할 경우 반복구매와 이들 고객들의 구전효과에 의한 파급효과로 신규관광수요도 급속하게 창출되는 기간이다. 이러한 기간을 장기화하기 위하여 다양하고 차별화된 마케팅전략이 요구되는 시기이다. 매출액도 증가되어 이익발생이 서서히 일어나지만 주변경쟁업체들이 모방한 관광상품이나 대체관광상품을 등장시켜 관광기업간 경쟁이 심하게 일어나고 있기 때문에 경쟁관광상품 등장에 대비하는 고객대응전략이 매우 중요시되는 단계이기도 하다.

성숙기

성숙기는 포화기라고도 하며, 판매수요증가가 어느 정도 둔화되어 완만한 자연증가율을 보이는 시기이다. 상품에 대한 고객확보율이 고정화되어 대량생산과 판매체제를 갖추게 된다. 따라서 원가가 절감되고 대부분 이익창출률이 높아지는 단계이다. 이 시기에는 성장기 구매고객과 신규고객 창출이 둔화되면서 일정수준의 판매량이 유지되는 기간이기도 하다. 이 단계에서는 경쟁사의 대응전략의 하나로 경쟁상품을 등장시키거나 관광시장에서 고객의 새로운 욕구 등장 등에 따른 신관광상품 개발이 요구되는 등의 영향요인에 의해 수요증대보다는 오히려 수요 감소가 서서히 일어날 수 있는 단계이므로 매출액이 일정하게 발생되다가 어느 정도 기간이 지나면서 서서히 감소하는 추세를 나타낸다.

이 시기에는 새로운 관광객 모색보다 기존관광객의 이용률을 높이고 구매빈도를 높이도록 하여 기존관광상품의 품질개량이나 신용도 개척 등으로 관광상품의 다양화를 도모한다. 성숙기에서 관광상품의 신용도 개발이나 상품개선을 통하여 매출액 증가를 얻고자 하는 것은 혁신적 성숙(innovative maturity)이라고 한다. 이 기간 동안은 판촉활동의 예산부분을 확대하기보다는 메시지 작성, 광고시점, 광고의 슬로건 등을 적절히 변화시키는 방법을 연구하여 매출수익의 증가가 없으므로 각종 지출비용에 대한 통제로서 비용절감에도 노력하여야 한다.

▌쇠퇴기

관광상품의 매출액이 지속적으로 감소되는 시기이다. 업계의 관광수요가 감소하게 되면, 대부분 업계에서는 관광상품에 대한 관광수요변화에 대처하는 전략을 모색하게 되나 기업마다 사정에 따라 전략은 상이하게 된다. 쇠퇴기에 이른 관광상품에 대하여 관광마케팅관리자는 다음과 같은 사항을 점검하여야 한다. : 새로운 용도개발 여부, 관광상품의 광고비 적절성, 새로운 관광시장 존재여부, 관광상품의 약점을 장점화, 부산물 활용방법, 관광상품의 대응적 판매전략(판매점, 판매방법) 수정여부.

〈그림 3-13〉 관광지의 생애주기

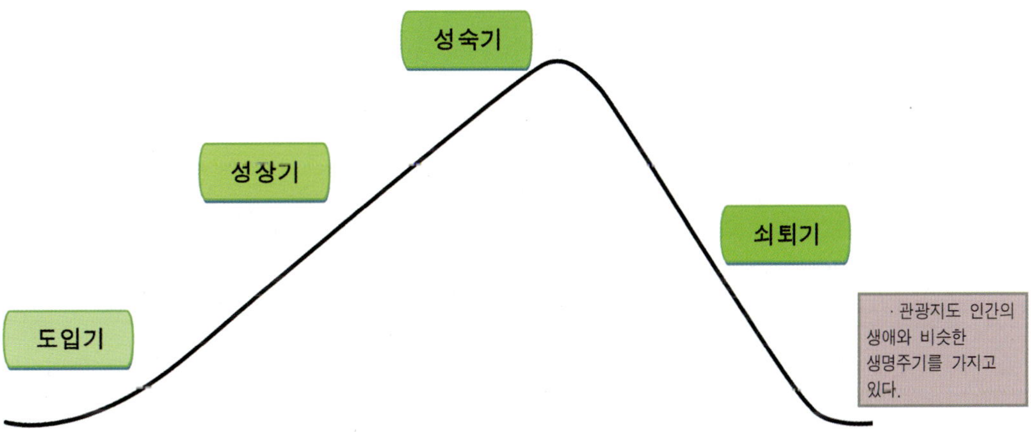

(2) 관광상품 생애주기의 영향요인

관광상품은 그 종류가 여러 가지 있지만 생애주기와 관련하여 관광목적지를 대상으로 설명하고자 한다. 관광목적지 생애주기의 영향요인은 크게 내적 영향요인(자원요인, 지역사회요인, 마케팅활동)과 외적 영향요인(시장요인, 교통요인, 보완·경합요인, 외부정책요인)의 두 가지로 나눌 수 있다.

▌자원요인

자원요인은 관광자원의 매력성(attractions)과 쾌적성(amenities)의 두 가지로 설명할 수 있다. 매력이 없는 곳에 관광이 존재할 수 없고 거기에 특별한 교통수단, 숙박시설, 시장전략 등은 필요가 없다. 관광객이 어떤 지역을 방문하도록 끄는 힘은 숙박시설 또는 값싼 교통편에 있다기보다는 그 관광지의 관광상품이 제공하는 매력의 크기에 있다. 또한 관광지가 아무리 매력적이더라도 관광객이 요구하는 기본적인 쾌적성이 보장되지 않는 한 그곳의 관광잠재력은 제한적일 수밖에 없다. 이것은 바로 쾌적한 숙박시설과 식음시설을 의미하며, 지방교통시설과 그 곳에서의 유흥시설도 포함한다. 물론 쾌적성은 그곳의 매력에 따라 다를 수 있다. 예를 들면 그랜드캐니언에 해변휴양지와 같이 주위에 관광호텔을 가득 세운다면, 분명히 매력적인 아름다움을 손상시키게 될 것이다. 때로는 쾌적성 그 자체가 주된 매력일 수도 있으므로 새로운 지역에 휴양지 호텔을 건설할 때는 그 곳에서 가능한 모든 현지 유흥을 공급한다.

▌지역사회요인

지역내의 인구, 연령구성, 소득수준, 산업구조, 토지이용현황이 이에 포함된다.

▌마케팅활동

관광시장의 변화를 주시하면서 부단히 새로운 아이디어를 짜내야 한다. 관리담당자는 신문・잡지도 보고, 경쟁관광지에 대해서도 살펴보면서 시장정보를 수집해야 한다. 이때 효과적인 방법에는 상품과 시장의 확장매트릭스를 짜볼 수 있다. 기존상품을 갖고 지곤시장에 침투하는 단계, 기존상품으로 새로운 시장을 개척하는 단계, 새로운 상품으로 기존 시장에 파고드는 단계, 새로운 상품으로 새로운 시장을 개척하는 단계 등의 네 가지 마케팅활동 단계로 구분할 수 있다. 1단계에서는 가격의 조정, 광고예산증가, 광고문안 수정, 2단계에서는 시장을 생애주기별, 사회집단별 그리고 지리적으로 세분화시키고, 3단계에서는 새로운 매력요소를 추가시키며, 4단계에서는 신상품으로 새로운 시장을 개척해 나가는데 적절한 아이디어를 발견할 수 있다.

▌시장요인 : 유치권내의 관광활동별 수요

유치권내의 인구, 소득, 여가시간, 기호 등에 의해 산정되는 잠재수요가 관광지의 유치결정에 중요한 영향을 미친다. 이때 활동에 따라서 유치권역의 대소가 다르기 때문에 미리 활동을 가정하여 시장요인을 분석할 필요가 있다.

▌교통요인 : 접근성(accessibility)

관광지에 관광객을 불러들이는데 영향을 미치는 또하나의 요인은 관광지까지의 접근성의 용이함이다. 아주 대담무쌍한 탐험가가 불편을 감내하면서 세계굴지의 아름다운 경관을 보러가는 곳이 아니라면 아무리 그곳에서 제공되는 매력성이 뛰어나더라도 교통편이 나빠 접근하기가 용이하지 않는 한 그곳은 많은 관광객을 불러들일 수 없다. 접근성이 용이하다는 것은 바로 시간적 거리와 요금의 적정성으로 이용할 수 있는 정규적이고도 편리한 교통수단이 갖추어져 있는 것을 의미한다. 한편, 교통이 너무 좋은 곳은 사람들이 너무 많이 몰려 혼잡을 빚어내고 따라서 그곳 관광지의 매력을 오히려 떨어뜨린다.

보완 · 경합요인

보완·경합요인은 첫째, 권역 내의 숙박시설의 유형과 수와 둘째, 권역 내의 관광시설 유형과 수로 나눌 수 있다. 숙박시설의 형태변화는 입장객수의 증대에 따른 것으로 그 증대는 지명도 상승, 새로운 관광시설의 정비, 도로조건의 변화 등에 의해 일어난다. 숙박시설은 대개가 민간인이 경영하는 것으로 그 정비와 건설은 국·도립공원 등의 건설을 규제하는 지역이외에서는 자유로이 행해진다. 따라서 계획적인 발전을 거치기가 어렵고 그 지역 특성과는 상반된 형태로 발전하는 경우가 흔히 있다. 숙박업의 경우는 대개의 경우 타 지역사람이 오는 정도에 따라서 달라지는데, 관광지의 발전에 대해 숙박시설 자체는 오히려 관광지의 매력을 저하시키는 예도 적지 않다.

관광시설 가운데서 관광지의 형태에 특히 큰 변화를 가져오게 하는 것은 옥외시설이지만 이는 시설의 잠재력에 따라 결정된다. 이 잠재력은 예를 들면 스키장 설치가 가능하고 또 소풍장소(picnic area)의 건설도 가능하다면 이 지역은 당연히 장래에 어떤 변화가 예상된다. 이 시설의 설치 가능성도 예측하는 것이 중요하다는 것은 말할 필요도 없으나, 가능성이 있다고 하여 그것이 그대로 설치되는 것은 아니다. 그 설치에 따라 일어날 수 있는 현상 등 관광지의 형태변화를 생각해 볼 필요가 있다.

외부 정책요인

지역 또는 국가시책이 지역의 관광발전에 상위개념으로 작용하든가, 국립 또는 도립 등 국가 또는 도단위에서 관광·위락지로 지정하고 개발하는 경우도 많이 있다.

(3) 관광지 생애주기 연구

관광지의 생애주기는 관광객들이 그 관광지에 대한 선호정도에 따라 구분될 수 있다. 대표적인 연구는 플럭(Plog)의 연구가 있다.

▌플럭(Plog)의 연구

관광지에 대한 선호정도는 시간의 흐름에 따라 등락현성을 보이는데, 이러한 변화형태는 심리학적 이론에 의해 잘 설명된다. 플럭(Plog)은 행태적 특성을 동일 심리도 집단의 연속으로 표현하고 있다. 플럭은 관광객의 유형을 심리상태에 따라 의존형관광객(Dependables), 모험형관광객(Venturers), 중간형관광객(Centrics)으로 나누어 설명하고 있다. Plog은 성격을 기준으로 관광소비자들을 으로 크게 세 부류의 관광객으로 나누고 다시 이를 6부류로 세분하였다. Plog은 관광객의 성격에 따라 목적지 선택, 선호하는 교통편, 관광목적지에서의 활동, 숙박시설의 선택 등 많은 부분에 있어 다른 특성을 보여준다고 제안하였다. 또한 변화와 신기함을 추구하는 정도가 성격유형을 분류하는 기준으로 활용하였다.

모험형관광객(Venturers)은 새로움 추구자로서 자기 확신적이며 고소득자로서 여행을 자주 하는 사람들이다. 자신들의 새로운 것을 발견하려는 욕구를 충족시키기 위해 혼잡하지 않은 관광지를 선호하는 경향이 있으며 사람들을 만나고 지역의 문화를 탐구하는데 많은 흥미를 보인다.

의존형관광객(Dependables)은 새로운 관광지에 대한 욕구가 약한 성향을 보여주며 이들이 하는 여행의 가장 큰 특징은 친숙한 관광지에서 안전한 여행을 하려는 경향이다. 양향성관광객은 절약형 여행(budget tour)을 하고 과다하게 이용되는 지역에 가서 친숙한 음식을 즐기며, 체인형태의 호텔에서 숙박하려는 경향을 보인다. 플럭은 이러한 세가지 유형의 사이에 준의존형관광객(near-dependables)과 준모형형관광객(near-venturer)의 관광객으로 세분하고 있다. 플럭은 관광객 유형별 특성을 중심으로 미국인의 관광지 선호도가 등락하는 현상을 설명하는데 많은 설득력을 얻어왔다.

〈그림 3-14〉 플럭의 관광소비자 유형과 선호관광지 : 1972년 결과와 2003년 결과의 비교

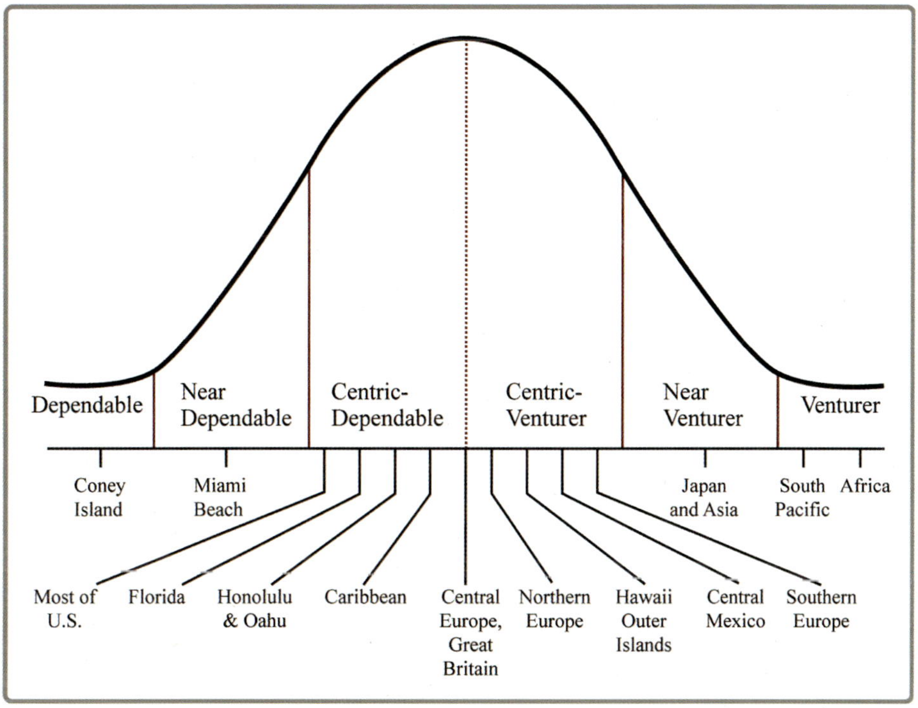

Dependable	Near Dependable	Centric-Dependable	Centric-Venturer	Near Venturer	Venturer
• Branson • Atlantic City • Myrtle Beach • Orlando • Beach Resorts • Indian Casinos	• Hollywood • Las Vegas • Theme Parks • Honolulu • Florida • The Dakotas • Ohio • Kansas • Mexico(border) • Caribbean Cruises • Escorted Tours (U.S. and Europe)	• Alaska Cruises • U.S. Parks • Illinois • Washington D.C. • The Carolinas • Michigan • Chicago • Georgia • Kentucky • Hilton Head • Philadelphia • Los Angeles • Caribbean(most) • Ontario • London • Rome • Israel • Italy	• New Mexico • Arizona • New England • Hawaii(outer is.) • Washington State • Oregon • Colorado • Wyoming • Montana • San Francisco • New York City • Quebec • Bermuda • Brazil • Mexico(interior) • Hong Kong • England (countryside) • Scandinavia • Paris	• Russia • Tahiti • New Zealand • China(big cities) • Poland • Costa Rica • Egypt • Jordan • Thailand • Australia • Ireland • Scotland • Kenya • Africa • Expedition Travel	• Alaskan Wilderness • Gual • Fiji • Hard Adventure Travel • Vietnam • Antarctica • Amazon • China(interior) • Tibet • Nepal

• 출처 : Plog, S.C. (2004), 'Leisure Travel : A Marketing Handbook', p.59.

consumer's behavior

관련 논문소개

1. 논문제목

영동지역의 관광개발현황과 지속가능한 관광진흥전략

2. 저자: 박근수

3. 출처: 강원비전 포럼 2001년, 제1회 영동지역 정기포럼 세미나 논문집. 지방자치단체간 갈등해소 및 협력방안. pp.29-42.

4. 내용소개

(1) 연구목적

이 연구에서는 지속가능한 관광이 영동지역에서 이루어지고 있는지를 분석하였다. 더 구체적으로 영동지역에서 관광지의 생애주기에 따른 관광개발계획이 수립되고 있는지, 지속가능한 관광개발계획이 이루어지고 있는지, 관광개발시 지방자치단체 간의 협력은 이루어지고 있는지를 분석하고자 하는 목적으로 연구되었다.

(2) 연구방법

이 연구는 문헌연구를 중심으로 영동지역의 관광개발현황을 분석하여 문제점을 제시하였으며 외국의 사례연구를 통해 그 시사점을 제시하였다.

(3) 연구결과

이 연구의 연구결과는 관광개발 현황파악, 문제점, 시사점으로 나누어 설명하겠다. 이 연구에서 영동지역은 속초, 강릉, 양양, 고성, 삼척, 태백, 정선, 동해지역을 포함한다. 속초지역은 설악·금강산 연계개발 방안을 수립하여 설악권의 관광을 활성화하기 위해 노력하고 있으며 99강원국제관광엑스포가 열렸던 지역인 청초호유원지 일대를 정비하고 있다. 동해는 금강산유람선의 출항지로서 관광지의 이미지를 굳히고 있으며, 강릉은 전통문화시범도시와 정동진의 테마공원조성을 추진하고 있다. 양양은 송이축제와 연어축제 등 특화된 지역축제를 통해 관광객유치에 힘쓰고 있다. 고성은 송지호와 화진포를 중심으로 한 개발계획을 세워놓고 있으며 통일전망대, 건봉사, 왕곡마을을 연계한 관광루트를 형성하여 자연, 안보, 문화자원을 아우른다는 계획이다. 삼척은 동굴이라는 테마로 '세계동굴박람회' 등으로 관광객 유치에 전력하고 있다. 태백은 고원관광도시로서 석탄박물관이나 태백산을 앞세운 관광홍보를 하고 있으며, 정선은 정선아리랑 테마공원 조성과 백석폭포를 중심으로 기반시설을 정비하고 있다. 또한, 태백과 정선은 카지노의 개발에 따른 배후 관광지로서 위상을 정립하려고 애쓰고 있다.

즉, 영동권의 각 지역들은 관광에 대해 적극적인 태도로 개발계획을 세우고 있으며 많은 인력과 예산을 투입하고 있다. 하지만 이러한 영동권 지역들의 관광개발현황과 계

〈그림 3-14〉 양양송이축제의 송이캐기 체험

양양송이축제의 산지체험
양양송이축제는 지역특산품인 송이버섯을 활용하여 매년 많은 일본인 관광객을 유치하고 있다. 양양송이축제의 송이버섯캐기 체험행사는 관광객들이 가장 선호하는 체험프로그램이다.

획을 관광지 생애주기, 지속가능한 관광개발과 협력이라는 관점에서 살펴보면 많은 문제점들이 나타난다.

첫째, 관광지 생애주기에 따른 관광지 개발·관리계획이 이루어지지 않고 있다. 관광지를 개발하고 운영·관리하는 것은 과학적인 방법으로 이루어져야 한다. 영동권의 각 지역별로 관광지 생애주기 중 어디에 해당하는가를 파악한 후 그에 맞는 개발·관리계획을 세워야 하는데, 이것은 마케팅의 원리에 충실하게 행해져야 한다. 즉, 그 지역의 관광개발이 누구를 대상으로 하는 것인지 세부시장을 정해서 그 시장의 특성에 맞는 개발이 세부적으로 행해져야 하는데, 이러한 개념 없이 문화권, 산악권, 해양권 등 큰 개념으로 개발계획이 이루어지고 있다. 예를 들어, 정동진이 관광지로서 생애주기가 노년기에 접어들었다면, 다시 청년기나 장년기로 생애주기를 돌리기 위해서는 이곳에 올 수 있는 시장을 세분화하여 특정 목표시장을 정한 후 이에 맞는 개발개념(concept)을 마련하여 숙박시설, 위락시설, 편의시설을 여기에 맞추어 개발해야 할 것이다. 99년까지 68억원을 들여 조성한 정동진의 모래시계공원이 누구를 목표시장으로 하여 조성된 것인지, 이 시장을 목표로 하여 위락시설 등을 연계하여 조성했는지 생각해 볼 필요가 있다.

둘째, 관광개발계획이 지방정부와 지역사회와의 협력이 유지되지 않고 있다. 현재, 관광개발계획이 수립될 때 지역사회의 의견이 수렴될 수 있는 유일한 기회는 공청회 때인데 대부분의 공청회는 형식적이기 때문에 실제로 지역주민의 의견이 개발계획에 반영되지 않고 있다. 더구나 공청회의 시기가 연구용역이 거의 마무리되는 때에 이루어지기 때문에 개발계획의 초기부터 지역사회의 의견이 수렴되기란 체제적으로 불가능하다. 지속가능한 관광개발이란 국가나 지방자치단체, 주민, 개발담당자 등 당사자가 같이 협력하여야만 가능한 것인데, 이러한 협력이 구조적으로 불가능하다는 것은 현재의 관행이 불합리함을 의미한다.

셋째, 각 지역별 관광개발계획은 수립되어 있는데 지역별로 연계된 관광개발은 이루어지지 않고 있다. 각 지역이 독자적으로 모든 관광수용태세를 확립하는 것은 힘들기 때문에 몇몇 지역이 연계하여 관광객을 수용한다면 더 큰 시너지효과를 낼 수가 있을 것이다. 예를 들어 통일안보관광지의 개발은 철원의 남침용 땅굴과 DMZ생태계, 강릉의 안인진, 고성의 화진포와 통일전망대, 화천의 백암산, 양구의 도솔산 등에서 행해지고 있다. 통일안보관광지라는 주제로 이러한 지역들이 같이 공조하여 개발하게 되면 개별적으로 개발이 이루어지는 것보다 큰 유인력을 발휘하게 될 것이다. 이렇게 되기 위해서는 먼저 지역자치단체 간의 교류와 협력체계가 확립되어야 할 것인데, 현재 강원도에서 시도하고 있는 5개 권역별 관광협의회 운영을 적극적으로 활용할 필요가 있다.

영동지역은 자연을 바탕으로 한 관광지역이며 지속가능한 관광개발을 정책적으로 수립해야 한다. 이 지역은 앞으로의 관광개발방향을 인도네시아 발리의 관광개발 사례분석을 통해 그 시사점을 살펴볼 수 있으며 다섯 가지로 요약된다. 1) 균형화이며 환경(인간-자연), 문화와 종교(인간-신), 관광활동(인간-인간) 간의 관계에 있어 균형이 이루어져야 한다. 2) 부문간 연계 증대가 중요하다. 좋은 예로서, 산림관광(관광과 산림의 연계, 농촌관광(농업과 관광의 연계)을 개발하고 촉진하는 것이다. 3) 관광유형에 따른 고려이다. 시장이나 상품의 다양성을 고려할 때, 개발목표에는 관광자의 수 뿐만 아니라, 관광대상의 유형도 포함되어야 한다. 관광상품의 다양화는 새로운 세분시장을 끌어들일 수 있으며(예를 들어 농촌관광이나 생태관광을 통해), 관광업계로 하여금 변화하는 시장추세에 더욱 유연하게 대응하도록 해 준다. 4) 장기적 관점의 중시가 중요하며 장기적 관점은 지속가능한 개발을 달성하는데 있어 가장 필요한 것이다. 5) 대화의 중시가 필요하다. 많은 중요한 의사결정들이 지역주민이나 지역단체의 참여가 배제된 상태에서 중앙정부에 의해 이루어져 왔다. 흔히 국가적 차원의 우선 순위와 지방차원의 우선 순위는 늘 일치되는 것이 아니며, 따라서 어떠한 변화유형이 지방문화의 파괴를 가장 덜 초래하는지를 판단하는 데는 발리 사람들이나 그 대표자들이 가장 적임자로 볼 수 있다.

사례분석

1. 주제 : Tourism and and sustainable development in Bali, Indonesia
인도네시아 발리의 지속가능한 관광개발

2. 저자 : Wall, G.

3. 출처 : The task of sustainable tourism development facing Korea, Seminar proceedings of International Tourism Seminar by Korea Institute for International Tourism Development. 1998.

4. 내용

인도네시아의 발리는 관광지로서 잘 알려져 있으며 관광은 최소한 발리의 GPP(Gross Provincial Product)의 1/5에 해당하는 비율을 차지할 정도로 경제에 중요한 역할을 담당하고 있다. 이러한 발리에 지속가능한 개발 프로젝트(BSDP)가 1989년부터 추진되었는데 이프로젝트는 EMDI(인도네시아 환경경영과 개발)의 일부분이며 CIDA(캐나다 국제개발청)에 의해 고안되었다. 프로젝트의 주요 참가자들은 캐나다 워털루 대학 환경연구과 교수진들, 자바의 가드잡 대학(Gadjab Mada University) 환경연구과 그리고 발리의 BAPPEDA(지역개발기획청)이다. 발리의 우다야나 대학(Udayana University)은 지원을 하였다(Wall, 1998).

BSDP 프로젝트의 주목적은 대학에서의 특히, 환경부문과 인적자원 개발 등의 분야를 기구적으로 강화하기 위한 것이다. 비록 이 계획이 5년동안 수행하기로 되어 있었지만, 3년후인 1991년 6월에 개괄적인 전략이 수립되었고, 1992년 11월에 최종문서가 제출되었다. 그 이후부터 최근까지 관광개발이 발리에서 빠르게 진행되었고 상당수의 추가 기획시행이 내・외부팀들에 의해 수행되었다.

발리의 자연자원이나 문화자원은 관광자원의 좋은 기반이며 지역주민과 그들의 생활방식은 가장 특별한 매력이다. 숨이 막힐 듯한 사와(sawah) 경관, 사원들, 많은 화려한 의식들, 풍부한 춤과 음악의 전통, 예술과 수공예품, 그리고 지역주민의 친절은 세계의 다른 곳에서는 경험할 수 없는 독특한 매력이다. 이러한 관광매력을 가진 발리에서 그동안 시행되었던 개발계획들을 살펴보면 BSDP 전에 SCETO 보고서에 기초한 계획이 대중관광 개발의 초기단계에 제시되었는데, 이 계획은 개발의 지침으로서의 역할을 해왔고 섬남부로 관광을 집중시키는 결과를 가져왔다. 이 계획은 15년의 수명을 가지고 고안되었으며 1985년에 만료되었다. BSDP 프로젝트가 1989년부터 1992년에 보고서가 완료되었으며 현재는 Replitas(5개년계획) 준비, 국가관광계획 형성, 관광개발 프로젝트와 포괄적 관광개발계획을 UNDP의 도움으로 개발하고 1990년에 새로운 공간조정계획 등을 들 수 있다. 공간조정계획은 다시 수정되었으며 관광개발 목적으로 기존 지역을 포함한 21개 지역이 포함되었기 때문에 기존의 집중정책에서 분산정책으로 바뀌었음을 알 수 있다.

발리의 관광개발계획도 시장세분화에 있어 오류가 있음이 나타나고 있다. Wall(1998)

은 국제방문객들이 주로 발레의 문화를 경험하기 위해서 온다는 것은 잘못된 가정일 수 있다는 점을 조심스럽게 지적했다. 즉, 많은 관광객들의 발리의 자연을 기반으로 하는 활동이나 레크리에이션에 대해 관심을 가지고 있으며, 이것은 문화에 중점을 둔 관광정책과 자연활동에 늘어가는 관심을 보이는 관광객들간에 큰 괴리가 있다는 점을 보여준다는 것이다. 실제로 최근의 공간조정계획은 문화에 대한 언급은 거의 하지 않고 있다. 또한 현재까지의 발리의 시장세분화연구는 국내와 국제적인 집단으로 나누었고 국제시장은 항상 출신 국적에 따라 분류된다. 예를 들면, 현재의 데이터 중 방문객동기나, 발리에서의 활동, 경비 등에 대한 것은 거의 없다.

BSDP에서는 지속가능한 개발전략의 형성을 위해 세 가지의 광범위한 연구전략들을 규명하였다. 세 가지의 연구는 지역촌 연구(village studies), 부문별 연구(sectoral studies)와 지역연구(area studies)로 구성되었다. 첫째, 지역촌 연구에서는 '시험 지역촌(a pilot village)' 연구에 따라 여섯 지역촌이 선정되었으나, 발리전문가들과 토론후에 연구대상이 여덟 지역촌으로 확대되었다. 다음의 다섯 개의 주요한 정보가 각 지역촌에서 수집되었다 : 1) 지역촌 통계, 2) 주요 활동 면접조사, 3) 성별에 따라 공평하게 나누어진 표본의 면접조사, 4) 학교학생들에 대한 면접조사, 5) 체계직인 관찰. 시역촌 연구 자료들은 각 지역촌에서 한달간을 지낸 각각 네 명의 연구자를 포함한 팀들에 의해 수행되었으며, 제도(institutions) · 생체(biophysical) · 생산(production)과 마케팅(marketing) · 건강(human health) · 문화(culture)에 관한 보고서들이 준비되었다.

둘째, 부문별 연구는 네 가지의 주제로 나누어 캐나다와 인도네시아 연구자들이 각기 한 주제씩 담당하였는데 인구와 문화, 관광과 산업, 환경과 자원, 지역개발이 포함된다. 셋째, 지역연구에서는 구체적인 실례를 보이기 위해 특징이 명확한 지역들, 즉 해안구역, 가파른 경사지와 고원지대 등이 선택되었다. 이를 통해 발리인과 환경이 직면한 스트레스와 도전들, 그리고 그들의 대처능력과 기회에 관한 많은 정보들이 수집되었다.

BSDP의 지속가능한 개발기준안은 7가지이며 다음과 같다.

- 생태적 보전(ecological integrity)은 생명지원시스템(life support systems)(토지 · 물 · 공기와 식물)의 유지, 종자의 다양성보존, 종과 생태계의 영속과 관련되어 있다. 이것은 관광자 활동과 관광하부구조들이 환경적 능력과 양립할 수 있어야 한다. 환경적 능력은 지역과 지역에 따라 다양하기 때문에 관광개발의 규모와 형태는 지역에 따라 차이가 있어야 한다.

- 효용(efficiency)은 시간적 · 금전적 · 인적 그리고 공적 편의를 측정한 비용의 측면에서 대안 개발 경로 또는 방법의 평가와 관련된다. 관광의 경우에 자본과 노동(capital and labor)에 적절한 이익이 있어야 하는 것을 의미하며, 효용은 적절한 크기와 안정성을 갖춘 잘 분석된 시장을 요구한다. 효용이 성취될 수 있다면, 시장의 특성(characteristics)에 관한 더 많은 정보가 요구된다.
- 균등(equity)은 개인들과 가족들, 사회집단과 사회공동체, 남자와 여자, 현재와 미래세대, 인간과 다른 종들 사이의 기회평등과 요구인식과 관련된다. 이것은 관광규모와 형태에서 획일적인 개발을 의미하지 않는다. 오히려 균등은 관광으로부터의 편익과 참여에 대한 기회부여를 의미한다. 균등은 잠재력의 충분한 활용을 위해 더 많은 관광의 분산(dispersal of tourism), 또는 공간적 균등, 관광형태의 더 많은 다양성, 그리고 발리인들의 관광참여를 위한 기회의 확대를 내포한다. 불균등은 자원이용의 왜곡(distortions)을 촉진한다. 균등은 수익자가 관광비용을 지급하는 것을 의미하고, 그런 측면에서 아마도 관광자들이 그들의 경험을 위해 더 많은 숙박세와 출국세 등을 지급해야 할 것이다.
- 문화보전(Cultural integrity)은 종교, 예술과 제도의 표현으로서 삶을 증진시킨 문화전통의 보존과 부흥(renewal)에 관련된다. 관광은 문화관광정책을 통해 문화를 발전시키고, 증진시키고, 보호하는데 이용되어야 한다.
- 공동체(community)는 개발과정에서 지방차원의 참여능력을 증진하는 것과 관련된다. 관광에 대한 지방참여를 위해 기회(opportunities)가 제공되어야 하는데, 그 방식은 직접적으로 투자를 통해서 그리고 농업과 공예산업 같은 지원활동은 물론 관광사업의 고용을 통해 이루어진다.
- 균형(balance)은 통합, 균형과 조화를 위한 노력이다(예를 들어 경제와 환경간, 농업과 관광부문간, 지역개발의 양식에서). 다른 지역의 자원 양과 질은 상당히 다양하기 때문에, 관광의 다른 형태들(forms)은 지역의 능력에 따라 개발되어야 한다. 이것은 관광지역에 대한 주의깊은 지방계획을 의미하며, 단일부문 개발보다는 다른 활동들을 포함하는 관광의 통합을 이미한다.
- 개발(development)은 삶의 질을 개선하려는 능력을 통한 잠재력의 실현이다. 개발은 단지 관광자의 수만을 고려하는 것으로는 충분하지 않다는 것을 의미한다. 따라서 활동, 위치, 그리고 하부구조 모두를 고려해야만 한다. 물론 이들 요소들의 증가율과 증가시간에 관심을 갖는 것도 필요하다. 또한 개발에 있어서 개발시간과 단계에 주의를 기울여야 한다.

토론문제

1. 서울 야경의 세계적 관광상품화의 특징을 설명하고 이러한 관광상품이 조성되었을 때 관광객들에게 소구력이 있을지를 설명해 보세요.

2. 관광상품의 개념에 대해 설명해 보세요.

3. 관광상품의 특성에 대해 설명해 보세요.

4. 관광상품의 구성요소에 대해 설명해 보세요.

5. 관광상품의 종류에 대해 설명해 보세요.

6. 관광상품의 3가지 기능에 대해 설명해 보세요.

7. 관광상품의 생애주기의 개념과 특성에 대해 설명해 보세요.

8. 영동지역이 관광지 생애주기에 따르면 어떠한 단계에 있으며 그 이유는 무엇인지 설명하고 영동지역의 관광개발상 문제점과 발전방안을 제안해보세요.

9. 인도네시아 발리의 지속가능한 관광개발의 특성을 설명해 보세요.

참고문헌

김천중 · 임화순(2002). 「현대관광상품론」. 백산출판사.

김홍운(1999). 「관광자원론」. 일신사.

네이버 국어사전(2003). www.naver.com.

네이버 백과사전(2003). www.naver.com.

박근수(2001). '영동지역의 관광개발현황과 지속가능한 관광진흥전략'. 「지방자치단체간 갈등 해소 및 협력방안」, 강원비전 포럼 2001년 제1회 영동지역 정기포럼 논문집, pp.29-42.

박석희(2000). 「신관광자원론」. 일신사.

중앙일보(2003.7.14). '오색다리 한강의 밤'.

최승이 · 이미혜(1999). 「관광상품론」. 대왕사.

한국국제관광개발연구원 역(2003). 長谷政弘 編著. 「觀光學辭典」. 백산출판사.

Kaiser Jr, C., & Helber, L. E.(1978). Tourism Planning and Development, CBI Pub, Co.

Pearce, D.(1989). Tourist Development, New York: John Wiley & Sons, Inc.

Plog, S. C.(2004). Leisure Travel: A Marketing Handbook, New Jersey: Pearson Education, Inc.

Wall, G.(1998). Tourism and sustainable development in Bali, Indonesia, 'The task of sustainable tourism development facing Korea', Seminar proceedings of International *Tourism Seminar* by Korea Institute for International Tourism Development.

Tourism

제4장

관광상품의 기획과 개발

❦들어가는 이야기
❦핵심개념

4-1. 관광상품의 기획
(1) 상품기획이란?
(2) 전통적 기획과 전략적 기획

4-2. 관광상품관리
(1) 관광지의 연출
(2) 연출프로그램 작성1 : 성격부여
(3) 연출프로그램 작성2 : 연출프로그램 작성시 고려사항
(4) 연출프로그램 작성3 : 볼거리의 연출
(5) 연출프로그램 작성4 : 놀이의 연출
(6) 관광상품 생애주기와 관광상품관리

4-3. 관광상품의 개발
(1) 관광상품화
(2) 관광상품 개발과정

❦관련 논문소개
❦사례분석
❦토론문제
❦참고문헌

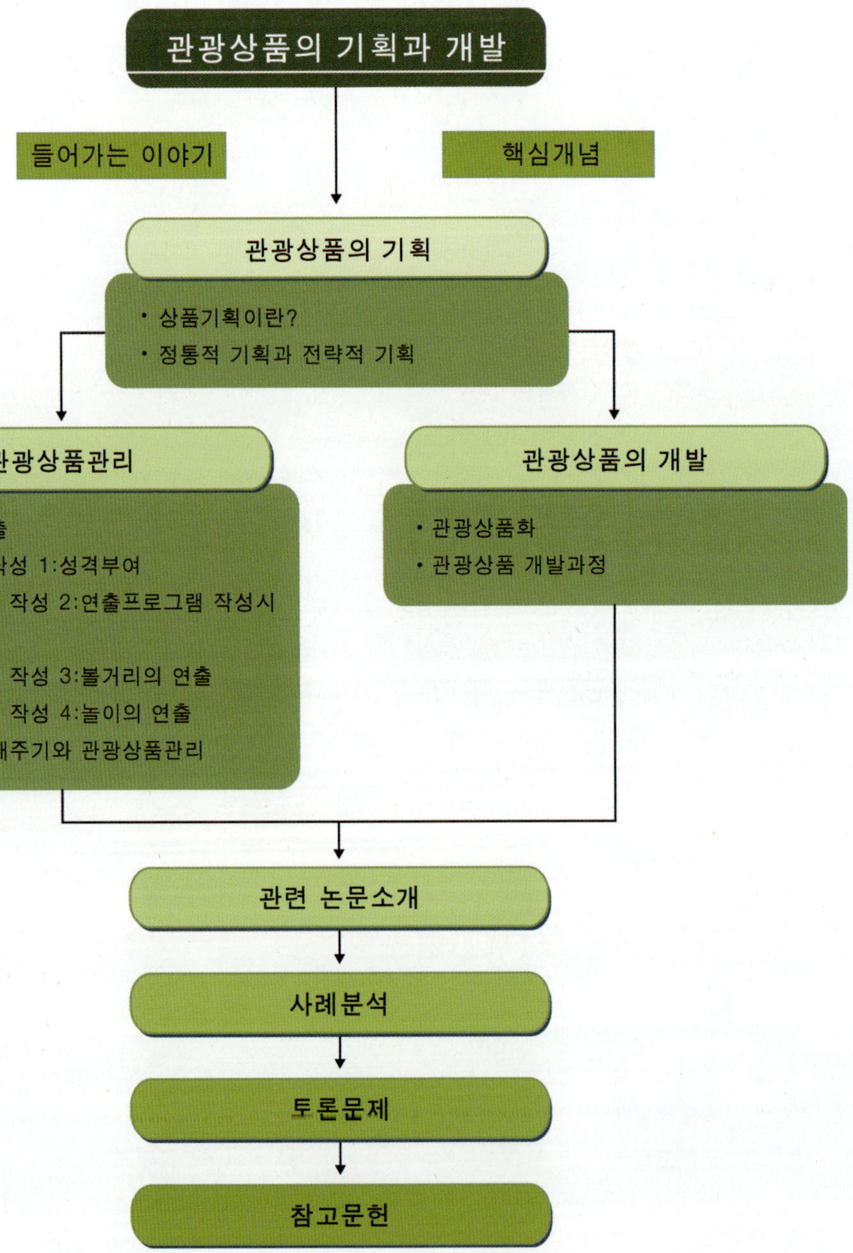
관광상품의 기획과 개발
들어가는 이야기
핵심개념
관광상품의 기획
· 상품기획이란?
· 정통적 기획과 전략적 기획
관광상품관리
· 관광지의 연출
· 연출플그램 작성 1:성격부여
· 연출프로그램 작성 2:연출프로그램 작성시 고려사항
· 연출프로그램 작성 3:볼거리의 연출
· 연출프로그램 작성 4:놀이의 연출
· 관광상품 생애주기와 관광상품관리
관광상품의 개발
· 관광상품화
· 관광상품 개발과정
관련 논문소개
사례분석
토론문제
참고문헌

들어가는 이야기

관광상품 만들기-관광특구, 기발한 관광상품

▌나비특구(전남 함평), 어린이 공룡골프교육특구(경남 고성), 생선회특구(경남 남해군 미조면), 인삼헬스케어특구(충남 금산 · 논산), 통일지원특구(강원 태백), 애완동물산업특구(강원 홍천), 영어마을특구(경기도)….

지방자치단체들이 앞다퉈 '규제완화지역 특구(特區)'사업에 뛰어들고 있다. 다른 지역과 차별되는 '나만의 상품'으로 지방경영을 앞서 나가자는 전략이다. 중앙정부도 이에 맞춰 지역특화에 앞장서는 지자체들에 관련 규제를 풀어주는 '지역특화발전특구법'을 올해 안에 제정, 내년부터 본격 지원에 나설 계획이다. 중앙정부의 규제완화를 통해 각 지방이 특화된 산업을 발전시키는 '일본형 규제특구'의 구상을 본뜬 것이다.

▌봇물 터진 '지역특구' 구상

강원 · 경남 · 전남 등이 지역특화에 앞장시고 있다. 강원도는 바나와 산, 휴전선 등을 테마로 한 지역특구 개발이 한창이다. 태백시의 경우 산악지대에 전지 훈련장과 각종 체육시설을 조성하고 게임산업을 유치하는 '고지대 스포츠훈련장 특구'로 개발하기로 했다. 속초시는 시 전체를 피난민 체험마을, 북한음식 판매장 등이 들어서는 '통일지원특구'로 만들 예정이다.

동굴자원이 풍부한 삼척시는 '동굴특구', 동강을 끼고 있는 영월은 '동강생태특구', 한반도의 한가운데에 위치하고 있다는 양구군은 '국토 정중앙특구'를, 홍천군은 국내 최초의 '애완동물산업특구'를 추진 중이다. 경남에선 남해군이 스포츠 · 휴양특구 소성삭업에 들어갔으며, 가천 다랭이마을을 중심으로 '생태체험관광특구', 미조면의 갈치 · 멸치회 센터를 중심으로 '생선회특구' 등을 추가로 개발하는 방안도 검토 중이다. 경남 고성군은 어린이 대상으로 공룡 발자국 화석지를 방문하고 골프도 배우는 '어린이공룡골프교육특구', 창녕군은 우포늪을 국제적 습지관광 명소로 하는 '우포늪특구', 하동군은 화개면 악양면 일대를 중심으로 '야생차특구'를 추진 중이다.

전남 지역에선 강진군이 옴천면 일대를 무농약으로 농사를 짓는 '친환경농업특구', 전국 최대 녹차산지인 보성군은 '녹차특구', 해남군과 여수시는 공룡화석을 관광상품으로 개발하는 '공룡특구'를 검토 중이다. 전북은 새만금지역을 '농업생명특구'로, 전주시를 '전통문화특구' 및 '과학산업특구'로 개발할 예정이다.

▌충청권에선 안면도 일대를 중국인 관광객을 겨냥한 국제관광특구로 개발하는 방안이 추진되고 있고, 금산과 논산은 '인삼헬스케어특구'를 구상 중이다. 예산은 무농약 청정 농산물을 특화하는 '농업바이오특구'를 검토하고 있다. 경기도는 중앙정부의 수도권 과밀 해소정책에 따라 특구 지정대상에 포함될지 아직 결정되지 않았다. 경기도는 그러나 일부 신도시 예정지에 외국인과 한국인이 공동으로 거주하면서 모든 생활에서 영어만 쓰게 하는 '영어마을특구'를 구상 중이다.

▌특구로 경제 살리려는 일본

이같은 지역특화사업은 지역특화산업을 통해 경제를 활성화한다는 일본의 '구조개혁특구'를 본뜬 것이다. 이에 따라 각 지자체의 역점사업에 대해 관련 규제를 대폭 푸는 구조개혁특구가 올 들어 총 117개나 탄생했다. 군마(群馬)현 오타(太田)시에서는 일본어 이외의 전 과목 수업을 영어로 하는 사립 초·중학교 건설이 가능하도록 특구를 만들었다. 사이타마(埼玉)현 도다(戶田)시는 시내의 모든 학교에서 영어교육을 실시할 수 있는 '국제이해교육추진특구'를 만들었다.

사회문제가 되고 있는 학생들의 등교 거부문제와 관련, 도쿄 하치오지(八王子)는 등교 거부 아동을 위한 체험형 학교특구를 만들었다. 신화·전설의 고향 투어리즘 특구(미야자키현), 와인산업진흥특구(야마나시현) 등도 추진되고 있다. 또 나가노(長野)현 이이다(飯田)시는 일반 농가도 자유롭게 민박을 하는 '그린 투어리즘특구'를, 가가와(香川)현 우치노미(內海)는 간장회사들이 올리브 재배를 할 수 있도록 규제를 푸는 '올리브진흥특구'를 만들었다.

-조선일보(2003.7.7), 지자체들 '달라야 산다' 특화산업 추진.-

〈그림 4-1〉 전국 특구현황과 함평 나비축제

특구와 지역발전

지방자치단체들이 앞 다퉈 '규제 완화 지역 특구(特區)'사업에 뛰어들고 있다. 다른 지역과 차별되는 '나만의 상품' 으로 지방 경영을 앞서 나가자는 전략이다. 함평은 나비축제로 지역이미지를 차별화하고 있으며 특구제도를 활용하여 지역 브랜드를 활성화시키려는 계획이다.

consumers behavior

Tourism 핵심개념

1. 관광상품의 기획
2. 관광상품의 관리
3. 관광지의 연출
4. 관광상품 생애주기와 관광상품관리
5. 관광상품 개발
6. 관광상품화
7. 관광상품 개발과정

consumer's behavior

4-1 관광상품의 기획

(1) 상품기획(product planning) 이란?

기획(planning)은 예측하는 것이며 좋은 상품개발을 하기 위해 필요하다. 기획의 국어사전상의 의미는 '아직까지 없거나 어떤 새로운 일을 이루기 위해 미리 짠 얽이'라는 뜻을 기본으로 하되, 주로 국가기관이나 기업체에서 사용한다. 기획과 유사하게 사용되는 계획(plan)은 미래의 일에 대한 좀더 조직적이고 세부적이며 실천성을 고려한 얽이를 뜻한다. 그러므로 기획의 목적을 달성하기 위한 하나하나의 세부적 방침까지를 이를 때도 있다. 우리의 일상생활에서 기획과 계획이라는 용어는 많이 사용되고 있으며 다음은 그 일부 예이다 : '기획안을 제출하다/ 편집기획회의/ 기획업무를 담당하다', '여행계획/ 방학동안의 계획을 세우다'.

관광상품기획은 관광잠재성을 지닌 대상이나 지역을 파악하여 실제수요나 잠재수요의 욕구를 충족시키기 위하여 능동적으로 준비해나가는 과정을 말한다. 관광상품을 개발할 때는 계획(plan)보다는 기획(planning)이라는 용어를 많이 쓰는데 이것은 개발이 계속성을 가지는 하나의 과정이기 때문이며 그 과정에서 피드백 시스템(feedback system)이 끊임없이 일어나야 하기 때문이다.

(2) 전통적 기획과 전략적 기획

기획의 중요성이 높아지면서 전략적 기획(strategic planning)이란 용어도 등장하게 되었다. 전략적 기획이란 용어가 나오면서 기존의 기획은 전통적 기획으로 분류된다. 전략적 기획의 특징을 살펴보면 기획과 실행과정에 있어 행동지향적이며 자원을 조직적으로 배당하고 예산을 효율적으로 집행하는데 초점을 둔다. 〈표 4-1〉은 전략적 기획과 전통적 기획의 특성을 비교하여 보여주고 있다.

〈표 4-1〉 전략적 기획과 전통적 기획

전략적 기획	전통적 기획
• 기획과 실행이 난일과성이며 행동지향석	• 기획과 실행이 분리되고 기획지향적
• 권한의 위임과 대내적 · 대외적 환경에 있어 조직지향적	• 실질적인 문제 지향 • 조직의 문제 억제
• 초점을 맞추고 선택적	• 모든 것을 포함
• 계획수행의 평가와 조직의 가치심사를 포함한 분석	• 조직의 가치를 고려하지 않고 수행에 대한 비판저인 신사 없음
• 목적달성에 영향을 미치는 외적인 환경요인 면밀히 조사	• 환경적 요인의 면밀한 조사 없음
• 명확한 직무명세서, 실행능력의 충분한 인식	• 애매한 목표, 일관성이 없고 실행능력은 행동부서에 할당
• 비상계획으로 사전행동	• 사전행동 없고 민감한 반응, 비상계획 없음
• 조직적인 자원의 배당과 예산이 중요한 역할	• 계획과 예산의 분리 • 토지가 중요한 역할
• 기획과정이 지속	• 기획과정이 과정별로 끝남
• 기획과 조직적인 학습을 위한 능력의 설정	• 수용량설정
• 높게 직관되고 판단된 가치	• 높게 분석된 가치

출처 : Gunn, C. A. (1988). Tourism Planning, p.18에서 인용.

consumer's behavior

4-2 관광상품 관리

관광상품을 개발하는데 있어 중요한 부분이 관광상품의 관리이다. 관광상품의 관리는 관광객들의 반응을 끊임없이 모니터링하면서 이루어질 수 있으며 관광상품의 질을 높이는데 결정적인 역할을 한다. 관광상품의 관리는 관광지의 연출과 관광지 생애주기에 따른 관리로 나누어 설명할 수 있다.

(1) 관광지의 연출

관광지 개발이 전국적으로 많이 이루어지면서 관광상품의 연출에 관심이 늘어나고 있다. 연출이란 원래 연극에서 사용하는 용어로 하나의 공연을 전체적으로 설계하고 연기·장치·의상·분장·소도구·조명·음악·효과 등의 여러 요소를 종합하여 공연의 총체적인 효과를 창출(創出)하는 활동을 말한다. 연출의 어원은 서구적인 개념의 연극이 동양에 도입된 신극(新劇) 초기에 일본에서 번역·창안된 조어(造語)로서, 중국에서는 이것을 '도연(導演)'이라고 한다. 오늘날 연출이라는 말은 연극이나 무용뿐만 아니라, 영화와 방송극(텔레비전·라디오 드라마)에서도 프로듀서·디렉터라는 용어와 더불어 사용되고 있으나, 원래는 연극에서 희곡을 그 상연목적에 따라서 해석하고 구체적인 현상(現象)으로 표현하기 위한 예술적이고도 기술적인 조작(操作)을 의미하였다.

관광지의 연출이란 관광지의 관광자원에 일정한 주제를 찾아내고 찾아낸 주제에 연출 구성요소인 연기·장치·의상·분장·소도구·조명·음악·효과 등에 해당하는 여러 요소를 유기적으로 결합하는 작업이다. 이러한 작업을 통하여 비로소 관광서비스인 볼거리와 놀거리가 생산되며 관광객들은 관광대상에서 매력, 환상, 경이, 호기심을 발견한다. 관광지란 관광자원, 기획가, 연출가, 관광자가 어우러져 감동적인 관광서비스인 볼거리와 놀거리를 연출하는 장소로서 연극의 극장에 해당한다. 볼거리는 관광지 경관에서 관광자의 시선을 집중시켜서 쾌(快)의 감정을 유발할 수 있는 시가경관, 이동경관과 같은 관광지의 독특한 분위기를 연출하는 배경과 정보를 듣고 이해하거나 상상할 수 있게 하는 정보제공 등을 들 수 있다. 놀거리는 관광자로 하여금 향수와 동심에 젖게 하고 긴장감을 맛보게 하며, 환대감을 부여해 주는 문화재 놀이, 테마파크 놀이, 꽃놀이 등이 여기에 속한다.

〈그림 4-2〉 눈을 활용한 관광 캄차카지역 연출

눈의 도시 캄차카

캄차카는 5월에도 눈으로 뒤덮여 있는 이국적인 설원의 도시이다. 유럽인들은 이 시기에 헬리스키를 타러 캄차카로 많이 방문한다. 일반 관광객들은 개썰매와 크로스컨트리스키를 즐길 수 있다.

연출 프로그램 작성을 위해서는 네 가지 사항을 고려하여 작업을 해야 한다 : 성격부여, 연출프로그램의 작성시 고려사항. 볼거리의 연출, 놀이의 연출.

(2) 연출프로그램 작성1 : 성격부여

관광자원을 이용하여 연출을 하기 위해서는 관광자원에 대한 성격부여를 해야 하는데 자원의 현황을 분석하고 성격을 부여하는 작업이 같이 행해져야 한다. 한 지역의 모든 관광자원을 파악하기 위해서 목록을 작성하고 그 자원들이 지역주민에게 유용한지, 타 지역 사람들에게도 이용가치가 있는가를 판단해야 한다. 관광지로서 다른 지방 사람들을 유치하려면 그들로부터 자원의 가치를 평가받아야 한다.

관광자원의 가치를 평가할 때 자원의 단독적인 가치보다는 관광자원의 분포밀도에 따라 그들을 하나의 자원군으로 다루어 전체로서의 매력을 창출하는 것이 중요하다. 해당 관광지의 모든 관광자원의 현황을 작성한 후 지역 전체의 주제의 통일된 성격을 부각시키는 것이 가장 효과적인 연출방법이다. 관광자원의 조건과 지역 전체의 주제를 정할 때 다음과 같은 사항을 고려할 필요가 있다 : 관광대상의 토지와 관련성이 강한 것, 이질성이 높은 물질, 미적인 것, 희소성, 우수성, 관광하기 쉬운 상태에 있는 것, 관광대상의 연속성.

관광객의 관광활동이나 관광지에 대한 선호도는 계속 변화하고 있다. 최근의 관광객은 체험관광을 선호하고 있다. 이러한 점을 고려하여 관광지의 성격을 부여하여야 하며 한 관광지를 개별 관광자원을 단일체로서 다루기보다는 그것을 둘러싼 관광자원과 상호 연계된 상태에서 전체적으로 통일성을 갖게 해야 한다. 관광지의 성격부여를 하는데 있어 다음 두 가지 사항을 고려해야 한다.

첫째, 지역에 뿌리를 둔 관광자원을 살리는 것과 시설건설에 크게 의존하는 것이다. 자연, 경관, 문화재, 민속자원 등의 성격별 관광자원을 유기적으로 연계하는 것은 매우 중요하며, 이러한 관광자원이 없는 경우 다른 지역에 없는 독특한 시설을 건설하는 것도 관광지의 성격을 부여하는 한 방법이다. 시설건설에 의존하는 경우의 단점은 주변 경쟁지의 환경에 영향을 많이 받는다는 것이다. 아시아 최대의 어떤 시설물을 만들어도 더 큰 시설물이 또다시 최대라는 수식어를 차지할 것이다. 따라서 이러한 인공관광자원의 경우 관광지 생애주기에 의거한 체계적인 관리방법을 도입할 필요가 있다. 자연경관, 문화재, 풍속 등의 관광자원은 그 지역과 깊이 결속되어 있는 경우가 대부분이기 때문에 이러한 관광자원을 중심으로 관광자원의 특성을 살린다면 그것은 다른 것으로 쉽게 대체될 수 없을 것이다.

둘째, 관광의 질적 변화동향을 예상하고 이를 근거로 현재대로 관광자원을 이용할 것인지 혹은 방향전환의 필요성이 있는지를 결정한다. 관광수요는 관광시장에서 세분화되어 가는 추세이기에 세분화된 수요를 만족시키는 희소성이 있는 자원으로서 연출해야 할 것이다. 이미 관광자들이 이용하고 있는 것이 좋은지, 아니면 새로운 방향으로 전환할 수 있을 것인지를 결정해야 한다. 관광지 경영측면에서는 내용의 충실, 새로운 이용자계층 확보, 비수기대책을 마련해야 하고, 반대로 기존의 이미지를 대폭적으로 바꿈으로써 손님을 잃을 수도 있다. 이러한 점들을 고려하여 관광자원의 성격부여를 해야 한다.

〈그림 4-3〉 남녀성기를 주제로 한 삼척의 해신당공원

삼척의 성기박물관

삼척은 전통적으로 性과 관련된 전설이 내려오며 이것을 활용하여 성기공원과 박물관을 운영하여 좋은 호응을 얻고 있다.

(3) 연출프로그램의 작성2 : 연출프로그램 작성시 고려사항

관광서비스를 공급하는 측에서는 반드시 연출프로그램을 작성해야 한다. 프로그램은 참여자나 구경꾼인 관광객에게 값어치를 제공해주는 다양한 활동으로 구성된다. 프로

그램은 인원, 일정한 지역, 적기에 필요한 재료들을 결합하여 관광자들이 관광을 즐길 수 있도록 하는데 결정적인 역할을 한다. 프로그램은 활동들을 단순히 모아두는 것만으로는 되지 않는다. 모든 프로그램은 계획, 자원배분, 참여할 사람의 흥미, 요구와 기술의 파악, 그리고 모든 부분의 무리없는 통합을 통하여 행사예정표를 짜야 한다. 즉, 행사에 동원될 인원이나 관광객들이 프로그램이 진행될 시간, 장소, 비용을 알고 있어야 하며, 전문적인 인원 또는 도우미가 활동을 통솔하고 감독하도록 배치해야 한다.

관광자원을 연출하는 프로그램을 개발할 때 고려해야 할 사항은 다음과 같다 : 관광루트, 출입구, 안내, 관광대상으로의 접근방법, 관광대상을 보여주는 방법, 심벌(symbol), 숙박시설, 산책지, 지방산업, 관광지에서의 레크리에이션과 같은 유흥, 부대시설, 식수의 조경사업, 토산품.

〈그림 4-4〉 벼농사를 관광상품으로 연출한 김제지평선축제

연출프로그램을 작성할 때 몇 가지 기본원칙이 있다. 첫째, 관광자원의 개성을 살려야 한다. 관광의 대중화와 더불어 관광자원의 표준화가 확산되고 있다. 다시 말하면 모든 관광지가 비슷하게 변해가며 개성을 잃어간다는 것이다. 참된 개성이란 관광자원과 그것을 둘러싼 환경을 기반으로 한 지역이미지이며, 이와 같은 이미지는 오랜 세월이 흘러야만 생긴다. 한번 생긴 이미지는 바꾸기가 어렵기 때문에 그 지역의 이미지를 형

성할 때 신중해야 한다. 둘째, 이용자를 중시해야 한다는 원칙이 있다. 관광지를 개발·연출하는 근본목적은 관광지 이용자인 관광객의 관광욕구를 충족시키면서 공적·사적 이익을 추구하기 위해서이다. 관광연출자들은 월트디즈니가 "내 작품에는 완성이 없다"고 하며 관광객의 욕구를 충족시키려고 한 정신을 상기해야 할 것이다. 셋째, 쾌적성을 확보해야 하며, 넷째, 지역문화의 조잡화를 방지해야 한다. 관광객들은 시골에서 초가집을 기대하고 하회마을에서 탈춤판을 기대한다. 문제는 관광객을 만족시키기 위해서 시골에서만 초가집만 짓고 하회마을에서는 항상 탈춤판이 벌어져야 할 것인가? 문화간 마찰을 최소화하기 위해서 필요하다면 직업적 원주민을 양성하고 한정된 공간에서 모조한 가장행사를 연출하여 관광객 유치의 부산물로 지역문화가 조잡해지는 것을 최대한 방지해야 한다.

(4) 연출프로그램의 작성3 : 볼거리의 연출

볼거리를 연출하는 데는 시각경관의 연출기법, 이동공간의 연출기법, 현장 정보제공 연출기법을 고려할 필요가 있다. 시각경관 연출을 할 때에는 통일성, 이미지의 확정, 이미지의 형상화, 규모, 조화, 강조를 고려해야 한다.

1) 시각경관의 연출

▌통일성(uniformity)

단일 관광자원만으로 관광자를 유치할 수 없으며 경쟁력이 떨어지기 때문에 연계관광지를 활용한 관광자원군을 개발할 필요가 있다. 관광자원군을 개발할 때 지역전체의 통일된 이미지를 조성해야 효율적이다. 관광객을 유치하기 위한 개성적인 이미지를 연출하기 위해서는 이미 다른 지역의 사람들이 그 지역에 대해 품고 있는 이미지를 구현하는 것과 새로운 이미지를 만드는 것의 양자를 감안해서 시각경관을 연출한다. 지역이미지의 통일을 위해서 개발주체와 개발방향도 통일되어야 한다.

▌이미지의 확정

이미지는 관광상품을 판매하는 단서가 된다. 관광객은 이미지로 인해 관광상품을 구매하게 되며 관광을 하면서 이미지를 확인한다. 이미지를 확인한다는 것은 관광자가 사전에 갖고 있는 지역에 대한 이미지를 재현해 보게 하거나 재현의 실마리를 제공해 주는 것을 의미한다.

이미지의 형상화

관광상품의 이미지는 돌, 나무와 같은 매체를 사용하여 구체적으로 형상화하는 것이 효과적이다. 요즘 전국적으로 각 지자체에서 캐릭터를 개발하여 그 지역의 입구에 대형 상징물을 설치하는 경우가 종종 있는 것이 이미지의 형상화의 예라고 할 수 있다.

규모

크기는 관광자가 받는 감동 가운데서 가장 중요한 부분을 차지하며, 가장 기억에 남을 수 있는 크기는 초대형일 경우이다. 반대로 실제 크기보다 작게 보여 줄 수도 있다. 기억에 남을 정도로 강력한 이미지를 풍기지는 않지만 전체적으로 무리없이 어울리는 크기가 인간척도 (human scale)이며, 인간척도를 고려하여 연출을 해야 한다. 예를 들면 어린이가 주 고객일 경우 어린이의 눈높이에서 연출해야 한다. 크기는 속도에 따라서도 달라지는데 이것을 속도크기(speed scale)이라 한다. 예를 들면 걸어가는 사람이 보는 꽃의 크기나 향기는 차를 타고 지나가는 사람이 느끼는 꽃의 크기나 향기와 다를 것이다. 관광객이 느끼는 관광대상물의 대소가 관광객이 오랫동안 마음속에 간직할 수 있는 상징물이 될 수 있다.

조화

대립이나 어긋남이 없이 서로 잘 어울림, 균형이 잘 잡힘, 어울림, 해화(諧和), 주위와 조화를 이룬 건조물을 조화있다고 한다. 조화란 색채, 디자인, 재질 등이 주위와 비슷한 것을 사용하여 주위와 융화시키는 것을 가리키며, 자연경관 속에 인공구조물을 설치할 때 특히 중요한 문제이다. 예를 들어 산의 색채를 조화시킨다고 하여 녹색으로 설치물에 칠을 한다면 가을에 붉은 나뭇잎이 떨어지면 눈에 띄는 구조물이 되어 버린다.

강조

공원과 테마파크 등에서 이용자의 시선을 집중시켜 이용자의 동선을 유도하거나 광대함을 강조하기 위하여 꽃시계, 조각, 분수 등의 첨경시설을 넣을 때 적용되는 개념으로 경관의 난소로움을 없애며, 때로는 강조된 부분이 이정표가 될 수 있다.

2) 이동공간의 연출

관광객이 이동하는 과정에서 볼 수 있는 경관조성은 이동공간의 연출이다. 이동공간이란 그 자체가 관광자원이 되는 경우와 접근수단인 경우가 있다. 도로공원, 자연탐방로 등은 차를 타거나 걸어서 관광하는 연속공간이며 이러한 공간의 연출에 따라 관광지

〈그림 4-5〉 대전엑스포과학공원의 중국등축제

중국 등축제

엑스포과학공원에서 2003년 개최되었던 중국 등축제는 많은 관람객들을 끌어들였다. 야간에 화려한 볼거리를 세공해주었던 등축제는 볼거리 연출의 모범사례라고 할 수 있다.

에 대한 이미지의 정도가 크게 달라진다. 소설의 전개는 도입, 전개, 절정부분이 이어지면서 독자가 소설 속으로 빠져들게 된다. 소설의 이러한 전개는 관광상품의 연출에도 적용할 수 있다. 관광객이 출발지점에서 목적지를 경유하여 다시 출발점으로 돌아오는 관광코스 전체를 연출할 경우, 해당 관광지까지의 루트를 연출할 경우, 관광지 내부에서 관광을 하기 위하여 이동하는 동선을 연출할 경우에 이러한 소설의 전개를 고려하면 도움이 된다. 이동공간의 연출기법은 세 가지 사항을 고려해야 한다.

▌접근감 부여

관광자가 접근감을 갖도록 하는 방법은 시각에 호소하는 방법과 청각에 호소하는 방법이 있다. 접근도로 주변에 가로수를 세우고 도로 주변에 각종 화초의 양을 조절해 가면서 피게 하고 이정표와 안내표지를 세워 두는 등 관광자의 시각에 자극을 주면서 점차로 목적지에 도달하고 있다는 느낌이 강해지도록 할 수 있다. 목표지점이 폭포인 경우에 폭포의 모습은 나타나지 않지만 소리가 점점 크게 들리도록 함으로써 폭포의 모습을 연상시켜 폭포에 대한 기대와 접근감을 갖게 할 수 있다.

반복

관광지 목표지점에 접할 때의 감동의 크기는 자원 자체의 잠재력 뿐만 아니라 도달하는데 걸린 시간과 거리도 영향을 미친다. 반복은 음악과 연극 속에서도 일반적으로 사용되는 방법이나 효과적으로 연출할 때는 관광매력을 높이는 수단이 될 수 있다. 꾸불꾸불한 산길을 따라 백개의 연못이 있다는 백담사는 걸어갈 때, 차량으로 이동할 때, 케이블카(현재는 없음)를 이용하여 절에 도착했을 때 관광객들이 느끼는 백담사에 대한 감흥이 틀릴 것이다.

터널효과

조망이 아주 좋은 경관은 시야가 거의 막힌 터널을 지나 갑자기 눈앞에 나타나면 감동을 받는 효과는 매우 뛰어나다. 관광대상의 극적인 감동은 접근해서 환경의 차이가 크면 클수록 그 감동이 크다. 예를 들어 청주 고속도로 인터체인지를 벗어나서 청주에 들어섰을 때 양옆으로 나타나는 플라타너스 가로수길은 청주로 관광을 오는 관광객에게 아주 인상적일 것이다. 관광객이 느끼는 감동은 접근로의 환경과 접근로를 벗어났을 때의 환경의 차이가 크면 클수록 더 커진다.

3) 정보제공

현장 정보제공은 직접적 정보와 간접적 정보로 구분된다. 직접적 정보란 해설판, 직접안내, 안내책자, 여행클럽, 공공기관 등에서 광고나 간행물 등을 통해서 관광자에게 의도적으로 전달하는 정보이다. 간접적 정보란 친구나 친지의 이야기, 시나 산문 등의 일반문헌, 지리·역사·경제 등 학교시절 학습자료, 잡지, 신문, 라디오, TV 등 매스미디어에 의해 전달되는 것으로 관광목적으로 받아들여지지 않지만 관광자에게 더 큰 영향을 끼친다. 이러한 직접적 정보와 간접적 정보를 통하여 관광지에 대한 기대 이미지가 형성되며 이 기대 이미지가 과장되어 잘못 형성되면, 관광객은 관광지에서 불쾌감과 실망을 느낄 것이다.

(5) 연출프로그램의 작성4 : 놀이의 연출(박석희, 2000, pp.275~280의 내용을 일부 발췌 및 재구성)

놀이의 연출은 그 종류에 따라 고려해야 할 사항이 다르며 이 부분에서는 문화재놀이, 테마파크놀이, 꽃놀이 세 가지를 중심으로 설명하겠다.

문화재놀이

문화재놀이를 성공적으로 연출하기 위해서 연출할 대상을 두 가지 기준을 참고하여 선정할 수 있다. 이 기준은 작품자체의 가치와 무대화의 용이성이다. 문화재놀이를 연출하는 공간은 놀이마당이나 무대인데, 그 종류는 앞무대(proscenium stage), 원형무대(arena stage), 개방무대(open stage), 회전무대(revolving stage), 복합무대(multi-form stage), 형식무대(formal stage), 기타(동시무대, 승강무대) 등이 있다. 문화재놀이를 성공적으로 공연하기 위해서 네가지 원칙을 고려한 가운데 문화재놀이를 연출해야 한다. 첫째, 이야기의 줄거리를 명확하게 전달해야 한다. 둘째, 적절하게 강조한다. 셋째, 전개속도를 적절하게 조정해야 한다. 넷째, 앙상블을 유지한다. 이를 위해서 의상, 조명, 음악, 장치도 문화재놀이의 내용을 부각시킬 수 있도록 통일된 분위기를 연출할 수 있어야 한다.

테마파크놀이

〈그림 4-6〉 롯데월드 놀이기구 아트란티스

사진출처: 롯데월드 (www.lotteworld.com)

테마파크란 테마가 있는 가족위주의 놀이공원(amusement park)이며, 테마는 독특한 역사적 배경, 복원된 마을, 유서 깊은 철길, 전문 박물관, 전문쇼핑센터 등이며 가장 인기있는 것은 탑승시설공원(ride park)이다. 테마파크에서 연출할 때 다음의 다섯가지 원칙을 고려해야 한다. 첫째, 모든 구조물은 장소감(sense of place)의 강화수단이 되어야 한다. 둘째, 테마파크의 주제 자체가 관광자들의 상상력을 발동시킬 수 있어야 한다. 셋째, 가족위주의 공간이 되도록 분위기가 연출되어야 한다. 네째, 극화된 느낌을 갖도록 한다. 다섯째, 시제를 일치시켜야 한다.

꽃놀이의 연출

안면도 꽃박람회, 진해 군항제, 제주도의 유채꽃축제, 에버랜드의 장미축제와 같이 꽃을 주제로 관광매력화한 곳이 꽃명소이며 자생지, 생산지, 공원이나 식물원, 사찰이나 유적 등이 이에 해당한다. 꽃명소를 조성할 때 동일한 종류의 꽃을 모아 심는 방법, 다양한 종류의 꽃을 섞어 심는 방법, 계절의 차이를 강조하는 방법, 지방색을 강조하는 방법 등이 있다. 꽃놀이의 연출은 다음과 같이할 수 있다.

- 꽃구경 : 단체가 꽃을 보러 가는 것을 '꽃구경간다'라는 식으로 표현하며 연출은 꽃이 만개하는 기간을 정확히 예측하여 홍보해주고 혼잡은 미연에 방지하도록 한다.
- 꽃축제 : 꽃명소에서 개화기간에 꽃을 주제로 한 축제를 의미하며 프로그램은 꽃전시, 꽃퍼레이드, 꽃모자이크, 꽃쇼 등이 있다.
- 꽃의 풍물 : 생활에 밀착된 꽃의 풍물이 관광자의 눈을 즐겁게 해주므로 잘 이용하여 관광객에게 강한 인상을 줄 수 있도록 연출해야 한다.
- 토산품화 : 꽃과 관련한 관광토산품에는 꺾은 꽃, 묘목, 구근, 분재, 가공품 등이 있다.
- 기타 : 꽃으로 떡 해먹기, 꽃술 담그기, 차 끓이기, 꽃꽂이 교실 등으로 관광객에게 즐거움을 서비스할 수 있다.

(6) 관광상품 생애주기와 관광상품 관리

관광상품 생애주기는 앞의 3장에서 설명을 하였듯이 학자마다 약간의 차이는 있지만 도입기, 성장기, 성숙기, 쇠퇴기로 나누어 관리방법을 설명하도록 하겠다.

도입기

도입기에는 관광상품의 원가를 절감하거나 개선시킬 수 있는 방안을 수시로 모색하면서 경쟁사의 움직임도 주시하여 관광상품의 포지셔닝을 조정할 필요가 있다. 능동적

〈그림 4-7〉 제주도의 유채꽃 조성지

꽃과 관광

제주도는 유채꽃을 활용하여 관광상품화 하였다. 꽃은 사람들의 마음을 끄는 매력을 가지고 있으며 이를 활용한 프로그램 개발과 연출은 훌륭한 관광매력물이다.

으로는 경쟁사에 앞서 새로운 틈새시장(niche market)을 발굴하여 공략하는 것도 가능하다. 도입기에서는 관광상품의 가격정책이 중요한 역할을 한다. 스키밍전략(skimming strategy)을 채택하여 고가격으로 시작하거나 침투전략(penetration stragtegy)을 채택하여 저가격으로 시작할 수 있다. 스키밍전략은 높은 이익을 얻을 수 있으나 매출이 느린 성장을 보인다는 단점이 있다. 침투전략의 경우, 판매량을 단기간에 크게 증가시킴으로써 경험효과나 규모경제를 통해서 원가를 낮출 수 있는 반면, 수요예측이 정확하지 않으면 막대한 손실을 입을 수 있으며, 기술이 급속하게 바뀌는 경우에는 낡은 기술에만 집착하는 잘못을 범할 가능성도 있다.

성장기

성장기에는 생산원가가 낮아짐에 따라 가격도 낮아질 수 있으므로 경쟁사의 움직임을 신중하게 고려한 관광상품의 재포지셔닝(repositioning)도 이루어질 수 있다. 경쟁자수가 많아지고 선제자(first-mover)가 관광상품 라인을 확장함에 따라 관광시장은 더욱 세분화된다. 관광상품의 판매증진을 위한 성장기의 관광상품 관리전략은 다음의 5가지가 있다.

- 관광상품의 품질을 개선하고 관광서비스 특성이나 요소의 추가
- 새로운 목표시장 구축
- 새로운 유통경로 이용
- 가격에 민감한 관광객의 유도를 위한 가격인하
- 광고를 서비스 인지에서 구매유도로 전환

성숙기

성숙기에는 관광시장점유율과 관광객들의 선호도가 더 이상 큰 변화를 보이지 않고 안정화되기 때문에 관광객의 상표충성도와 만족도가 중요한 자산이 된다. 이 시기의 관광상품 관리전략은 유지전략과 방어전략으로 설명할 수 있다.

- 유지전략(maintenance strategy) : 경쟁사, 기술 또는 다른 관광시장환경으로부터 별다른 위협요인이 없을 때 관광시장에서 관광상품의 현재 위치를 유지하고 강화하는 것을 목표로 하는 전략이다. 관광상품에 대한 광고는 현재 수준으로 유지하고, 다른 마케팅믹스들은 이익을 극대화할 수 있도록 조정하여야 한다.
- 방어전략(defense strategy) : 방어전략은 새로운 경쟁업체가 관광시장에 진입하는 경우나 기존의 경쟁사가 마케팅활동을 크게 강화시켜서 위협을 가하는 경우에 이에 대응하는 전략이다. 구체적으로는 관광상품의 가격인하, 광고범위 확대, 인적판매활동의 강화, 판매라인 확대 등의 적극적인 방어에 나서야 하고, 이와 같은 적극적인 방어계획을 수립할 때에는 가치도(value map)나 매출액 분석 등을 활용할 수 있다. 방어전략의 수단에는 공정혁신과 상품라인 확장전략이 있다.

쇠퇴기

쇠퇴기에는 가능한 지출을 감소시키고 다른 업체에 매가하는 방안을 고려해야 한다. 기존관광상품의 새로운 용도 개발이나 재포지셔닝전략이 효과적인 경우도 있다. 이 시기의 관리전략은 수확전략과 재활성화전략으로 설명할 수 있다.

- 수확전략(milking strategy) : 마케팅비용을 감축시키고 기존의 고객들이 반복구매하는 것에 의존하면서 해당상품이 서서히 사라지도록 하는 전략이다. 이때 주의할 점은 관광상품의 판매량이 일시적으로 감소하였다가 회복되기도 하는데, 일시적인 관광상품판매량 감소를 쇠퇴기로 잘못 판단하면 큰 잠재적 손실을 볼 수 있다.
- 재활성화전략(rejuvenation strategy) : 판매가 감소하는 상품을 다시 설계하여 새로운 수명주기를 시작하도록 하는 전략이다. 재활성화전략은 기존 관광상품이 고

객들로부터 상당한 호감을 받고 있고 재설계를 하는데 지나치게 많은 비용이 들지 않는 경우에 적합하다.

4-3 관광상품개발

(1) 관광상품화

관광상품화는 “관광지와 관광자원 및 관광시설의 개발 그리고 이러한 관광상품의 다양한 특성들 즉 복합성, 다양성, 경제성, 편리성, 서비스성, 공공성, 비일상성, 정보의존성, 계절성, 편리성, 고유성, 안정성, 정서성, 역사·문화성, 이동성, 일시성 등의 여러 특성을 고려하여 관광수요자가 갖는 필요와 욕구를 조사·분석함으로써 관광의 상품화를 위한 전반적인 演出計劃을 검토하는 단계”라고 할 수 있다.

관광상품화와 유사개념인 관광자원화는 “사물과 활동이 지니고 있는 관광잠재력을 현재화시키는 작업, 즉 존재하고 있는 그대로 또는 일정한 변경을 통하여 관광잠재력을 지닌 사물과 활동을 볼거리화 및 놀거리화시킴으로써 관광자원에 내재된 가치를 구현시키는 일련의 행위”이다. 즉, 관광자원화와 관광상품화 모두 관광거리에 연출한다는 점에서 공통점이 있으며 관광상품화는 관광자원 뿐 아니라 관광하는데 필요한 요소들을 같이 연출한다는 점에서 더 광범위한 개념이라 말할 수 있겠다.

(2) 관광상품 개발과정

관광상품을 기획하고 개발하는데 있어 다음과 같이 진행하는 것이 바람직하다.

▌계획목표와 범위 설정

이 부분에서는 과업배경, 과업목적, 과업범위, 분석방법과 결과물 활용방안에 대한 이해, 정책방향 연구 등 과업추진 방향에 대한 이해에 대한 분석이 있어야 한다.

▌계획대상지의 특성파악

이 부분에서는 지역환경을 분석하게 되는데 입지여건, 인문사회환경, 자연환경 분석이 해당된다. 입지여건에는 행정구역상 계획대상지의 위치와 접근성이 포함되며 인문

사회환경에는 인구와 토지이용 등이 포함된다. 자연환경은 지형과 지세, 수계와 수문, 동식물상, 기상과 기후가 이에 해당한다.

▌관련계획과 법제도 검토

관광상품의 종류에 따라 관련되는 계획과 법은 다르게 되며 일반적으로 많은 종류의 계획과 법이 관광상품 개발시 연관된다. 예를 들어 설악동지역을 관광상품화 할 경우 전국계획(제4차 국토종합계획, 제2차 관광개발기본계획), 지역계획(강원의 비전 21, 설악금강권 관광개발계획 등), 지구계획(설악산국립공원 교통시설 개선방안 기본계획 등)을 고려해야 하며 자연공원법, 환경영향평가시행령, 온천법, 국립공원 관련 주요법령들을 고려하여 개발하여야 한다.

▌관련기관 제반 행정절차 및 협의 이행사항

관광상품을 성공적으로 개발하기 위해서는 관광상품 개발과정에 관여하는 각종 행정기관들과 유기적인 협조체제를 유지하는 것이 필수적이다.

▌국내・외 사례분석

관광상품 개발시에 유사한 국내・외 사례분석을 통해 좋은 제언을 할 수 있는 경우가 많다.

▌의견조사 분석

관광상품 개발을 위한 의견조사를 하는 대상은 방문객, 지역주민, 전문가가 해당된다. 의견조사를 한는 목적은 관광상품의 성격을 설정하기 위한 것이며 이를 통해 시장세분화를 할 수 있게 된다.

▌성공전략제시

이 부분에서는 SWOT분석과 발전방안제시를 하게 된다.

▌기본계획제안

관광상품의 기본계획에는 시기와 장소제안, 축제의 주제설정과 회장연출, 전시연출계획, 프로그램 전략, 운영전략, 홍보전략, 추정예산이 포함된다.

▌경제적 효과 분석

관광상품을 개발하는 중요한 이유중의 하나는 경제성이다. 수요예측에 따른 경제적 효과분석은 수익사업총괄분석, 경제파급효과분석으로 나누어 정확하게 하는 것이 중요하다.

과업추진계획

관광상품을 개발할 때 과업추진조직을 구성하여 업무분장을 하고 과업추진일정을 정해서 체계적으로 할 필요가 있다.

관련 논문소개

1. 논문제목

연계개발을 통한 설악권 관광상품화 방안

2. 저자 : 박근수

3. 출처 : 2001년도 교육인적자원부 재정지원 특성화 프로그램 선정 세미나 논문집. 강원 동해안 해양관광자원의 상품화방안. pp.25-38.

4. 내용소개

(1) 연구목적

국내 관광지중 가장 많은 관광객이 찾는 곳이 설악권이다. 2000년 설악권을 찾은 관광객수는 양양 326만명, 속초 910만명, 그리고 고성 566만명이었다. 이렇게 많은 관광객이 찾고 있지만 지역경제 측면에서는 많은 문제점을 드러내고 있다. 양양은 송이축제를 비롯하여 해맞이 축제, 현산문화제, 연어축제 등을 개최하면서 관광객들을 유치하려고 하고 있으며 성공적이었다. 반면, 각종 축제가 지역경제 활성화에는 미흡한 점이 있고 양양의 대표적인 관광지였던 오색지역이 침체되고 있으며 피서철에 190만명이라는 피서객이 양양지역의 해수욕장을 찾았으나 시내 상경기가 5~6월보다 침체되어 있는 점 등이 문제점으로 드러났다.

속초의 경우, 인근 지역을 포함한 동해안 지역의 피서객이 8월 13일까지 1126만명으로 작년에 비해 25%가 늘었으나, 피서철에 시내 상경기가 과거보다 침체되어 있고 바가지 요금으로 인한 각종 부작용이나 백두산 항로 관광객의 감소도 심각한 것으로 나타나고 있다. 고성은 해양박물관, 김일성별장, 통일전망대를 통해 많은 관광객들을 유치하고 있지만, 피서기간 중의 각종 바가지 요금과 불친절 관련 불평으로 인한 관광지 이미지 훼손, 왕곡마을의 활성화, 통일전망대지구 활성화, 건봉사 관광개발 방안 등이 시급한 현안으로 나타나고 있다.

더욱이 금강산육로관광이 구체화되어 가면서 이것이 설악권의 관광에 타격을 줄 것이라는 우려가 지역주민을 중심으로 퍼지고 있으며, 침체되어 있는 설악권의 관광을 활성화시키는 것이 시급하다는 공감대가 형성되고 있다. 이 연구에서는 지금까지의 설악권 관광개발현황을 분석하고 지역경제를 활성화시킬 수 있는 관광상품화방안을 제시한다.

(2) 연구방법

이 연구는 문헌연구를 중심으로 설악권의 관광개발현황을 분석하여 특성을 제시하였으며 이를 바탕으로 설악권의 관광상품화 방안을 제시하였다.

(3) 연구결과

이 연구의 연구결과를 관광개발 현황과 특성파악, 관광상품화방안으로 나누어 설명하겠다. 속초는 설악산을 중심으로 등산코스와 사찰, 폭포가 있으며 동해바다를 따라서 이어진 각종 해수욕장, 그리고 영랑호, 청초호와 같은 석호들이 어우러져 천혜의 경관을 보여주고 있다. 또한, 속초시에 위치한 4개의 항구 즉 대포항, 외옹치항, 속초항, 사진항을 중심으로 횟집들이 형성되어 있으며, 미시령 부근의 학사평에 형성된 순두부촌과 각종 먹거리 촌은 관광객을 유인하는 좋은 관광자원이라 할 수 있다.

속초의 온천은 시설이 고급스러운 설악워터피아와 일반인들이 저렴하게 이용할 수 있는 척산온천휴양촌과 각종 대규모 숙박시설들과 연계되어 있는 온천들이 있으며 다양하다고 할 수 있다. 외지 관광객들에게 아직까지는 많이 알려져 있지 않은 영랑호 범바위, 청대리 청대산, 청초호, 속초해수욕장 조도, 상도문 학무정, 내물치 설악해맞이공원, 영금정 등대전망대, 대포 외옹치 등의 속초시가 지정한 속초 8경도 잠재력 있는 훌륭한 관광자원이라 할 수 있다. 또한 설악프라자 CC와 영랑호 CC와 같은 골프코스가 갖추어져 있어 종합휴향지로서 손색이 없다고 할 수 있다. 1월의 설악눈꽃축제, 7월의 설악트라이애슬론, 그리고 10월의 설악문화제는 속초지역의 또다른 볼거리를 제공해준다.

양양지역은 설악산 국립공원과 낙산도립공원, 해수욕장과 같은 자연적 관광자원외에 특성화된 각종 축제 개최로 관광객들을 유치하려고 노력하고 있다. 설악지역중 남설악에 해당하는 오색지역은 양양군 서면 오색리에 위치하고 있다. 절경으로 이름난 주전골 일대와 오색약수, 그리고 온천이 유명하며 행정구역상 강원도 양양군의 연장 24km 강현면 정암1리~현북면 잔교리 해안선 주변이 낙산도립공원에 해당되며, 낙산사와 낙산해수욕장, 오산해수욕장, 동호해수욕장, 하조대해수욕장 등의 많은 해수욕장이 있다. 또한 하륜과 조준의 역사가 살아 숨쉬는 하조대는 기암절벽과 고도절벽의 등대로 알려져 있는 관광명소이다.

양양의 가장 독특한 관광자원은 연중 개최되는 4개의 축제이다. 매년 12월 31일부터 1월 1일까지 개최되는 양양낙산해맞이축제는 주행사장인 낙산해수욕장과 부행사장인 설악산대청봉, 하조대해수욕장, 현남면남애항, 낙산사경내에서 다양한 프로그램으로 진행된다. 문화관광부에서 문화관광축제로 선정된 전국 30개 축제에 포함될 만큼 축제 내용이 독특하고 알찬 편이다. 2001년에는 10월 6일부터 10월 10일까지 5일간 축제가 개최되었으며 외국인의 현장체험은 2001년 9월 22일부터 10월 10일까지 진행되었다. 연어축제는 2001년 11월 3일부터 4일까지 이틀간 개최되었는데, 연어잡기 체험행사와 연어 탁본뜨기 등의 연어와 관련된 다양한 행사로 진행되었다. 양양송이축제와 양양연어축제는 관광객 체험행사로서 참여한 관광객들의 지속적인 재방문을 유도할 수 있는 재미있는 축제라고 할 수 있다.

고성군은 설악권과 인접해 있으면서 북한과의 접경지대라는 입지적 특성을 살린 각종 관광자원과 동해안을 배경으로 한 해양관광자원들이 산재해 있다. 이 지역의 특징적인 관광자원은 통일전망대, 건봉사, 청간정, 천학정, 화암사, 어명기가옥과 왕곡마을, 화진포호와 송지호를 들 수 있다. 화진포지역에는 김일성별장, 이승만별장, 이기붕별장 등의 역사안보전시관과 2001년에 개장한 해양박물관이 위치해 있다. 이외에도 매년마다 개최되는 행사로 송년해맞이 대축제(2001년 12월 31일), 수성문화제(2001년 9월 20일~9월 22일), 그리고 명태축제(2001년 2월 23일~2월 25일)와 같은 지역문화를 소재로 한 관광자원이 있다.

이러한 관광자원을 갖춘 설악권에 오는 관광객수의 통계자료를 통해 관광현황을 분석해 보면 다음과 같다. 2000년말 현재 속초시의 관광객은 연간 총 9,106,433명으로 꾸준히 늘고 있으며, 설악산 관광객은 1995년에 5,183,619명에서 2000년에 4,102,000명으로 21% 가량 줄었으며, 해수욕장은 1995년의 177,383명에서 2000년의 305,000명으로 72%가 증가하였다.

2000년말 현재 양양군의 관광객은 연간 총 3,260,324명으로 점차 늘고 있는 추세이며, 오색지역 관광객은 1997년의 273,529명에서 2000년의 244,274명으로 11% 줄어들었으며, 해수욕장은 1995년의 1,260명에서 2000년의 1,892,736명으로 1,502% 늘어났다.

속초시와 양양군의 관광객수 통계자료에서 볼 수 있듯이 전체적인 관광객수가 지난 6년동안 꾸준히 늘어났으나 설악산을 찾는 관광객수는 점차 줄고 있으며, 해수욕장을 찾는 관광객수는 많이 늘고 있는 추세이다. 특히 양양지역은 양양군을 찾는 전체 관광객수의 절반이상이 해수욕장을 방문하는 관광객일 정도로 지난 6년간 급증하였다.

설악권을 관광개발하려는 시도는 꾸준히 이루어져 왔다. 이 연구에서는 그 동안의 관광개발계획을 분석하여 설악권의 관광활성화를 위해 어떠한 측면에서 계획이 시도되었는지를 조사하였다. 설악권 개발계획은 (1) 관광·여가공간계획, (2) 축제와 관광자원 상품화계획, (3) 교통계획, 그리고 (4) 계획의 집행과 관리측면에서 분석되었다.

이러한 분석을 바탕으로 이 논문은 관광상품화 방안을 제시하고 있다. 이 논문 앞부분의 설악권 관광객수 현황에서 분석되었듯이 설악산과 오색을 찾는 관광객수는 점차 감소하고 있으나 여전히 설악권 관광객의 큰 비중을 차지한다. 속초를 찾는 관광객중 설악산 관광객의 비중은 1995년의 81%에서 2000년에는 45%로 줄어들었다. 따라서 설악산 관광객을 유치하는 방안이 필요하며, 특히 설악동 집단지구의 활성화는 지역주민들의 바람이기도 하다. 설악동 집단지구를 상품화하는 방안은 다음과 같다 : (1) 새로운 개념의 '고향집' 형태로 회원제 운영 ; (2) 현재 운영되고 있는 지역축제를 활용한 연계개발 방안 ; (3) 새로운 축제 창출 ; (4) 드라마나 영화를 활용한 관광마케팅 ; (5) 여행사를 활용한 관광상품개발방안 ; (6) 지역의 전문 Event사 육성.

다음은 위 여섯 가지 상품개발 방안의 세부내용이다.

새로운 개념의 '고향집' 형태로 회원제 운영

설악동 집단지구를 활성화하기 위한 가장 현실적인 방안은 현재 운영되고 있는 여관이나 모텔지구를 약간 개보수한 뒤에 새로운 개념의 운영방법을 도입하는 것이다. 이를 위해 필요한 최소장비는 인터넷을 사용할 수 있는 공간(객실마다 완비되면 더욱 좋음), 영화관람을 할 수 있는 대형TV나 빔프로젝터 설치, 바비큐파티를 할 수 있는 시설과 야외공간, 객실내 취사시설, 과수원이나 농가·어가와 연계해 시중가보다 싸게 과일이나 농수산물을 전시 판매하는 공간, 교육적 동식물원(공동조성) 등이다.

현재 이곳의 운영방법이 호텔과 같은 식의 운영방법인데, 가격은 싸지만 시설이 노후되어 경쟁이 되지 않고 있다. 하지만 설악동의 여관과 모텔지구도 회원제로 운영하게 하되 콘도와 같은 형식의 운영방식이 아니라 고객이 고향의 친척집에 온 것과 같은 마음이 들게끔 서비스를 제공하는 것이다.

이것은 프로그램의 차별화를 통해 가능하다. 고객이 묵는 기간동안 매일 저녁 일정시간에 영화를 상영하고, 일정요일에는 바비큐파티를 하며, 라이브공연과 노래자랑 등이 어울어진다면 매력적일 것이다. 설악동에 있는 60여개의 여관, 산장, 모텔이 이러한 프로그램을 통합적으로 연계성있게 운영하면 업체들은 큰 부담없이 역할을 분담하여 이러한 프로그램을 운영할 수 있다. 반면 고객들은 행사진행표에 따라 많은 영화중에서 골라볼 수 있는 재미가 있으며 원하면 일정한 장소에 가서 바비큐파티나 라이브공연, 노래자랑 등을 할 수 있어 흥겨울 것이다.

회원가격은 1년에 5박정도로 사용시기에 따라 20~50만원 정도의 비환불제로 운영하는 것이 좋을 듯 하다. 또한 프로그램 운영과 개발이 차별화되려면 전담기구를 설립하여(가칭 '설악동가꾸기위원회') 운영하는 것이 좋을 듯하다.

콘도미니엄업은 관광진흥법에서 관광숙박업종으로 규정되어 있으며, 설악동 집단지구내 여관이나 모텔은 공중위생관리법의 규정에 의해 관리되고 있다. 공중위생관리법에 의해 여관이나 모텔이 회원제로 운영되는 것을 제한하는 규정은 없으며 현실적으로 이러한 회원제로 운영하는 것은 가능하다.

현재 운영되고 있는 지역축제를 활용한 연계개발 방안

설악동이 위에서 언급한 기본적인 시설이 갖추어지고 이를 활용한 프로그램 개발이 이루어진다면 현재의 콘도나 호텔과 어느 정도 경쟁력이 있다고 본다. 앞에서 언급한 프로그램은 주로 저녁과 밤시간에 즐길 수 있는 프로그램인데, 낮 동안에는 지역에서 열리는 각종 축제를 연계하여 코스를 개발하는 것이 좋다. 현재 속초에는 설악눈꽃축제(1월), 설악트라이애슬론(7월), 해양페스티벌(7월), 설악문화제(10월) 등의 행사가 열리고 있고 고성은 명태축제(2월), 우리춤우리가락공연(7월), 수성문화제(9월)가 있으며, 양양은 해맞이 축제(12월 31일~1월 1일), 현산문화제(6월), 송이축제(10월), 연어축제(11월) 등이 운영되고 있다.

따라서 이러한 축제가 있는 기간에는 설악동 공동 셔틀버스나 개별적인 미니벤을 활용하여 고객을 이러한 행사장으로 운송하는 서비스 등을 제공해주는 노력이 필요하다.

새로운 축제의 창출

축제의 내실을 꾀하기 위해서는 현재 열리는 축제를 정비하고 새로운 개념의 축제를 창출할 필요도 있다. 현재 열리고 있는 축제 중 유명무실하게 운영되는 몇몇 축제는 과감히 새로운 개념으로 바꾸는 시도가 필요한 것이다. 이것은 지역 대학의 전문가들이나 관광분야 연구소에 의뢰하여 관학협력차원에서 시도할 필요가 있으며 전문적이고 실질적인 용역을 요구하여야 한다. 현재 설악권에서 가능한 몇몇 축제주제는 고급스런 이미지의 오페라축제(설악산 소공원이나 청초호공원에서 가능), 남북한의 고전문화와 대중문화를 다양하게 비교하여 보여줄 수 있는 아바이마을축제(청초호공원과 아바이마을에서 가능) 등 문화와 관련한 축제가 가능하다.

드라마나 영화를 활용한 관광마케팅

설악권 인근지역을 배경으로 한 드라마나 영화를 활용하여 관광마케팅을 하는 것도 좋은 방법이다. TV드라마인 가을동화의 배경이 되었던 양양의 상운폐교와 속초의 갯배, 고성의 화진포를 연계한 관광코스를 개발하고 이와 관련한 이벤트를 설악동 주최로 기획해 봄직하다. 예를 들어 가을동화의 극작가나 극중 배우를 설악동에 초빙하여 사인회를 비롯한 각종 행사를 하는 것이다. 이것을 더 발전시켜 '가을동화축제'를 연중 5~6회 정도 설악동에서 여는 것도 좋은 홍보효과가 있을 것이다. 극중 배우 가운데 강원도출신 배우를 강원도지사 명의로 '강원홍보도우미'로 위촉하여 활용하는 것도 한 방법이다. 이러한 방식으로 설악권을 주제로 한 드라마나 영화를 찾아내어 이를 활용할 필요가 있다.

여행사를 활용한 관광상품 개발방안

단체관광객을 외지에서 설악동으로 유치하기 위한 효과적인 방법은 여행사를 활용하는 것이다. 현재 대부분의 설악권 관광객들은 등산이나 해수욕을 하러 오는 관광객들이 대부분이나, 양양, 속초, 고성의 각종 매력물을 제대로 보지 못하고 돌아가는 실정이다. 앞서 제시한 '설악동가꾸기위원회'가 서울과 전국의 여행사에게 양양, 속초, 고성의 볼거리와 할거리, 먹거리를 패키지화하여 제시한다면 여행사들도 관심이 있을 것이다. 참고로 양양은 남애항, 38휴게소, 낙산사, 낙산해수욕장, 한계령, 오색지구, 낙산도립공원, 하조대, 주전골계곡, 둔전계곡, 어성전계곡, 용소계곡, 갈천약수, 미천약수, 오색약수, 10개의 마을관리휴양지, 미천골자연휴양림, 양양생태관찰원(멧돼지수렵장), 낙산민속촌 해마랜드, 구룡령, 진전사지, 선림원지 등의 볼거리와 할거리가 있다. 속초에는 속초8경으로 지정된 '영금정 속초등대전망대', 영랑호 범바위, 청대산, 청초호, 속초해수욕장 조도, 대포 외옹치, 내물치 설악해맞이공원, 상도문 학무정과 온천 테마파크인 설악워터피아를 비롯한 각종 온천시설, 횟집단지가 조성되어 있는 장사동, 동명동, 대포동, 중앙동의 먹거리와 신흥사를 비롯한 각종 사찰과 암자들이 있으며, 배낚시, 스쿠버다이빙, 쾌속보트, 골프, 용카누, 관광유람선, 해저관광, 스카이라운지 등 다양한 볼거리, 먹거리, 할거리가 있다.

고성은 장신리유원지, 진부리유원지, 도원유원지, 골프와 스키를 즐길 수 있는 알프스리조트, 화진포, 송지호, 청간정, 천학정, 통일전망대, 공현진, 잼버리수련장, 건봉사, 화암사, 간성향교, 왕곡마을, 어명기 가옥 등이 있다.

이러한 볼거리, 먹거리, 할거리를 아우른 패키지 프로그램은 설악권에 숙박하러 오는 개별관광객들이 숙박업소(호텔, 콘도, 여관, 모텔 등)의 프론트데스크에 신청하여 당일이나 그 다음날 이러한 패키지 프로그램을 판매하는 지역여행사를 통해 여행할 수 있도록 하는 방안은 개별관광객들이 이 지역에 더 오래 체류할 수 있게 할 수 있는 대안도 될 수 있다.

지역의 전문 Event사 육성

설악권에 있는 소규모 Event사를 활용하여 설악동 집단지구에서 라이브쇼나 관광객들 대상의 레크리에이션 활동을 유도한다. 이 지역에서 '가을동화 축제' 등의 소규모 이벤트를 기획 운영하도록 하되, 그 역량은 지역 대학인 경동대학교 창업보육센터에서 육성하여 이러한 행사를 수행할 수 있도록 도와준다. 이렇게 육성된 지역 Event사는 자생적으로 지역특성을 살린 각종 Event를 기획하고 수행하여 관광객들에게 흥미와 관심을 유발한다.

설악권은 금강산과 연계개발을 했을 때 차별화된 이미지로 금강산과 역할분담을 하여 고객을 확보하여야 한다. 이렇게 하기 위해서 다음의 두 가지 방안을 고려할 필요가 있다 : (1) 경유형관광지가 아닌 체류형관광지로의 이미지 확보와 고객유치 ; (2) 금강산의 생태관광객의 관광거점지역으로서 설악권개발과 고객유치.

◦ 경유형관광지가 아닌 체류형관광지로의 이미지 확보와 고객유치

설악권은 양양국제공항과 미시령터널, 그리고 대관령터널의 개통으로 외래관광객이 급증할 것으로 예상된다. 또한 주5일제 근무의 확산으로 관광객들로 인한 영향을 가장 많이 받을 것으로 전망된다. 금강산 육로관광이 현실화되었을 때 설악권이 단순히 경유형관광지로서 되어 버리지 않게 하기 위해선 양양국제공항에서부터 설악권으로 관광객을 유인하는 체제가 확립되어 있어야 한다. 특히 배낭여행과 같은 개별관광객들에겐 이러한 유인체제가 효과적일 것이며 이를 위해 공항에서 여행자들을 설악권으로 유도할 수 있도록 먹거리, 할거리, 볼거리, 숙박예약 등을 설계하고 대행해줄 수 있는 시설과 전문도우미 인력(가칭 관광설계사)이 필요하다. '관광설계사'는 이미 강원도에서 어느 정도 구축되어가고 있는 코스별, 주제별 여행패키지코스를 각 개인의 기호에 맞게끔 설계해 줄 수 있는 능력이 필요하며 '강원도청홈페이지'에서 도입하고 있는 사진이나 3D 동영상을 인터넷 화면에서 직접 관광객에게 보여주면서 설명할 수 있는 접속시설을 갖추도록 해야 하겠다.

또한 장기적으로는 지금과 같이 시외버스터미널, 고속버스터미널, 여행사 등이 여기저기 분산되어 있는 실정을 개선하여 이러한 시설들을 한곳에 모은 통합터미널을 시에서 조성할 필요가 있다. 이렇게 되었을 때 관광객들이 편리하게 공항에서 터미널로 터미널에서 다시 숙박시설이나 관광지로 이동할 수 있으며 이것은 설악권에 오는 관광객에게 큰 매력요인으로 작용할 수 있다.

관광객을 설악권 지역으로 유치한 후에는 이들이 쇼핑을 할 수 있도록 유도하는 대형물류센터가 필요하다. 롯데에서 외옹치항 인근에 시도하고 있는 대형 마트도 도움이 될 수 있고 지역경기활성화를 위해선 속초의 중앙시장과 같은 재래시장을 야간에 개장하여 운영하는 방안도 검토해 볼 만하다.

• 금강산의 생태관광객의 관광거점지역으로서 설악권개발과 고객유치

금강산개발은 생태관광의 관점에서 개발하도록 유도하고 설악권은 관광거점개념을 도입하여 관광은 금강산에서 숙박과 식사, 쇼핑은 설악권에서 하도록 유도한다. 이러한 형태의 관광은 미국의 라스베이거스와 그랜드캐니언의 경우에서 잘 나타나고 있다. 라스베이거스와 그랜드캐니언은 버스로 편도 6시간 거리이지만, 많은 관광객들이 버스를 이용하여 왕복 12시간 거리의 당일 관광을 라스베이거스에서 출발하여 그랜드캐니언을 거쳐 다시 라스베이거스로 하고 있다. 이것은 그랜드캐니언을 생태관광지로 정착시켜 야영지외에는 숙박시설이 없는 관광지로 개발하였기 때문에 가능하였다.

금강산도 숙박시설이 없는 관광지로 개발하는 것이 바람직하며, 이럴 경우 설악권에서 숙식, 쇼핑이 이루어질 수 있다. 설악권이 더 매력적인 관광거점지역으로 거듭나기 위해서는 설악동 집단지구가 앞서 말한 형태로 개발되는 것이 바람직하며, 특히 새로운 개념의 '고향집' 형태로 회원제 운영은 전제가 된다. 또한, 여행사를 적극적으로 활용하

여 금강산↔설악권 연계개발 상품을 기획 제시할 필요가 있다.

설악권에 개별적으로 온 관광객들에게는 숙박업소에서 옵션관광패키지 브로셔를 통해 당일 금강산↔설악권 연계 관광패키지를 유도하고 서울을 비롯한 전국의 여행사에는 4박 5일이나, 5박6일 금강산-설악권 연계 관광패키지 코스를 제시하되, 숙식과 쇼핑은 설악권에서 할 수 있도록 하는 방안이 바람직하다. 이를 위해서 여행사에 인센티브를 제시해야 할 것이다.

사례분석

1. 주제 : 2004 Busan International Festival Hardware Expo(관광상품개발 사례)

2. 저자 : 구본홍, 배길현, 이주형, 문은용(배재대학교 관광경영학부 학생들)

3. 출처 : 관광기획개발론 과제물(2003년)

4. 내용

(1) 목차

1) 계획목표와 범위
   - 과업배경
   - 과업목적
   - 정책방향연구
2) 대상지특성파악
3) 관련계획과 법·제도 검토
4) 관련계획 제반 행정절차 및 협의 이행사항
5) 국내·외 사례분석
6) 의견조사분석
7) 성공전략

8) 기본계획방향

9) 경제적 효과 분석

10) 예산계획

(2) 계획목표와 범위

1) 과업배경

- 현재 우리나라 대부분의 지역축제의 경우 소비자의 욕구에 따라 양적으로는 많은 팽창이 있었으나, 질적인 면에서는 소비자의 욕구를 만족시키지 못함.
- Beauty 산업요소가 제품서비스의 경쟁력과 부가가치의 원천으로 부상하고 있음.
- Beauty 산업요소 중 Hardware 디자인의 세련미를 지역축제에 접목시켜 축제의 질적인 향상과 도모하여 세련된 관광객 중심형 축제로의 방향제시.
- 최근 지역축제의 수익 중 캐릭터판매 부분의 수입이 지속적으로 증가하는 추세.
- 이 박람회를 통해 부산의 독창적인 이미지를 확보하여 부산관광산업 활성화를 모색.

2) 과업목적

- 현 지역축제의 Hardware 부분의 현황과 문제점 조사분석.
- 기초조사분석 결과를 토대로 지역축제 Hardware부분에 세련미와 편의성을 더해 질 높은 축제로의 발전모색.
- 질 높은 Hardware 시설을 전시함으로써 좀더 세련된 축제를 만듦과 동시에 축제 Hardware 시설 임대업의 활성화 계기마련
- 캐릭터 디자인의 질적인 발전과 축제의 수익성 증대로의 방향제시.
- 이 결과물을 통해 향후 지역축제 Hardware 시설의 발전방향 제시 및 부산의 독창적인 이미지 확보를 통한 지역경제 활성화 모색.

3) 과업범위

▮공간적 범위 : 부산 컨벤션센터(BEXCO)

〈표 4-3〉 BEXCO와 COEX의 특징비교

구 분	BEXCO(부산컨벤션센터)	COEX(서울컨벤션센터)
전시장 면적	총 26,445㎡(8000평)중 A-1, A-2전시장 사용	1층 : 총 18,378㎡(5560평)
임 대 료	1㎡당 1000원	1㎡당 1400원
장 점	1. 전시장에 기둥이 없다. -큰 건축물과 전시물의 전시 용이성 2. 대규모 방문객을 수용할 수 있는 넓은 주차장 3. BEXCO주변의 뛰어난 자연경관이 이 기획서의 주제와 부합됨. 4. 전문전시장이 한 층에 집중 -방문객의 동선 유도에 더 편리함. 5. 임대료가 COEX에 비해 저렴하다.	1. 전시회장으로서의 인지도가 높다. 2. 인프라 구축이 잘 되어있다. 3. 사업자 유치면에서 지리적 위치가 좋다.
단 점	1. COEX에 비해 아직까지 인지도가 낮다. 2. 지리적 위치 면에서 COEX보다 뒤떨어 짐.	1. 전시회장에 기둥이 있어 기획하고자 하는 전시물들에 지장을 줌. 2. 도시 한복판에 있어 교통체증이 심함. 3. 주변 자연 경관 면에서 이 기획서와 부합되지 않음.

▮시간적 범위 : 2004년 3월 26일～4월 18일

▮내용적 범위

- 현 지역축제의 hardware 부분의 현황과 문제점 조사분석
- 기초조사분석 결과를 토대로 지역축제hardware부분에 세련미와 편의성을 더해 질 높은 축제로의 방향제시
- 캐릭터 디자인의 질적인 향상과 축제의 수익성 증대.
- 이 결과물을 통해 향후 지역축제 hardware 시설의 발전방향 제시 및 부산의 독창적인 이미지 확보를 통한 지역경제 활성화 모색
- 효율적인 사업추진 계획 제시

▌파리생활용품전

- 기획의도 : 생활용품을 전시하여 실내디자인 산업의 세계적 동향과 현황을 한눈에 볼 수 있는 기회를 제공하며, 정확한 벤치마킹과 정보교류 및 무역상담 등의 기회를 제공함.

(7) 의견조사분석

지역축제 캐릭터 상품의 중요성 관광상품개발을 위해서 전문가 의견조사분석을 했으며 조사내용은 지역축제의 Hardware 시설부분이 방문객 만족도에 미치는 영향, 지역축제에 있어서 Beauty 요소인 Design의 중요성, 지역축제 캐릭터상품의 중요성, Bexco에서 박람회를 개최함으로써 지역경제에 미치는 영향이었다.

▌시사점

- 세련된 Hardware 시설물 등을 이용함으로써 고객만족도가 높게 평가되어 방문객 수가 지속적으로 증가하는 추세 ⇒ 지역축제 Hardware 시설 부분의 발전필요
- 소비자의 욕구 변화에 따라서 축제의 질적인 요소인 디자인의 세련미가 필요
- 국내 캐릭터 디자인산업의 질적인 발전을 통한 국내 캐릭터산업의 경쟁력 확보 필요
- 부산 관광활성화를 위한 박람회+주변관광지의 연계상품 필요

(8) 성공전략

▌SWOT 분석

(9) 기본계획방안

▌개요

- 행사명 : "부산 국제 페스티발 Hardware 박람회
- 기간 : 2004년 3월 26일~4월 18일
- 장소 : 부산전시 · 컨벤션센터(BEXCO)
- 주제 : "미(美)와 축제(祝祭)의 만남

- 규모 : BEXCO 옥내 전시장 1층(A-1, A-2)
- 주최 : 문화관광부
- 주관 : 부산전시 · 컨벤션센터(BEXCO), 대한건축사협회, 한국화장실문화협의회
  한국캐릭터협회, 한국실내건축가협회, 한국산업디자이너협회
- 후원 : 산업자원부, 부산광역시, 경상남도, 부산MBC, 조선일보, 한국경제신문
  청사초롱, 배재대학교 관광이벤트 개발연구소
- 전시품목 : 축제 Hardware시설(화장실, 부스, 안내소, 휴지통), 캐릭터상품
- 부대행사 : 축제 Hardware시설 경연대회, 전국축제 캐릭터 경연대회

운영전략

공간전략

시간전략

추진전략

표적시장전략

홍보전략

- 지역축제 관련 단체 및 업체들에게 보다 직접적인 홍보를 통해 보다 많은 참가유도
- 일반 방문객에게는 홍보효과가 높은 ON-LINE 매체를 통한 보다 많은 방문객 유도

프로그램전략

- 지역 축제 hardware시설 경연대회를 통해 많은 업체들의 참가유도
  Hardware 시설 경연대회를 통해 시설물디자인의 발전 및 임대료 수익을 통한 박람회의 예산감축
- 지역축제 캐릭터 경연대회를 통해 캐릭터디자인 중요성 인식
  캐릭터상품이 고부가가치 상품임을 인지시키고 수익성 늘리기 위한 발전방향 제시
- 방문객에게 색다른 볼거리 제공을 통한 방문객 유도
  흔히 볼 수 없었던 국내외 시설물 전시를 통한 볼거리 제공

시설전략

- 기둥이 없고 단층으로 구성된 전시장의 특성으로 다양한 시설물을 전시가능
  HARDWARE 시설 참가업체들이 공간의 구애를 받지 않는 장점
- 넓은 부지의 특성으로 인한 주차시설의 용이성
  COEX와 비교해 넓은 주차시설 확보를 통해 많은 방문객에게 편의를 제공할 수 있다.

주변지역 연계관광전략

- 주변의 유명한 관광지를 통한 방문객 유치
  주변의 유명한 관광지와 연계한 상품개발을 통해 방문객 증대

경제성 분석

- 부산 국제페스티벌 하드웨어박람회 개최를 통한 경제적 효과
- 경제적 파급효과
  전시장치업체, 무대시설업체, 렌털회사 등 축제 관련업체의 활성화
- 산업발전의 효과
  전시회기간 중 상담, 정보교환은 산업교류, 선진기술 도입의 촉매적 역할
- 지역발전의 촉진
  전시회 참가업체, 방문객이 지역사회에 소비함으로써 지역경제 발전을 도모
- 국제교류의 촉진
  각 국가간 교역의 장 마련을 통한 무역진흥, 공적, 사적인 상호이해

〈그림 4-8〉 캐릭터 상품시장 전망

캐릭터 상품시장 약 2조 5,950원

국산 캐릭터상품 시장규모	국산 캐릭터상품 시장규모
9,083억원	1조 6,867억원
35%	65%

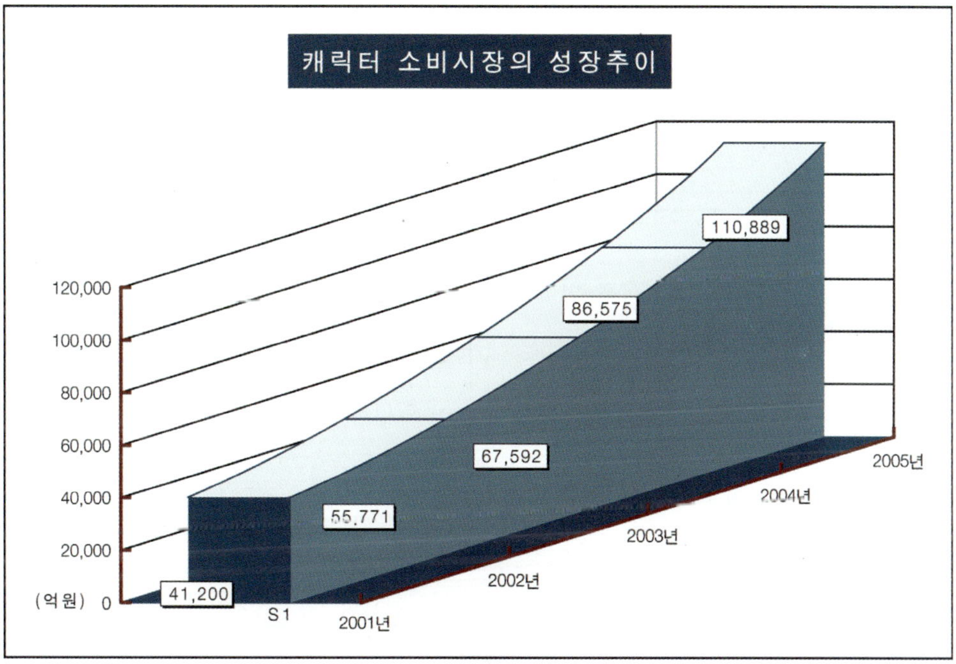

국내 캐릭터 디자인 산업의 질적인 발전을 통한 경쟁력을 확보하고 축제의 수익성 증대로의 방향제시

〈그림 4-9〉 SWOT 분석

강점 (S)	약점 (W)
∘ 국내 최초의 지역 축제를 소재로한 박람회로서 신선한 흥미 유발 교통의 탁월한 접근성 ∘ 뛰어난 기반시설 미적인 면을 강조하는 주제와 어울리는 주변관광지 여건	∘ 신규 박람회로 성공 가능성 불확실 ∘ 사업자 유치면에서 코엑스에 비해 위치가 나쁘다
기회 (O)	**위협 (T)**
∘ 인식의 변화와 호기심으로 방문객 유인력 향상기대 ∘ 지역축제의 발전과 부산의 이미지 강화를 동시에 달성 ∘ 캐릭터 상품의 발전으로 지역축제의 수익확대 ∘ 소재 차별화에 의한 신규축제 개발	∘ 지역축제 주가 되는 관공기관들이 보수적인 성향이 강한 매너리즘에 빠져있다.

〈그림 4-10〉 공간전략

Bexco 1층 전문 전시장 중 A-1, A-2전시장 사용
(축제 하드웨어 전시)

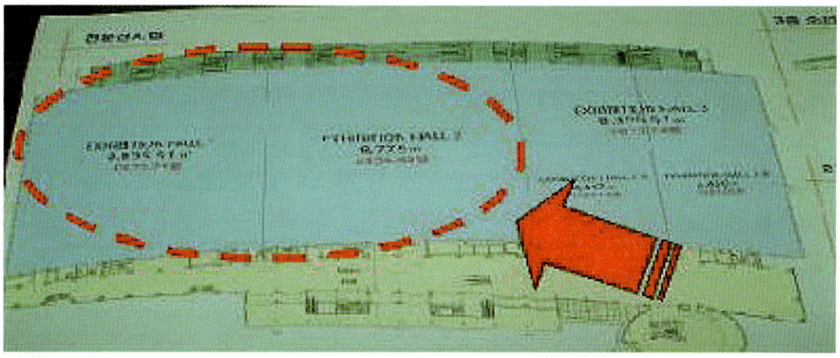

A-1전시장 : 지역축제에서 흔히 볼 수 있는 HARDWARE시설 전시
A-2전시장 : 세련된 HARDWARE시설 전시(국내, 국외)

Bexco 1층 전문 전시장 중 A-3, A-4전시장 사용
(캐릭터/ 교역전)

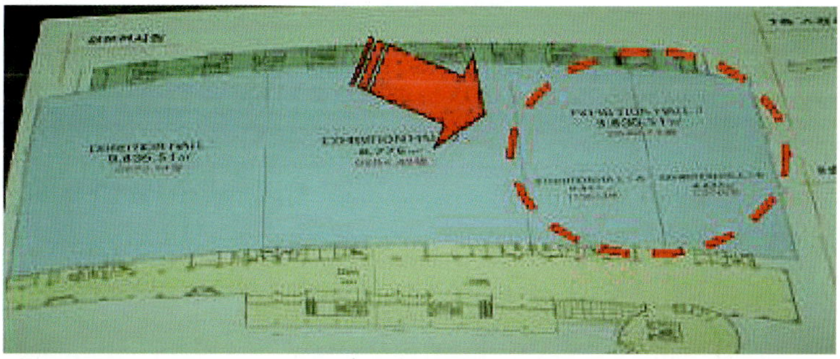

A-3전시장 : 국내외 지역축제 캐릭터 전시 및 캐릭터 경연대회 실시
A-4전시장 : 바이어 초청 교역전을 통해 축제 시설부분 사업 활성화

〈그림 4-11〉 추진조직 구성도

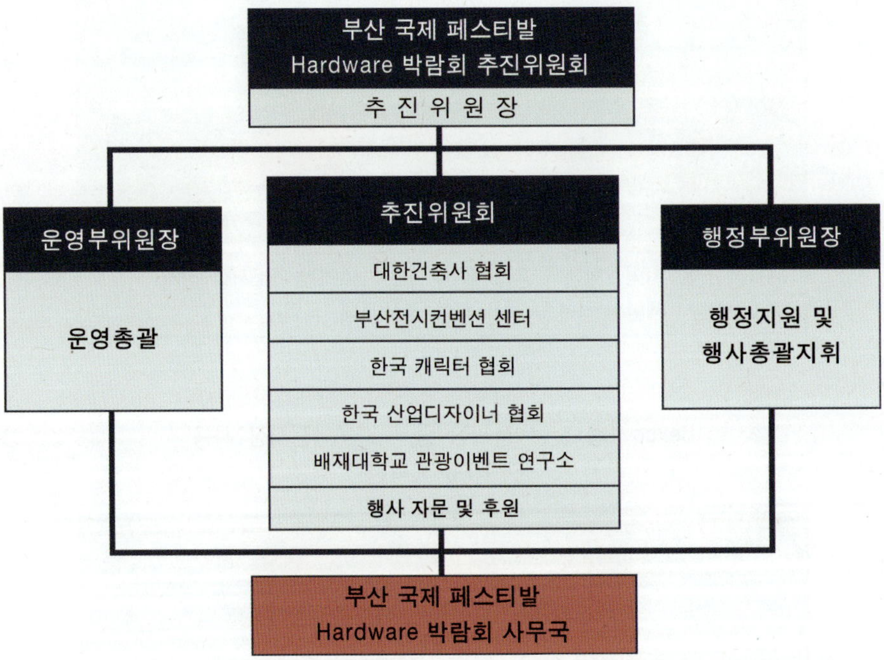

〈그림 4-12〉 표적시장전략

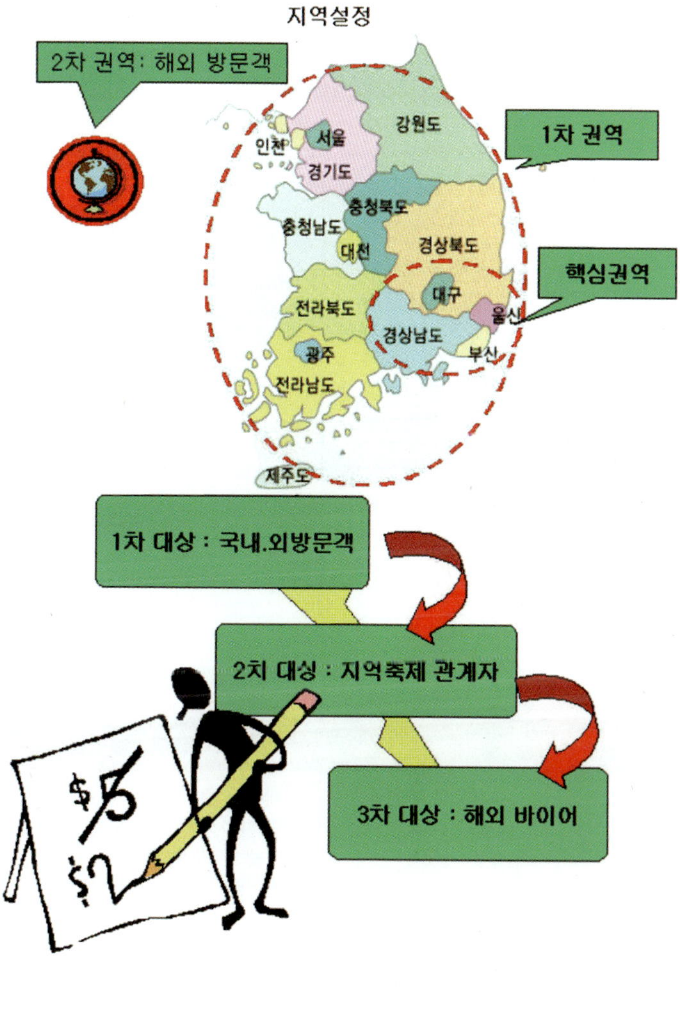

〈표 4-4〉 홍보전략

총괄홍보

단계별	홍보전략	장 소(대상)	방 법	기 간
준비단계	행사안내 대시민인지 참가업체유치	•인터넷 이용자 •부산시민 •영남권 주민 •축제관련 업체	•홈페이지 운영 •브로슈어 배포 •지방 일 · 주간지 •안내공문 발송 •홍보 전단배부 •축제관련 참가업체 D · M발송	2003년 11월~ 1월
1단계	행사분위기 조성 확산	•전국 주요관광소 •축제관련 단체 •부산지역 게시판 •전국 시 · 도	•소식지 배부 •포스터 부착 •홍보전단 배부 •길거리 홍보 •현수박 개시 •인터넷/전광판	1월~ 2월
2단계	행사직전 고조 확산	•각 고속도로별 •톨게이트 •주요 기관 · 단체 •국내 안방홍보	•길거리홍보(도우미 / 자원봉사자) •ON-LINE 광고(TV, CATV, RADIO)	2월~ 3월초
3단계	행사현장 실황 분위기	•현장 실황 방송	•프레스센터 운영 •기념품 배부(3,000개)	행사운영 기간

해외홍보

단계별	홍보전략	장 소(대상)	방 법	기 간
문화관광부 추 진	해외 바이어 및 관광객 유치	•해외주제 한국공관 •해외축제 관련업체 •및 단체	•홈페이지 운영 •해외 발간 신문잡지 홍보 •인터넷 홍보(DM발송)	2003년 11월~ 행사운영 기간

〈그림 4-13〉 주변지역 연계관광전략

〈그림 4-14〉 예산계획과 수입추정

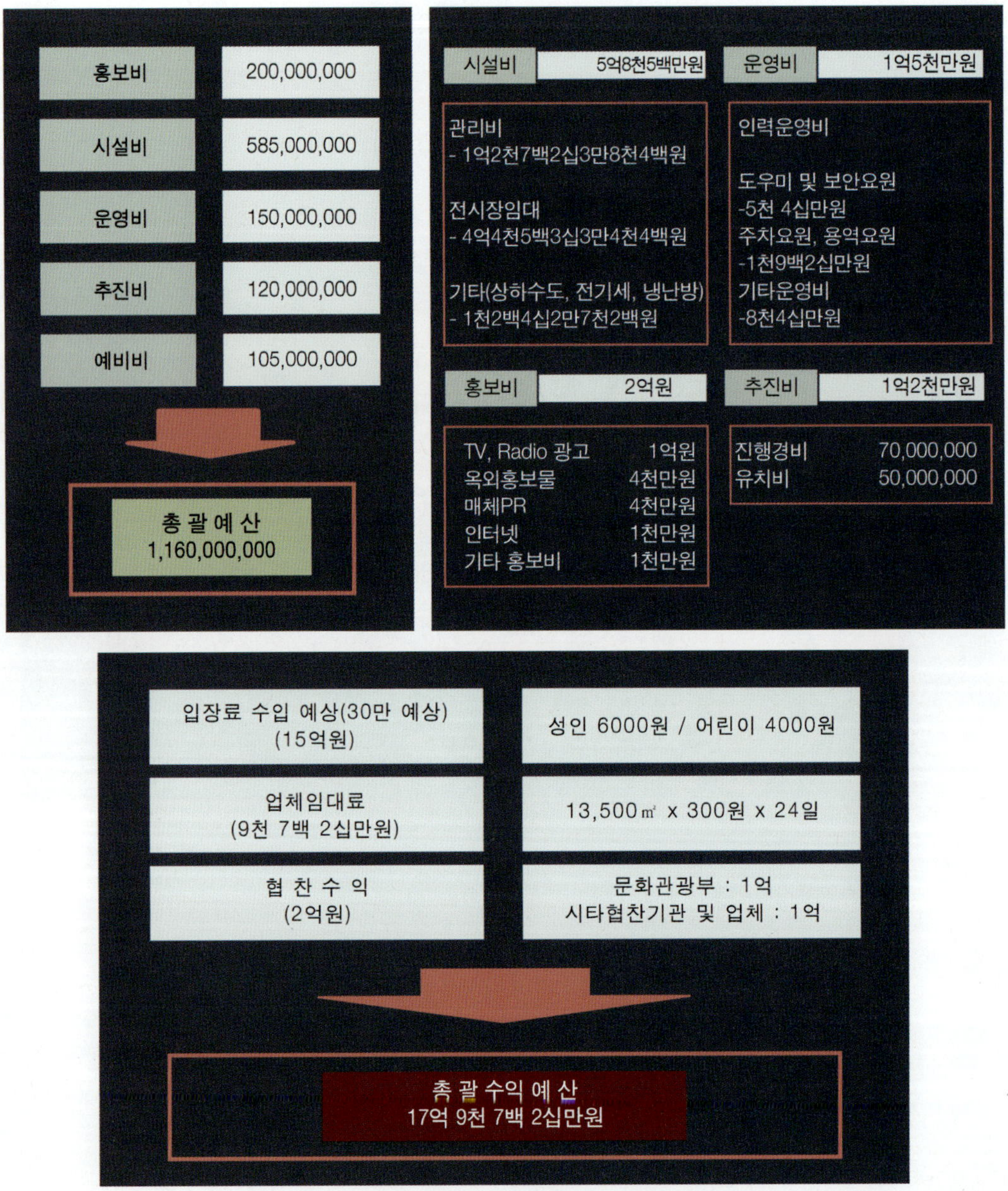

토론문제

1. 각 지방자치단체들의 특구상품 중 본인이 관심있는 특구상품을 선정하고 향후 성공하기 위해서 어떠한 점을 고려해야 할지 설명하세요.
2. 관광상품 기획을 사례를 들어 설명해 보세요.
3. 관광상품 관리방안에 대해 설명해 보세요.
4. 관광지를 연출하는 방법과 고려사항을 사례를 들어 설명하세요.
5. 관광상품 생애주기 단계별 관광상품 관리방안을 사례를 들어 설명하세요.
6. 관광상품 개발과정에 대해 설명하세요.
7. 연계개발을 통한 설악권 관광상품화 방안을 설명하세요.

참고문헌

구본홍 · 배길현 · 이주형 · 문은용(2003). 「2004 Busan International Festival Hardware Expo」. 관광기획개발론 과제물.

김재민(2001). 「관광자원개발론」. 대왕사.

김천중 · 임화순(2002). 「현대관광상품론」. 백산출판사.

네이버 국어사전(2003). www.naver.com.

네이버 백과사전(2003). www.naver.com.

박근수(2001). '연계개발을 통한 설악권 관광상품화 방안'. 2001년도 교육인적자원부 재정자원 특성화 프로그램 선정 세미나 논문집. 강원 동해안 해양관광자원의 상품화 방안. pp.25-38.

박석희(2000). 「신관광자원론」. 일신사.

조선일보(2003.7.7). 지자체들 '달라야 산다' 특화산업 추진.

최승이 · 이미혜(1999). 「관광상품론」. 대왕사.

표성수 · 장혜숙(1997). 「최신관광계획개발론」. 형설출판사.

Gunn, C. A.(1988). Tourism Planning. New York : Taylor & Francis.

sumer's behavior

Tourism

제5장

관광소비자 의사결정

❦들어가는 이야기

❦핵심개념

5-1. 관광의사결정의 개념과 유형

(1) 의사결정의 개념

(2) 의사결정에 영향을 미치는 요인들

(3) 의사결정의 유형

5-2. 관광소비자 의사결정과정의 단계

(1) 의사결정과정 단계 모델1

(2) 의사결정과정 단계 모델2

5-3. 관여도와 관광의사결정

(1) 관여도의 개념

(2) 관여도와 관광소비자행동 유형

❦관련 논문소개

❦사례분석

❦토론문제

❦참고문헌

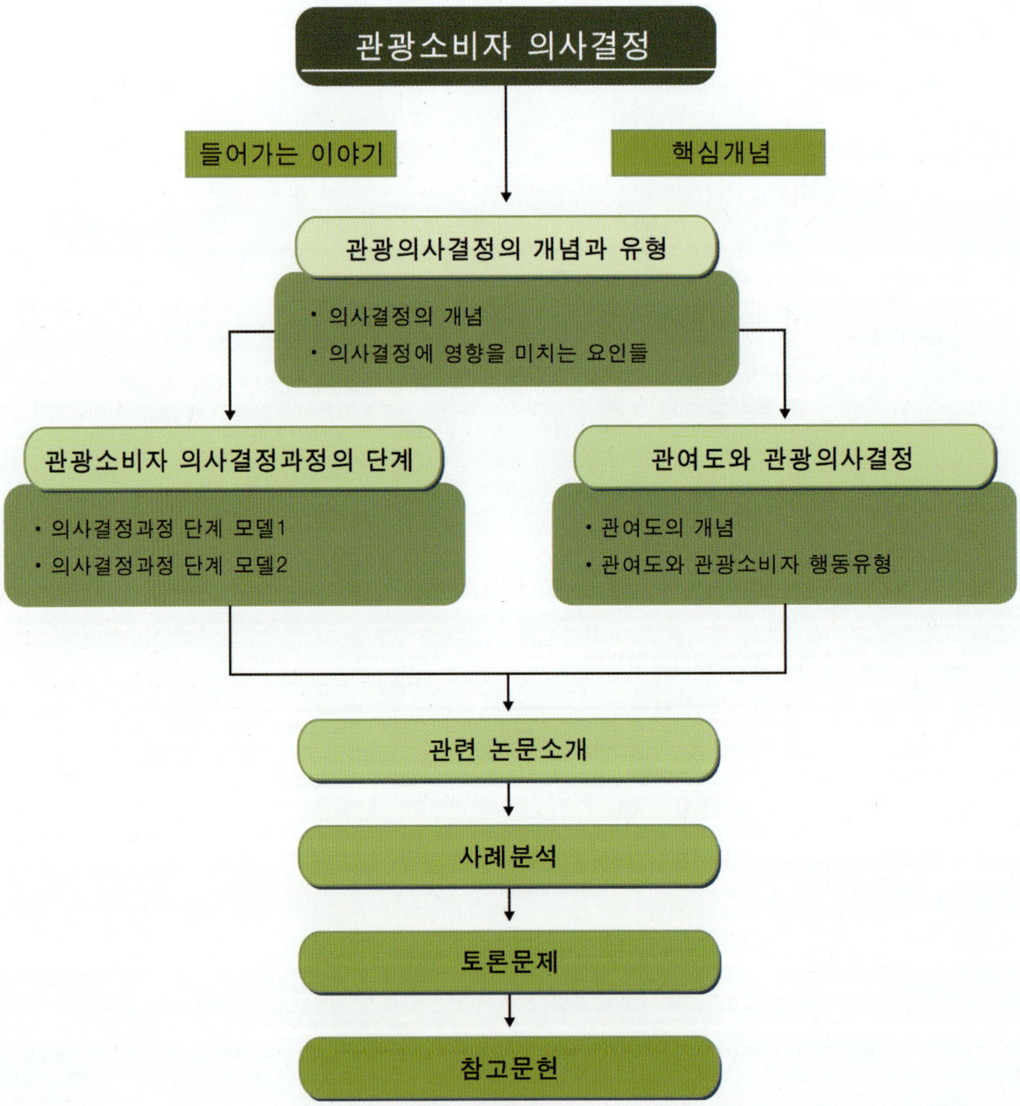
관광소비자 의사결정
들어가는 이야기
핵심개념
관광의사결정의 개념과 유형
• 의사결정의 개념
• 의사결정에 영향을 미치는 요인들
관광소비자 의사결정과정의 단계
• 의사결정과정 단계 모델1
• 의사결정과정 단계 모델2
관여도와 관광의사결정
• 관여도의 개념
• 관여도와 관광소비자 행동유형
관련 논문소개
사례분석
토론문제
참고문헌

들어가는 이야기

경기불황과 관광소비의사결정

▌"벌이요? 말도 마십쇼. IMF 때보다 훨씬 심각합니다. 택시기사 11년만에 이런 불경기는 처음입니다." 서울 광화문에서 방화동으로 가는 택시안. 택시기사 박기성씨(46)는 나름대로 경기에 대한 평가를 늘어놓는다. "택시에는 공차율(빈차로 운행하는 시간 비율)이란 게 있다. 작년말 만해도 공차율이 20%가 안됐는데 지금은 35%를 넘는다. 10시간 일하면 3시간30분은 빈차로 돌아다닌다는 얘기다. 솔직히 '입금' 맞추기도 힘들다. 예나 지금이나 돈은 택시기사를 거쳐 돈다고 하는데, 우리가 돈을 만지지 못하는 걸 보면 돈이 없거나, 있다고 해도 돌지 않는 게 분명하다."

시중에 돈이 돌지 않는다. 돈이 엄청나게 풀렸다는데 정작 개인들은 돈이 없어 못살겠다고 아우성이다. 돈이 없으니 쓰지 못하고, 그러다 보니 개인들이 돈을 써야 사는 내수경기는 죽을 쑤고 있다.

▌지난 1일 저녁 8시. 서울 삼성동 도심공항터미널 뒤편 홍어회 전문점 '산수유'. 손님이 가장 많다는 금요일인데도 빈 자리가 많다. 가게 종업원은 "주메뉴인 5만원대의 홍어회나 삼합회는 가격이 부담스러운지 찾는 손님이 별로 없다"고 전했다.

비슷한 시간, 길건너 한국전력 본사 뒤편 설렁탕집 '이남장'은 손님들이 서서 기다릴 정도다. 설렁탕 한 그릇 값은 6천원. 직장인 김한정씨(31)는 "작년만 해도 '1차는 등심, 2차는 맥주, 3차는 선택'이었는데 요즘엔 설렁탕에다 수육 한 접시로 때울 때가 많다"고 말했다.

압구정동에서 점심 메뉴로 한식 뷔페를 팔던 두 음식점은 불경기 탓에 운명이 엇갈렸다. 1만5천원짜리 뷔페를 팔던 '경복궁'은 손님이 줄어 최근 문을 닫았다. 반면 5천원짜리를 파는 '오비게이트'는 몰려드는 손님으로 즐거운 비명이다. 밤에는 호프집으로 바뀌는 '오비게이트'는 요즘 점심 매출이 저녁 매출에 육박할 정도. 1만원이 넘는 음식점은 죽을 쑤는 반면 그 미만인 음식점은 손님으로 미어지는 풍경.

소비를 주도하는 중산층이 그만큼 씀씀이를 줄이고 있다는 얘기다. 비단 중산층만이 아니다. 일부 고소득층의 경우에도 '안쓴다'는 대열에 합류하기는 마찬가지다. 경기도 일산의 병원과 의원에 각종 소모품을 공급하는 고양의료기 김익주 사장(41)도 외환위기 때보다 체감경기가 더 나쁘다는 데 동의한다. "올들어 당장 병원을 찾지 않아도 되는 성형외과와 치과에 대한 소모품 납품이 절반가량 줄었다"는 것이다.

중산층과 일부 고소득층이 이럴진대 저소득층은 말할 것도 없다. 최근 자식과 동반자살이 급증하는 것은 이런 불황의 한 단면이기도 하다. 작년에 경제적 이유 등으로 자살한 사람은 1만3천55명. 하루평균 36명꼴이다.

▌그렇다고 개인소비가 모든 면에서 위축된 것은 결코 아니다. 일부 계층의 씀씀이는 불황이란 말이 무색할 정도다. 지난 상반기 유학・연수비로 해외에 나가 쓴 돈은 사상최대인 8억2천90만달러(약 9천7백억원). 여름방학을 맞아 웬만한 가정이면 초등학생 1인당 4백만~5백만원짜리 어학연수를 미국・호주 등지로 보내고 있다. 유학과 연수비를 포함한 여행수지 적자는 14억6백70만달러로 역시 사상 최대(반기 기준)이다. 해외 골프여행은 한술 더 떠 상반기중 골프관광을 다녀온 사람이 5만3천87명으로 전년동기대비 22.5% 늘었다. 역시 사상 최대다. 문제는 해외에선 펑펑써도 국내에선 돈을 쓰지 않는다는 점이다.

경기불황 속에서도 일부 대기업들은 수출호조 덕에 호황을 누리며 직원들에게 1인당 수백만원씩 성과급을 지급하기도 했다. 그런데도 대부분 사람들은 가능한 한 '돈을 안쓰고 보자'는데 동의하고 있다.

이유는 크게 두 가지. "재작년 대출을 받아 주식투자에 나섰다가 다 날려 신용불량자로 낙인찍힐 뻔했다. 어떻게 함부로 돈을 쓰겠는가?(A기업 정 모 차장)", "사실 정치・경제 등 모든 것이 불투명한 것 아니냐? 기업들도 투자를 유보하는 마당인데 개인이 어찌 흥청망청 돈을 쓸 수 있겠는가?(김 모 신경외과 의사)"

결국 '아랫목의 온기'를 '냉랭한 윗목'으로 전파하려면 개인들의 소비심리를 북돋우는 것이 필요하고, 이를 위해선 323만여명에 달하는 신용불량자 문제해결과 정책 불확실성 해소가 시급하다는 얘기다.

-한국경제신문(2003.8.7), '[긴급경기진단 3] 풀린 돈은 어디로.....'

〈그림 5-1〉 소비심리 위축에도 호황을 누리는 골프투어 상품

상반되는 소비의사결정

지금 한국사회의 소비심리는 위축되어 있다. 이런 소비환경 속에서 유독 해외여행자가 늘어나고 있고 특히 동남아로의 골프투어는 호황을 누리고 있다. 또한 유학과 연수를 포함한 교육관광도 크게 늘고 있다. 이렇게 극단적인 소비자 의사결정이 나타나는 이유는 무엇일까?

사진출처: 골프나비 (www.navigolf.co.kr)

consumers behavior

Tourism 핵심개념

1. 관광의사결정의 개념
2. 관광의사결정의 유형
3. 관여도
4. 고관여 의사결정
5. 저관여 의사결정
6. 관광소비자 의사결정과정의 단계
7. 의사결정 단계모델
8. 관여도와 관광소비자행동 유형

5-1 관광의사결정의 개념과 유형

〈그림 5-2〉 의사결정자의 다양한 역할

(1) 의사결정의 개념

인간은 매일의 일상 속에서 여러 형태의 의사결정을 하면서 살아가고 있다. 의사결정은 기업의 소유자 또는 경영자가 기업 및 경영상태 전반에 대한 방향을 결정하는 일을 의미하기도 하고 소비자의 구매결정과정에 관련되는 사항을 의미하기도 한다. 관광소비자 의사결정은 관광객이 관광상품을 구매하는데 어떠한 과정을 거쳐 결정하는가 하는 것을 의미한다. 관광소비자 의사결정에 있어서 의사결정자를 확인하는 것도 흥미있는 주제이다. 관광소비자 의사결정과정에 관여하는 사람이 1인일 경우 의사결정자가 개인이 될 수 있으나, 가족이나 기업과 같은 집단일 경우 의사결정자를 분석하는 것은 어려운 일이 되기도 한다. 집단이 의사결정을 하는 경우 역할에 있어 다음과 같은 분담이 이루어질 수 있다 : 제안자, 영향력 행사자, 의사결정자, 구매자, 사용자.

기업은 제품을 개발하거나 광고메시지를 결정할 때 이러한 역할들에 따라서 마케팅 전략이 달라져야 하므로 역할규명을 잘해야 한다.

(2) 의사결정에 영향을 미치는 요인들

관광소비자의 의사결정에 영향을 미치는 요인은 크게 두 가지로 분류할 수 있다 : 환경적 영향요인, 개인적 영향요인. 환경적 영향요인에는 문화, 사회계층, 준거집단, 가족, 상황적 요인이 포함되며, 개인적 영향요인에는 지각, 학습, 태도, 성격, 라이프스타일, 동기, 지식이 포함된다.

▌환경적 영향요인

환경적 영향요인은 문화, 사회계층, 준거집단, 상황적 요인과 같은 외부에서 관광소비자의 의사결정에 영향을 미치는 요인들이다.

- 문화 : 문화는 그 사회의 구성원들이 공유하는 정신적·물질적인 모든 것들이다. 관습이나 가치관, 법률, 제도, 도덕을 포함하여 자동차나 옷과 같은 상품들도 문화적 소산이다. 인간은 어떤 문화적 배경속에서 성장하고 살아가느냐에 따라 행동에 많은 영향을 받는다.
- 사회계층 : 사회계층이란 사회의 구성원들을 유사한 가치관이나 관심사, 행동정도에 따라 구분지어 놓은 것이다. 인간은 그가 속한 사회계층에 따라 가치관이나 행동에 영향을 받으며 서로 다른 계층의 사람들끼리는 구매행동도 다르다.

〈그림 5-3〉 중요한 준거집단인 취미동호회

서울 송파구 자전거 동호회 여행단

2004년 6월 28일, 서울특별시 송파구 자전거 동호회 할아버지, 아줌마 회원들이 강원도 강릉시 주문진에서 속초까지 자전거 일주를 하기 위해 길을 떠나고 있다. 이제는 온라인과 오프라인 상으로 취미동호회가 생활에서 중요한 집단으로 인식되고 있다.

- 준거집단 : 준거집단이란 소비자의 행동에 직접적 혹은 간접적으로 영향을 미치는 모든 집단이다. 사람들은 작게는 가족, 학교친구, 동창, 취미클럽, 직장동료, 종교집단, 지역사회에 이르기까지 다양한 집단에 관계되어 있다. 인간은 어떤 집단에 소속되어 생활하느냐에 따라 어떤 문제에 부딪혔을 때 전혀 다른 의사결정을 할 것이다.
- 상황적 요인 : 상황이 바뀌면 인간의 행동도 변화한다. 상황의 변화는 예측가능할 수도 있지만 불규칙적이거나 예측불가능한 경우도 많으며, 이러한 경우는 조사에 의해서 어느 정도 예측이 가능하다. 마케터는 상황의 변화를 염두에 둔 마케팅전략을 구사해야 할 것이다.

개인적 영향요인

개인적 영향요인은 지각, 학습, 태도, 성격, 라이프스타일, 동기, 지식과 같이 관광소비자의 개인 내부적인 요인으로 의사결정에 영향을 미친다.

- 지각 : 지각은 외부세계의 자극에 대해서 고객이 느끼고, 선택하여 해석하는 과정

이다. 지각이 관광소비자행동에서 활용되는 부분으로는 관광목적지의 거리, 관광목적지의 이미지, 항공사의 이미지, 광고 등이다.

- 학습 : 학습은 인간이 후천적으로 배우고 익혀서 장기간 굳어진 행동이다. 본능적이거나 일시적인 행동은 학습된 행동이 아니다. 마케터들은 소비자들에게 상품에 관한 정보를 제공하여 그 상품의 특성이나 사용법 등을 익히도록 하고 있다.
- 태도 : 태도는 어떤 대상에 대한 선유경향으로서 좋아하고 싫어하는 감정상태를 말한다. 소비자들의 행동은 상품이나 상표의 태도에 강한 영향을 받는다. 어떤 대상에 대한 태도는 한번 형성되면 오래가고 변화하기가 쉽지 않으며 그 사람의 행동을 예측가능하게 해준다. 그러나 태도는 불변하는 것은 아니며 여러 가지 요인에 의하여 변화기도 한다. 기업은 소비자들이 자기 기업에 대한 부정적 태도가 형성되어 있으면 이것을 긍정적으로 변화시키기 위하여 여러 가지 노력을 한다.
- 성격 : 성격은 자신의 삶의 환경에 개인이 어떻게 적응하는가를 보여주는 독특한 행동패턴이다. 이 행동패턴에는 사상과 정서 등이 포함된다. 성격특성과 관광행동 사이에 의미있는 관련성이 있다. 관광객은 관광교통수단, 관광목적지, 계절별 선호도 등에 걸쳐 성격 특성별로 차이를 보여주고 있다.
- 라이프스타일 : 라이프스타일은 개인의 동기, 사전학습, 사회계층, 인구통계적 특성 등 여러 가지 함수이며 살아가는 방식을 말한다. 제품선택에 있어서 소비자들 간의 차이는 소비행동에 영향을 미친다고 알려져 있다.
- 동기 : 동기는 인간이 행동을 하게 하는 근원적인 힘 또는 강한 추진세력이라고 할 수 있다. 소비자의 욕구가 증대하면 긴장이 일어나고 이 긴장을 해소하려는 힘이 동기이다. 마케터는 사람들이 어디에, 어떻게 동기가 발생되는지를 파악하여 대처하여야 한다.
- 지식 : 지식이란 기억 속에 저장된 정보이다. 개인은 상품의 특성이나 이용에 대한 광범위한 정보를 가지고 있으며 언제, 어디서, 어떤 상품을 구입하며 어떻게 사용할 것인지를 알고 있다. 광고나 판매의 중요한 목표중의 하나가 소비자들에게 상품에 대한 적절한 정보나 지식을 제공하는 것이다.

〈그림 5-4〉 항공사의 이미지 개선광고

(3) 의사결정의 유형

의사결정의 유형은 관여도에 따른 분류, 관여도와 상표간 차이에 따른 분류, 구매빈도에 따른 분류로 구분할 수 있다.

▌관여도에 따른 분류

관여도(involvement)는 특정 상황하에서 지극에 의해 발생되어진 지각된 개인적 중요성이나 관심도의 수준이다. 관여도에 의한 의사결정 유형은 고관여 의사결정과 저관여 의사결정으로 분류할 수 있다.

- 고관여 의사결정

고관여 의사결정은 소비자가 구매하고자 하는 상품이 소비자에게 아주 중요하고 의사결정을 잘못하게 되면 위험이 큰 경우에 발생한다. 일반적으로 가격이 비싸고 구매빈도가 낮은 상품, 즉 자동차나 냉장고, 컴퓨터, 피아노와 같은 상품을 구매할 때 소비자는 관여수준이 높아진다. 고관여 상황에서 소비자들은 상품에 대한 다양한 정보를 능동적으로 탐색하게 되고, 의사결정과정의 모든 과정을 거치게 되며, 의사결정을 내리는데 오랜 시간이 걸린다.

〈그림 5-5〉 관여도에 따른 의사결정과정

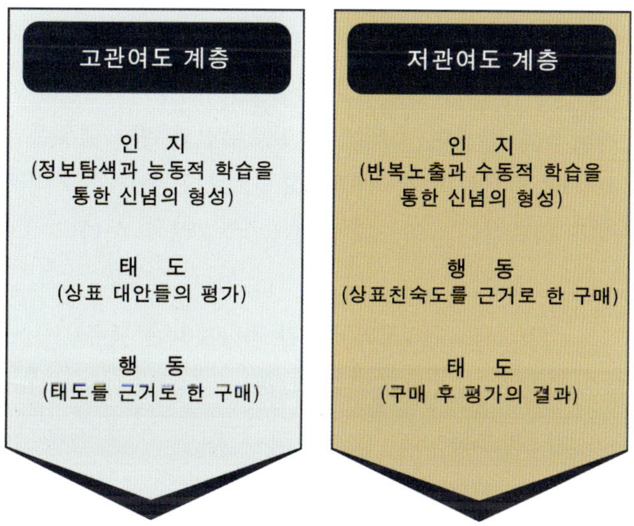

◦ 저관여 의사결정

저관여 의사결정은 소비자가 구매하고자 하는 상품이 그 소비자에게 별로 중요하지 않으며 반복적으로 구매하여 그 상품에 대하여 잘 알고 있고, 의사결정을 잘못하게 되었을 때도 위험이 크지 않은 경우에 발생한다. 일반적으로는 가격이 싸고 구매빈도가 높은 상품으로 과자류나 소금, 담배, 신문과 같은 상품을 구매할 때 소비자는 관여수준이 낮아진다. 저관여 상황에서 소비자들은 그 상품에 대하여 잘 알기 때문에 정보의 탐색을 거의 하지 않으며 의사결정과정도 모든 과정을 거치는 것이 아니라 일부의 과정만 거치며 되며, 의사결정을 내리는 데도 시간이 별로 걸리지 않는다.

▮관여도와 상표간 차이에 따른 분류

소비자 의사결정은 관여도와 상표간의 차이에 따라서도 상이하다. 즉, 치약이나 테니스 라켓을 구매하는 것과 개인용 컴퓨터나 자동차를 구입하는데도 큰 차이가 있다는 것이다. 복잡하고 비싼 제품의 의사결정은 보다 많은 구매자의 숙고와 많은 구매 참여자가 관여될 가능성이 있다.

- 복잡한 구매행동

소비자들은 구매에 크게 관여하고 상표간의 유의한 차이를 인식할 때에 복잡한 구매행동을 거치게 된다. 소비자들은 고가이며 가끔씩 구매하고, 위험하며, 아주 높은 자아표현적 제품일 경우 구매에 깊이 관여한다. 전형적으로 소비자는 제품범주에 대해 많이 알지 못하므로 많은 것을 학습해야 한다. 구매자는 우선 그 제품에 대한 신념을 갖게 되고 태도를 가지며, 사려깊은 구매선택을 하는 인지적 학습과정을 거치게 된다. 고관여 제품의 마케팅관리자는 고관여 소비자의 정보수집과 평가행동을 이해하여야 한다. 또한 제품계층의 속성과 속성들의 상대적 중요성, 보다 중요한 속성에 따라 상표를 선정하는 것을 구매자가 학습할 수 있도록 전략을 수립해야 한다.

〈표 5-1〉 관여도와 상표간 차이에 따른 분류

구 분	관여도	상표간의 차이
복잡한 구매행동	고	크다
불협화감소 구매행동	고	적다
습관적 구매행동	저	적다
다양성 추구 구매행동	저	크다

- 불협화감소 구매행동

가끔 소비자는 상표간의 차이가 거의 없는 경우에도 구매에 크게 몰입한다. 고관여는 그 구매가격이 비싸며 간혹 구매되어지고 또한 위험스럽다는 사실에 근거하여 구매되어진다. 이러한 경우 구매자는 이용가능한 것을 학습하기 위해 쇼핑하려 돌아다니지만 상표차이가 전혀 나타나지 않기 때문에 꽤 신속하게 구매를 하게 된다. 구매자는 기본적으로 그 시간과 장소에서 가격이 좋다거나 구매하기가 편리하다는 것에 반응할 수도 있다. 만약 구매자가 상품을 구매한 후 걱정되는 점을 들었거나 경험한 경우 구매전의 기대를 충족시키기 위해 그 상품에 대해 더 많은 것을 알려고 하며 상품구매에 대한 결정을 정당화하려고 한다. 이러한 경우 소비자는 행동을 하고 나서 새로운 신념을 갖게 되고 이 결과 일련의 태도가 형성된다. 이러한 경우 마케팅 의사소통의 중요한 역할은 소비자가 구매 후 그의 선택이 좋았다고 느낄 수 있도록 도움이 되는 신념과 평가를 제공하는 것이다.

- 습관적 구매행동

〈그림 5-6〉 습관적 구매행동의 상품들

많은 제품들이 저관여와 유의한 상표간의 차이가 거의 없는 조건하에서 구입된다. 이러한 경우 소비자행동은 일반적인 신념-태도-행동 과정을 거치지 않는다. 소비자들은 그 상표에 대한 정보를 광범위하게 탐색하지 않으며, 그 특성을 평가하지도 않으며 또한 어떤 것을 구매할 것인가에 대해 신중하게 결정하지도 않는다. 그 대신 소비자들은 TV를 보거나 모든 인쇄광고를 보는 것처럼 정보를 수동적으로 받아들인다.

반복광고는 상표확신보다는 상표친근감을 창출하게 된다. 소비자들은 실제로 어떤 상표에 대해 태도를 형성하지는 않지만 친근한 상표이기 때문에 간단하게 그 상표를 선택한다. 구매후 소비자들은 그 제품에 관여하지 않기 때문에 그 상표를 평가하지 않을 수도 있다. 이런 경우 구매과정은 수동적 학습에 의해서 상표신념이 형성되고, 이어서 구매행동을 하게 되며, 그 후 평가를 할 수도 안 할 수도 있다.

거의 상표간의 차이가 없는 저관여 제품의 마케팅관리자는 구매자들이 어떤 상표에 크게 전념하지 않으므로 제품사용에 대한 보상으로서 가격촉진과 판촉을 사용하는 것이 효과적이다. 저관여 제품을 광고하는 경우 많은 내용을 주장하는 것은 삼가야 한다. 광고문구에 몇 가지 중요한 요점만을 강조해야 하며, 가시적 상징과 심볼은 그 상표를 쉽게 기억되게 하고 또한 그 상표와 연관되는 것이기 Eans에 중요하다. 또한 광고는 짧은 메시지로 반복되어져야 한다.

〈그림 5-7〉 다양성 추구 구매행동 유도 사례

● 다양성 추구 구매행동

다양성 추구 구매행동의 경우 소비자의 관여수준이 낮고 유의한 상표차이가 있는 구매상황으로서 소비자들은 자주 상표변경을 하게 된다. 한 상표를 선택한 소비자는 다음에 지루함이나 다양성을 추구하면서 다른 상표를 구매하는 경우이다. 이러한 제품범주에 속하는 제품의 전략은 시장선도자와 소규모 도전적 기업사이에는 차이가 있다. 시장선도자는 선반의 진열면적을 넓게 하고, 재고부족을 없애며, 빈번하게 상기적 광고를 제공함으로써 습관적 구매행동을 유도하여야 한다. 반면에 도전적 기업은 가격인하, 특별가격, 쿠폰 제공, 무료견본과 새로운 것을 사용하도록 하는 이유를 제시할 수 있는 광고를 제공함으로써 다양성 추구를 조장해야 한다.

5-2 관광소비자 의사결정과정의 단계

관광소비자는 상품을 구매할 때 의사결정과정 단계가 있다는 것이 알려져 있다.

(1) 의사결정과정 단계모델1

〈그림 5-8〉
의사결정과정 단계모델1

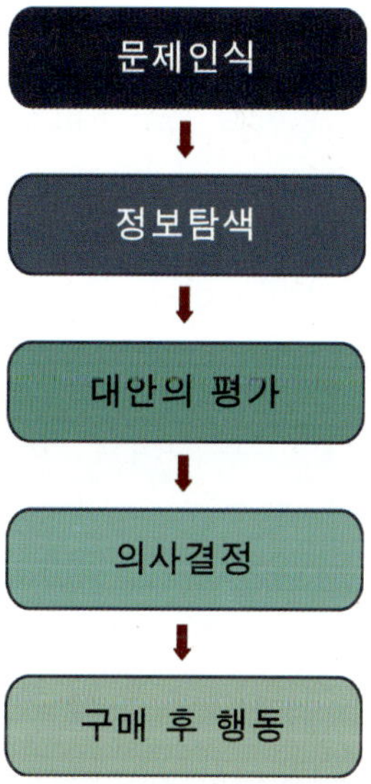

소비자행동 조사자들은 의사결정과정에 대한 단계모델을 제시하였는데 이러한 모델은 복잡한 의사결정에서 나타난다. 5단계 의사결정과정은 문제인식, 정보탐색, 대안의 평가, 의사결정, 구매 후 행동으로 나타난다.

▌문제인식

구매과정은 구매자가 문제나 욕구를 인식함으로써 시작된다. 구매자는 자신의 실제적 상태와 바람직한 상태의 차이를 느끼게 된다. 이러한 욕구는 내적 자극이나 이적 자극에 의해서 발생될 수 있다. 내적 자극인 경우에 인간의 정상적인 욕구, 즉 목마름, 배고픔, 성욕 등은 어떤 수준까지 오르게 되면 동인(drive)이 된다. 욕구는 외적자극에 의해 야기될 수 있는데 신문에 난 동남아여행 광고를 보고 여행을 가려는 행동을 유발할 수 있다.

마케팅관리자는 소비자의 특별한 욕구와 관심을 불러일으키는 상황을 확인할 필요가 있다. 어떠한 형태의 욕구나 문제가 발생했는지, 무엇이 그러한 문제와 욕구를 일으키게 하였는지, 어떻게 소비자들이 특정 제품을 선택하도록 유도되었는지의 상황을 파악해야 하는 것이다.

▌정보의 탐색

욕구가 발생된 소비자들은 더 많은 정보를 탐색할 수도 있고 탐색하지 않을 수도 있다. 소비자가 동기가 강하고 큰 만족을 줄 수 있는 대상물이 가까이에 있다면 소비자는 곧 그 대상물을 구입할 가능성이 있다. 소비자가 그 대상물을 구입하지 않는다면 욕구는 기억 속에 저장된다.

소비자가 얼마나 많이 정보를 탐색할 것인가 하는 것은 동기의 강도, 처음 가지고 있던 정보량, 추가적으로 정보를 탐색할 수 있는 용이성, 추가적 정보에 부여하는 가치 및 추가탐색으로부터의 만족도 등에 달려 있다. 마케팅관리자의 주요 관심사 중의 하나는 소비자가 의존하는 중요한 정보원천과 또 하나는 이러한 정보원천 각각이 계속적인 구매의사결정에 미치는 상대적인 영향력이다. 소비자의 정보원천은 네 개의 집단으로 나눌 수 있다.

- 개인적 원천 : 가족, 친구, 이웃, 친지
- 상업적 원천 : 광고, 판매원, 상인, 포장, 진열
- 공공적 원천 : 대중매체, 소비자 단체, 정부기관
- 경험적 원천 : 취급, 조사, 사용

일반적으로 소비자는 마케팅관리자가 지배하는 원천인 상업적 원천으로부터 제품에 대해 대부분의 정보를 받지만 가장 효율적인 노출은 개인적 원천이다.

대안의 평가

정보탐색후 소비자가 구매라는 최종선택을 하기 위해서는 상품선택에 대한 정보를 처리하는 과정을 이해할 필요가 있다. 이러한 대안선택 과정은 소비자에 따라 달라지지만 합리적으로 처리한다는 가정을 하고 설명할 수 있다. 대안선택 과정은 첫째, 소비자는 여러 가지 제품속성을 고려하는데 어떤 특정제품을 별개의 속성들로 평가하지 않고 속성의 한 묶음으로 본다는 것이다. 예를 들어 호텔을 선택할 때 위치, 청결함, 분위기, 서비스 수준, 비용을 같이 고려하여 그 호텔에 대한 평가를 내린다는 것이다. 소비자들은 이러한 호텔의 개별적인 속성 중 자신의 욕구와 관련된 속성에 가장 주의를 기울이며 특정 속성을 강조하면서 시장을 세분화할 수 있다. 둘째, 마케팅관리자는 상품의 속성에 부여하는 중요성 가중치를 파악해야 한다. 셋째, 소비자들은 각 상표들이 가지는 각 속성들에 대해 상이한 상표신념을 가질 가능성이 있다. 어떤 특정 상표에 대한 믿음을 상표신념이라고 한다. 넷째, 소비자는 각 속성에 대해 효용함수를 가지고 있다고 가정한다. 효용함수는 제품속성의 여러 상이한 수준에 따라서 만족도가 나타나는 것을 소비자가 어떻게 기대하고 있는가를 설명한다. 다섯째, 소비자는 대안적인 상품들에 대해서 여러 가지 평가방법을 통해서 평가하고 각 상표에 대한 서로 다른 태도를 갖게 된다.

이러한 소비자의 대안평가 과정에 마케터들이 영향을 미칠 수 있다. 영향을 미치는 전략은 제품의 수정, 상품의 상표에 대한 신념의 변화, 경쟁상표에 대한 신념의 변경, 가중치의 변경, 새로운 속성에 대한 주의력 요구, 구매자의 이상형 변경이 있다.

의사결정

의사결정 평가단계에서 소비자는 대안상품 중에서 가장 선호하는 것을 결정하고 구매하게 된다. 구매의도와 구매의사결정 사이에는 두 가지 요인이 발생될 수 있다. 첫째, 다른 사람의 태도이다. 다른 사람의 태도가 그가 선호하는 대안을 어느 정도 줄일 것인가 하는 것은 다음 두 가지에 좌우된다 : 소비자가 선호하는 대안에 대한 다른 사람의 부정적 태도의 강도, 다른 사람의 기대에 순응하려는 그 소비자의 동기부여이다. 다른 사람의 부정적 태도의 강도가 크면 클수록 또한 다른 사람이 그 소비자와 가까우면 가까울수록 그 소비자는 구매의도를 수정할 가능성이 높아질 것이다. 반대로 한 소비자가 좋아하는 사람이 동일한 상표를 선호한다면 구매자의 그 상표에 대한 선호성은 증가한다.

둘째, 구매의도는 예기치 못한 상황적 요인에 의해서도 영향을 받는다. 소비자는 기대되는 가계소득, 기대가격 및 그 제품으로부터의 기대이익과 같은 요인에 의거하여 구매의도를 형성한다. 많은 경우 구매는 다른 정도의 위험부담을 수반하기 때문에 구매결정을 하는 소비자의 의사결정은 지각적 위험에 의해 상당히 영향을 받는다. 구매와 관련된 지각적 위험은 상품관련금액, 속성의 불확실성 정도, 그리고 소비자의 확신에 따라 다르다. 이러한 위험을 줄이기 위해서 소비자는 전국적인 상표명 선택, 믿을만한 친구로부터 정보수집, 심지어는 구매의사결정의 회피 등의 방법을 선택하기도 한다. 마케터는 소비자에게 위험을 느끼게 하는 요소들을 파악하고 그 인지된 위험을 감소시킬 수 있는 정보와 자원을 제공해 주어야 한다.

구매 후 행동

제품을 구매한 뒤 소비자는 어떤 수준의 만족과 불만족을 경험한다. 마케터는 상품이 판매된 후에도 그 역할이 지속된다. 소비자들은 어떤 요인에 의해 한 상품에 대해 만족하고, 불만족할까? 소비자의 만족은 소비자의 제품에 대한 기대(E)와 그 제품에 대한 지각된 성과(P)간의 함수이다. S = f(E, P)이다. 만약 제품이 기대에 충족된다면 소비자의 만족은 커지게 된다. 만일 제품이 기대를 초과하면 소비자는 매우 만족하지만 미달한다면 불만족하게 된다. 소비자는 기대수준을 판매원, 친구, 기타 다른 정보원천으로 받은 메시지에 근거하여 형성한다. 또한 비일상적인 구매는 구매 후 어떤 형태의 부조화가 일어난다고 한다. 이는 소비자가 상품의 장점뿐만 아니라 단점도 알고 있기 때문에 불가피하며 이러한 마케터들은 부조화를 줄이기 위해 여러 조치를 취해야 할 것이다.

제품에 대한 소비자의 만족이나 불만족은 다음의 행동에 영향을 미친다. 만족한 소비자들은 동일제품을 다시 구매할 가능성이 매우 높게 나타나고 다른 사람에게 그 제품과 기업에 대해 좋은 점을 이야기하는 경향이 있다. 하지만 불만족한 소비자는 부조화를 줄이려고 하는데 두 가지 행동 중 하나를 택한다. 첫째, 그 제품을 버리거나 반품을 함으로써 부조화를 줄이거나 둘째, 높은 가치를 확신시켜 주는 정보를 탐색함으로써 혹은 낮은 가치를 확신시켜 주는 정보를 회피함으로써 부조화를 줄이려고 노력한다. 마케터들은 소비자들이 불만족을 해결하는 방법을 알아야 하며, 소비자들이 구매 후 불만족을 극소화시킬 수 있는 조치를 취해야 할 것이다. 소비자의 개선제안을 유도하고 이용가능한 애프터서비스 장소를 제시하며 부조화를 줄이는 소책자를 발행하여 소비자에게 보내는 방법이 마케터가 소비자의 구매후 상품의 부조화를 줄이는 방법이 된다.

(2) 의사결정과정 단계모델2

관광소비자 의사결정단계를 욕구-요구-수요-참가-재방문의 단계로 나누어 설명하기도 한다.

욕구(needs)

의사결정과정의 첫 번째 단계이며 '놀러가자', '어디론가 떠나자'라는 관광수요에 대한 욕망의 시작이다.

〈그림 5-9〉 의사결정과정 단계모델2

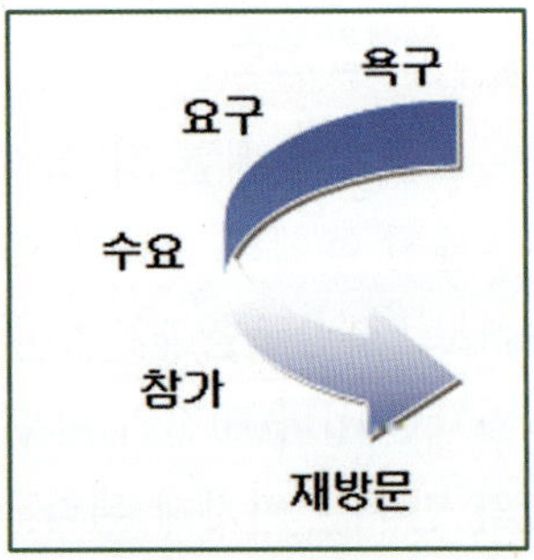

요구(wants)

욕구가 더 구체화되어 특정유형의 목적지로 확정되는 단계이다. '어디론가 떠나자'라는 욕구가 '테마파크로 가자'라고 구체화되며 다른 대안인 대전동물원 방문, 장태산 휴양림방문, 대전 사이언스페스티벌 방문 등의 요구로 구체화될 수도 있을 것이다. 욕구에서 요구로 넘어갈 때 문화적·개성적 자이에 따라 방문하는 의사결정에 차이를 보일 수 있다.

수요(demand)

테마파크를 방문하고 싶어하는 마음이 실제로 돈을 쓰겠다는 지불의사로 뒷받침될 때 이를 수요라고 하며, 이 단계는 실제로 테마파크를 방문하겠다는 마음의 결정이 내려짐으로써 진행된다. 요구의 수요화는 테마파크 방문 의사결정의 실질적인 시작이며 수요화되는 동시에 목적지 선택이 이루어짐으로써 관광수요가 유효수요화된다. 이러한 유효수요는 실제로 레저활동에 참여하거나 소비하는 사람들에 의해 나타난다.

참가(participation)

참가단계에서는 상황적 변수(situational variable)에 의해 불참가로 전환되는 경우도 있을 것이다.

5-3 관여도와 관광의사결정

관여도에 대해서는 앞서 살펴보았지만 관광소비자가 의사결정을 하는 과정을 설명할 수 있는 중요한 요인이다. 이 부분에서는 관여도와 관광의사결정과의 관계에 대해 더 자세하게 알아보도록 하겠다.

(1) 관여도의 개념

관여도(involvement)란 특정 상황하에서 자극에 의해 발생되어진 지각된 개인적 중요성이나 관심도의 수준이다. 정도의 차이는 있지만 소비자들은 상품을 구매할 때 위험을 최소화하고 이익은 극대화시키려고 한다. 소비자들이 어떠한 의사결정을 하고자 할 때 깊이 생각하지 않고 빠른 시간 내에 의사결정을 내리는 경우를 관여도가 낮다고 하고, 반대로 오랜기간 동안 생각하며 다양한 정보를 수집하는 경우를 관여도가 높다고 한다.

관여도는 개인에 따라 차이가 있다. 개인의 욕구수준, 동기부여 정도 등에 따라 다르며 소비자들의 개성이나 라이프스타일에 따라서도 차이가 난다. 또한 상품대상에 따라 관여도는 차이가 있다. 어떤 제품이냐 혹은 같은 제품에서도 가격이나 디자인 등에 따라 차이가 있다. 일반적으로 가격이 비싼 제품은 소비자들이 신중하게 의사결정을 하게 되어 관여도가 높고, 가격이 싼 제품은 대부분 깊이 생각하지 않고 의사결정을 하므로 관여도가 낮은 것이 일반적이다.

〈그림 5-10〉 제품부류와 상표에 대한 관여도에 따른 소비자구분

상표에 대한 관여도 \ 제품에 대한 관여도	고	저
고	**상표충성** •제품과 상표에 모두 관심 •좋아하는 상표 있음 •타상표를 사용안함	**일상적인 상표구매자** •제품목록이 아닌 상표에 관심 •낮은 감정결부 •좋아하는 상표를 가짐
저	**정보탐색자** •상표가 아닌 제품에 관심 •상표에 의미부여 안함 •정보탐색	**상표전환자** •감정결부 없음 •상표나 제품에 관심없음 •가격에 반응

출처 : Cushing, Peter and Melody Douglas-Tate(1985), "The Effect of People/Product Relationships on Advertistin," in Psychological Processes and Advertising Effects, eds. Linda and Andrew A.Mitchell, Hilsdale, NJ: Lawrence Erlbaum, pp.241-259. 의 내용을 임종원 · 김재일 · 홍성태 · 이유재(2000), 「소비자행동론」, p.186에서 재인용.

(2) 관여도와 관광소비자행동유형

소비자들이 구매의사결정을 할 때 의사결정의 범위와 관여도에 따라 차이가 난다. 의사결정의 범위는 복잡한 의사결정과정에서부터 습관에 이르기까지 다양한데 정보탐색의 정도와 고려하는 대안의 수에 따라 차이가 난다. 관여도는 고관여와 저관여로 나눈다. 의사결정 유형을 의사결정 범위와 관여도에 따라서 4가지 유형으로 나눌 수 있다 : 복잡한 의사결정, 상표애호적 의사결정, 제한적 의사결정, 타성적 의사결정.

〈그림 5-11〉 소비자 의사결정의 4가지 유형

의사결정	복잡한 의사결정 (자동차, 전자제품)	제한적 의사결정 (치약, 스낵)
습관	상표애호도 (운동화, 시리얼)	타성 (종이수건, 야채캔색품)

출처 : 김세범 · 전영종 · 허남일(1997). 「소비자행동론」, p.111에서 인용.

▌복잡한 의사결정(complex decision making)

복잡한 의사결정은 관여도가 높고 많은 정보탐색을 하며, 여러 가지 대안들에 대한 차이가 심할 때 발생한다. TV, 카메라, 컴퓨터, 자동차 등의 제품을 구매할 때 일어나는 의사결정의 유형이다. 이러한 경우 소비자들의 여러 가지 대안적인 상표들에 대한 적극적인 정보탐색활동을 하며 여러 가지 평가기준을 이용해 상표들을 평가한다. 관광의 경우 해외여행 등의 비용이 많이 드는 여행유형이 이에 해당한다.

▌상표애호적 의사결정(brand loyalty decision making)

소비자는 제품을 구매할 때마다 복잡한 의사결정을 내리지는 않는다. 과거에 여러 번 구매한 경험에 비추어 가장 만족스러웠던 상표를 구매할 것이며 이러한 경우에 거의 의사결정과정이 일어나지 않는다. 이와 같이 과거의 반복적인 구매에 대한 만족의 결과로 특정상표를 계속 구매하는 것이 상표애호적 의사결정이다. 한국관광공사의 Fun Ski & Snow Festival 방문객사례는 특히 재방문율이 높아 상표애호적 관광소비자 의사결정의 좋은 사례가 되고 있다.

한국관광공사는 용평리조트와 무주리조트에서 드라마 촬영지의 이점을 살려 신규시장을 개척하고 기존 Fun Ski & Snow Festival 방문객의 재방문을 유도하는 상품을 최근 내놓았다. 『Fun Ski & Snow Festival』은 용평리조트 및 무주리조트에서 2004년 12월 12일부터 2005년 3월 8일까지 총 12회에 걸쳐 동남아시아와 중국 관광객을 유치한다.

Fun Ski & Snow Festival은 눈을 경험해보지 못한 동남아 관광객들이 3박 4일간 스키리조트에서 전문 강사의 스키 및 스노보드 레슨, 아마추어 스키대회, 스노보드대회 등 체험형 이벤트와 장기자랑, 도깨비 스톰 공연 등 각종 부대행사에 참여하는 체험형 스키관광 프로그램이다.

또한 동남아 등지에서 정상의 인기를 누리고 있는 겨울연가 등 한류 드라마 촬영지를 스키상품에 접목하여 취약한 동남아 스키시장의 저변확대를 위한 마케팅에 활용할 예정이다.

가족단위 또는 친구, 연인들끼리 참가하는 Fun Ski & Snow Festival은 만족도가 아주 높아 작년의 경우 40% 이상이 재방문객이었으며 한 시즌에 4차례나 참가한 재방문객도 있다. 이는 기존의 스키관광 상품이 스키장 관람 및 기념촬영 등 단조로운 일정이었던데 비해 Fun Ski 상품은 체계적인 스키강습과 다양한 부대행사 제공을 통해 고급형 겨울관광상품으로 현지인들에게 인식되었기 때문이다.

공사는 한국의 겨울관광상품이 물가가 비싼 일본, 시설이 낙후된 중국에 비해 충분한 경쟁력이 있다는 판단 하에 지난 수년간 동남아 지역에서 지속적으로 겨울관광상품을 홍보해왔으며, Fun Ski & Snow Festival을 기반으로 일본 및 대만 등을 겨냥한 신규 상품을 개발하기 위해 언론인 및 여행업자 초청 및 각종 한류 스타와 함께하는 팬 미팅도 진행할 예정이다.

(출처: 한국관광공사 보도자료, 2004년 12월 9일, '동남아 스키관광객 몰려온다')

〈그림 5-12〉 용평리조트의 스키관광객들

용평리조트의 스키관광객들

동남아 관광객들을 목표시장으로 하는 가족단위 또는 친구, 연인들끼리 참가하는 Fun Ski & Snow Festival은 만족도가 아주 높아 2003년의 경우 40% 이상이 재방문객이였으며 한 시즌에 4차례나 참가한 재방문객도 있을 정도로 프로그램 매니아층을 형성시키고 있다.

사진출처: 용평리조트 (www.yongpyong.co.kr)

제한적 의사결정 (limited decision making)

제한적 의사결정은 소비자가 다양성을 추구할 때 발생한다. 소비자들은 관여도가 낮을 때 상표에 대한 싫증을 느껴 .다양한 상표를 추구한다. 이러한 경우를 다양성 추구행동(variety seeking behavior)이라고도 한다. 저관여제품을 다른 상표로 바꾼 대부분의 소비자들이 과거에 사용하던 상표에 대해 우호적인 태도를 유지하는 경향이 있다. 소비자들은 그 제품에 대해 불만족하기 때문에 상표를 교체하는 것이 아니라 단순히 새로운 것을 사용해 보기 위해 상표를 교체한다는 것이다. 스키동호회에서 매년 무주리조트, 홍천 대명비발디파크, 보광휘닉스파크, 용평리조트 등 다른 스키장을 시도하는 것이 이에 해당한다.

타성적 의사결정 (inertia decision making)

타성이란 관여도가 낮고 습관에 의해 구매가 이루어지는 것을 말한다. 이런 경우 상품에 대한 신념은 수동적으로 형성되고 정보처리과정이 없이 의사결정이 내려지며 구매 후에야 상표가 평가된다. 타성적 의사결정은 동일한 상표를 반복 구매하는 것이므로 몇 번 구매를 한 뒤에는 상표에 대한 평가도 하지 않게 된다. 구매한 상표가 최소한의 만족만 주게 되면 그 상표를 재구매하게 된다. 상표애호적 의사결정과의 차이는 고객이 상표에 대한 애호도가 강하지 않기 때문에 쉽게 상표전환이 일어날 수 있다는 점이며 경쟁상표가 가격할인을 했다거나 원하는 상표가 품절된 경우에 소비자는 다른 상표를 구매할 가능성이 높다.

(3) 관여도와 관광소비자행동 특성

일반적으로 관광상품 구매의사결정과정은 관여도가 높은 고관여 의사결정으로 알려져 있다. 최근 관광이 우리 생활의 일부분이 되면서 관광객들도 관광상품 구매의사결정과정에서 다양한 관여도를 나타내고 있는 것으로 연구를 통하여 밝혀지고 있다. 지방축제 관광객의 시장세분화를 위해서 관여도를 기준으로 활용한 연구(이태희, 2002 ; 이태희 · 이충기, 2000)에서 지방축제 방문객들은 고관여, 중관여, 저관여의 3가지 집단으로 구분되며 각각의 관여도 집단에 따라 방문객의 행동특성이나 만족특성이 다르게 나타난다는 연구결과를 보여주고 있다. 예를 들어 전통축제 방문객들 중 축제에 대한 관여도가 높게 나타난 집단이 축제지출, 과거 축제 참가횟수, 경험과 만족의 정도에서 저관여된 집단보다 좋은 결과를 보여주고 있다.

과천 경마장을 방문하는 방문객들을 대상으로 관여도 정도에 따라 집단을 세분한 연구(김성혁 · 김성섭 · 정재헌, 2001)에서도 경마장 방문객들이 고관여집단과 저관여집단으로 세분화될 수 있음을 보여주고 있다. 이 연구는 관여도에 따라 경마장 방문객들을 4개의 집단으로 분류했으며 이중 고관여 집단에 속한 방문객들이 보여주는 행동특성은 저관여집단과 확연히 다른 방문동기와 배팅 금액을 보여주고 있었다. 경마에 대한 고관여 집단은 경마에 상당히 심취된 집단으로서 문제성이 농후한 집단으로 분석되었으며 연구시점으로 이전 6개월 동안 656만원을 배팅하여 485만원을 잃었다. 또한 이 집단은 가장 높은 재방문의사를 나타내며 생활에 대한 위협을 느끼지 않았으며 문제성 도박(problem gambling)이나 강압적 도박 (compulsive gambling) 증세를 보이고 있는 것으로 진단되었다.

관련 논문소개

1. 논문제목

The effect of uncertainty avoidance on information search, planning, and purchases of international travel vacations

2. 저자 : Money, R. B. & Crotts, J. C.

3. 출처 : Tourism Management. 2003. Vol. 24(2). pp.191-202.

4. 내용소개

(1) 연구목적

이 연구에서는 국제관광상품을 구매하는데 따른 외적 정보탐색과 이에 따른 구매의사결정과정에 문화적 영향을 여러 측면에서 분석하였다. 여러 측면이란 정보의 외적탐색, 여행기획, 여행동반자, 여행특성을 말하며, 일본문화와 독일문화의 비교를 관광상품 구매특성을 각 그룹의 위험감수 성향을 기준으로 하였다. 문화를 체계적으로 분석하기 위해서 위험과민성 측정방법인 Hofstede의 불확실성 회피이론을 사용하였다.

(2) 연구방법

이 연구에서 사용된 자료는 미국 상무부 관광산업과(US Department of Commerce's Tourism Industries)에서 매년 실시하는 미국으로의 외래관광객 Inflight Survey중 1996에서 1998년까지의 자료를 활용했다. 매년 80,000명의 조사인원 중 이 연구를 위해 대상자를 2단계로 선별했으며 첫째, 미국으로의 전체 관광객중 26%를 점유하는 독일관광객과 일본관광객으로 제한하였다. 둘째, 과거 5년동안 미국방문 경험이 있고 쾌목적 관광이며 연령이 45~60세 사이이며 직업은 경영직과 전문직에 종사하는 관광객으로 선별하였다. 이런 선별과정을 거쳐 일본인 관광객 707명과 독일인 관광객 335명,

총 1042명이 선별되었다. 이 연구의 연구대상을 일본인관광객과 독일인관광객으로 선정한 이유는 UAI(Uncertainty Avoidance Index)에서 대체적으로 일본인은 UAI 점수가 높고 독일인은 중간점수의 그룹으로 나타나 비교연구가 가능하기 때문이다.

(3) 연구결과

이 연구의 연구결과는 UAI 점수가 다른 일본인관광객과 독일인관광객의 외적정보탐색과 관광행동의 특성을 비교하여 분석하고 있다. 첫째, 외적 정보탐색의 경우 위험을 감수하면서 여행을 하는 성향이 있는 그룹은 TV나 라디오 광고와 같은 대중매체를 적극적으로 탐색하고 활용하는 것으로 나타났다. 또한 관광목적지에서 주나 시의 관광안내소의 정보를 많이 활용하였다. 문화권 별로 비교해보면 일본문화권의 관광객들은 주로 일본관광성산하의 여행사와 상담하였으며 합리적이고 인지적인 정보탐색을 하는 경향이 있었고 개인끼리의 정보전달(구전홍보)은 잘 이루어지지 않는 것으로 나타났다. 이것은 여행경험에 대한 개인적인 차이가 있기 때문에 나의 여행경험정보가 상대방이 여행을 했을 때 느끼는 만족도와 다르기 때문에 상대방이 여행 후에 불만족스러웠을 경우의 사회적 책임을 회피하려는 경향인 듯하다.

관광객들의 여행기획 특성을 보면 일본인관광객들은 위험을 피하는 여행계획을 세웠는데 숙박과 가이드를 포함하는 포괄패키지투어상품을 선호하였다. 또한 여행계획이나 항공예약은 여행전에 결정하는 기간이 독일관광객에 비해 짧은 편이었다. 이것은 여행사에 모든 여행을 의뢰하기 때문에 상대적으로 다른 외적정보를 탐색하는데 시간을 투자하지 않기 때문이다. 독일인관광객들은 위험이 상대적으로 높은 여행행동을 계획하는 경향이 있는데, 대표적인 것은 여행시 차를 대여해서 운전하는 비율이 높은 편이었다. 위험 인덱스에서 차를 대여하는 행동은 운전하면서 길을 잃는 경우와 사고의 위험이 있기 때문에 고위험 항목으로 분류되고 있다. 또한 여행을 하기 오래전부터 여행기획을 나름대로 하는데 일본인관광객들과 비교했을 때 2배 정도로 오랫동안 시간을 들여 계획을 세우는 것으로 분석되었다. 여행동반자에 있어 일본인 관광객들은 동반인원이 많고 구성은 친구나 조직된 단체와 같이 여행하면서 수적으로 불안감을 줄이는 경향이 있다. 반면 독일인은 배우자와 여행하는 경향이 있었다. 전반적인 여행특성을 문화권별로 비교해보면 독일인관광객들은 관광목적지에서 체류기간이 14일 정도로 5일 정도인 일본인관광객들보다 3배 정도 길었으며, 방문 관광목적지의 수도 4곳 정도로 일본인관광객들보다 많은 곳을 방문하는 것으로 나타났다.

(4) 시사점

이 연구의 결과는 마케터들에게 많은 시사점을 던져주고 있다. 독일인관광객들은 외적 정보탐색에 있어 관광목적지의 주나 시의 장소마케팅과 관광객들의 구전홍보가 효과적인 것으로 나타났다. 여행캠페인도 'stay longer to enjoy more sight'와 같은 캠페인이 독일관광객들에게 공감을 얻을 것이다. 일본인관광객들은 여행정보를 여행사를 통해서 하고 여행결정시기가 여행을 하기 얼마전에 있기 때문에 마케팅믹스전략을 세울 때 고려해야 한다. 또한 일본인관광객들에게는 그룹단위의 상품이 효과적일 것이다.

사례분석

1. 주제 : 변화하는 관광의사결정패턴-며느리도 모를 성수기 '유동성의 힘'

2. 출처 : 여행정보신문 2003.7.25.

3. 내용

해외여행 최고 성수기 여행패턴에 변화가 생겨 관심을 모으고 있다. 23일 관련업계에 따르면 해외여행 최성수기인 여름방학과 휴가철이 겹치는 7월 25일에서 8월 10일 전후 기간에는 예년에는 항공좌석이 부족해 각 항공사는 좌석 배분에 어려움을 겪어 왔다. 예년의 경우 일부 인기관광노선의 경우 항공사들이 예약보증금을 받기도 하는 등 좌석관리에 오히려 여유가 있었다. 여행사의 경우도 성수기 항공좌석 확보를 위해 비수기에 실적 쌓기 덤핑상품 판매 등을 해오기도 했다.

그러나 올해의 경우 사스(SARS·중증급성호흡기증후군)의 영향으로 지난 3월 이후 7월 중순까지도 저가여행상품 판매에 항공사와 여행사가 매달려 왔다. 이의 영향으로 항공사들은 중국노선을 제외하고는 대부분 7월 예약률이 70%를 넘어 섰고 미주노선 등은 아예 100% 예약률을 기록할 정도. 그런데도 항공사들은 해외여행 최고 성수기를 앞두고 항공요금을 지난해보다 10~15% 정도 낮게 책정해 운영하고 있다. 이같은 항공사들의 판매전략에도 불구하고 오는 8월 예약률이 미주와 구주를 제외하고 50% 전후에 머물고 있어 여행업계가 우려를 나타내고 있다. 특히 일부 여행사들은 좌석보증금이 들어가 있는 전세기편 여행상품 판매에 주력하고 있어 정규편의 영업이 여의치 않은 실정이다.

이로 인해 일부 노선 항공사들은 특정 출발일에 항공요금을 대폭 인하해 패키지 여행사들이 단발 특별여행상품으로 판매하도록 유도하고 있다. 이 같은 현상은 국내 경기침체와 국민 가처분소득의 하락 등으로 인한 해외여행 잠재고객의 감소도 영향을 미치고 있지만 전반적인 예측불가능 사회현상이 해외여행에도 영향이 작용하고 있다는 지적이다.

일부 항공 및 여행업계에서는 예년의 경우 최소한 해외여행 최성수기 예약은 1~2개월 전에 하는 경향이 많았으나 올 들어서는 1주일 전에도 집중적으로 이뤄지고 있다는 분석이다. 따라서 현재 해외여행 최고 성수기가 성수기같지 않은 분위기여서 여행업계가 우려를 하고 있지만 본격적인 휴가가 시작되면 분위기가 반전될 것이란 게 대체적인 견해여서 여행업계의 순발력이 요구되고 있다.

토론문제

1. 관광의사결정의 개념에 대해서 설명해 보세요.

2. 의사결정의 유형에 대해서 설명해 보세요.

3. 관광소비자 의사결정가정의 단계를 사례를 들어 설명해 보세요.

4. 관여도는 무엇인가요?

5. 관여도와 관광소비자행동 유형을 설명하세요.

6. 일본문화와 독일문화의 관광소비자가 보여주는 관광상품 구매특성의 차이를 설명하세요.

7. 변화하는 관광소비자 의사결정패턴을 사례를 들어 설명하세요.

consumer's behavior

참고문헌

김성혁 · 김성섭 · 정재헌(2001). '관여도에 따른 경마시장세분화에 관한 연구', 「관광학연구」, 25 (2), pp. 57-77.

김세범 · 전영종 · 허남일(1997). 「소비자행동론」. 형설출판사.

네이버 국어사전(2003). www.naver.com.

네이버 백과사전(2003). www.naver.com.

엄서호(1999). 「레저산업론」. 학현사.

여행정보신문(2003.8.25). '며느리도 모를 성수기 유동성의 힘'.

이태희(2002). '관여도 수준에 따른 지방축제 관광객 시장세분화 방법 비교연구', 「관광학연구」, 26 (1), pp.135~148.

이태희 · 이충기(2000). '전통축제 관여수준에 따른 세분시장 차이연구', 「학술발표 논문집」, 한국관광학회 제48차 학술심포지엄 및 정기 학술발표대회, pp.34~44.

한국관광공사 보도자료 (2004.12.9). '동남아 스키관광객 몰려온다'

한국경제신문 (2003.8.7). '[긴급경기진단 3] 풀린 돈은 어디로.....'.

Money, R. B. & Crotts, J. C. (2003). The effect of uncertainty avoidance on information search, planning, and purchases of international travel vacations. *Tourism Management*. Vol. 24 (2). pp.191~202.

Tourism

제6장 관광수요와 관광시장조사

관광수요와 관광시장조사
들어가는 이야기
핵심개념
관광수요의 개념
• 관광수요란?
• 관광수요의 여러가지 개념
관광시장조사의 개념
• 시장조사란?
• 관광소비자 조사방법과 과정
관광수요 · 공급 관리전략
• 관광수요 관리전략
• 관광공급 관리전략
관련 논문소개
사례분석
토론문제
참고문헌

들어가는 이야기

동해시의 관광수요/ 관광공급전략

▌강원도는 7개시 11개 군으로 구성되어 있다. 태백산맥을 경계로 동쪽의 영동지방과 서쪽의 영서지방으로 나뉜다. 설악산, 오대산, 태백산 등 준수한 산들이 도 전체면적의 절반 이상을 차지하고 있어 동해바다와 함께 천혜의 자연풍광을 자랑한다. 이런 점에서 '강원도의 힘'을 발전하는 원동력은 관광산업이다.

▌그러나 관광산업 육성을 위해서는 교통망 확충 등 과제도 적지 않다. 또 관광객이 여름휴가철에 집중되는 현상도 해결해야 한다. 뿐만 아니다. 숙박시설 등의 관광인프라 구축과 민간기업의 투자유치도 선결돼야 할 문제점으로 꼽히고 있다.

▌동해시(시상 김진동)는 강원도 동남쪽 해안에 자리잡은 해양도시로 '해오름(日出)의 도시'로도 유명하다.

지난 97년 정부로부터 시 전체 면적의 31%(56.7㎢)를 '관광특별구역'으로 지정받았고 지난 98년 11월 금강산 관광선 취항지로 결정돼 전국적인 주목을 받았다. 2001년 6월 금강산관광선 출항이 끝날 때까지 34만6천명이 동해항을 이용했다. 묵호항에서 출발하는 울릉도행 여객선 이용객도 연간 10만여명에 달한다.

천곡천연동굴 자연학습관 개관과 망상·추암해수욕상의 일출 명소화, 무릉계곡의 자연친화형 관광지 개발 등을 통해 동해시는 차별화된 관광지로 발돋움하는 중이다.

▌지난 2002년에는 망상 오토캠핑리조트에서 국내 처음으로 세계캠핑·캐라바닝대회가 열려 자동차 야영문화의 메카로도 자리잡았다. 김진동 동해시장은 "적극적인 스포츠마케팅을 통해 관광자원의 보고 동해시를 전국에 알리는데 노력하겠다"고 말했다.

-한국경제신문, '동해시 ·· 해양레저·日出 명소', 2004년 5월 20일-

〈그림 6-1〉 동해 망상 오토캠핑리조트

동해시의 야심찬 망상오토캠핑리조트사업

강원도 동해바다는 아름다운 관광자원이지만 해수욕 관광객들만 유치하고 있다. 1년 중 동해바다에서 해수욕을 할 수 있는 시기는 2-3개월이기에 바다자원을 관광객이 이용할 수 있는 기간이 비교적 짧은 편이다. 동해시는 바다자원을 연중 활용하는 사업을 구상했으며 이것이 망상오토캠핑리조트사업이다. 이 사업을 통해서 동해시는 매년 많은 관광객을 유치하며 수익을 올리고 있다.

consumers behavior

Tourism ▪▪▪▪ **핵심개념**

1. 관광수요
2. 관광행동의 push & pull 모델
3. 관광서비스 수요의 유형
4. 시장조사
5. 관광소비자 조사방법
6. 소비자 연구과정
7. 관광수요 관리전략
8. 관광공급 관리전략
9. 국제관광 수요예측

6-1 관광수요의 개념

(1) 관광수요란

경제학자들은 수요(demand)를 특정시기동안 소비자들이 사려고하는 특정수준의 가격대에 있는 상품이나 서비스의 양으로 정의한다(McIntosh & Goeldner, 1986). 또한 시장가격과 수요량 사이에는 분명한 상관관계가 존재한다고 주장한다. 이 장에서 논의할 관광상품의 개념은 관광상품을 이용할 관광객의 수를 의미한다.

(2) 관광수요의 여러 가지 개념

1) 관광행동의 Push & Pull 모델

관광소비자의 행동은 관광소비자를 중심으로 Push factors와 Pull factors가 서로 영향을 미쳐서 일어나게 된다. Push factors에 해당되는 요인은 관광객의 관광동기,

인구통계적 요인, 사이코그래픽스 등이 이에 해당된다. Pull factors에 해당되는 요인은 관광목적지 매력요인, 관광마케팅 등이 이에 해당하며 관광객을 끌어오는 요인이다.

2) 수요예측의 필요성

제조업과는 달리 관광서비스업은 미래의 판매를 위해서 상품을 재고화시킬 수 없다. 이 특성은 수요가 비교적 안정적이고 예측가능한 경우에는 문제가 안되지만 수요의 변동이 매우 심한 경우에는 한정된 관광서비스 가용능력 때문에 경영의 어려움이 초래된다. 테마파크의 경우 입장객이 붐비는 날과 없는 날 간의 변동이 심한 것으로 알려져 있다. 관광서비스 수요관리는 서비스기업에 국한되는 것이 아니고 국가정책에서도 역시 중요한 역할을 한다.

관광수요예측을 바탕으로 공간 확보, 각종 자원개발, 시설물 설치 및 인력확보 등의 공급계획이 이루어지기 때문에 정책입안을 하는데 있어서 중요한 기초자료가 된다. 관광수요예측을 함으로써 관광공급과의 균형을 효과적으로 유지하는 것이 가능하며 관광자원개발과 보호·관리문제에 도움이 된다. 관광상품의 가격과 마케팅전략결정 등의 기본자료도 관광수요예측을 바탕으로 이루어지기 때문에 관광수요예측은 필수적이며, 객관적이고 과학적인 방법으로 접근할 필요가 있다.

〈그림 6-2〉 관광행동의 Push & Pull Model

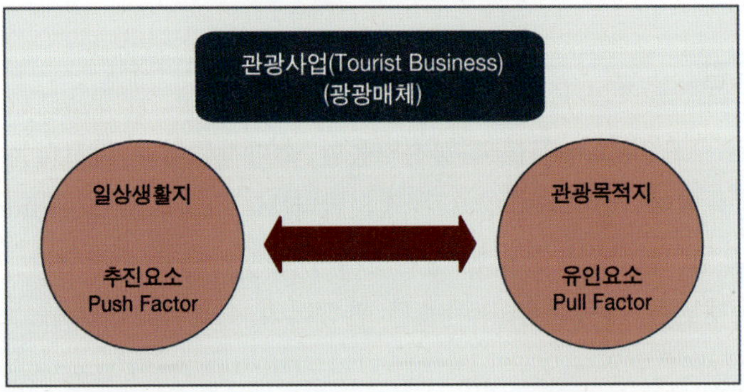

3) 관광서비스 수요의 유형

수요의 변화를 통제하고 조절하기 위해서는 그 수요를 좌우하는 변수들을 이해해야 한다. 즉 서비스기업은 경영전략을 수립하기에 앞서 시간이 진행되면서 변화하는 수요의 유형과 그에 영향을 미치는 요인들을 분석해내야 한다. 경영자가 간단한 질문을 이용하여 자사의 서비스 수요의 유형을 찾아낼 수 있다〈표 6-1〉.

〈표 6-1〉 서비스 수요의 유형

질문	내용
1. 기업에서 제공하는 서비스에 대한 수요가 주기적으로 변화 하는가?	• 하루 중 시간대별로 수요가 변하는 유형 • 주중 요일별로 수요가 변하는 유형 • 월중 날짜별 또는 주별로 수요가 변하는 유형 • 연중 월별로 또는 계절별로 수요가 변하는 유형 • 기타의 유형
2. 이러한 주기적인 수요의 변동을 일으키는 요인은 무엇인가?	• 기후의 계절적 변화 • 월 급여 지급일 • 교육기관의 방학과 개학 • 공휴일의 유무 • 법규의 제한을 받는 경우
3. 수요의 변화가 규칙적이지 않고 예측가능하지 않다면 그 원인은 무엇인가?	• 상황적 변수로 인해 갑작스럽게 수요가 발생하는 경우 예) 병원서비스의 경우 응급환자의 발생 자동차정비업소의 긴급한 수선의 경우
4. 시장세분화를 통해서 서비스 수요를 나눌 수 있는가?	• 추구편익 거래별 수익성 이용빈도

출처 : 이유재(2003). 「서비스마케팅」, p.139에서 인용.

서비스에 대한 수요는 일반적으로 단일주기에 의해서 영향을 받기도 하지만 많은 경우 복수주기에 의해 동시에 영향을 받는 경우도 있다. 관광상품의 대표적인 특성이 계절성인데, 이것은 하루 중 4가지 시간대와 주중의 2가지 시간대, 계절의 3가지 시간대를 결합한 24가지의 시간대로 나누어 각각의 독특한 수요수준을 설명할 수 있다〈그림 6-3〉.

〈그림 6-3〉 시간대별 수요 유형

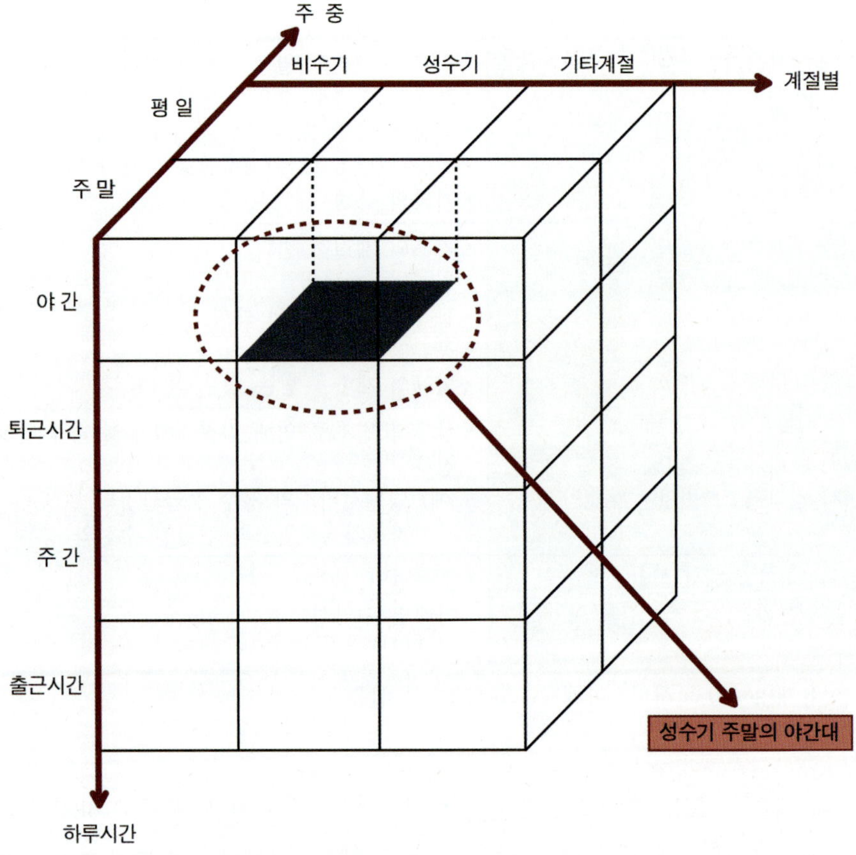

※ 출처 : 이유재(2003). 「서비스마케팅」, p.140에서 인용.

4) 관광서비스 수요의 상황분석

관광서비스 기업의 가용능력이 고정되어 있다는 특성 때문에 각각의 수요유형은 수용수준과 관련되어 수요조건을 만들게 된다. 고객을 최대한으로 수용할 수 있는 수준을 최대가용능력(maximum available capacity)이라고 하고 고객에 대한 서비스의 질을 최적으로 유지할 수 있는 수준을 최적가용능력(optimum capacity)이라고 정의한다면 이러한 수준과 관련한 수요의 상황을 다음의 4가지로 설명할 수 있다. 첫째는 최대가용능력(maximum available capacity)을 초과하는 수요, 둘째는 최적가용능력(optimum capacity)을 초과하나 최대가용능력에는 미달하는 수요, 셋째는 최적가용능력과 일치하는 수요, 넷째는 최적가용능력에 못 미쳐서 가용능력이 유휴화되는 수요이다〈그림 6-4〉.

〈그림 6-4〉 관광서비스 가용능력과 수요의 관계

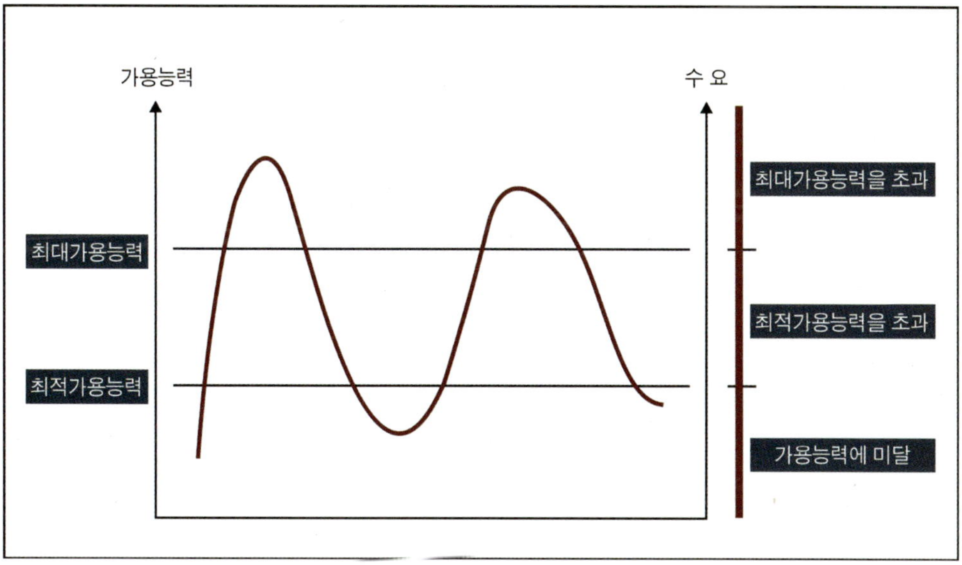

※ 출처 : 이유재(2003). 「서비스마케팅」, p.141에서 인용.

6-2 관광시장조사의 개념

(1) 시장조사란(market analysis)?

시장조사란 한 조직의 능력, 현재와 미래의 경쟁사들의 능력, 잠재고객의 소비과정과 이러한 요소들이 상호작용을 하는 경제적·물리적·기술적 환경을 철저하게 이해하는 것을 요구한다. 시장조사를 구성하는 요소들은 다음과 같다.

소비자(consumers)

소비자행동에 대한 철저한 이해없이 소비자의 욕구를 예측하고 반응한다는 것은 불가능하다. 소비자의 현재 욕구를 파악한다는 것은 복잡한 과정이지만 직접 마케팅조사에 의해서 수행될 수 있다. 뉴욕의 한 해산물전문 레스토랑은 중산층 시민들이 즐겨찾는 곳으로 1년 매출이 10억달러이며 7000만 파운드의 해산물을 판매하는 대형체인이다. 이 레스토랑의 성공비결은 철저한 고객분석이다. 고객분석을 하기 위해서 이 레스토랑이 사용하는 전략은 고객설문조사이다. 1주일 전에 조사한 내용을 바탕으로 새로운 메뉴가 매주 만들어진다. 설문조사는 음식식사 중에 매니저가 방문하여 고객 설문조사에 대한 사항을 구두로 설명하고 48시간 내에 상담원이 전화로 상담하고 있으며 다음에 레스토랑 이용시 5달러를 할인받는다. 설문조사의 내용은 식당의 분위기, 요리의 조리온도 등인데, 이를 참고하여 레스토랑의 지속적인 발전의 토대가 될 것이다(MBC, 2003).

경쟁사(Competitors)

경쟁사의 능력과 전략을 철저하게 파악하지 않고 지속적으로 경쟁사보다 고객의 욕구를 더 잘 파악하기는 불가능하다. 결정적인 마케팅활동에 들어가기 위해 다음 질문에 답해볼 필요가 있다〈그림 6-5〉.

〈그림 6-5〉 마케팅활동에 들어가기 위한 질문

마케팅활동에 들어가기 위한 질문

1. 우리가 성공하면 어느 회사가 판매실적이나 판매기회에 대한 손해를 볼까?
2. 손해를 보는 기업중 어는 기업이 반응을 보일 능력이 있을까?
   (재정원천, 마케팅 장점 등에)?
3. 이러한 경쟁사가 어떻게 반응할까?
   (가격을 낮추는 방법, 광고를 늘리는 방법, 신제품을 개발하는 방법 등)
4. 우리 회사의 전략이 경쟁사의 반응에 견딜만큼 튼튼한가?
   그렇지 않다면 추가 대응계획이 필요한가?

▌상황(Conditions)

경제상황, 물리적 환경, 정부규제, 기술적 발전은 회사와 경쟁사 능력뿐만 아니라 소비자 욕구와 기대에도 영향을 미친다. 생활환경의 오염은 환경친화적인 제품에 대한 소비자의 수요를 발생시켰으며 정부가 제품의 디자인과 생산에 규제하는 계기가 되었다.

(2) 관광소비자 조사방법과 과정

소비자행동 연구자들은 소비자들은 주의 깊은 사고과정을 거쳐서 소비결정을 내리는 논리적인 문제해결사라는 선제에도 불구하고 소비자들은 왜 그들이 그러한 결정을 내리는지를 항상 인식하지는 못하고 있다. 소비자들이 의사결정의 기본동기를 알고 있다고 해도 이러한 결정에 대한 이유를 항상 밝히려고 하지도 않는다. 1939년에 Viennese 심리분석학자인 Ernest Dichter는 Freudian 심리분석 기술을 활용하여 소비자들의 숨은 동기를 밝혀내기 시작하였다. 1950년대 후반까지 Dichter의 연구방법은 동기조사(motivational research)라고 불리었는데, 많은 소비자 연구자들도 이 방법을 사용하였으며 기본적으로 정성적 연구방법이었다. 오늘날의 소비자 연구자들은 다른 두 가지 형태의 조사방법을 사용하여 소비자행동을 연구하는데 정량적 연구(quantitative research)와 정성적 연구(qualitative research)의 두 가지이다.

▌정량적 연구(Quantitative research)

정량적 연구는 설명적인 특성이 있으며 다양한 홍보를 할 때 그에 대한 효과를 이해하려는 목적으로 조사자들에 의해 사용되며 마케터들은 소비자행동을 예측할 수 있게 해 준다. 이 연구방법은 실증철학(positivism)으로 알려져 있으며 소비자행동을 예측하려는 소비자연구자들을 실증주의자(positivists)라고 부른다. 이러한 실증주의에 근거한 연구방법은 자연과학으로부터 시작된 방법이며 실험, 설문기법, 관찰로 이루어진다. 연구결과는 설명적이고 실증적이며 무작위로 수집된다면 더 큰 인구집단으로도 일반화할 수 있을 것이다.

정성적 연구(Qualitative research)

정성적 연구방법은 미래를 예측함에 있어 데이터가 불충분하거나 신뢰할 수 없을 때, 계량적 모형에 적합하지 않을 때, 그리고 계량적 분석을 실시하기에 시간이 불충분할 때 사용한다. 정성적 연구방법은 심층면접(depth interviews), 포커스집단(focus group), 비유법, 콜라주 기법으로 구성되어 있다. 이 기법은 고도로 훈련된 면접분석가에 의해 수행된다. 따라서 결과는 다소 주관적이다. 샘플 규모가 작은 경우가 많기에 연구결과를 더 큰 인구집단으로 일반화할 수 없다. 정성적 연구방법 중 관광학 연구에서 많이 사용되는 방법은 델파이 기법(Delphi techniques)이다. 이 방법은 관련 분야 전문가들의 경험있는 의견을 조합하는 방법으로 보통 3라운드로 이루어진다.

정성적 연구와 정량적 연구결과의 결합

마케터들은 전략적 마케팅 결정을 돕기 위해 정성적 방법과 정량적 연구를 병행한다. 예를 들어, 새로운 아이디어를 발견할 때나 홍보전략을 개발할 때는 정성적 연구를 사용하며 다양한 홍보기법에 대한 소비자들의 반응을 예측하는 데에는 정량적 연구결과를 활용한다. 마케터들은 이러한 두 가지 연구분석법이 그 성격상 보완적인 관계가 있다고 믿고 있다. 예측은 정량적 방법에 의해서 가능하며 정성적 방법에 의한 이해는 더 풍부하고 견실한 소비자행동 프로파일을 만들어낸다. 따라서 이 두 가지 연구방법을 같이 사용하면 마케터들은 보다 의미있고 효과적인 마케팅전략을 설계할 수 있게 된다.

소비자 연구과정(the consumer research process)

소비자 연구과정의 주요 6단계는 (1) 연구의 목적을 정의하는 단계, (2) 2차 자료를 수집하고 평가하는 단계, (3) 1차 연구조사의 설계, (4) 1차 자료의 수집, (5) 자료의 해석, (6) 결과에 대한 보고서 준비로 구성된다〈그림 6-6〉.

〈그림 6-6〉 소비자 연구 과정(The Consumer Research Process)

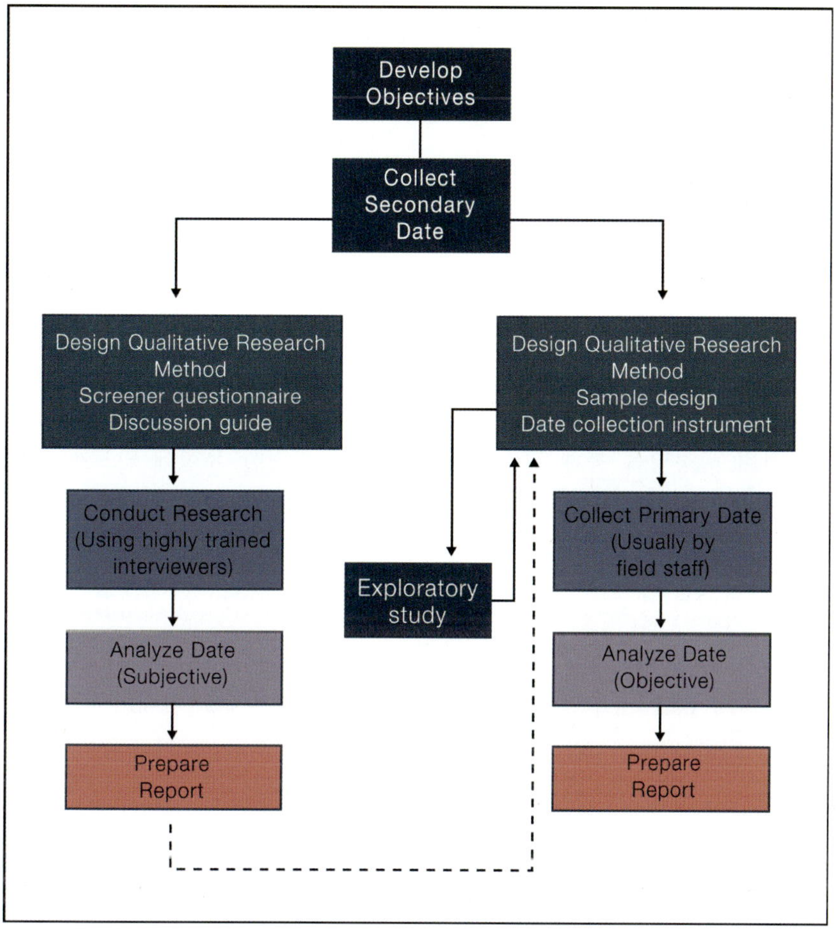

※ 출처 : Schiffman, L. G., & Kanuk, L. L. (1991). *Consumer Behavior. Englewood Cliffs*. N.J. : Prentice-Hall. p.29에서 인용.

6-3 관광수요 · 공급관리 전략

일반적으로 정보는 관광객수요를 창출하는 촉진요인으로 작용한다. 하지만 때로 정보가 관광수요를 억제하는 장애요인으로 작용하는 경우도 있다. 관광수요를 창출하는 관광정보원(source of information)을 (1) 인적 정보(personal information), (2) 물적 정보(impersonal information), (3) 영리정보(commercial information), (4) 비영리정보(non-commercial information)로 나눌 수 있으며, 이들을 조합하여 4가지 유형의 정보원으로 분류할 수 있다. 모든 고객의 욕구(needs)를 충족시킬 것인가? 아니면 효과적인 관광서비스 경영을 통해 고객의 구매행위를 일정한 유형에 맞도록 관리할 것인가? 관광서비스 기업은 두 가지 전략 중에서 하나의 전략을 선택하여야 한다. 전자의 전략을 관광서비스 공급관리전략, 후자를 관광서비스 수요관리전략이라고 한다. 관광서비스 기업이 당면한 수요가 예측가능하고 고객들이 기업의 마케팅활동에 따라 기꺼이 관광서비스 수요시간과 구매장소를 바꾸려 한다면 서비스 수요관리가 중요하게 역할을 한다. 그렇지 않은 경우에는 관광서비스 공급관리전략을 택해야 한다. 이러한 관계를 그림으로 나타내면 〈그림 6-7〉과 같다.

〈그림 6-7〉 서로 다른 조건하에서의 수요 · 공급관리

		수요의 예측가능성	
		예측불능	예측가능
기업의 고객수요 이동능력	낮음	수요적응전략	가용능력균형전략
	높음	수요의 재고화전략	수요조절전략

출처 : 이유재(2003). 「서비스마케팅」, p.144에서 인용.

(1) 관광수요관리전략

관광서비스 기업이 고객의 수요를 이동시킬 수 있다면 수요의 예측가능성 여부에 따라 수요조절전략과 수요의 재고화전략을 사용할 수 있다. 어떤 관광서비스 기업은 스스로 수요변화에 대한 전략을 수립하여 수요를 조정하려고 하지는 않는다. 이 경우는 무반응전략을 취한다고 볼 수 있다.

첫째, 무반응전략은 수요의 변화에 전혀 반응을 하지 않음으로써 수요가 저절로 조정되도록 방치하는 것이다. 즉, 고객들이 그들의 경험과 타인의 구전에 의해서 어느 때에는 오랫동안 기다려야 하고 언제는 곧바로 서비스를 받을 수 있는지를 예상할 수 있도록 하는 것이다.

둘째, 수요조절전략으로 수요증대전략과 수요감소전략 두 가지가 있다. 피크타임에는 수요를 감소시키고, 반대의 경우에는 수요를 증가시키는 것이다.

셋째, 수요의 재고화전략으로 예약시스템이나 대기시스템을 채택하여 수요를 재고화하는 것이다.

1) 수요조절전략

관광서비스 기업은 마케팅을 통해서 수요를 증대시킬 수 있으며 반대로 수요를 감소시킬 수도 있다. 관광서비스 기업은 상품, 유통, 가격, 촉진 등의 마케팅믹스의 요소를 사용하여 수요를 조절한다. 각각의 요소가 수요에 미치는 영향은 다음과 같다.

▌관광서비스상품의 다양화

가격은 수요와 공급을 일치시키는데 가장 일반적인 방법이나 관광서비스의 경우에는 제품만큼 가격으로 수요를 손쉽게 조절할 수 없다. 예를 들어 스키용품의 제조업자가 여름에 스키용품을 할인된 가격으로 판매함으로써 재고를 줄일 수 있으나, 스키장 운영자는 리프트이용권을 여름에 팔 수가 없다. 따라서 다양한 서비스상품을 개발하여 수요를 창출하는 것이 필요하다. 많은 스키장 콘도의 경우 비수기를 대비하여 옥외수영장, 물보라 썰매장, 인공호수, 대중골프장, 피칭연습장, 삼림욕장, 산책로 등 다양한 부대시설을 갖추고 사계절 즐길 수 있는 레저타운으로 변신하고 있다. 에버랜드는 이용객이 적은 겨울철에는 눈썰매장을 개설하고 한여름을 위해서는 캐리비안 베이라는 물놀이 공원을 개장하는 등 다양한 서비스상품으로 수요를 증대시키고 있다. 여러 골프장에서도 눈썰매 사업으로 겨울철의 수익성 악화를 타개하고 있다.

관광서비스 제공시간대와 장소의 조절

관광서비스 기업은 일정한 시간에 일정한 장소에서 서비스를 제공하던 방법에서 벗어나 시간과 장소를 조정하면서 서비스 수요를 충족시키고 있다. 심야시간을 활용해 많은 관객을 유치한 심야극장이 성공적 사례이다.

관광서비스 제공장소를 조절하는 것은 고객으로 하여금 고정된 장소를 방문해서 서비스를 받도록 하는 것이 아니라 고객이 있는 곳으로 이동하여 서비스를 제공하는 것이다. 일본이나 한국의 이동용 은행이나 이동문고가 이러한 서비스의 대표적인 예라고 할 수 있다.

가격전략

가격은 수요를 조절하는데 중요한 수단이다. 피크시에는 고가격정책으로 수익성을 향상시키며 피크타임이 아닌 경우에는 저가격정책으로 수요를 증가시킨다〈그림 6-8〉. 따라서 가격할인과 할증요금제도가 빈번하게 사용되고 있다.

가격전략의 사례로 무주리조트의 가격전략을 살펴보면 다음과 같다. 비수기 무주리조트의 가격전략은 고가전략이었다. 무주리조트 숙박상품의 가격은 2002년 기준 극성수기인 7월 28일~8월 3일은 정상요금을 받지만 그 외 성수기인 7월에서 8월 사이와 무주반딧불축제 기간 중에는 30~50%까지 할인을 해준다. 하지만 비수기인 4월에서 6월 동안은 할인이 되지 않고 있으며 숙박요금 자체도 상당히 높게 책정되어 있는 실정이다. 가족호텔의 경우 19평형은 일반요금이 19만 2천원으로 사조리조트 금강산콘도미니엄의 경우 30평에 15만원으로 가격경쟁에서는 뒤지는 것으로 나타난다. 따라서 무주리조트의 비수기를 극복할 수 있는 가격전략으로 가격할인전략과 장기적으로는 가격을 낮추는 방안을 검토해 볼 만하다.

항공산업을 세분화한다면 사업목적으로 항공기를 이용하는 고객과 관광목적으로 이용하는 고객의 시장으로 나눌 수 있다. 각각의 세분시장의 시간의 변화에 따라 총수요곡선의 이동폭과 기울기가 달라진다는 것을 알 수 있다. 사업목적의 고객은 주말에는 수요가 급격히 줄어드는 것을 알 수 있을 뿐만 아니라 가격에 대한 민감도, 즉 수요곡선의 기울기가 더욱 가파른 것을 알 수 있다〈그림 6-9〉. 사업목적의 여행을 굳이 주말을 이용해가면서까지 하고 싶지 않은 비즈니스맨들의 경향 때문에 그렇다고 할 수 있다. 반면에 관광목적의 여행자의 경우 주말이 되어도 수요곡선의 이동은 그다지 심하지 않으면서 오히려 곡선의 기울기가 낮아진다. 그 이유는 주말을 이용해서 여행을 하는 경우에는 비행기의 가격에 덜 민감해지기 때문이다.

〈그림 6-8〉 가격차별화를 통한 계절성관리

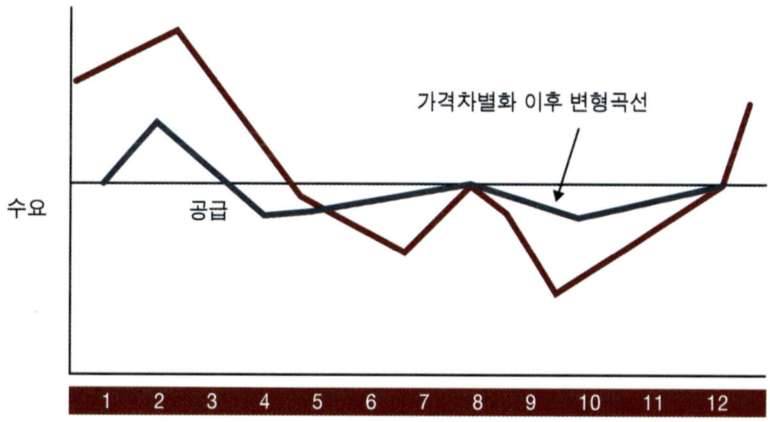

〈그림 6-9〉 항공산업의 세분시장별 수요곡선의 변화

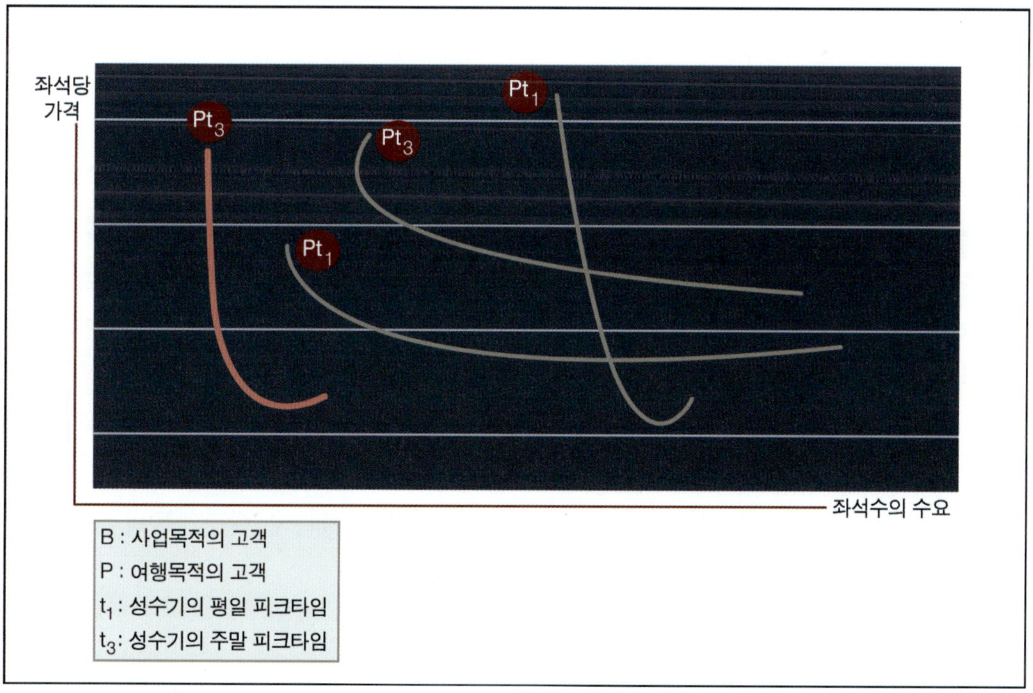

출처: 이유재(2003). 「서비스마케팅」, p.150에서 인용.

▌커뮤니케이션의 증대

광고나 인적판매를 통해서 고객과의 커뮤니케이션을 증대시킴으로써 수요를 조절할 수 있다. 하지만 고객들에게 서비스를 받기에 가장 편안한 시간과 장소에 대한 정보를 잠재고객들에게 유효적절하게 전달하는 서비스기업들이 매우 드물다.

2) 수요의 재고화전략

일상생활에서 고객들은 많은 예약과 대기를 한다. 호텔을 예약하는 경우, 은행이나 병원에서 많은 시간대기를 한다. 관광서비스 기업이 서비스를 재고화할 수는 없으나 예약시스템이나 대기시스템을 이용해서 서비스에 대한 수요는 재고화할 수 있다.

명절이 되면 기차표 예약이 몇 주 전부터 완전히 매진되지만 실제로 탑승당일에는 좌석이 남는 경우가 있다. 고객은 예약한다고 추가적인 비용을 부담하지 않기 때문에 일단 예약을 해놓고 사정이 편한대로 예약을 취소하므로 철도청은 손해를 입을 수도 있다. 항공사의 경우도 마찬가지이지만 철도청보다 더 많은 손해를 볼 수 있기 때문에 탑승일 며칠 전에 예약자가 탑승권을 구매하도록 한다든지, 예약 불이행시 벌칙금을 부과한다든지 하여 예약부도율을 낮추려고 노력하고 있다. 또한 오바부킹이라는 중복예약을 받기도 한다.

대기시스템의 개발과 활용은 기술적인 분야에 속하는 것이지만 관광서비스에 대한 만족과 서비스의 전달에는 매우 중요한 의미가 있다. 대기시스템에서 요구되는 마케팅의 초점은 고객이 서비스를 받기 위해서 기꺼이 기다릴 수 있는 최대의 시간이 어느 정도인지를 확인하는 것과 고객이 기다리는 동안 시간을 즐겁고 빠르게 보낼 수 있도록 하는 것이다. 유니버셜스튜디오에서 인기 프로그램을 체험하는 장소에 입장하기 위해서 관광객들은 보통 1시간 이상씩 기다려야 한다. 관람이나 체험시간은 길어야 20분 정도이다. 유니버셜스튜디오에서는 기다리는 관광객들을 무료하지 않게 하기 위한 대기시스템을 개발하였는데, 첫째는 미로형 대기유도선의 설치로 앞이나 옆사람과 기다리는 동안 자연스럽게 대화를 할 수 있게 하고, 둘째, 전광판을 설치하여 내가 얼마나 기다려야 하는지 표시했으며, 셋째, 캐릭터들을 배치하여 포토포인드로 활용하여 어린이들이나 관광객들과 같이 사진을 찍는 프로그램을 개발하였는데 관광객들의 만족도를 높이는 요인이 되고 있다.

(2) 관광공급관리전략

관광서비스 기업이 고객의 수요를 이동시킬 수 없다면 수요의 변동에 적응하기 위해서는 공급능력을 변화시키는 방법을 선택하여야 한다. 수요가 예측불가능하다면 수요적응전략(chase demand)을 사용하여야 하며, 수요가 예측가능하다면 가용능력균형전략(level-capacity)을 사용하여야 한다〈표 6-2〉.

〈표 6-2〉 수요적응전략과 가용능력균형전략의 대비

조　건	수요적응전략	가용능력균형전략
수요 변화의 크기	크　다	작　다
수요 변화의 속도	빠르다	느리다
예측가능성	예측 불가능하다	예측 가능하다
원가구조	변동비 비중이 높다	고정비 비중이 높다
질낮은 서비스에 대한 대가	적　다	많　다
판매기회 상실에 대한 비용	높　다	낮　다

출처 : 이유재(2003), 「서비스마케팅」, p.154에서 인용.

수요적응전략은 수요의 변동이 심하고 예측불가능하며 원가에서 변동비의 비중이 높으며 비숙련노동력으로 충분한 경우에 사용하는 전략이다. 이러한 전략은 건설현장의 일용직에서 찾아볼 수 있다. 일용직 종사자들은 매일 아침 당일의 일거리를 받게 되고 만일 일거리가 없으면 전혀 수입이 없이 하루를 보내게 된다.

가용능력균형전략은 수요가 안정적이고 예측가능하며 낮은 질의 서비스를 제공하게 되면 사업에 심각한 영향을 미치므로 숙련된 고급노동력이 필요하거나 고가의 장비나 전문적인 장비가 필요한 서비스의 경우에 사용하는 전략이다.

최근 관광서비스 기업은 단순히 수요적응 전략에서 벗어나서 다양한 방법으로 고정된 가용능력에 유연성을 부여하는 수정수요적응 전략을 추구하고 있다. 예를 들어 지하철의 경우 출퇴근 시간대에는 정상적인 수용인원을 2~3배 웃도는 초과수요가 발생하지만 동일한 설비로 배차간격을 줄여 수요를 수용할 수 있다. 항공사는 가을과 겨울에 밀려드는 골프관광객의 수요를 충족시키기 위해 제주도와 서울간의 운행횟수를 늘리고 있다. 음식점에서 복잡한 메뉴 대신에 간단한 메뉴를 제시함으로써 서비스 시간을 단축하고 회전율을 높이는 방법이 있다.

관광공급관리전략으로 프로그램전략도 많이 활용되고 있다. 무주리조트의 경우 비수기 극복방안으로 시설의 활용다양화를 추구하고 있으며 이것이 업체에서 많이 활용하는 프로그램전략이다. 무주리조트의 대표상품은 스키상품이다. 따라서 여름이 비수기라고 할 수 있으며 2002년 현재 무주리조트에서 제시하고 있는 비수기 관광상품은 관광곤도라, 덕유산등산패키지, 노천탕&사우나, 어린이나라, 월드컵 4강기념 초특가 어린이축구캠프 개설, 나비와 함께 떠나는 생태여행(나비전시관), 무주금강래프팅, 문화유산답사패키지, 그리고 덕유산리프트등산패키지 등이다. 이러한 프로그램은 체험성, 레포츠성을 강조하는 프로그램들로서 이 중 관광곤도라, 덕유산등산패키지가 인기있는 상품이었다.

관련 논문소개

1. 논문제목

'국제관광 수요예측'

2. 저자 : 전효재

3. 출처 : 한국문화관광정책연구원 특별연구. 2003. 4.

4. 내용소개

(1) 연구목적

한국 관광산업은 국내외의 정치, 경제, 사회, 문화 등 다양한 환경변화와 전쟁, 테러, 질병 등 상황적 요인에 따라 매우 민감하게 반응하고 있다. 관광수요예측은 정부정책, 기업전략, 학술연구 등 다양한 분야의 기초자료로써 활용도가 높으며 국제적으로 동북아 지역은 정치, 경제, 사회, 문화의 관심이 날로 높아지고 있고, 정부정책에 있어서도 동북아 지역은 핵심적 사안으로 정책의 방향을 제시하는 중요한 기준이 되고 있는 실정이다. 본 연구는 우리나라와 동북아(한국, 중국, 일본) 지역의 장단기(2004년, 2008년) 관광수요 전망하고자 하는 것을 목적으로 한다. 구체적으로 첫째, 우리나라의 관광수요를 전망(외래객 입국자 수, 내국인 출국자 수) 하고자 한다. 둘째, 동북아 역내관광 수요(한중일 3국간, 3국외 역내관광수요)를 전망하고자 한다.

(2) 연구방법

국제관광 수요예측을 위해 기존연구를 고찰하였고, 사례연구를 통하여 정량적 접근방법과 정성적 접근방법을 응용하여 장단기 관광수요 예측하였다. 정량적 방법으로 시계열 예측을 통해 전망하였고, 정성적 방법으로 전문가 의견조사를 통해 영향도를 평가 후 보정하였다.

이 연구의 연구범위는 우리나라 인바운드-아웃바운드 및 동북아(한국, 중국, 일본) 역내관광 수요를 2004년과 2008년까지의 5개년 관광수요로 예측하고자 하였다.

(3) 연구결과

이 연구의 분석결과는 다음과 같다.

1) 우리나라 및 동북아 관광동향

- WTO는 전세계 국제관광객수는 '95년 5.6억명에서 2010년 10억명, 2020년 15.6억명을 기록할 것으로 전망함('95년부터 2020년까지 연평균 4.1%씩 증가).
- 2003년 우리나라 외래객 입국자수는 전년대비 11.7% 감소한 472만명 정도가 될 것으로 추정. 내국인 출국자수는 약 700백만명 정도로 전년대비 약 1.7% 정도 감소할 것으로 추정됨.
- 우리나라 외국인 1인당 평균지출액은 '98년 1,615달러에서 2002년 987달러로 감소, 내국인은 '98년 861달러에서 2002년 1,073달러로 증가. 최근 10년간(1993년~2002년) 관광수지는 관광수입액 '93년 35억달러에서 2002년 52억달러로 연평균 6.4% 증가. 관광지출액은 '93년 33억달러에서 2002년 76억달러로 연평균 13.4%씩 증가
- 중국 인바운드 시장규모는 2002년 1,660만명으로 전년대비 36.8% 증가. 2002년 일본 인바운드 시장규모는 약 524만명 정도임.
- 동북아(한국, 중국, 일본) 지역의 역내관광 시장규모는 '98년 1,546만명, '99년 1,753만명, 2000년 2,028만명, 2001년 2,115만명, 2002년 2,403만명 등 매년 증가하고 있는 추세(1999년부터 2002년까지 연평균 11.7%씩 증가)
- 한국, 중국, 일본 3국간 역내관광수요는 '98년 531만명, '99년 653만명, 2000년 760만명, 2001년 810만명, 2002년 923만명임(연평균 15.1% 증가).
- 3국을 제외한 역내관광수요는 '98년 1,015만명, '99년 1,100만명, 2000년 1,267만명, 2001년 1,304만명, 2002년 1,474만명임(연평균 9.9% 증가).

2) 관광수요예측결과

2004 우리나라 관광수요 전망

- 2004년도 외래객 입국자수는 약 514만명 정도가 우리나라를 방문할 것으로 전망되며, 전년대비 약 8.8% 증가할 것으로 전망됨. 국가별로 살펴보면, 일본시장이 210만명(전년대비 15.9% 증가), 중국시장 55만명(9.5% 증가), 미국시장 44만명(4.2% 증가), 홍콩시장 19만명(19.5% 증가), 필리핀시장 21만명(1% 증가) 정도가 방문할 것으로 전망됨.
- 2004년도 내국인 출국자수는 약 773만명 정도가 될 것으로 전망되며, 전년대비 약 10.4% 증가할 것으로 전망됨. 국가별로 살펴보면, 일본시장이 155만명(전년대비 7.9% 증가), 중국시장 189만명(22.2% 증가), 미국시장 67만명(1.4% 감소), 태국시장 65만명(13.5% 증가), 홍콩시장 27만명(27.7% 증가) 정도가 출국할 것으로 전망됨.

2008우리나라 관광수요 전망

- 2008년 우리나라의 외래객 입국자수는 644만명 정도로 연평균 6.4% 증가할 것으로 전망되며, 내국인 출국자수는 약 10,55만명으로 연평균 8.6% 증가할 것으로 전망됨.

동북아 역내관광수요 전망

- 한・중・일 동북아지역의 역내관광 입국자수는 2003년도 1,972만명으로 전년대비 17.9% 감소할 것으로 추정되며, 2004년도에는 2,157만명으로 전년대비 9.4% 증가할 것으로 전망됨. 2004년부터 2008년까지 연평균 8.2%씩 증가할 것으로 전망되며, 2008년도 동북아 역내관광수요는 2,921만명 정도가 될 것으로 전망됨.
- 동북아지역의 한국-중국-일본 3국간 역내관광수요는 2003년도 774만명으로 전년대비 16.6% 감소할 것으로 추정됨. 2004년도 3국간 역내관광수요는 927만명 정도로 전년대비 19.8% 증가할 것으로 전망됨. 2004년부터 2008년까지 연평균 11.3%씩 증가하여 2008년도 3국간 역내관광수요는 1,310만명 정도가 될 것으로 전망됨.
- 동북아 역내관광에서 한국-중국-일본 3국을 제외한 역내관광수요는 2003년 1,198만명 정도로 전년대비 18.7% 감소할 것으로 추정됨. 2004년도 3국외 동북아 역내관광수요는 1,230만명 정도로 2.6% 증가할 것으로 전망됨. 2004년부터 2008년까지 3국외 역내관광수요는 연평균 6.1%씩 증가하여 2008년도에는 1,610만명

정도가 될 것으로 전망됨.

- 2004년도 동북아 역내관광수요는 3국간 역내관광은 급속히 증가할 것으로 전망되며, 3국외 역내관광은 증가추세가 다소 둔화될 것으로 전망됨. 장기적으로 2008년 동북아 역내관광수요는 3천만명에 이를 것으로 전망되며, 이는 3국간 역내관광의 증가추세가 급속히 증가한 영향이 클 것으로 전망됨.

▌동북아 3국간 역내관광수요 전망

- 동북아 한・중・일 3국간 역내관광수요 중 한국 아웃바운드 시장에서 중국시장(K→C)은 2004년도 189만명으로 전년대비 23.3% 증가할 것으로 전망되며, 이후 연평균 16.4% 증가하여 2008년에는 327만명 정도가 될 것으로 전망됨. 일본시장(K→J)은 2004년도 155만명으로 전년대비 8.6% 증가할 것으로 전망되며, 이후 연평균 6.3% 증가하여 2008년에는 193만명 정도가 될 것으로 전망됨.
- 중국 아웃바운드 시장에서 한국시장(C→K)은 2004년도 55만명으로 전년대비 9.5% 증가할 것으로 전망되며, 이후 연평균 8.7% 증가하여 2008년에는 76만명 정도가 될 것으로 전망됨. 일본시장(C→J)은 2004년도 45만명으로 전년대비 16.1% 증가할 것으로 전망되며, 이후 연평균 9.7% 증가하여 2008년에는 62만명 정도가 될 것으로 전망됨.
- 일본 아웃바운드 시장에서 한국시장(J→K)은 2004년도 210만명으로 전년대비 15.8% 증가할 것으로 전망되며, 이후 연평균 7.3% 증가하여 2008년에는 253만명 정도가 될 것으로 전망됨. 중국시장(J→C)은 2004년도 274만명으로 전년대비 31.4% 증가할 것으로 전망되며, 이후 연평균 14.3% 증가하여 2008년에는 400만명 정도가 될 것으로 전망됨.

(4) 시사점

우리나라 국제관광수요는 국내관광정책이 현상황을 유지하고, SARS와 전쟁 등 국제적 상황이 큰 변화가 없다는 가정에서, 전체적으로 외래객 입국자수는 정체현상을 보이고 있으며, 내국인 출국자수는 급격한 증가현상을 나타낼 것으로 전망된다. 2008년 우리나라의 외래객 입국자수는 644만명 정도로 연평균 6.4% 증가할 것으로 전망되며, 내국인 출국자수는 약 1,055만명으로 연평균 8.6% 증가할 것으로 전망된다. 중앙정부는 동북아 3간의 상호교류를 증진할 수 있는 중심적 역할을 담당하기 위한 기초자료를 개발하고, 확보하여야 한다.

관광수요전망의 다양한 욕구에 부합하도록 활용도를 제고하고, 관광수요예측의 정확성-신속성-적시성을 확보하기 위해 관광수요전망의 시스템을 체계적으로 구축하여야 한다.(가칭)관광수요예측위원회는 문화관광부가 적극적으로 추진하되, 기술지원을 위한 관광관련 연구기관과 다양한 의견을 제시할 수 있는 자문기관이 공동으로 추진해야 하며, 이를 담당할 수 있는 관광관련 통계센터를 통해 지속적인 자료의 수집과 데이터베이스화가 추진되어야 한다.

정부 관광정책의 중요한 목표로 외래관광객 1천만명 유치를 달성하기 위한 새롭고, 획기적 정책변화가 요구되는 시점이다. 정책목표달성을 위해서는 출입국절차완화, 한중일 역내관광 협력, 국제적 관광자원 개발, 중국시장에 대한 마케팅 등이 적극적 개선이 요구된다. 아울러 내국인 출국자 1천만명 시대에 대비한 관광객의 안전대책의 마련이 필요하다. 관광수요예측 전문가 시스템을 운영함으로써 정부, 사업체, 학술, 연구기관 등 다양한 분야의 전문가가 참여하는 관・산・학연의 지식 네트워크 구축이 필요하다.

사례분석

1. 주제 : 골프수요와 골프공급 "2010년에는 골프장 공급이 수요 초과"

2. 출처 : 연합뉴스. 2004.6.14

3. 내용

레저산업연구소에 따르면 골프인구 증가로 골프장 건설 붐이 생기면서 오는 2010년에는 골프장의 공급이 수요를 초과할 것이라는 전망이 나왔다. 연구소의 골프장 수급분석에 따르면 현재 공사 및 추진중인 골프장이 277개이다. 14일 한국레저산업연구소(www.kolec.co.kr)의 '2010년 적정 골프장수 분석' 자료에 따르면 현재 공사중이거나 건설을 추진중인 골프장은 전국적으로 총 277개에 달하는 것으로 조사됐다. 추진 상황별로 보면 현재 공사중인 곳이 68개, 사업승인 받고 착공을 앞두고 있는 곳이 13개, 건설을 추진중인 곳이 196개 등이다.

이는 현재 영업중인 골프장 수(181개)를 훌쩍 뛰어넘는 것으로, 신규 골프장이 대부분 개장할 2010년에는 전국의 골프장 수가 400~450개에 이를 것으로 관측됐다. 연구소측은 최근의 골프인구 증가세를 감안해도 2010년의 연간 골프장 이용객수는 2천400만명 정도로 350개 안팎의 골프장이면 충분히 소화할 수 있어 결국 50~100개의 골프장이 초과 공급될 것으로 분석했다. 게다가 정부가 지방공기업의 퍼블릭골프장 건설을 허용하는 방안을 검토중인 것으로 알려져 이같은 검토안이 시행될 경우 골프장 수는 더 많이 늘어날 것으로 연구소는 내다봤다.

하지만 골프장 건설이 지방에 집중적으로 이뤄져 현재의 수도권 편중 현상은 크게 완화될 것으로 예상됐다. 현재 12개의 골프장이 운영되고 있는 대구, 경북지역의 경우 현재 공사중이거나 추진중인 골프장이 40개에 달한다. 제주도도 42개의 골프장이 건설중이거나 추진중이어서 골프장 수가 현재 15개에서 57개로 대폭 늘어날 전망이다. 이 밖에 경기도에서 42개, 강원도에서 27개, 전남에서 18개의 골프장이 4~5년내 새로 들어설 것으로 보인다.

이 연구소의 서천범 소장은 "경쟁력 없는 골프장은 설 자리가 없을 것으로 전망되지만, 골프장끼리의 경쟁으로 이용료는 대폭 하락할 것으로 보여 2010년께는 진정한 의미의 골프 대중화시대가 열릴 것"이라고 밝혔다.

토론문제

1. 강원도 동해시의 관광수요 창출전략에 대해 설명해 보세요.

2. 관광수요에 대해 사례를 들어 설명하세요.

3. 관광행동의 Push & Pull 모델을 설명하세요.

4. 관광서비스 수요의 유형과 수요의 상황분석을 사례를 들어 설명하세요.

5. 시장조사의 개념과 구성요소를 사례를 들어 설명하세요.

6. 관광소비자 조사방법과 과정을 사례를 들어 설명하세요.

7. 관광수요 관리전략을 사례를 들어 설명하세요.

8. 관광공급 관리전략을 사례를 들어 설명하세요.

9. 향후 한국과 동북아 역내관광수요를 설명해 보세요.

10. 한국의 골프수요와 골프공급의 특징을 설명하세요.

참고문헌

김세범 · 전영종 · 허남일(1997). 「소비자행동론」. 형설출판사.

연합뉴스(2004.6.14). 2010년에는 골프장 공급이 수요초과.

이유재(1999). 「서비스마케팅」. 학현사.

전효재(2003.4). 「국제관광 수요예측」. 한국문화관광정책연구원 특별연구.

한국경제신문(2004.5.20). '동해시 ·· 해양레저 · 日出 명소'.

MBC(2003). '지금은 고객만족시대'.

Blackwell, R. D., & Miniard, P. W., Engel, J. F.(2001). *Consumer Behavior*. Orlando : Harcourt, Inc.

Gibson, H. J., Willming, C., & Holdnak, A.(2003). Small-scale event sport tourism : fans as tourists. *Tourism Management*. 24(2). pp.181-190.

Hawkins, D. I., Best, R. J., & Coney, K. A.(2001), *Consumer Behavior : Building Marketing Strategy*. Boston : Irwin McGraw-Hill.

Schiffman, G. L., & Kanuk, L. L.(2004). *Consumer Behavior*. Englewood Cliffs. N.J. : Prentice-Hall.

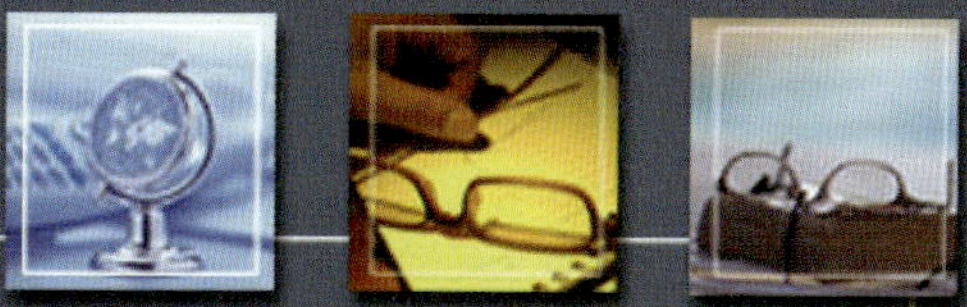

제3부

관광소비자행동의 환경적 요인

Tourism

제7장

관광소비자행동의 환경적 요인 1

문화

❦들어가는 이야기
❦핵심개념

7-1. 문화와 소비자행동
  (1) 문화의 정의와 특성
  (2) 문화의 구성요소
  (3) 문화의 종류와 소비자행동

7-2. 지역문화와 관광
  (1) 지역문화와 관광
  (2) 관광과 기술적 인류학(Anthropography)

7-3. 문화와 관광마케팅
  (1) 제품전략
  (2) 촉진전략
  (3) 가격전략
  (4) 유통전략

❦관련 논문소개
❦사례분석
❦토론문제
❦참고문헌

관광소비자행동의 환경적 요인1

들어가는 이야기

핵심개념

문화와 소비자행동

- 문화의 정의와 특성
- 문화의 구성요소
- 문화의 종류와 소비자 행동

지역문화와 관광

- 지역문화와 관광
- 관광과 기술적 인류학(Anthropography)

문화와 관광마케팅

- 제품전략
- 촉진전략
- 가격전략
- 유통전략

관련 논문소개

사례분석

토론문제

참고문헌

들어가는 이야기

한국의 대표 문화브랜드 만들기: 태권도 테마파크

▌한국관광업계의 오랜 숙원사업인 태권도 테마공원이 마침내 건립된다. 문화관광부 오지철차관은 6월 25일 '참여정부 국민체육진흥 5개년계획'을 주제로 한 정례브리핑에서 태권도 종주국으로서의 지위를 관광자원으로 개발, 활용하기 위해 태권도 테마공원 건립을 재추진하겠다고 밝혔다.

태권도 테마공원 조성계획이 발표된 것은 지난 2000년 1월, 정부의 태권도공원 사업계획이 발표되자마자 지방자치단체들의 유치경쟁이 과열되어 사업추진에 어려움을 겪어왔고, 우여곡절 끝에 3년만에 재추진되기에 이르렀다. 많은 전문가들은 태권도가 최대의 국가전략상품이라는데 이의를 제기하지 않고 있다. 태권도는 유일하게 한국만이 갖고 있는 민족적 자산이며 세계적인 경쟁력을 갖춘 문화관광상품이라는 것이다.

▌현재 태권도를 수련하고 있는 외국인은 진 세계 170여개국 5천만명, 해외에 진출한 한국인 태권도 사범도 1만 4천명에 달해 태권도 브랜드의 영향력을 실감할 수 있다. 실제로 2000년 시드니 올림픽에서 태권도가 올림픽공식종목으로 채택된 이래, 태권도를 목적으로 방한하는 외국인의 수도 급격히 증가하고 있다.

국기원의 통계에 의하면 98년 20개국 546명에 불과하던 순수 태권도 순례(수련) 목적 방한 외국인이 99년 1,700명, 2001년에는 61개국 5,232명으로 4년간 10배 가까이 증가한 것으로 나타났다. 또한 국가적 상징물이 아직 선정되지 않아 국가 브랜드 관리에 어려움을 겪고 있던 차에 태권도공원은 한국을 상징하는 랜드마크로서의 기능도 담당할 수 있으리라는 전망이다.

▌추진주체인 문화관광부에 의하면 태권도공원은 '태권도공원추진위원회'(가칭)를 통한 후보지 선정과 설계작업을 마친 뒤 2006년부터 본격 공사에 착수한다. 총 사업비 1,644억원에 연건평 1만 5천평 규모로 '순례의 장', '수련의 장', '관광·문화의 장' 등의 시설공간이 들어설 예정이다.

-한국관광공사 청사초롱 2003년 7월 16일-

〈그림 7-1〉 태권도 공원을 유치하기 위한 지자체들의 노력

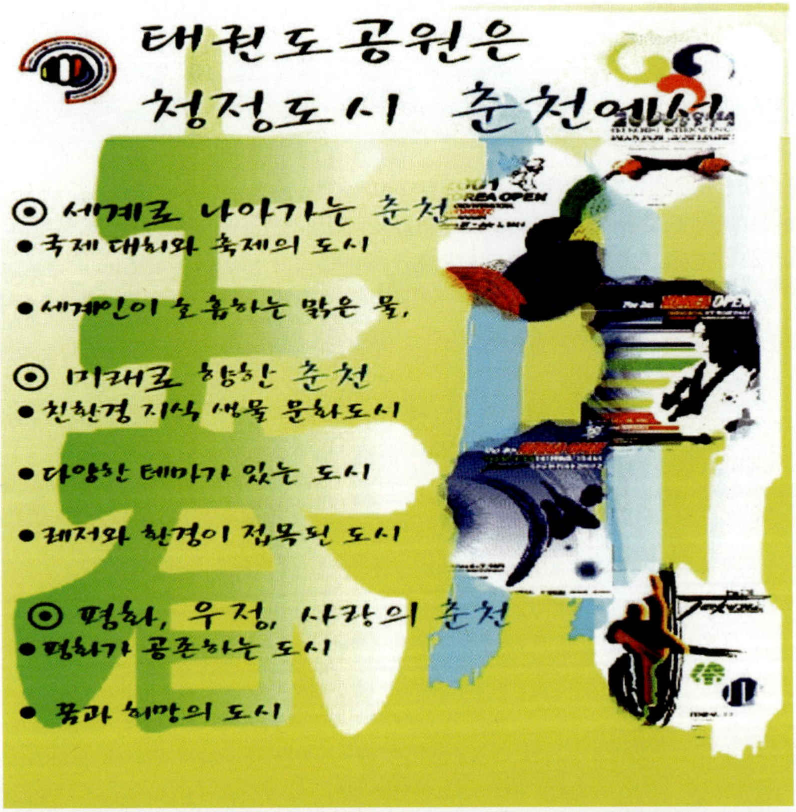

최근 문화관광부에서 태권도 테마공원을 조성한다는 방침을 밝힘에 따라 지방자치단체들의 유치경쟁이 다시 가열될 것으로 예측되고 있다. 한국의 문화브랜드를 활용한 관광상품은 관광소비자행동을 효과적으로 유발할 것이다.

consumers behavior

Tourism ... 핵심개념

1. 문화의 정의
2. 문화의 특성
3. 문화의 구성요소
4. 문화의 종류와 소비자행동
5. 하위문화
6. 비교문화
7. 지역문화와 관광
8. 관광과 기술적 인류학
9. 문화와 관광마케팅

7-1 문화와 소비자행동

(1) 문화의 정의와 특성

문화의 정의

문화라는 용어는 라틴어의 cultura에서 파생한 culture를 번역한 말로 본래의 뜻은 경작(耕作)이나 재배(栽培)였는데, 나중에 교양·예술 등의 뜻을 가지게 되었다. McCort & Malhotra(1993)은 문화란 "지식·신앙·예술·도덕·법률·관습 등 인간이 사회의 구성원으로서 획득한 능력 또는 습관의 총체"라고 정의를 내렸다. 일반적으로 문화는 ① 구미풍(歐美風)의 요소나 현대적 편리성(문화생활·문화주택 등), ② 높은 교양과 깊은 지식, 세련된 생활, 우아함, 예술풍의 요소(문화인·문화재·문화국가 등) ③ 인류의 가치적 소산으로서의 철학·종교·예술·과학 등을 가리킨다. ③의 경우는 독일의 철학이나 사회학에 전통적인 것이며, 인류의 물질적인 소산을 문명이라 부르고 문화와 문명을 구별하고 있다.

문화의 정의는 그 동안 많은 학자들에 의해서 내려져 왔으며 문화에 대한 정의는 164개에 달한다고 한다(임종원 · 김재일 · 홍성태 · 이유재, 2000). 이렇게 많은 문화의 정의에서 공통적인 요소는 다음과 같다. 문화는 "한 사회의 인간행동을 규정짓는 사회적 규범과 양식의 총체적 체계"라는 점이다. 사람들이 하는 모든 활동은 문화에 의해 결정되며, 거의 모든 재화의 구입은 신체적인 안락감을 제공받기 위해서나 문화적인 생활을 영위하기 위한 활동수행을 위해 행하여진다는 것이다.

〈그림 7-2〉 러시아 캄차카의 한국 문화원

러시아 캄차카의 한국 문화원

문화관광부는 2004년 11월 3일 국제문화교류 중장기정책비전을 발표하였다. 이에 따르면 세계를 8대 권역별, 즉, 동북아, 동남아, 유럽권역, 중남미, 아프리카, 중동, 대양주로 나누어 권역별 문화교류 추진 및 문화교류거점 (문화원)을 신설하여 코리아센터 설립 운영 및 역동적 한국문화 상징을 발굴하고 홍보하겠다는 것이다. 한국문화도 전통문화 뿐만 아니라 최근의 한류, 인터넷 게임 등 한국의 신세대 문화를 포함한 내용으로 한국 문화원을 운영할 계획이다.

문화의 특성

첫째, 문화는 규범성이 있다. 문화는 사회구성원의 행동기준이 된다(임종원 · 김재일 · 홍성태 · 이유재, 2000). 문화는 이상적인 행동의 표준이나 패턴을 포함하고 있기 때문에 특정 상황하에서 사회구성원들이 올바르고 적절하게 생각하고, 느끼고, 행동할 수 있도록 한다. 집단이 공유하고 있는 이상적인 행동, 사고, 느낌의 패턴을 규범이라고 한다.

둘째, 문화는 학습된다. 피부색이나 머리색깔 같은 생물학적 특성과는 달리 우리는 우리의 문화를 알고 태어나는 것이 아니다. 문화는 타고나거나 본능적이 아니라 어린시절부터 학습된다(김세범 · 전영종 · 허남일, 1997). 이러한 문화의 학습은 부모나 형제로부터 행동양식을 배우는 공식적 학습과 친구나 매스 미디어 등을 통한 비공식적 학습, 교육기관에서의 학습을 통한 기술적 학습으로 분류된다. 기업의 광고는 이러한 세 종류의 문화학습에 영향을 미칠 수 있으나, 대부분의 광고들은 모방할 만한 행동을 제시함으로써 비공식적 문화학습을 증진시킨다.

셋째, 문화는 사회적으로 공유된다. 문화는 가족을 비롯한 조직화된 사회내에 거주하는 사람들에 의해 널리 공유된다. 어떤 신념이나 가치, 또는 관습이 그 사회의 문화로 정착되기 위해서는 대다수의 사회구성원에 의해서 공유되어야 한다. 이러한 가치, 경험, 관습 등을 공유하게끔 해주는 공통된 언어가 문화의 주요 구성요소이다.

〈그림 7-3〉 세계 공용어인 영어

넷째, 문화는 지속적이며 동적이다. 문화는 부모로부터 자녀에게 전수되고, 학교와 종교단체 등을 통해 유지되어 나간다. 그러나 긴 시간을 기준으로 보면 문화는 정체된 것이 아니라 항상 변하고 있다. 문화적 변화는 새로운 기술, 인구의 변이, 자원의 부족, 전쟁, 변화하는 가치 등과 같은 많은 요인들에 의해 발생된다. 예를 들면 여성의 지위가 향상되고, 주5일제로 인해 여가활동의 중요성이 커지고, 시간을 절약해 주는 제품에 높은 가치가 부여되는 추세가 늘어가고 있다. 또한 건강에 대한 관심이 높아지면서 웰빙이 우리사회의 유행어가 되었다.

(2) 문화의 구성요소

문화는 다음의 여섯 가지 요소가 중심이 된다.

물질적 요소

우리의 생활에 컴퓨터, 인터넷, 전화, TV, 자동차가 없다면 어떻게 될까? 2002년에 괌에 태풍이 왔을 때 며칠동안 전화가 불통이 되었다. 따라서 PIC 괌의 총지배인은 다른 업체와의 연락을 위해 차를 타고 2시간을 이동해야만 했다. 3분이면 전화로 의사소통을 할 수 있는 현대인의 생활을 고려하면 이러한 물질적인 요소는 너무나 중요하다.

사회적 기관

학교, 교회, 절, 극장 등은 모두 인간의 사회생활과 직·간접적으로 관계가 있는 사회적 기관이다. 큰 대학이 있는 장소에는 대학문화가 발전한다. TV, 라디오, 신문 등과 같은 대중매체들도 새로운 생활정보를 제공하여 새로운 문화를 보급하는 역할을 하며 문화기관이라고 할 수 있다.

〈그림 7-4〉 마이산의 마이사

마이사와 절문화

마이사는 신령스러운 기운이 있는 절로 알려져 있으며 많은 단체관광객들이 방문하고 있다. 한국의 역사와 절의 역사는 그 행보를 같이 하였다. 최근 외국인들사이에 절의 생활문화를 체험하려는 템플스테이가 인기를 끌면서 절의 문화체험이 인기있는 관광상품으로 등장하였다.

▮언어

사회집단에서 사용되는 언어는 그 집단의 생활유형을 보여준다. "아직도 담배를 피우십니까?"라는 인사말이 유행한다면 흡연이 그 사회에 상당한 거부감을 주고 있다는 사실을 반영한다.

▮가치와 신념체계

인간의 모든 생활에는 인간이 중요하게 생각하는 가치가 반영되어 있다. 어떤 집단의 사회적 분위기(social climate)를 지배하는 핵심적 가치(core value)가 "부자가 되기 위해 검소한 생활"이라고 한다면 이 집단의 소비자들은 자동차를 사게 되는 상황에서 고급 승용차보다는 소형차를 선택할 것이다.

▮관습과 의례(Custom and ritual)

인간은 살아가는 가정에서 수많은 의례(ritual)를 치르게 된다. 출생, 입학식과 졸업식, 결혼식, 장례식 등 각종 인간의 통과의례(rites of passage)와 관련되어 있는 많은 재화와 서비스를 소비한다. 이러한 의례와 관련된 소비의 특징은 반복적이며 그 사회가 존속하는 한 존재한다는 것이다. 예를 들어, 결혼식을 마친 후 신혼여행을 하는 것이 의례적으로 반복된다면 인류가 결혼식을 올리는 한 신혼여행 상품은 소비될 것이다.

▮심미적 요소(Aesthetics)

아름다움은 소비자가 상품을 선택하는데 고려하는 중요한 요소이다. 똑같은 기능을 가진 김치냉장고라고 해도 색상과 디자인에 따라 판매량과 가격에 많은 차이가 있다. 이러한 아름다움에 대한 기준은 문화에 따라 각각 다르다.

(3) 문화의 종류와 소비자행동

문화의 종류는 많이 있지만 소비자행동과 연계해서 알아보아야 할 문화의 개념은 하위문화, 비교문화라고 할 수 있다.

▮하위문화(subculture)

하위문화는 보다 크고 복잡한 사회안에서 다른 영역과 구별이 되는 부분으로 존재하는 독특한 문화집단이다. 즉, 한 사회에서 공통의 문화적 의미를 공유하고 있는 독특한 사람들의 집단이다. 특정 하위문화의 구성원들은 같은 사회의 다른 구성원들과 구별이 되는 신념과 가치, 관습을 가지는 경향이 있다. 하지만 하위문화의 구성원들도 전체사회의 지배적인 문화적 신념이나 가치, 행동양식을 대부분 유지하고 있다. 하위문화의 예는 전체문화인 한국문화내에서 도시문화와 농촌문화, 신세대문화와 기성세대문화, 불교문화와 기독교문화, 286세대 문화와 386세대 문화 등이다. 즉, 한국문화라는 전체문화에서 문화의 일반적인 요소인 언어, 의식주생활 등과 같은 하위문화 내의 공통적인 요소들을 공유하고 있으므로 하위문화라고 할 수 있다. 한국과 같은 동질성이 강한 사회보다는 다민족으로 구성된 미국문화에서 하위문화에 대한 연구는 관광소비자행동을 연구하는데 대단히 중요하다. 하위문화는 인구통계적 기준으로 나누고 있으며, 그 세부기준은 연령, 종교, 인종, 소득수준, 국적, 성별, 가족유형, 직업, 거주 지역사회의 특성(농촌, 소도시, 대도시, 시외) 등이 있다〈표 7-1〉.

• 10대 문화

10대들의 문화는 다른 연령층과 뚜렷이 구별되는 반면 세계적으로 이들만의 공통점이 많다. 다음의 사례가 어느 지역에서 발생하는지 추측해 보자.

방과후, 고등학생이며 (　　)에 살고 있는 17세인 (　　)는 교복을 벗고 왼쪽 귀에다가 귀걸이를 하고 청바지와 나이키신발로 갈아 신고 집을 나선다. 아르바이트를 하고 있는 맥도날드로 가서 저녁 9시까지 일을 하고 집으로 돌아온다. 아르바이트로 번 돈으로 본인이 평소에 갖고 싶어 하는 비싼 가격의 mp3 플레이어를 사려고 한다.

앞서 본 10대의 행동 특성을 보고 어느 나라 어느 지역에 살고 있는 10대라는 것을 자신있게 맞출 수 있을까? 맞추기가 어려운 것이 사실이다. 25개국 10대들의 침실을 분석한 한 연구보고서에서도 방의 내부만 보고 어느 나라 청소년이라는 것을 알아맞추기는 어렵다는 결론을 내릴 정도로 전세계 10대들은 공통적인 측면이 강하다는 것이다. 이렇게 된 배경에는 TV와 같은 대중매체의 영향력이 크다. 10대들은 MTV를 통해 유행가를 공유하며 가수를 우상시한다.

〈표 7-1〉 하위문화의 구분기준

구분기준	유 형
인 종	백인, 흑인, 황인종 등
국 적	한국인, 일본인, 중국인, 미국인
종 교	기독교, 불교, 천주교, 유교, 회교 등
지 역	경상도, 전라도, 충청도, 제주도, 강원도 등
연 령	10대, 20대, 중년, 노년 등
사회계층	하층, 중층, 상층 등

출처 : 김세범 · 전영종 · 허남일(1997), 「소비자행동론」, p.136에서 인용.

비교문화

국가간 문화는 다르기 때문에 관광소비자행동도 다르게 나타날 수가 있다. 따라서 국가간 문화를 비교하는 과정을 거쳐 국제마케팅을 하게 되는데, 비교문화적 소비자분석이란 여러 나라의 소비자들의 특성인 심리적 · 사회적 · 문화적 · 환경적 특성을 분석하여 특정 소비자에게 보다 효과적인 마케팅전략을 수립하기 위한 것이다. 국제마케팅을 하는데 있어서 비교문화를 하는 두 가지 전제는 첫째, 국가간의 관습이나 가치관이 달라서 마케팅전략을 수정할 필요가 있다는 것이며, 둘째, 위성방송 등 범세계적인 커뮤니케이션을 통하거나 여행 등을 통하여 점차 국가간의 문화적 가치들의 공통점이 증가한다는 것이다. 비교문화적 차이는 현지화전략을 요구하며 세계적 공통성의 증가는 표준화전략을 가능케 한다.

그러면 과연 어느 정도까지 비교문화 마케팅전략, 특히 광고에 있어 표준화될 수 있을지에 대해서 논란의 여지가 있다. 맥도날드는 전세계적인 표준화를 시도하는 업체로 유명하다. 이제 맥도날드는 지역의 특성에 맞게끔 상품을 개발하려고 노력하고 있다. 일본에서는 버거에 달걀후라이를 첨가하며, 태국에서는 달콤한 바비큐소스를 사무라이돼지버거에 첨가한다. 인도에서 맥도날드의 변화는 극적이라 할 만하다. 인도인의 80퍼센트가 힌두교인이기 때문에 소고기가 들어가는 빅맥이 설자리가 없었다. 또한 인도에는 1억 천만명의 이슬람교도인들이 있기 때문에 돼지고기도 버거에 넣을 수도 없었다. 따라서 맥도날드는 참깨빵 위에 두 개의 양고기패티, 특별소스, 상추, 치즈, 피클, 양파를 재료로 한 Mahayana Mac을 개발하였다(Hawkins, 2001).

7-2 지역문화와 관광

(1) 지역문화와 관광

〈그림 7-5〉 영주의 선비촌

영주 선비촌은 민속촌과 비교하여 어떠한 차이가 있을까요?

9월 22일에 개촌한 선비촌은 1만7,000여 평 대지에 세워진 매머드급 민속촌. 영주의 고택 열두 채를 원형대로 재현한 '문화 역사 테마파크'다. 조선시대 양반과 상민의 생활상을 두루 체험할 수 있는 일종의 전통 체험 마을로, '선비' 빼고는 모든 게 다 있다. 조선시대 저잣거리에서 고래 등 같은 기와집, 초가, 정자, 물레방아, 저잣거리, 대장간 등을 갖추고 있다. 건물은 영주시 위산면의 두암고택 등을 본 떠 만들어 조선시대 전통마을의 냄새가 물씬 풍긴다. 한옥과 초가의 20여개 방은 숙소로 개방된다. 관광객의 불편을 덜기 위해 수세식 화장실과 샤워장도 만들었다. 한옥은 숙박료가 5만원, 초가는 2만원이다. 저잣거리에서 식사도 할 수 있고 서예, 한문, 다도와 짚신삼기 체험도 할 수 있다.

지역문화와 관광의 관계는 끊임없이 영향을 주면서 변화하는 관계이다. 지역사회의 문화를 보기 위해서 관광객이 온다는 점에서 지역의 문화는 관광상품이 되기도 하며 관광객들에 의해서 지역의 문화가 변화하기도 한다. 지역의 문화와 관광의 관계는 부정적일 수도 있고 긍정적일 수도 있다. 관광개발에 의하여 때때로 자연환경과 전통문화가 변용되고 파괴되는 경우가 부정적인 영향이다. 반면 관광이 전통문화를 자극하여 새로운 문화창조에 이르게 되기도 한다. 1920년대로 거슬러 올라가야 할 관광의 역사를 가진 인도네시아 발리섬에서 전통예능으로서 평가가 높은 케처댄스와 세밀도(細密圖) 등이 새로운 모양으로 재창조되었다. 이것은 관광이 전통문화를 자극하여 새로운 문화창조를 유도하는 긍정적 효과이다. 이러한 과정이 문화의 상품화이다.

관광문화(touristic culture)는 관광이 만들어내는 문화이며 관광용의 문화쇼와 선물용 공예품 등이 그 대표적인 사례이다. 관광문화의 상품들은 모조품인 경우가 있는데, 무엇이 전통적이고 어느 것이 관광용인지 구별하는 것이 곤란한 일도 있다. 인도네시아 발리섬에서 1930년대에 관광용으로 만들어진 단검은 나중에 발리인들 사이에서 전통공예품으로서 선호되었다. 관광은 지역에서 새로운 문화인 관광문화를 만들어내는데 기여한다고 할 수 있다.

지역문화와 관광과의 관계를 분석할 때 모델 컬처(model culture)라는 개념을 알아둘 필요가 있다. 모델 컬처는 관광용으로 복원되고 연출된 민족·민속문화나 역사문화 또는 그것들을 체험학습할 수 있는 테마파크이다. 하와이의 폴리네시아 문화센터나 한국의 민속촌, 역사를 체험하는 미국의 플리머스 플랜테이션(초기식민지), 대중적 미디어문화를 체험하는 디즈니랜드 등이 좋은 사례이다.

고유성(authenticity)은 미국의 사회학자 맥카넬(MacCannell, D.)에 의해서 사용되어진 용어이며 관광이란 '고유성'의 추구라고 논하였다. 여기서 고유성이란 관광목적지역의 고유한 문화의 체험을 의미하며, 관광객은 자신이 사는 세계이외의 다른 세계를 경험하여 참다운 자기 자신을 발견하기 위하여 여행을 떠난다는 것이다.

(2) 관광과 기술적 인류학(Anthropography)

기술적 인류학(Anthropography)은 인류의 다양성과 이들의 지리학적 분포를 기술하는 인류학의 한 분야로 정의할 수 있다. 인류관광역사에서 가장 오랜된 관광동기는 다른 지역에 사는 사람들이 어떻게 생활하는지 그 문화를 보고자하는 욕구이다. 한국인이 칠레의 전통무용이나 아르헨티나의 탱고를 보는 일은 마음을 설레게 하는 강력한 관광동기가 될 수 있다. 이러한 문화적 호기심과 지역별 문화적 차이를 잘 활용하는 여행사나 상담직원은 잠재 관광객들에게 관광동기를 쉽게 부여할 수 있다. 인류의 지리적 분포를 살펴보면 40억이라는 인구가 사는 지역은 그다지 광범위하게 분포되어 있지 않다. 이들이 사는 마을과 도시의 형태와 삶의 방식은 다른 지역의 관광객들에게는 무척 매력적인 관광동인이다. 한편 지구의 많은 지역은 인류가 살지 않는 빈땅이다. 러시아의 캄차트카반도, 캐나다, 미국 서부 사막지역, 중국 서부, 호주, 아프리카 대부분, 남미 등 인류가 정착하지 못한 이러한 많은 지역은 사람이 없기에 또한 매력적이다. 인간은 지구상에서 관광할 곳이 너무나 많다.

〈그림 7-6〉 부에노스아이레스 탱고극장의 탱고무용

아르헨티나 탱고극장의 탱고 무용수

탱고의 본 고장은 아르헨티나이다. 부에노스아이레스 한 항구에서 선원들과 무희들의 춤에서 시작되었다는 탱고는 너무 야하다는 이유로 아르헨티나에서 한 때 금지된 무용이었다. 프랑스로 건너가서 사교댄스로 재탄생한 탱고는 아르헨티나로 역수입되어 지금은 부에노스아이레스의 대규모 탱고극장에서 고급 관광상품으로 선보이고 있다.

7-3 문화와 관광마케팅

하위문화와 비교문화의 특성을 잘 파악하여 그 시장에 맞는 상품을 개발하여 마케팅 전략을 수립해야 성공할 수 있을 것이다. 상품의 표적시장의 문화적 욕구나 관습을 정확하게 파악하여 마케팅전략인 제품전략, 광고전략, 유통전략에 적용하여야 한다. 다음의 사례들은 문화적 차이를 활용한 마케팅전략의 예이다.

제품전략(product)

국제마케터들은 현지의 관습이나 취향을 무시하고 제품수정을 하지 않아 실패를 경험하기도 하며, 이러한 문화의 차이를 바탕으로 한 제품수정을 하여 성공하기도 한다. 대표적인 것이 맥도날드사의 김치햄버거 개발이다.

촉진전략(promotion)

다른 문화권의 소비자에게 커뮤니케이션을 할 때 그 지역의 언어와 관습에 맞는 광고 캠페인이나 촉진 메시지가 개발되어야 한다. Amoco 기업은 처음 중국에 진출할 때 문화적 차이를 이용하여 중국문화에서 생명을 상징하는 붉은 색과 중국문화를 의미하는 보라색, 전통적인 행운의 상징인 달을 잡지광고에 이용하여 성공적으로 기업광고를 하였다.

가격전략(price)

관광상품에 있어 가격의 경쟁력을 확보하는 것은 상품판매에 있어 중요하다. 방일 수학여행 상품은 2004년 3월부터 일본정부가 한국 수학여행단체에 대해 비자를 면제하고 일본정부의 외래객 유치촉진 프로그램인 '비지트 재팬 캠페인(VJC)'도 수학여행 활성화에 주력하고 있는 등의 요인에 힘입어 2004년 들어 크게 증가했다. (주)여행박사의 경우 2004년 7월 자체적으로 니시큐슈 지자체와 한국의 주요 학교 관계자들을 대상으로 '니시큐슈 수학여행 설명회'를 개최하기도 했으며, 일본국제관광진흥기구(JNTO)도 오는 26일, 27일, 29일에 각각 대구, 부산, 서울에서 '일본 수학여행 설명회 및 상담회'를 진행할 예정이다. 특히 올해 행사는 설명회뿐만 아니라 여행사와 해외수학여행을 고려하고 있는 각급 학교들이 직접 상담을 벌일 수 있는 수학여행 상담회를 최초로 마련해 관심을 높이고 있다. 고려여행사의 경우 100페이지 분량의 '수학여행 가이드북'

1000부를 제작해 주요 학교에 배포하고 다음달에는 약 15명의 학교장을 초청해 일본 오사카-나라-교토로 시찰여행을 실시할 예정이다.

이와 같이 각 여행사들의 관심이 높아지면서 기존 수학여행 전문업체들과 신규 진입 업체들 간의 치열한 경쟁도 예상되고 있다. 모 업체 일본팀장은 "비자면제조치 등에 힘입어 많은 여행사들이 수학여행에 관심을 쏟으면서 경쟁수위도 한층 높아졌다"며 "수학여행단체는 단돈 5000원에도 업체를 바꾸거나 업체의 능력보다는 로비활동에 휘둘리는 경향이 있기 때문에 높아진 관심만큼 업체간 가격경쟁도 치열해질 것 같다"고 내다봤다(여행신문, 2004.10.18).

유통전략(place)

마케터들은 하위문화나 비교문화권의 시장에 따라 쇼핑습관이나 유통경로의 차이도 전략에 고려하여야 한다. Avon사는 일본에서 문화적으로 구매자보다 판매자를 낮게 인식하고 방문판매를 하는 모르는 사람들에게 물건을 잘 사지 않는다는 점에 착안하여 친지들에게 상품을 판매하도록 하였으며 매년 급속한 판매율 신장을 달성할 수 있었다.

문화에 따른 전통적인 유통경로구조의 차이를 염두에 두고 마케팅전략을 수립해야 할 경우도 있다. 스위스와 같은 국가에서는 슈퍼마켓이, 프랑스에서는 자신들과 친밀한 소규모 소매상을, 미국에서는 대규모 체인점들이, 개발도상국에서는 소규모 점포들이 주류를 이루고 있다.

그 지역의 온라인 사용추세를 파악하여 유통전략에 성공하는 사례도 나타나고 있다. 최근 몇 년 새 급속도로 발달한 인터넷은 여행업 환경변화에도 큰 영향을 미치고 있다. 대다수 여행사들이 자체 홈페이지를 구축하고 핵심적인 마케팅도구로 활용하는 등 온라인 부문에 많은 투자를 아끼지 않고 있다. 이같은 변화는 여행패턴이 점차 개별화됨에 따라 더욱 빠르게 확산되고 있다. 근래 들어 인바운드에도 개별여행객 증가라는 시장변화가 빠르게 진행되면서 이에 발맞춘 차별적인 운영전략으로 무장한 여행사들이 나타나고 있다. 이 중 가장 주효하게 꼽히는 것이 바로 온라인을 활용한 인바운드 여행사의 출현이다. 이들 여행사들은 현지 언어로 구축된 홈페이지를 운영하며 개별여행객들을 타깃으로 한 특성화된 영업전략을 펼치고 있다. '서울 나비'는 이들 중 가장 선도격인 여행사로 꼽힌다. 일본 인바운드를 전문으로 하는 서울 나비는 한국 여행 마니아라면 한두 번쯤 이름을 들어봤을 정도로 일본 현지에서 여행사 브랜드 알리기에 힘쓰고 있다. 서울 나비는 대다수 인바운드 여행사들이 1~2개는 기본으로 운영하고 있는 일본 주재 사무소도 없다. 서울 나비에서 운영하고 있는 일본어 홈페이지를 통해 여행사 홍보는 물론 모든 영업활동이 이뤄진다. 서울 나비가 주목받는 이유는 그간 인바운드에서 선뜻 손대지 못했던 온라인 영역을 적극 활용했다는 데 있다. 개별 여행객들을 대상으로 이들 수요자 욕구에 맞춘 선택적 관광거리들을 온라인상에서 직접 고객들에게 판매한다는 점에서 기존 여행사들과는 다른 차별점과 전문성을 개발해 나가고 있다는 이야기이다. 온라인을 매개로 틈새시장을 적극 공략해 나간 것이 시장변화와 맞아 떨어진 셈이다. 이같은 추세는 향후 더욱 심화될 것으로 예측돼 서울 나비와 같은 온라인 인바운드 업체가 계속 늘어날 것으로 보인다. 서울 나비 관계자는 "단순한 상품 판매통로가 아닌 한국여행에 대한 모든 정보를 제공하고 여행객이 원하는 관광거리들을 중간에서 연결시켜 주는 것이 우리의 주된 역할"이라며 "우리와 같은 후발업체들이 여럿 늘고 있지만, 온라인 기반을 제대로 갖추고 홈페이지 운영을 위한 끊임없는 지원이 수반돼야 한다"고 말했다(여행신문, 2004.10.28).

〈그림 7-7〉 서울나비의 홈페이지

일본 인바운드 전문 여행사 '서울 나비'의 홈페이지

일본 인바운드를 전문으로 하는 서울 나비는 한국 여행 마니아라면 이름을 알고 있을 정도의 여행사 브랜드이다. 사울 나비는 단순한 상품 판매 통로가 아닌 한국여행에 대한 모든 정보를 제공하고 관광객이 원하는 관광거리들을 중간에서 연결시키는데 주력하고 있다.

사진출처: 서울나비(www.seoulnavi.com)

관련 논문소개

1. 논문제목

문화자원개발과 지역활성화전략

2. 저자 : 전영옥

3. 출처 : 삼성경제연구소 연구보고서, 2004, pp.1-48.

4. 내용소개

(1) 연구목적

한국의 많은 지방자치단체들이 실시하고 있는 경제성장 위주의 정책개발은 지역의 문화적 낙후를 초래하고 있다. 문화소비계층의 증가와 여가시간의 증대에 따라 일반시민의 문화의식이 높아지고 있어서 21세기를 맞이하여 지역개발의 핵심 키워드로서 문화에 대한 새로운 시각과 접근방법이 필요한 시점이라 할 수 있다. 이 연구는 지역문화의 새로운 가치를 발굴하여 지역활성화를 위한 문화자원 개발전략을 수립하는데 그 목적이 있다.

(2) 연구방법

이 연구를 수행하기 위하여 문화자원 개발의 유형별 사례분석을 하였다. 이 연구의 사례분석 도시는 김해, 광주, 영국 에딘버러 신·구도시, 부천시, 독일 에센이 대상이 되었다.

(3) 연구결과

이 연구의 결과 지역활성화를 위해 사용되는 문화적 개념들을 마케팅이나 산업의 개념과 접목시킬 필요가 있다는 점이 지적되었다. 다시 말해 지금까지 사용되어 오던 문화의 거리, 문화지구, 문화도시 등은 평면적인 공간지향으로 역동적인 지역활성화의 구심점이 되기는 미흡하다는 지적이다. 지역의 문화자원과 공간이 강하게 결속된 새로운 개념으로 접근할 필요가 있다는 것이다. 이러한 새로운 개념은 지역의 문화콘텐츠, 문화 전달플랫폼, 문화터미널, 문화 클러스터와 같은 개념들이 포함된다. 또한 문화자원을 개발하기 위해서는 현재 해당지역이 가지고 있는 문화적 이미지에 따라 개발유형을 설정할 필요가 있으며, 기존 문화적 이미지의 강화, 부정적 이미지의 개선, 새로운 이미지의 창출을 위한 문화자원 개발이 필요하다. 이 연구에서는 기존에 형성된 문화적 이미지의 강화 사례로 가야의 고도인 김해시의 문화전략과 축제를 활용하여 도시계획의 중요한 유산들을 지역활성화로 활용한 영국의 에딘버러를 들었다. 부정적 이미지 개선을 위한 문화콘텐츠의 도입 사례로는 공업도시 이미지가 강했던 부천시의 '21세기 문화도시'로의 이미지 변신 시도와 더 이상 사용되지 않는 산업시설을 문화적으로 재활용한 독일 루르 공업지대의 중심도시였던 에센의 사례가 제시되었다. 무색·무취 지역의 문화적 이미지 창출 사례로는 다른 지역과 차별화되는 문화적 이미지를 가지고 있지 못하였던 광주가 문화예술의 메카가 되기 위해 정책을 수립한 사례와 도시정체의 문제가 있던 스페인의 빌바오가 세계적으로 지명도가 있는 구겐하임 박물관을 유치하면서 도시화정책에 성공한 사례가 제시되었다. 이러한 성공사례들을 참고로 지역활성화를 위한 문화자원 개발전략이 논의되었다.

(4) 시사점

문화자원개발 전략은 '자원의 발굴', '공간의 결합', '기능의 복합화', '브랜드 개발'이 핵심 키워드이다. 이 연구에서 제시된 문화자원개발 유형별 대응전략은 다음과 같다.

〈그림 7-8〉 문화자원개발 유형별 대응전략

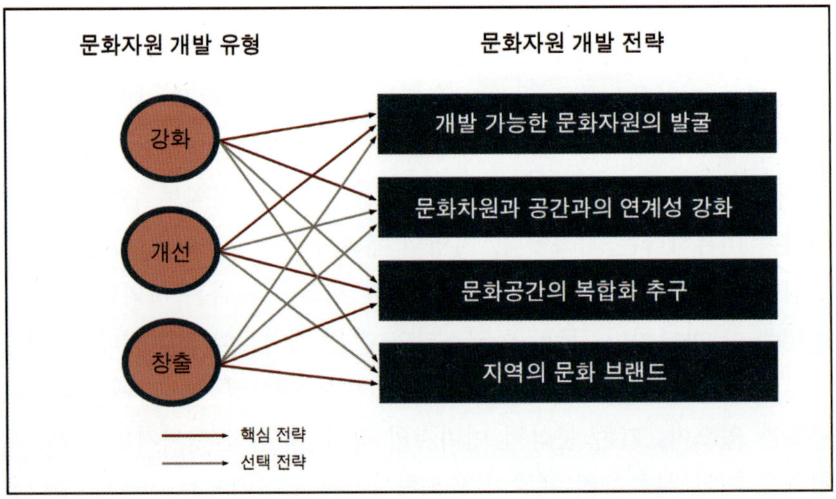

consumer's behavior

사례분석

1. 주제 : 싱가포르 관광청의 한국교육문화를 활용한 해외 학생여행 활성화 노력

2. 출처 : 여행신문. '싱가포르 관광청 교육열기 활활' 2004.11.18

3. 내용

최근 싱가포르가 교육박람회를 개최하면서 싱가포르가 교육의 나라로 거듭나기 위해 한국시장에 손짓을 보냈다. 싱가포르 관광청은 지난 12일 '싱가포르 교육박람회'를 3일간의 일정으로 서울 영풍빌딩에서 개최했다. 이번 싱가포르 교육박람회는 한국에서 최초로 개최된 행사로 현지 16개 학교와 2개 어학원 등에서 부스를 마련했다. 행사를 위해 방한한 싱가포르 관광청 존 그레고리(John Gregory) 교육부서장은

"한국에서 교육박람회를 열게 된 것을 기쁘게 생각한다"며 "각 유학원, 여행사들과 비즈니스 및 트레이드 미팅의 자리가 준비돼 있으니 많은 관심을 바란다"고 축사를 전했다.

첫날에는 미디어 및 관련 업체를 대상으로 싱가포르 교육현황에 대한 프레젠테이션이 진행됐다. 나머지 이틀간은 일반인을 대상으로 상담을 전개했으며 싱가포르관광청측은 이번 행사를 통해 싱가포르를 좀더 알릴 수 있는 계기가 마련될 것으로 기대하고 있다. 특히 싱가포르 관광청측은 해외 학생여행 활성화에 주목했다. 이에 따라 싱가포르는 동서양의 문화가 공존하는 곳이라는 점을 내세워 3~7일 동안 다문화유산 및 수중 생태계를 감상할 수 있는 여행이나 2주~1개월간 예술·문화를 통해 영어를 배울 수 있는 여행 등 해외 학생여행을 구성하기 위한 비즈니스에 관심을 가졌다.

현재 싱가포르 정부는 교육분야를 국가의 중점 사업으로 여기고 집중 투자하고 있으며 경제개발위원회 등 관련단체에서도 아낌없는 지원을 하고 있다. 싱가포르 관광청측은 이번 박람회에 여행사, 유학원 등 관련업체에서 약 80여명이 참가해 싱가포르 교육현황에 관심을 가졌으며, 많은 일반인이 방문해 싱가포르 유학에 대한 관심이 한층 높아진 것 같다고 밝혔다.

토론문제

1. 태권도 테마파크는 한국의 대표 문화브랜드로서 역할을 할 수 있을 것인지를 설명해 보세요.

2. 문화의 종류와 소비자행동과의 관계를 설명해 보세요.

3. 지역문화를 관광상품화하는데 있어 나타날 수 있는 영향을 사례를 들어 설명하세요.

4. 문화를 관광상품의 소재로 활용한 관광마케팅믹스전략을 사례를 들어 설명하세요.

5. 문화자원개발을 통한 성공적인 지역활성화 전략을 사례를 들어 설명하세요.

6. 한국교육문화를 활용한 싱가포르 관광청의 한국학생 여행활성화 노력을 어떻게 평가하는지 설명하세요.

consumer's behavior

참고문헌

김세범 · 전영종 · 허남일(1997). 「소비자행동론」. 형설출판사.

네이버 국어사전(2003). www.naver.com.

네이버 백과사전(2003). www.naver.com.

여행신문(2004.10.18). 日 수학여행 가격경쟁 속으로.

여행신문(2004.10.28). '이제는 전문화시대' 온라인.

여행신문(2004.11.18). 싱가포르 관광청 교육열기 활활.

임종원 · 김재일 · 홍성태 · 이유재(2000). 「소비자행동론 : 이해와 마케팅에의 전략적 활용」. 경문사.

전영옥(2004). 삼성경제연구소 연구보고서. pp.1-48.

한국관광공사 청사초롱(2003 7.16). 한국의 대표 문화브랜드 만들기 : 태권도 테마파크. 한국관광공사.

Blackwell, R. D., & Miniard, P. W., Engel, J. F.(2001). *Consumer Behavior*. Orlando : Harcourt, Inc.

Hawkins, D. I., Best, R. J., & Coney, K. A.(2001), *Consumer Behavior : Building Marketing Strategy*. Boston : Irwin McGraw-Hill.

McCort, D. J., & Malhotra, M. K.(1993). Culture and consumer behavior. *Journal of International Consumer Marketing*. 2. pp.91-127.

McIntosh, R. W., & Goeldner, C.R. (1986). Tourism: Principles, Practices, Philosophies. New York: John Wiley & Sons, Inc.

Tourism

제8장

관광소비자행동의 환경적 요인 2

인구통계적 요인과 사회계층

❦들어가는 이야기
❦핵심개념

8-1. 사회계층과 소비자행동

(1) 인구통계요인 (2) 사회계층이란
(3) 한국의 사회계층 구조변화 (4) 미국의 사회계층
(5) 사회계층과 소비자행동 (6) 사회계층별 소비자행동 사례

8-2. 사회계층과 관광

(1) 사회계층과 레저 (2) 사회계층과 관광

8-3. 사회계층과 관광마케팅

(1) 사회계층과 제품전략
(2) 사회계층과 촉진전략
(3) 사회계층과 가격전략

❦관련 논문소개
❦사례분석
❦토론문제
❦참고문헌

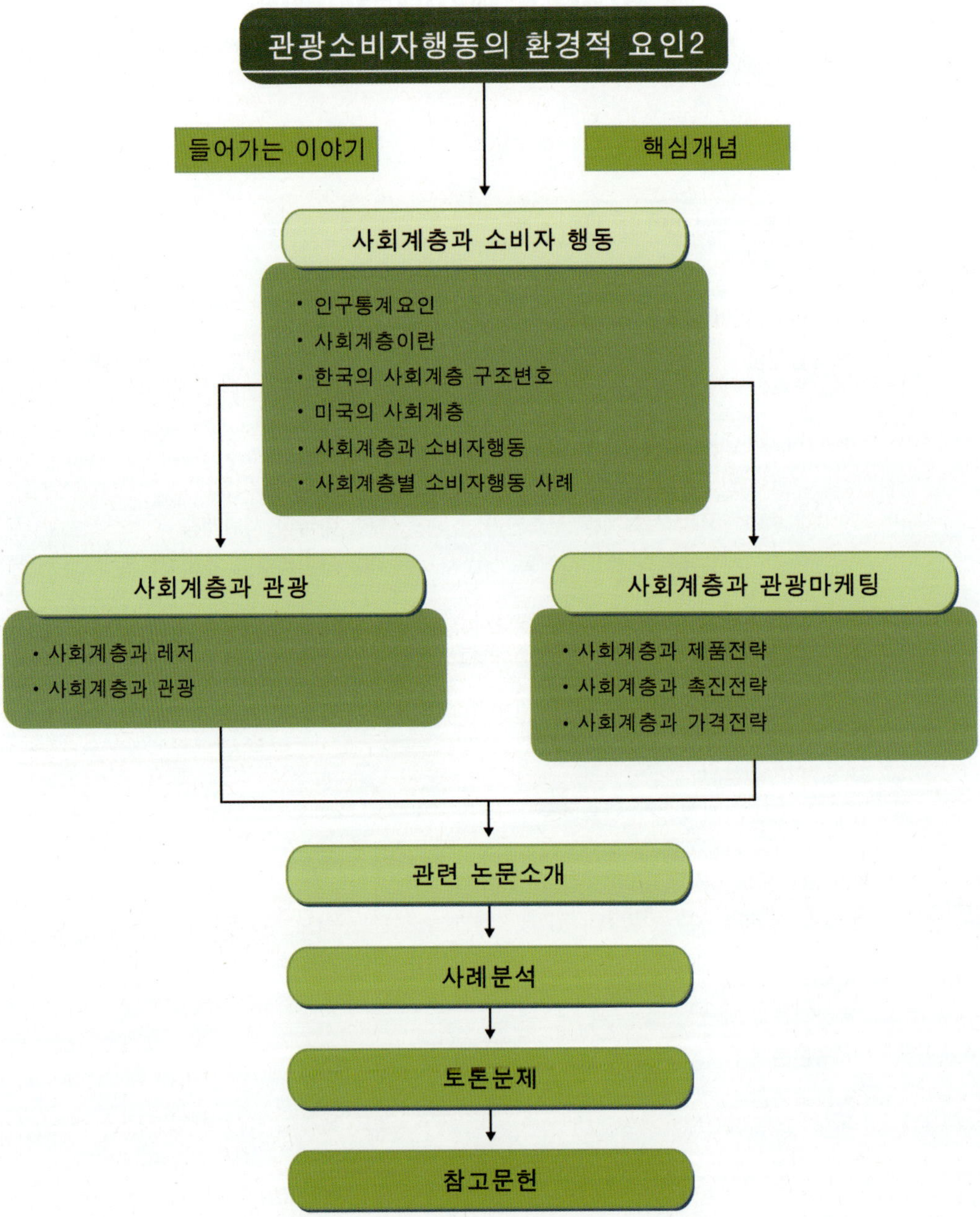
관광소비자행동의 환경적 요인2
들어가는 이야기
핵심개념
사회계층과 소비자 행동
· 인구통계요인
· 사회계층이란
· 한국의 사회계층 구조변호
· 미국의 사회계층
· 사회계층과 소비자행동
· 사회계층별 소비자행동 사례
사회계층과 관광
· 사회계층과 레저
· 사회계층과 관광
사회계층과 관광마케팅
· 사회계층과 제품전략
· 사회계층과 촉진전략
· 사회계층과 가격전략
관련 논문소개
사례분석
토론문제
참고문헌

들어가는 이야기

중국 비즈니스: 아는 만큼 성공한다

▌2004년 9월 현재 한국의 대중수출규모는 전체 수출액의 19.6%인 36억 달러로 국별 최대 규모를 기록했으며 대중투자도 1만 건을 넘어서는 등 우리 경제의 중국의존도가 갈수록 커지고 있다. 그러나 실제 속사정은 이러한 양적인 성장과는 다소 차이가 있다. 여러 가지 이유가 있겠지만, 무엇보다도 중국에 대한 정보가 중국 전역을 포괄하는 내용보다는 대도시를 중심으로 한 일부지역에만 치우쳐 있기 때문에 다른 지역에 적용할 경우 들어맞지 않거나 의도했던 바와는 전혀 다른 결과를 불러오는 경우가 종종 있다. 그러므로 이러한 지역별 다양성을 파악하고 중국형 마케팅전략을 개발해 집중 공략하는 것이 중국 비즈니스 성공의 관건이다.

▌중국형 마케팅전략 수립

중국은 도시와 농촌 간 소득격차는 물론 성별 경제력도 큰 차이가 나며 선진국형 경제부터 저소득 빈국형 경제까지 네 개의 세계가 공존하는 경제구조를 가지고 있다. 하나의 국가임에도 불구하고 각 성별로 보면 세계은행에서 정한 소위 고소득국, 중상 소득국, 중하 소득국, 저소득국이 섞여 있는 것이다. 이러한 중국 내수시장은 다른 어느 지역보다도 20 : 80 법칙이 잘 적용될 수 있다. 어차피 구매력 있는 계층은 상위 소득 20% 정도에 불과하고 이 정도만 해도 2억 인구는 넘으니까 상당한 매출을 확보할 수 있다. 그렇다고 해서 무시해 버리기에는 나머지 80%, 11억 인구시장이 너무 크다. 선택과 집중이라는 개념이 필요하기는 하나 여기서 그친다면 막대한 시장의 반쪽을 잃어버리게 된다. 이런 모순을 제거할 수 있는 마케팅전략이 필요하다.

▌또 통신과 인터넷의 발달로 얼굴없는 마케팅이 점차 늘고 있지만 중국은 그렇지만도 않다. 새로운 지역 또는 새로운 제품 수요처를 발굴하는데 아직도 기술교류회 또는 무슨 무슨 행사하는 식으로 직접 잠재 수요자를 불러모아 대접하는 것이 효과적이다. 아직 서로 만나 얼굴을 보아야 거래가 성사되는 것이 중국시장이다. 한 시간 만나 상담하기 위해 밤새도록 기차타고 가야 하는 현실을 비효율과 낭비라고 평가절하할 수 없는 곳 또한 중국이다.

-대한무역진흥투자공사(2004년 11월), '중국비즈니스 아는 만큼 성공한다' 내용 일부 발췌-

〈그림 8-1〉 중국 부(富)의 중심도시 상하이 푸동지구

다국적기업의 진출로 인해 상하이의 겉모습은 화려함에 있어서 국제도시 홍콩을 방불케 하고 있다. 상하이는 네온 싸인과 유명 브랜드 전문 상가가 줄지어 서있는 상하이의 중심가 난징루(南京路)는 뉴욕 5번가, 파리 샹젤리제의 거리와 흡사하다. 또 상하이 증권거래소가 자리잡고 있는 루자쭈이(陸家嘴)는 세계 각 국의 금융기관과 증권회사가 빽빽이 들어차 있다.

상하이의 상징탑인 동팡밍주(東方明珠)를 비롯해 88층의 무역센터 등 국제도시로서 상하이는 괄목할만한 성장을 했다. 푸동(浦東)지구는 일본의 NEC, 히타치, 미국의 GM, 지멘스 등 세계적 다국적기업들의 공장과 사무실이 줄을 이어 서있다.

consumers behavior

Tourism ▪▪▪ **핵심개념**

1. 인구통계요인
2. 사회계층
3. 사회계층의 분류
4. 한국의 사회계층 구조변화
5. 미국의 사회계층
6. 사회계층과 소비자행동
7. 사회계층별 소비자행동
8. 사회계층과 관광마케팅

8-1 사회계층과 소비자행동

(1) 인구통계요인

인구통계요인은 인구와 관련된 크기, 분포, 구조를 묘사한다. 크기는 인구집단내의 개인의 수를 의미하며 구조는 연령, 수입, 교육, 직업을 포함한다. 인구의 분포는 개인이 위치한 지리적 지역을 의미하며 농촌, 도시, 교외 등으로 묘사된다. 이러한 요인들은 소비자행동에 영향을 미치며 다양한 상품과 서비스 수요를 유발시킨다(Hawkins, 2001).

인구크기와 분포(population size & distribution)

미국의 경우 현재의 인구규모는 약 2억 7천만명이며 2010년까지 2억 8천5백만명으로 늘 것으로 보인다. 이러한 인구의 증가는 평균수명의 증가, 베이비붐세대의 출산 연령으로 성장, 이민의 증가에 영향을 받았다. 인구의 증가는 업체의 수익률과 생존에 결정적인 요소이다. 예를 들면, 1960년대에 미국인들의 커피소비량은 1인당 3.5 컵에서

2000년대 1.5 컵 이하로 줄었지만, 같은 기간에 인구가 8천만명이 증가한 요인이 커피 산업의 총매출을 유지시켰다.

연령(age)

적정한 연령 포지셔닝은 상품의 중요한 요소이다. 연령은 맥주, 화장지, 휴가여행에 이르기까지 상품소비에 영향을 미친다. 소비자는 연령에 따라 그들이 사용하는 대중매체, 쇼핑장소, 상품사용방법이 달라진다. 소비행동은 연령에 따라 달라질 수 있다. 캐딜락의 연구는 연령에 따라 고급승용차인 자사제품에 대해 다른 욕구를 가지고 있는 것

〈표 8-1〉 연령에 따른 소비행동

구 분		Age					
		18-24	25-34	34-44	45-54	55-64	65+
Product	Tequila	156	174	115	57	64	5
	Scotch	44	66	98	143	119	137
	Laptop/Notebook	94	115	124	139	98	15
	Doctor visits	74	88	91	107	110	135
Activities	Barbecuing	69	116	139	130	82	32
	Aerobics	171	140	118	99	28	18
	Cruise ship	60	80	95	114	144	121
	Volunteer work	75	96	117	121	97	82
Shopping	Montgomery Ward	91	87	106	94	117	110
	The Gap	217	140	85	82	52	26
	Domino's Pizza	161	132	124	80	52	30
	Marie Callender's	77	80	105	135	110	96
Media	Reader's Digest	64	75	96	109	119	144
	Rolling Stones	290	158	93	46	14	2
	MTV	286	153	81	42	22	16
	CNN	73	93	99	114	117	107

출처 : Hawkins, D. I., Best, R. J., & Coney, K. A., (2001). *Consumer Behavior: Building Marketing Strategy*. Boston : Irwin McGraw-Hill. p.114에서 인용.

으로 분석하고 있다. 이러한 다른 연령층의 욕구를 활용한 '선택적 결합'(selective binding)이라는 홍보전략을 수립하였다. 이것은 캐딜락이 *Fortune, Sports Illustrated, Time, Money* 지에 광고를 할 때 구독자의 연령층에 따라 다른 광고가 들어가는 잡지를 구독자에게 배달하는 것이다.

직업(occupation)

미국사회에서 엔지니어, 과학자, 변호사와 같은 전문직 종사자들이 과거 15년간 꾸준히 증가해 왔다. 또한 매니저, 마케팅, 영업, 건강관리, 사회적 서비스 직종 종사자들도 빠른 증가세를 보이고 있다. 특히 서비스 직종은 지난 15년간 타의 추종을 뿌리치며 빠른 직업군을 창출하고 있다. 직종에 따른 소비패턴의 차이는 맥주, 세탁세제, 개 사료, 샴푸, 페이퍼 타월(paper towels)과 같은 상품선택에 영향을 주며 선호하는 대중매체의 종류, 취미, 쇼핑 패턴에 영향을 준다.

〈그림 8-2〉 미국의 규모

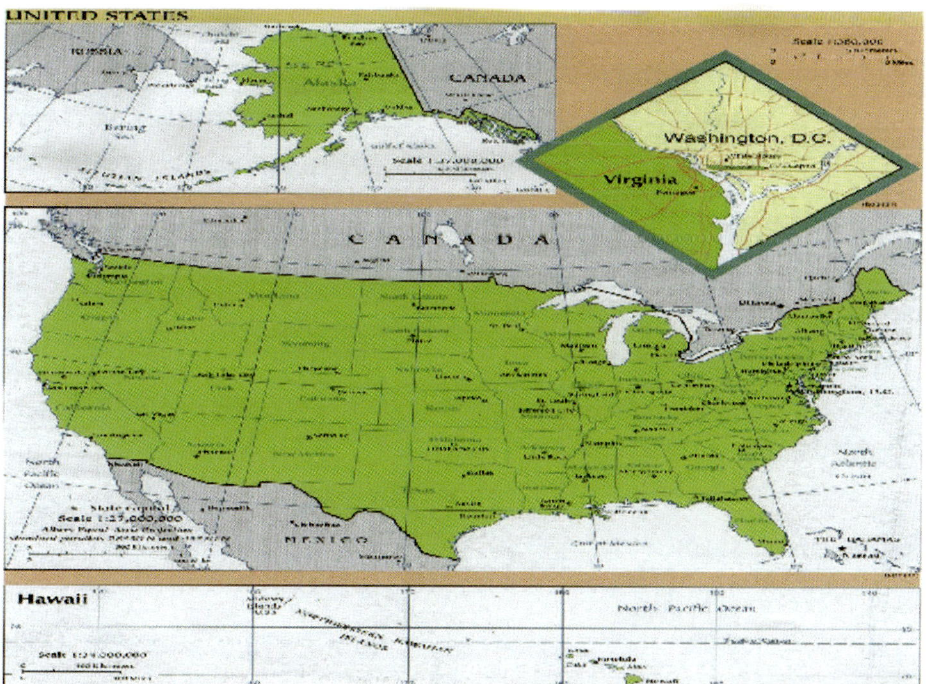

미국의 규모와 경제

미국은 북아메리카대륙 중앙부를 차지하는 48개 주와 알래스카, 하와이의 2개주로 구성된 연방제 공화국이다. 면적은 938만 4677km²로 한국의 약 100배 가량 큰 나라이다. 미국을 구성하고 있는 인종은 다양하며 미국인의 인구통계요인과 사회계층도 다양한 것으로 알려져 있다.

▌소득(income)

한 가구의 전체적인 자산과 소득수준은 구매력(purchasing power)을 결정짓는다. 과거 5년동안 미국사회의 경제적인 붐은 대부분 미국인들의 구매력을 향상시켰다. 저소득층과 중산층에서의 구매력 향상은 곧바로 질레트 Mach3razor 제품과 하기스 Supreme 기저귀와 같은 프리미엄 상품의 판매를 크게 늘리는 결과를 가져왔다.

(2) 사회계층(Social Stratification)이란

1) 사회계층의 개념

사회계층이란 종래의 계급 대신에 계층 또는 계층화의 개념으로 활용되고, 또 종래의 추상적 개념분석을 구체적인 실증연구에 의하여 대치(代置)할 수 있으며, 자본과 노동이라고 하는 질적인 분류기준에 입각한 계급구분(2분법)의 결함을 극복하기 위하여 어떤 양적(量的) 기준에 의한 계층구분을 말한다. 구체적으로는, 이부의 제3자에 의하여 객관적으로 판별되는 개개인의 직업, 지업상 지위, 수입, 재산, 소비수준, 생활양식 등의 차이에 따라 인위적으로 설치된 단계적 구분이다.

사회계층은 소비행동과 밀접한 관계가 있다. 사회계층은 직업, 교육, 소득, 주거지역 등 여러 가지 요인에 의해서 결정되는 이러한 공통되는 요인들에 의해 취향이나 소비행동, 쇼핑행동, 의사결정과정들이 각 사회계층 구성원들 사이에 공통적인 경향을 띠고 있다.

2) 사회계층의 특징

사회계층은 다음과 같은 특징을 가지고 있다.

- 사회계층은 신분이 있으며 서열화되어 있다.
- 사회계층은 개인의 규범, 태도 및 행동의 준거체계의 기능을 한다.
- 사회계층은 계층간의 사회적 교류를 제한한다.
- 사회계층은 동태적이다.
- 사회계층은 다차원적이다.

3) 사회계층을 나누는 기준

사회계층을 나누는 일반적인 기준은 다음과 같다.

▌직업

직업에 의해서 사회에서의 영향력이 얼마나 큰가 하는 것이 결정되는 경우가 많으며 이것은 사회계층의 지표가 될 수 있다. 소득수준이 낮더라도 사회에 대한 영향력이 큰 정부관리나 종교지도자, 대학교수 등도 상대적으로 사회계층이 높을 수 있다.

▌소득

소득이 높은 계층일수록 저소득계층보다 사회계층의 순위가 높다.

▌교육

교육을 많이 받을수록 사회계층이 높다.

▌이웃의 질

어느 집단과 자주 사귀는지, 교제를 하는지, 이웃은 어떠한 사람들인가에 따라 측정될 수 있다.

▌주거의 질

사는 주거의 질에 의해 사회계층을 구분할 수 있다.

▌소유물

어떤 자동차를 가지고 있는지, 어떤 가구를 가지고 있는지, 어떤 옷을 입는지, 골프 회원권의 유무 등으로 사회계층을 측정할 수 있다.

4) 사회계층의 분류

이와 같은 기준으로 사회계층을 다음과 같이 6단계로 나눌 수 있다.

▌상상층

상상층에 속하는 구성원들은 소수의 명문가 가족들로 구성되어 있다. 직업에 있어서 그 지역의 주요 금융업을 이끌고 있거나 오래된 사업체를 가지고 있으며 다른 계층들과의 차이는 소유한 부의 양 때문이 아니라 그 사회에서 가지는 신분과 영향력 때문이다. 이들은 자신들이 향유하고 있는 위치와 부에 오랜 세월에 걸쳐 익숙해 있기 때문에 사람들의 눈에 띄는 소비행태를 보이지 않는다. 품위있는 라이프스타일을 즐기지만 남에게 보이려 과시하지를 않는다. 부를 과시하기보다는 자신의 취향을 나타내는 소비생활을 한다.

상하층

상하층은 자신의 노력에 의해 부나 사회적 지위가 높아진 사람들을 말한다. 이들은 비록 물질적인 부가 상상층보다 더 많아졌더라도 재산만이 사회계층을 결정하는 것이 아니기 때문에 상상층에 의해 같은 구성원으로 인정받지 못한다. 직업은 대기업 설립자나 성공한 변호사, 성공한 의사 등의 직업을 가지고 있다. 상상층 집단과는 대조적으로 이 부류의 구성원들은 자신들의 부를 다른 사름들의 눈에 띄게 나타내는 것을 좋아한다. 이들은 개인적인 성취를 이러한 방식으로 표현하고 있기 때문에 호화로운 대규모 저택이나 사치품, 외국제품, 고급의류, 비싼 파티 등의 주요 고객이 되며 화려한 소비를 한다.

중상층

중상층에 속하는 가족은 특별한 사회적 신분이나 대단한 재산은 가지고 있지 않다. 직업은 의사, 변호사, 대학교수, 중규모 기업의 소유주 등을 들 수 있다. 이 계층의 구성원들은 대부분 고학력 소유자들이며 그들 스스로 이러한 교육과 직업적 성취를 중요시하기 때문에 자신들 뿐만 아니라 자녀들의 교육에도 중요성을 많이 부여한다. 생활의 질에 대하여는 높은 관심을 가지고 있으며 여러 종류의 다양한 문화행사에 적극적으로 참여를 한다. 이들은 성장의 상징으로 좋은 집을 가지기를 원하며 비록 풍부한 부는 누리지 못하더라도 유행하는 옷이나 비싼 가전제품을 구입하는 등 남에게 눈에 띄는 소비를 하기도 한다. 이들은 자녀들의 교육을 위해서는 많은 투자를 아끼지 않으며 자녀교육과 관련된 제품의 주요 구매자이다.

중하층

직업은 사무직 종사자, 소규모 자영업자, 고임금 육체노동자들로 구성되어 있다. 주 관심사는 좋은 시민으로 존경과 인정을 받는 것이며 이러한 가치관은 자녀들에 대한 태도에서 잘 반영된다. 소비성향은 편안하고 검소하고 깨끗한 집을 원한다. 이러한 이유로 스스로 조립하는 제품(DIY)의 주요 고객이기도 하며 의복생활도 유행에 앞서가거나 첨단의 의복보다는 단정하고 깨끗한 모양의 옷을 선호한다.

하상층

가장 많은 사람들이 속하는 사회계층이다. 직업은 숙련·비숙련 육체노동자로 구성되는 집단이다. 직장을 직장 자체로서가 아니라 즐거움을 제공하는 물품을 구입할 수 있는 도구라고 생각하며, 노동조합을 안전한 얻을 수 있는 중요한 대안이라고 여긴다. 미래를 위해 저축하고 계획하기보다는 당장 충동적으로 물품을 구입하는 경향이 있다. 가정이나 개인적인 용모보다는 여유시간을 즐겁게 보낼 수 있는 텔레비전이나 낚시, 캠핑 도구 등에 더 관심이 많다.

▌하하층

교육의 혜택을 적게 받은 미숙련 육체노동자들로 구성되어 있다. 정규적인 직장이 없이 일일노동자로 있거나 실직상태로 정부의 보조를 받기도 한다. 주거지역도 일반적으로 열악하며 빈민가에 위치하고 있다. 이 집단에 속하는 많은 여성들은 원해서가 아니라 남자들보다는 일자리를 얻기가 쉬워서 생존을 위한 취업을 한 경우가 많다. 인생을 미래지향적으로 생각하지 못하고 그날그날 생존을 위하여 소비하며 살고 있다.

(3) 한국의 사회계층 구조변화

한국의 사회계층 구조는 IMF외환위기라는 시기를 거치면서 급격히 변하였다. 사회계층을 분류하는 기준은 여러 가지가 있지만, 한국적 중산층의 대표 집단으로는 도시근로자를 중심으로 한 봉급생활자들을 들 수 있다. 구체적으로 소득계층별 자료를 기준으로 본다면 한국의 중산층 가구 비중과 고소득층 비중은 1997~1998년 사이에 낮아진 반면, 저소득층 비중은 크게 증가하였다〈그림 8-3〉. 한국경제연구원이 1998년 6월에 실시한 실태조사에 따르면 IMF외환위기 이후 '중산층에 속한다'는 계층의식은 1997~1998년 사이 하락한 반면, '하류층에 속한다'는 계층의식은 크게 증가하였다〈그림 8-4〉.

〈그림 8-3〉 소득 계층별 구성비율 추이

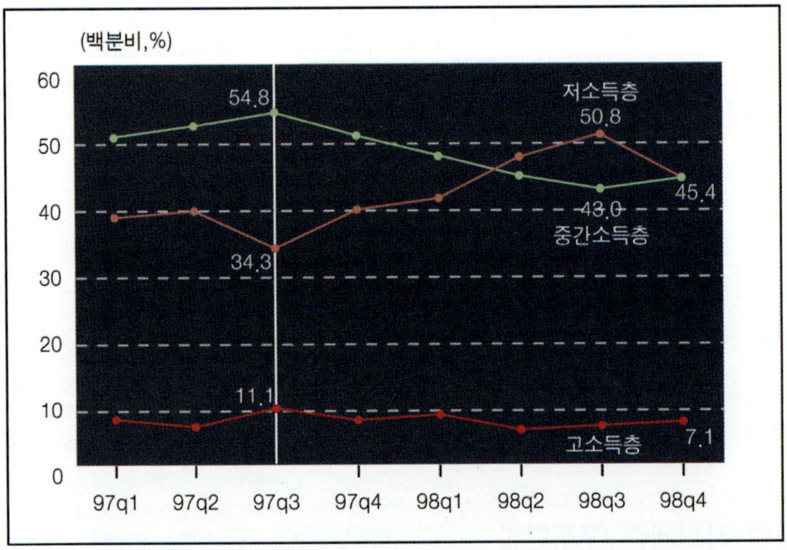

* 월평균 175만원 미만은 저소득층, 395만원 미만은 중산층, 그 이상은 고소득층으로 구분.

* 출처 : 한국경제연구원 제230호(1999)의 내용을 임종원·김재일·홍성태·이유재 (2000). 「소비자행동론: 이해와 마케팅에의 전략적 활용」, p.367에서 재인용.

〈그림 8-4〉 계층귀속의식의 변화

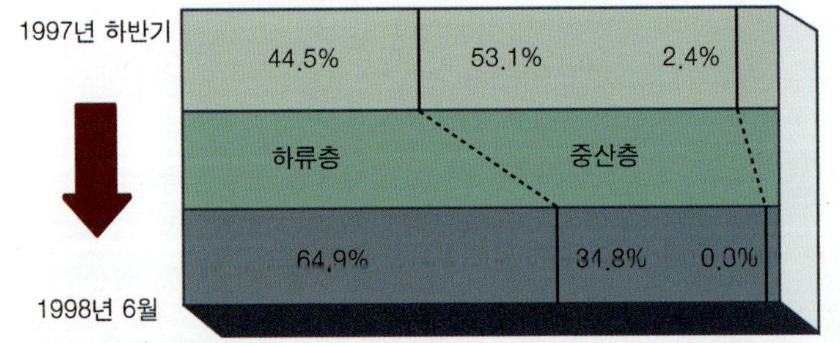

* 출처 : 한국경제연구원 제230호(1999. 3. 24)의 내용을 임종원·김재일·홍성태·이유재(2000). 「소비자행동론 : 이해와 마케팅에의 전략적 활용」, p.368에서 재인용.

IMF외환위기 전후 한국사회가 겪고 있는 사회계층 변화는 사회계층 양극화로 표현할 수 있다. IMF외환위기 초기 주로 자산과 소득부문에서 시작된 사회계층 양극화 현상은 소비지출, 기업마케팅, 문화, 국민정서 등 사회전반에 영향을 미치고 있다. 소비지출의 양극화 현상은 증가제품의 고전과 고가품과 저가품의 매출신장에서 엿볼 수 있다. 중급형 TV가 전체 매출에서 차지하는 비중은 떨어진 반면, 20인치 이하의 저가품과 29인치 이상의 고가품이 차지하는 비중은 급상승하였다고 한다. 당연히 기업체들의 마케팅전략도 고급형, 보급형 양극 중심으로 변해가고 있다.

(4) 미국의 사회계층

비록 사회계층이 사회적 위치를 나타내는 완벽한 기준은 아니지만 소비자의 상품범주나 소비행동을 분류하는 유용한 기준이 된다는 것은 확실하다. 미국인의 사회계층분류는 평판자접근법(reputationalist approach)에 의해서 분류될 수 있다. 평판자접근법은 한 개인이 동등한, 우월한, 열등한 다른 사람과 어떻게 상호작용을 하는지 관찰하고 대중적인 이미지를 반영하는 방법이다. 개인적인 특권이나 집단특권이 이 접근법의 핵심이다.

이 분류법에 따르면 미국사회는 상류층(the upper class), 중류층(the middle class), 하류층(the lower class)의 세 집단으로 나눌 수 있다. 상류층은 미국사회의 14% 정도를 차지하며 직업과 사회적 활동에 따라 다시 세 집단으로 나누어진다. 중류층은 미국사회의 70% 정도이며 더 나은 이웃환경에 생활하는 평균적 소득을 가진 사무직 집단, 노동직 집단과 노동자 계층의 생활습관을 보여주는 평균적 소득을 가진 노동자집단의 두 가지 집단으로 나누어진다. 하류층은 미국사회의 16% 정도를 차지하며 다시 빈곤수준보다 약간 나은 집단과 가시적인 빈곤집단의 두 집단으로 분류된다〈표 8-2〉.

〈표 8-2〉 Coleman-Rainwater 사회계층단계별 특성

Social Class		Percent	Income	Education	Occupation
Upper Americans	Upper – upper	.3%	$600,000	Master's degree	Board chairman
	Lower – upper	1.2	450,000	Master's degree	Corporate president
	Upper – middle	12.5	150,000	Medical degree	Physician
Middle Americans	Middle class	32.0	28,000	College degree	High school teacher
	Working class	38.0	15,000	High school	Assembly worker
Lower Americans	Upper – lower	9.0	9,000	Some high school	Janitor
	Lower – lower	7.0	5,000	Grade school	Unemployed

출처 : Coleman, R. P. (December 1983). 'The Continuing Significance of Social Class in Marketing', *Journal of Consumer Research*, p.267.에서 인용.

(5) 사회계층과 소비행동

사회계층을 통해서 각 계층에 속한 소비자들의 가치, 태도, 행동을 알아볼 수 있다.

▌사회계층과 의류, 패션, 쇼핑

소비자들은 자신이 따라하려고 하는 준거집단(reference groups)과 비슷하게 보이려는 경향이 있다. 특정계층의 소비자들은 유행에 따르거나 좋은 취향을 고십하면서 다른 계층과 차별화하려고 한다. 중류층에 속한 일부 소비자들은 한눈에 띄는 외모를 통해 자신들을 드러내려는 경향이 강하다고 알려져 있다. 자신들이 우상화한 개인이나 집단의 이름(예, 배용준), 자신이 특히 좋아하는 업체나 브랜드 이름(예, Nike)이 새겨진 T-셔츠, 모자, 기타 의류를 입는다.

사회계층은 소비자가 쇼핑하는 장소를 결정하는 기준이 되기도 한다. 미국의 Neiman

Marcus 나 Nordstrom과 같은 백화점은 상류층의 소비자를, JCPenney 나 Dillards는 중류층의 소비자를, Kmart 나 Wal-Mart는 노동계층의 소비자를 대상으로 한다.

〈그림 8-5〉 월마트와 주 소비계층

월마트와 주 소비계층

월마트는 연간매상 2445억 달러(2002년), 총점포수 약 4700(해외점포 1300여 개)개, 종업원 1백 수십 만 명을 거느린 세계 최대의 슈퍼마켓 체인이다. 1962년 샘 월톤(Sam Walton 1919~1992)이 미국 아칸소 주에서 제1호점을 연 할인점으로 한국에는 1998년에 진출하여 모두 16개 점포가 있다. 미국에서는 월마트의 표적시장을 노동계층이나 저소득층으로 하여 저기전략으로 성공하였다.
사진출처: 네이버백과사전(imagesearch.naver.com)

▌사회계층과 저축, 소비, 신용

사회계층에 따라 저축, 소비, 신용카드 사용형태에 차이를 보이고 있다. 상류층은 미래지향적이며 재산관리에 자신감을 보이며 보험, 주식, 부동산에 투자하는 경향을 보인다. 하류층의 소비자들은 당장의 만족을 추구하는 소비성향을 보인다. 이들이 저축을 하는 경우는 자신들의 안전을 위한 것과 같이 꼭 필요한 경우에만 하는 경향이 있다.

(6) 사회계층별 소비자행동 사례

사회계층별로 소비행동의 특성에는 차이가 있으며 다음과 같다.

상류층소비자(The Affluent Consumer)

상류층 소비자는 풍족한 소비자(Affluent households)라고 할 수 있다. 이들은 가처분소득이 다른 계층에 비해 특히 높기에 아주 매력적인 목표시장이라고 할 수 있다. 이들 계층이 주로 소비하는 품목은 호화스런 크루즈선 구입, 외제스포츠차, 스키장콘도, 보석류, 데스크탑이나 랩탑 노트북 등이다. 보통 건강과 경제적 상태와는 강한 긍정적인 관계가 있다고 보고되고 있다.

미국에서의 상류층 소비자들은 1990년대에 급격히 늘어났다. Whirlpool사는 미국에서 생활가전 경쟁업체들이 많이 늘어나는 상황에서 제품의 양을 많이 늘려서 이익을 남기는 시기는 지났다고 판단하고 고급제품에 초점을 맞추었다. 이 전략이 성공하여 Whirlpool사는 적은 양의 상품을 판매하면서도 여전히 이익은 많이 창출하는 회사로 남게 되었다.

Mendelsohn Media Research사는 25년간 풍족한 시장계층(Affluent market)에 대한 연간 보고서를 만들어내고 있는 연구기관인데 풍족한 시장을 연간 가계소득에 따라 하위풍족계층(the least affluent), 중간풍족계층(the medium affluent), 상위풍족계층(the most affluent)의 3계층으로 분류하였다. 하위풍족계층은 연간 가계소득이 \$75,000~\$99,999이며, 중간풍족계층은 \$100,000~\$199,999, 상위풍족계층은 \$200,000 이상인 계층이다. 이들 상류층소비계층은 전체 가구의 25% 정도이지만, 다른 계층을 합친 소비양보다 더 많은 와인 소비(일주일에 성인 1인당 2.4컵의 와인), 더 많은 국내 비행좌석 구매(1년에 7.4회의 비행), 더 많은 차량 소유(1가구당 2.5대), 더 많은 안전장비 구매(1가구당 \$224,000)를 하고 있다.

영국에서는 이러한 풍족소비자들은 높은 가처분소득을 가지고 있으며 대출비가 없는 경우가 많고 자녀들이 출가한 형태의 부부들만 살고 있는 생활형태를 보이고 있다.

중산층소비자(Middle Class Consumers)

중산층소비자를 정의하기는 쉽지 않으나 미국에서는 연소득 \$25,000~\$75,000인 4천9백만가구를 지칭한다. 연소득 이외의 기준으로 분류하려는 시도도 있었으며, 대학졸업의 학력과 생활하는데 컴퓨터를 사용하는 계층이며 자녀교육에 관심이 있고 가족의 생활의 질을 유지할 수 있는 계층을 지칭하는 경우도 있다. 중산층소비자는 하위중산층(lower-middle)과 중간중산층(middle-middle)으로 구성되며, 상위중산층(upper-middle class)은 상류층에 포함시키는 경향이 있다.

미국에서는 중산층 계층이 서서히 사라지고 있다. 많은 중산층소비자들이 상류층으로 이동하고 있고 일부는 하류층소비자로 떨어지고 있다. 반면 특정 아시아와 동유럽국가에서 급속히 늘어가고 있다. 이러한 사회계층변화에 대비하여 Tropicana 주스회사는 인도의 중산층을 겨냥하여 건강에 좋은 제품을 선보이고 있고, General Motors의 경우도 중국에서 중산층집단을 겨냥한 제품을 출시하고 있다.

노동계층과 기타 계층 소비자들(The Working Class and Other Nonaffluent Consumers)

상류층의 소비 씀씀이에 맞추어 상품을 출시하는 경우가 많지만, 노동계층이나 기타 계층의 가구수를 감안하면 무시할 수 없는 계층임을 알 수 있다. 연간 가계소득으로 보면 $34,000 이하를 벌고 있는 미국에서 30% 이상의 가계가 여기에 해당된다. 이들 계층의 소비성향은 부유층 소비자들보다 상표충성도는 더 높은 것으로 알려져 있는데, 익숙하지 않은 상표로 바꾸어 구매할 경우 발생할 수 있는 실행착오를 감당할 여유가 없기 때문이다. RCCola, MasterCard, McDonald의 경우 이러한 계층을 목표시장으로 한 광고를 하고 있다. 이들 계층의 경우 소득의 상당부분을 식비로 지출하는 특성이 있다.

consumer's behavior

8-2 사회계층과 관광

(1) 사회계층과 레저

특정 사회계층에의 소속감은 레크리에이션이나 레저활동의 선택에 긴밀하게 영향을 미친다. 미국의 경우 상류층소비자들은 영화관이나 콘서트에 참석하며, 브리지 카드게임을 즐기고 대학 미식축구를 관람하는 성향이 있다. 하류층소비자들은 열렬한 텔레비전 시청자이고 낚시광인 경우가 많으며, 자동차 영화관이나 야구장을 즐겨 찾는 것으로 알려져 있다. 미국인의 100가지 예술, 취미, 레저활동을 사회계층과 거주특성에 따라 분류한 것이다.

(2) 사회계층과 관광마케팅

사회계층은 관광현상을 지각하는데 강력한 영향력을 행사한다. 일반적으로 상류층은 하류층보다 자신의 지평을 넓히기 위해서 여행에 많은 관심을 보인다. 반면 하류층은 손에 잡히는 물질에 관심이 더 많기 때문에 여행보다는 새로운 가구나 가전제품을 구입하는데 더 많은 돈을 소비하는 경향이 있다. 〈그림 8-6〉은 미국인의 100가지 예술, 취미, 레저활동을 사회계층과 거주특성에 따라 분류한 것이다.

〈그림 8-6〉 미국인이 선호하는 100가지 예술, 방송, 레저활동

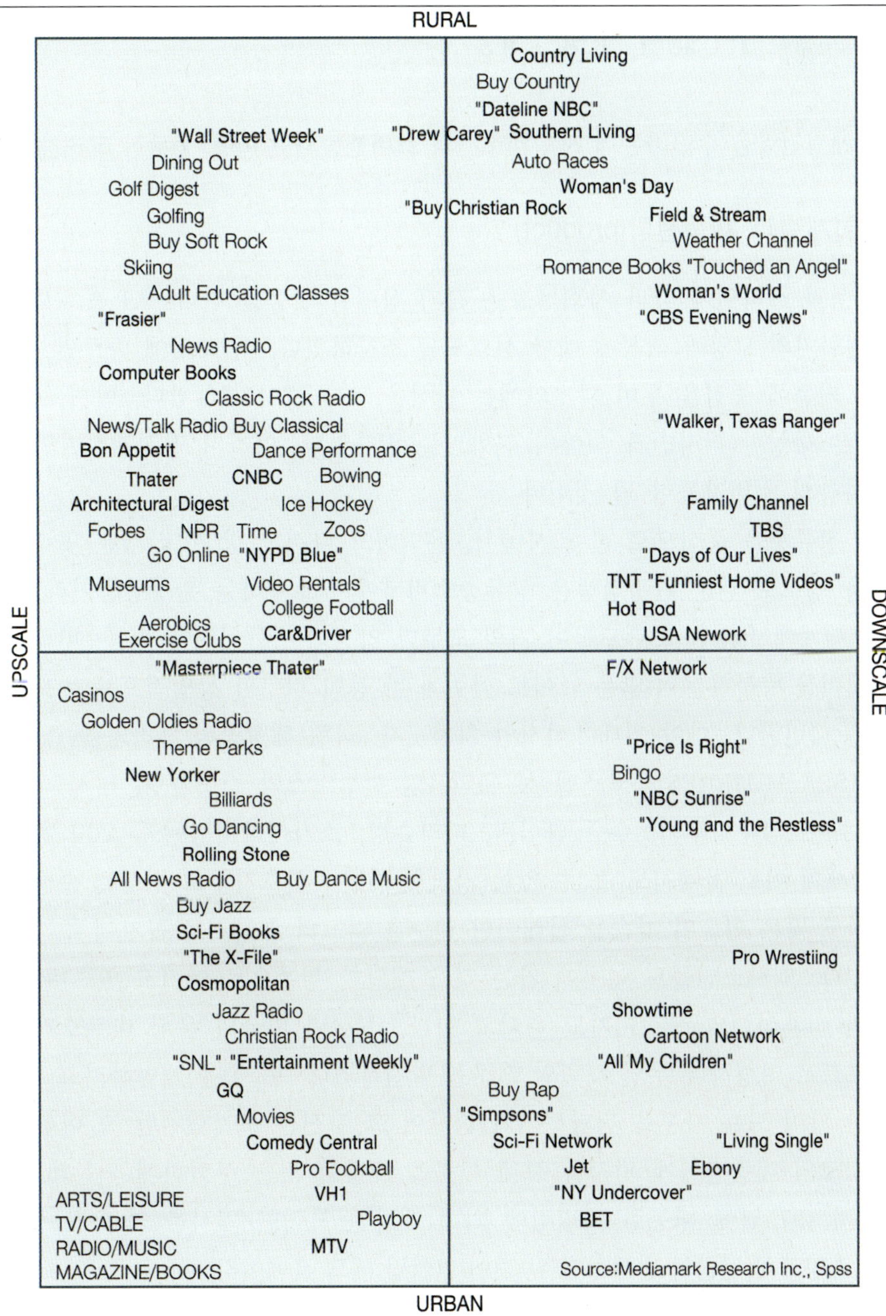

The computer-generated perference space above, based on preferences of Americans for 100 arts, media, and leisure pursuits, reveals omnivorous culture buffs among consumers who are upscale, downscale, urban, or rural.

출처 : Weiss, Mi. J., Holbrook, M. B., & Habich, J. (June 2001). 'Death of the Arts Snob', *American Demographics*, p.44에서 인용.

8-3 사회계층과 관광마케팅

관광마케팅전략을 수립하는데 사회계층간의 소비행동의 차이를 충분히 고려해야 한다.

(1) 사회계층과 제품전략(product)

제품특성과 스타일에 따라 사회계층은 각기 상이한 반응을 한다. AT & T사는 사회계층간 전화기의 모양과 색상에 대한 선호도를 조사하였다. 이 조사에 따르면 하류층소비자들은 기능에 중점을 두며 디자인에는 관심을 크게 보이지 않았다. 반면, 중하층의 소비자들은 다양한 디자인과 색상의 전화기를 원하였다. 따라서 장식전화기의 표적시장은 중하층의 소비자들이 될 것이다.

미국의 상류층을 중심으로 한 조사에서, 은퇴하고 나서 가장 살고 싶은 곳 1위로 캔쿤이 나올 정도로 캔쿤 관광상품은 상류층소비자에게 소구하는 관광상품이라고 할 수 있다. 전 세계에 유명한 브랜드들이 거의 모두다 입점해 만들어진 쇼핑몰, 미국의 대도시 마이애미를 방불하는 수많은 나이트 클럽과 바 등이 너무나 상업적으로 변모한 캔쿤의 모습을 대변한다. 마야 최대유적지인 치치닛자, 국립 해상공원 첼하와 엑스카렛, 여자의 섬(ISLA MUJERES), 코즈멜 섬 등의 1일 관광코스와 스노클링, 낚시, 골프, 사냥, 정글투어, 잠수함투어, 수중 다이버, 파라슈팅, 스카이다이빙… 등 200 여종이 넘는 투어, 세계 어느 곳에서도 볼 수 없는 기막힌 해변 : 산호가루로 형성된 순백색의 해변은 아직도 많은 이들이 가슴을 설레이며 캔쿤을 최고의 휴양지로 꼽기에 주저하지 않는 이유이다. 멕시코인들도 이곳에 가는 것을 대단한 행운으로 여기고 있으며 캔쿤 여행은 부와 신혼여행의 상징이기도 하다고 한다. 1974년 미국의 은행 대부호가 우연히 자신의 요트로 여행하다 무인 해변인 캔쿤을 발견하였다. 이 곳을 개발하려고 시도하다가 너무나 많이 드는 자본을 감당하기가 힘들어 그 자신은 포기했지만 그 아쉬움을 그 당시 멕시코의 대통령에게 편지를 보내 이곳을 개발할 것을 부탁하게 되는데, 그것이 받아들여져 1975년에 대통령 특별령에 의해 개발된 특이한 역사를 가졌다. 이리하여 세계적인 휴양도시 캔쿤이 탄생하게 된 것이다(클럽 메드 홈페이지, www.clubmed.co.kr).

클럽 메드 캔쿤은 캔쿤의 이러한 관광지로서의 특성을 활용하여 18세 이상의 성인만 예약받는 형태로 운영되며 싱글을 중심으로 한 젊은이들이 즐길 수 있는 거품파티(Foam party)와 같은 프로그램으로 활기찬 분위기로 운영된다.

(2) 사회계층과 촉진전략(promotion)

사회계층을 가장 잘 이용할 수 있는 부분은 광고이다. 광고 속의 언어나 내용은 광고가 표적으로 하는 사회계층들이 이해하고 공감할 수 있도록 작성되어야 한다. 한 연구에 의하면 하류층에 속하는 소비자들은 시각적으로 강하고 활동적·외향적이며 힘이 있고 일상생활의 문제해결방식을 제시하는 광고에 더 반응을 잘한다. 상류층에 속하는 소비자들은 상징적이며 보다 개별적인 분위기이며 지위나 자기표현에서 의미있는 상징이나 대상을 제시하는 광고에 반응을 더욱 나타낸다. 매체이용 패턴도 사회계층에 따라 다른데 중·상류층은 하류층보다 잡지와 신문에 많이 의존하는 반면, TV를 적게 본다고 한다.

〈그림 8-7〉 미국 상류층마켓을 겨냥한 멕시코 캔쿤과 클럽 메드 캔쿤

캔쿤 = 미국 상류층이 선호하는 관광지

캔쿤은 미국 상류층이 가장 좋아하는 관광목적지이다. 카리브해에 위치한 캔쿤의 환상적인 지리적 위치와 젊은이들을 열광시키는 클럽 메드 캔쿤의 프로그램과 분위기는 캔쿤을 매력적인 관광상품으로 만들었다.

한국관광공사는 2003년 중국인 관광객을 유치하기 위한 홍보전략을 세운 바 있다. 이 홍보전략의 근간에는 사회계층별 세분시장을 정해서 추진한 부분이 있어 소개하고자 한다. 한국관광공사의 중국인 관광객 유치를 위한 타깃계층은 20~40대 고소득 고학력층, 한류 선호계층, 대도시 다국적기업, 각종 단체 및 공무원층 등이다. 타깃지역은 ① 연안 경제개발지역 주요 성시(요녕성, 산동성, 절강성, 강소성, 복건성, 광동성, 천진, 상해), ② 경제특구(심천, 하문, 해남, 주해 등) ③ 한국과의 직항편이 있는 성도 및 도시(무한, 제남, 심양 등), ④ 내륙지역 주요 성도(중경, 장사, 서안, 곤명) 등이다. 한국관광상품 판매촉진활동으로는 북경여유절 참가(2003년 3/4분기), 상해여유절 참가(2003년 3/4분기), 중국국제여유교역회 참가(2003년 4/4분기)와 같은 각종 전시박람회 참가한다. 또한 국적기 취항 지방도시 및 전시회 개최 지역(제남, 정주, 성도 등)의 여행업자와 언론인을 대상으로 지방 주요도시 순회설명회를 개최한다는 전략이다. 사회계층을 활용한 판촉활동으로는 중국의 백화점 등 상류층 소비자를 대상으로 여행사와 연계하여 한국관광 홍보이벤트를 실시하면서 대중 밀집지역 대상 로드쇼 개최한다는 전략이다. 이외에도 언론매체, 여행업자 대상 DM사업 실시하여 한국상품 홍보 및 개발정보(비디오, CD, 책자 등)를 제공하며 북경, 상해, 광주 등 중국 주요 도시를 대상으로 동계관광홍보 및 스키마트 행사 개최한다는 전략이다(한국관광공사, 2002. 12).

사회계층과 가격전략(price)

사회계층에 적합한 가격전략과 서비스제공은 관광상품의 중요한 만족요소라고 할 수 있다. 2000년 7월 26일 중국 윈난성 출신 단체관광객 31명이 청와대 앞에서 애초 조건과 다른 서비스를 제공받은 데 대해 항의시위를 벌인 사건은 근본적으로 Inbound 중국관광객의 사회계층과 이들의 서비스 기대수준을 무시한 덤핑관광으로 생긴 문제라고 할 수 있다. 문화관광부는 이 사건을 계기로 해당 여행사에 대해 중국 관광업무 정지 등의 징계조치를 내렸다. 중국인 관광객의 시위사건을 두고 중국인 관광객의 계층이 다양화해진 결과라는 분석도 있다. 지금까지 중국인 관광객은 상류층으로 분류되지 않았다.

문화관광부 국제관광과 김승목 사무관은 "이번 시위에 참여한 중국인들은 대부분 운남성에 사는 상류층에 속하는 것으로 안다. 미국비자를 소시한 사람도 있었고 대부분 유럽이나 미국여행의 경험이 있다"고 말했다. 따라서 이들이 요구하는 수준은 높으나 이들을 맞은 여행사와 호텔은 평균이하의 서비스로 대했기 때문에 말썽이 일어난 것이다. 김 사무관은 "요금과 내용이 똑같은 상품을 덤핑으로 판매하기보다는 다양해진 중국인 관광객에 맞게 다양한 상품을 개발해야 한다"고 제안했다(내일신문, 344호. 2000.8.9).

관련 논문소개

1. 논문제목

'주5일 근무에 따른 관광부문 뉴 트렌드 및 경제효과 전망'

2. 저자 : 이강욱

3. 출처 : 한국문화관광정책연구원 한국관광정책, 2001, 제4호.

4. 내용소개

(1) 연구목적

주5일근무제 도입과 함께 관광활동에 영향을 줄 수 있는 임금제도의 변화, 고용구조의 변화 등에 의해서 소득의존형, 시간소비형, 중저가형, 절충형 등의 여러 가지 관광형태를 전망해볼 수 있다. 우리나라의 주5일근무제는 여가시간의 확대라는 측면에서는 새로운 관광유형의 필요조건을 제시하고 있지만, 동제도의 도입에 따른 상대적으로 소득이 낮은 계층 혹은 소외계층의 경우 여행의 불균형과 같은 문제점도 예상할 수 있다. 이에 따라 여가관련 산업에서는 소비자의 선호에 부합하는 다양한 상품개발이 예상되며, 여가소비에 의한 경제적 효과도 지대할 것으로 보인다. 따라서 본 논고에서는 우리나라 주5일근무제에 따른 관광수요 유형의 변화 전망 및 경제적 영향에 중점을 두어 관련 예상문제점 파악 및 관광관련 부문에서의 대응방안을 제시하고자 하는데 그 목적이 있다.

(2) 연구방법

이 연구를 수행하기 위하여 주제 관련 문헌연구를 하였으며 이 분야의 전문가로서 자신의 의견을 정리하여 제시하였다.

(3) 연구결과

이 연구의 결과 관광부문의 뉴 트렌드를 다음과 같이 관광유형의 변화와 관광공급의 변화에 대해 전망하였다. 첫째, 관광유형의 변화로서 근로시간 단축에 따른 관광유형의 변화를 보면 첫째로 가족지향형 가치관의 형성으로 가족단위의 여가활동 및 여행수요 증대의 보편화가 예상된다. 휴일활용에 관한 조사에 의하면 가족과 함께 30%, 취미생활/여행 28.6%, 능력개발 15.4%, 휴식 5.9% 등 가족과 함께 하고자하는 비율이 높음을 알 수 있다. 또한 자동차의 대중화로 가족단위 이동이 용이해지고 가전기기의 보급확대에 따라 주부의 자유시간이 늘어나 가족단위 여가생활을 확대시킬 것으로 전망된다. 특히 주5일 수업제도가 도입되면 주말 가족중심의 여행문화가 정착될 것으로 예상된다. 둘째로 주5일근무제 도입과 함께 관광유형은 금전소비형에서 시간소비형으로 초점이 옮겨갈 것이다. 과거 시간절약형의 여행행태에서 증가된 자유시간을 여행으로 적극 활용하여 풍요로운 삶을 누리고자 하는 욕구가 늘어날 것이다. 따라서 당일관광보다는 주말을 적극적으로 활용하는 1박 2일 혹은 2박 3일과 같은 숙박관광의 증대도 예상할 수 있다. 뿐만 아니라 여행목적지에서도 비교적 시간이 소요되는 체험관광, 스포츠 등과 같은 자기계발에 중점을 두는 관광활동을 할 것으로 전망된다. 이에 따라 시간소비에 따른 관광객의 욕구를 충족시켜 줄 수 있는 관광체험프로그램 및 자기계발형의 관광프로그램에 대한 수요가 증대할 것으로 전망된다.

셋째로 물질생활이 풍요해질수록 사람들의 지적 자기실현 욕구는 높아지기 마련이다. 문화적 목표가 생활의 중심으로 나타나게 되고 여행활동도 자아실현 및 자기계발을 추구하는 유형으로 확대될 것이다. 최근에 인터넷 사이트에는 취미를 공유하는 직장단위의 동호회가 활성화되고 있고, 소규모 탐사여행 등을 위한 여행동호회도 많이 등장하고 있다. 이들의 여행행태는 유적 답사, 전통문화 탐구 등 문화교양 창조형의 여행수요를 주도하고 있다. 여행수요에 있어서는 다양화, 차별화가 가속화될 것으로 예상되며, 관광객 자신이 교육 및 자기계발을 위해 자신에게 적합한 여행상품을 스스로 개발할 가능성도 높다고도 할 수 있다. 넷째로 여가생활에 익숙한 20~30대 초반의 여가세대의 급부상은 단순 소비에서 모험과 체험에 중점을 두는 적극적 참여형 여행소비의 증가로 이어질 것으로 전망된다. 스포츠 영역에서도 1990년대 후반부터 유행하고 있는 급류타기(래프팅), 트레킹(도보여행, 집단여행), 스킨스쿠버 다이빙, 행글라이딩, 암벽타기, 번지점프 등 관광과 스포츠가 연계된 복합형의 여행수요가 지속적으로 증가할 것으로 전망된다. 해외여행 형태에 있어서는 젊은 세대는 단체관광 형태의 수동적인 여행보다는 유럽, 북미 등지로의 배낭여행이나 동남아, 아프리카 등으로의 현지체험을 추구하는 여행수요가 증가할 것으로 전망된다.

다섯째 자연친화적 여행을 통해서 쾌적한 삶을 즐기면서 잃었던 건강을 되찾으려는 건강 중심의 여가활동도 증가할 것으로 전망된다. 한 설문조사에 따르면 "돈을 버는 것보다 건강을 지키는 것이 더 중요하다"라고 답한 응답자가 76%로 나타난 것을 고려해볼 때 건강추구형의 여가여행이 증대될 것으로 전망된다(서천범, 1997, p.197). 도시근교의 주말농장이나 전원주택 등이 인기를 끌고 있는 것도 이러한 추세를 반영한 것이라 볼 수 있다. 중장년 세대는 농촌에 대한 향수를 충족시킬 수 있고 어린 자녀들은 현장체험을 통한 자연공부를 할 수 있기 때문에 자연 밀착형의 여가활동은 꾸준히 증가할 것이다. 여섯째 주5일근무제 도입에 따라 개인들은 늘어난 시간을 어떻게 사용할 것인가에 관심을 가지게 될 것이고, 전반적으로 문화활동이 증가함에 따라 이에 따른 지출에 대한 부담도 상대적으로 증가할 것으로 예상된다. 따라서 중저가형의 문화여가활동을 선호하게 될 것이고 특히 소득이 함께 증가하지 않을 경우 즉흥적인 주말여행보다는 계획적인 여가활동 및 여행계획을 수립하는 적극적인 여행수요가 늘어날 것으로 전망된다.

둘째, 관광공급(사업체)의 변화로는 관광유형의 변화에 따라 관광사업체 부문에서도 변화를 예상할 수 있는데, 숙박시설 부문에서 가족형 중심의 사계절형 휴양콘도미니엄이 확대될 것으로 전망된다. 특히 여가수요 증대에 따라 숙박시설 공급과 더불어 수영장, 스키장, 사우나 등의 주요 시설을 갖추고 중산층을 대상으로 하는 중저가형의 숙박시설의 증가가 예견된다. 한편, 고소득층을 겨냥한 고급 숙박시설도 증가할 것으로 전망되는데, 이들을 대상으로 고급 스포츠로 여겨지는 골프와 스키 여가활용 상품이 등장하게 될 것이다. 이에 적합한 숙박시설의 형태는 리조트단지 형태의 숙박과 여가활동을 겸한 고급 리조트단지의 성장을 예견할 수 있다.

여행업계에서는 다양한 여행프로그램을 개발함으로써 국내관광상품이 다양해질 것으로 예상된다. 고객들도 주말 맞춤형의 여행상품을 선호하게 되어 여행사는 창조적인 여행상품 개발로 여행수요의 변화에 대응할 것이다. 더불어 관광사업관련 업체들에서도 수요자 욕구에 부응하는 서비스로의 전환이 예상된다. 가족중심형의 여행수요 증대를 예견해볼 때 테마파크의 활성화가 전망된다. 도심형 테마파크와 농어촌형의 테마파크의 등장을 예견할 수 있다. 또한, 대도시를 중심으로 도심공간의 변화가 예상되며, 도시주민들의 여가욕구를 충족시켜 주기 위해 다양한 스포츠시설과 문화공간의 공급이 증가할 것으로 전망된다.

한편, 가치관 및 생활환경의 변화로 개인별 취향이 점점 더 개성화되고 이로 인해 관광부문의 새로운 직업군이 창출될 것으로 예상된다. 예를 들면, 특수한 문화에 대한 관광문화해설사, 관광안전 지도요원, 가족여가 컨설팅, 자원봉사자의 확대 등이 예상된다. 주5일근무제에 따른 여유시간의 증대는 관광수요를 증가시키고 이는 타산업에도 영향을 미쳐 경제적으로 내수시장을 활성화시키는 촉매제 역할을 할 것으로 예상되며, 또한 사회문화적으로 여가와 노동에 대한 인식의 변화를 가져올 것으로 기대된다.

이 연구에서는 또한 주5일근무제로 인한 여행수요의 예측과 경제효과를 분석하고 있다. 체육과학연구원 조사(2001. 7)에 의하면 현재 주말여가와 주5일근무제 도입시 희망여가를 묻는 설문에서, 주말여행은 1.7%에서 21.5%로 증대할 것으로 나타났으며, 등산 및 낚시는 2.3%에서 10.2%로, TV시청/비디오감상은 28.6%에서 2.1%로 감소할 것으로 조사되었다. 따라서 실내 중심의 단순여가활동에서 야외 중심의 동적인 여행형태의 여가유형이 크게 증가할 것으로 추론할 수 있다. 당일 및 숙박여행의 기존 여행 추세를 반영하여 유사사례(예, 일본)에의 적용을 통해 국민국내여행 수요를 예측해본 결과, 관광수요 증대효과는 향후 6년간 총 3억200만명(연인원) 순증가를 예상할 수 있으며 이는 연평균 5천만명 순증가가 있음을 의미한다(아래 표 참조).

〈표 8-3〉 주5일근무제에 따른 국민국내관광예측(2002~2007)

(단위: 백만명)

구 분		2002	2003	2004	2005	2006	2007	합계
국민국내관광예측	숙박	149.8	159.9	175.9	188.2	197.6	205.6	1076.9
	당일	165.4	180.3	198.3	212.2	222.8	231.8	1210.8
	계	312.1	340.2	374.2	400.4	420.4	437.3	2284.6
주5일근무제순수효과	숙박	2.6	7.5	18.2	25.0	28.7	30.8	112.7
	당일	12.9	21.3	32.5	39.3	42.6	43.9	192.5
	계	12.4	28.8	50.7	64.3	71.3	74.6	302.1

주 : 주5일근무제에 의한 순수증대효과는 국민국내관광예측의 자연증가율과 동 제도 도입에 의한 증대효과를 고려한 추정치임.

경제적 영향을 분석한 결과 관광객의 이동규모에 따른 관광객수에 이들의 지출액을 추정하여 최종수요의 발생으로 인한 경제파급효과를 추정할 수 있으며, 관광소비수요,

관광사업체의 투자지출 및 정부의 투자지출에 의해서 경제적 효과를 추론할 수 있다. 관광지출규모 증대효과는 1인당 관광지출액을 약 3만6천원으로 전제했을 때 향후 6년간 총 11조4천억원 증대(연평균 1조9천억원 증가) 규모의 관광시장이 예상된다(아래 표 참조). 생산유발효과는 연평균 2조9천8백억원으로 추정되며, 고용유발효과는 연평균 11만7천8백명의 규모에 해당하는 것으로 추정된다. 소득유발효과는 연평균 약 7천220억원으로 추정되어 주5일근무제 도입에 의한 서비스산업의 성장을 추론할 수 있다.

〈표 8-4〉 주5일근무제 도입에 따른 경제파급효과

(단위: 백만명)

구 분		2002	2003	2004	2005	2006	2007
주5일제근무 관광 부분지출액	숙박	92,988	277,569	684,683	958,279	1,120,722	1,201,575
	당일	447,581	752,438	1,172,545	1,446,076	1,596,059	1,644,227
계		540,569	1,030,007	1,857,228	2,404,355	2,716,781	2,845,802
산충효과		848,625	1,616,981	2,915,612	3,774,532	4,265,002	4,467,547
고용효과(명)		33,551	63,929	115,273	149,231	168,622	176,630
소득효과		205,564	391,684	706,254	914,311	1,033,119	1,082,182

주: 개략적인 경제효과 분석을 위해서 승수를 적용하여 산출효과(1.569873), 고용효과(0.062067), 소득효과(0.380273)를 추정함.

(4) 시사점

주5일 근무제의 도입은 기본적으로 국민의 삶의 질 향상이라는 방향에서 접근되어야 하며 사회계층, 소득계층의 위화감을 최소한으로 줄이는 방향에서 최대다수의 최대행복이라는 목표에서 출발하여야 할 것이다. 관광객의 다양한 관광욕구를 충족시켜 줄 수 있는 상품의 개발이 정부차원에서 뿐만 아니라 관광관련 업계에서 협력하여 추진해야 할 것이다. 이 연구의 결과, 다음과 같은 관광정책의 대응방안이 시사점으로 제시된다.

첫째, 관광숙박 및 이용시설 확충이 필요하다. 가족 중심의 여행행태 증가에 대비하여 가족휴양촌, 테마파크의 확대 등이 필요하다. 저소득층 및 청소년층을 위한 중저가형의 숙박시설인 캠핑장, 소규모 콘도미니엄, 유스호스텔, 민박, 펜션업 등의 활성화가 필요하고, 마을 단위 및 도심주변의 체육공원, 산책로, 문화의 집과 같은 비영리 형태의 공공 관광여가시설의 확충이 필요하다. 또한 변화하고 있는 여행의 유형에 맞춰 기존 관광시설의 기능을 변경한 맞춤형의 관광여가시설의 공급이 필요하다.

둘째, 관광자원 및 관광관련 프로그램을 개발해야 한다. 신규관광지에 가족, 근로자, 청소년을 위한 문화레저시설의 설치를 유도하는 방안을 제시할 수 있다. 경북북부유교권 개발, 7대 문화관광권 개발 등과 연계하여 주말여행객의 활동을 다양화할 수 있는 전통문화자원의 개발이 필요하다. 전국의 주요지역을 명소화할 수 있는 역사문화자원을 활용한 상품기획 및 판촉이 필요하고, 환경친화적인 생태녹색관광, 지역토산품의 관광상품화, 먹거리의 개발 및 홍보, 지역문화관광축제의 활성화 등으로 사회문화관광욕구를 충족시킬 수 있는 방안이 강구되어야 한다. 한편, 관광활동 인구의 혼잡을 분산하기 위해 계절분산, 지역분산에 중점을 두는 여행상품을 개발하여 교통체증 등의 불편을 감소시킬 수 있도록 해야 한다.

셋째, 관광정보 및 안내체계 확충이 필요하다. 인터넷 사용자의 보편화에 따라 온라인상에서 중저가 숙박시설에 대한 정보제공, 예약안내 및 교통안내체계 등이 필요하다. 특히 지방관광에 대한 숙박시설, 관광명소, 교통수단, 특산물 등에 대한 정보체계의 통일화에 기준을 둔 데이터베이스 구축이 필요하다. 항공, 철도 등의 교통수요 증대에 따른 관광교통수단의 연계성에 대한 정보 구축 또한 요구된다. 홍보안내책자의 비치 확대 및 도로교통안내표지판의 재정비, 관광지내에의 관광안내요원 확충 등으로 증가한 관광수요에 대하여 질 높은 서비스를 제공할 수 있는 체계확립이 필요하다.

넷째, 관광전문인력 양성과 자원봉사 활성화가 필요하다. 자기계발형의 여행수요의 증대로 관광객들은 전문적인 지식를 요구하게 될 것이므로 관광지에 문화관광해설사 및 현장체험교육 인력 등을 배치하기 위해 이들의 양성이 필요하다. 자원봉사자의 활동영역도 관광체험프로그램의 기획·홍보·조사연구 등에까지 확대하고 자원봉사자의 경력인증제도, 사업운영비 일부지원 등의 방안도 고려해볼 수 있다.

다섯째, 건전관광문화 제고방안이 절실하다. 내국인 해외여행객의 건전 알뜰관광문화가 정착할 수 있도록 유도하기 위해 안내책자배포 등이 필요하다. 또한 국내여행수요 증가로 인해 환경훼손, 관광지에서의 무질서, 쓰레기 투기 등 부정적인 요인이 발생할 가능성이 높아지므로 이에 대한 계도성 홍보와 제도적 조치로 건전한 관광문화를 유도해야 한다.

여섯째, 여행자 안전 및 소비자 보호대책이 필요하다. 여행수요가 증가함에 따라 관련 사업체의 허위·과대광고, 여행일정 변경 등으로 인해 관광객의 피해와 불만요인이 증가할 수 있다. 이를 보상하는 소비자보호보상기구 및 사전에 소비자 피해를 방지할 수 있는 제도적 장치와 사업체 자신이 사회적 책임을 인식할 수 있는 지도 및 계몽의 강화가 필요하다. 관광객의 안전 측면에서 관광안전기준을 강화하는 법제도의 정비가 필요하다.

일곱째, 관광 불균형 해소 및 복지관광을 실현하는 방안이 필요하다. 소득계층에 맞춘 관광상품을 개발하고, 저소득층, 무의탁노인, 청소년 등을 위한 여행비용 할인제도, 할인카드제도, 여행 바우처제도 등의 도입을 법제도화할 필요가 있다. 비영리단체에 보조금을 지원하여 장애자를 위한 관련시설의 보완을 유도해나가야 한다. 또한 특별예산을 확보하여 소외계층에게 휴가 장려금을 지원하는 방안 등을 고려해볼 수 있다.

사례분석

1. 주제 : 한국관광공사의 인도 중산층을 목표시장으로 하는 마케팅전략

2. 출처 : 여행신문. '인도, 중산층 중심 해외여행 증가', 2001.2.5

3. 내용

한국관광공사(사장 조홍규)는 인도의 관광시장성을 분석하고 마케팅전략 등을 제시한 〈인도 관광시장 조사분석 2000〉을 최근 발간했다. 인도의 관광시장을 분석한 국내 첫 종합보고서인 '인도 관광시장 조사분석 2000'은 인도경제동향 및 전망, 소비구조 등을 다룬 일반 개황과 해외 여행 및 방한여행 동향과 성향, 인도 현지 소비자와 여행업 대상의 설문조사결과 분석, 시장분석 및 마케팅 시사점으로 구성돼 있다. 1990년대 성공적인 시장경제체제 전환을 이룩한 인도는 최근 5년간(1994~1999) 연 평균 6%가 넘는 GDP 성장률 기록하는 등 경제성장 및 해외여행자수가 증가하고 있는 추세다. 이에 따라 대외구매력과 해외여행의 욕구가 높은 인도 중산층의 해외여행 물꼬가 트이고 있고, 해외여행을 하는 인도인의 체재일수가 비교적 긴 편이며 소비액이 높은 점 등이 인도시장이 새롭게 부각되는 이유다.

인도인이 선호하는 여행지는 유럽과 북미를 비롯해 최근에는 동남아시아와 극동아시아의 약진이 눈에 띈다. 출국 인도인의 10%를 차지하는 동남아시아를 비롯해 인도인의 아태지역 방문 비중이 높아지고 있다. 특히 아시아지역 중 인도외래여행객이 가장 많이 방문하는 싱가포르, 홍콩이 실시한 외래관광객실태조사는 인도인 해외여행자의 여행성향을 파악할 수 있는 중요한 기준이 되는 점에서 우리에게 시사하는 점이 많다. 조사한 바에 의하면 싱가포르 방문자의 경우 휴가 · 위락 · 쇼핑이 주방문 목적으로 부상하고 있고, 반면 홍콩은 사업 · 회의 목적의 방문자가 늘고 있다. 또 싱가포르를 방문한 인도관광객들은 1인당 소비액이 전체 외래객의 2.7배나 높고('99 : S$660 vs S$1,759) 쇼핑비는 전체 외래객의 2.98배를 기록(S$619 vs S$1,845)했으며 홍콩 역시 비슷한 결과를 보인다.

이밖에도 인도인은 싱가포르, 홍콩에서의 쇼핑 및 좋은 음식, 편의시설 등에 매력을 느끼는 것으로 조사됐다. 또 네팔의 경우는 저렴한 항공운임과 문화적 · 자연적 요인에, 말레이시아는 자연경관미 및 특별관심관광 등에 관심을 나타냈다. 인도인의 한국관광에 대한 이미지를 평가한 설문조사는 현지인도인, 방한인도인, 통과인도인 등의 소비자 대상과 여행업자로 나눠 진행했다. 그중 방한인도인들은 62.1%의 응답자가 매우 만족한다는 응답과 함께 방문 후 한국에 대한 인상변화도 응답자의 83.1%(매우 좋아짐+약간 좋아짐)가 전반적으로 좋아졌다고 응답했다.

여행목적은 사업(77.8%)이 가장 큰 비중을 차지했고 여가 · 위락 · 휴양 등은 9.6%에 그쳤다. 그 밖에 종교순례와 방문이 각각 5.6%, 4.2%를 차지했다. 한국에 대한 여행정보는 32.9%가 소속회사나 관련기업을 통해 얻는 것으로 나타났고 친구, 친지가 18.6%, 인터넷 15.7%, 인도주재 한국기관(기업체포함)이 14.3%를 차지했다. 인도여행객의 여행형태는 개별여행(60.0%), 기본패키지(항공+호텔, 24.3%), 풀패키지(15.7%)순으로 집계됐다. 이 조사서는 인도관광객 확대를 위한 단기전략으로 업계와 컨소시엄, 언론인과 업계 팸투어, 전시박람회 참가, 항공기내 관광영상물 상영과 주요도시 관광유치단 파견과 인도음식 서비스 확대안을 제시했다. 또 관광공사 인도사무소 개설 및 한국관광브랜드 확립, 항공노선 다양화 및 항공편 확대, 중저가 숙박시설 확충, 무비자 확대시행 등을 장기전략으로 제시했다.

behavior

토론문제

1. 중국형 마케팅전략 수립에 있어 가장 중요한 것은 무엇인가요?

2. 인구통계요인에 대해 설명해 보세요.

3. 사회계층에 대해 설명해 보세요.

4. 사회계층을 나누는 기준과 사회계층 유형에 대해 설명해 보세요.

5. 사회계층과 소비자행동 간의 관계를 사례를 들어 설명하세요.

6. 사회계층에 따른 관광마케팅 사례를 설명하세요.

7. 주5일근무에 따른 관광부문 뉴트랜드의 대응방안을 설명해 보세요.

8. 한국관광공사의 인도중산층을 목표시장으로 하는 마케팅전략의 특징을 설명해 보세요.

consumer's behavior

참고문헌

김세범 · 전영종 · 허남일(1997). 「소비자행동론」. 형설출판사.

내일신문(2000.8.9). 344호. '국내관광산업 덤핑빼면 경쟁력 없다'.

네이버 국어사전(2003). www.naver.com.

네이버 백과사전(2003). www.naver.com.

대한무역진흥투자공사(2004.11). '중국비즈니스 아는 만큼 성공한다'.

여행신문(2001.2.5). '인도, 중산층 중심 해외여행 증가'.

이강욱(2001). 「한국문화관광정책연구원 한국관광정책」, '주5일근무에 따른 관광부문 뉴트랜드 및 경제효과 전망'.

임종원 · 김재일 · 홍성태 · 이유재(2000). 「소비자행동론 : 이해와 마케팅에의 전략적 활용」. 경문사.

클럽 메드 홈페이지(2004). www.clubmed.co.kr.

한국관광공사(2002.12). 「중국관광객 유치전략」.

Blackwell, R. D., & Miniard, P. W., Engel, J. F.(2001). *Consumer Behavior*. Orlando : Harcourt, Inc.

Hawkins, D. I., Best, R. J., & Coney, K. A.(2001), *Consumer Behavior : Building Marketing Strategy*. Boston : Irwin McGraw-Hill.

Schiffman, L. G., & Kanuk, L. L.(1991). Consumer Behavior. Englewood Cliffs. N.J. : Prentice-Hall.

Consumer's behavior Tourism

제9장 관광소비자행동의 환경적 요인 3

가족

❦들어가는 이야기
❦핵심개념

9-1. 가족과 관광소비자행동
- (1) 가족의 개념과 유형
- (2) 가족의 생애주기

9-2. 가족과 관광
- (1) 가족과 레저
- (2) 가족과 관광

9-3. 가족과 관광마케팅
- (1) 제품전략
- (2) 촉진전략
- (3) 가격전략

❦관련 논문소개
❦사례분석
❦토론문제
❦참고문헌

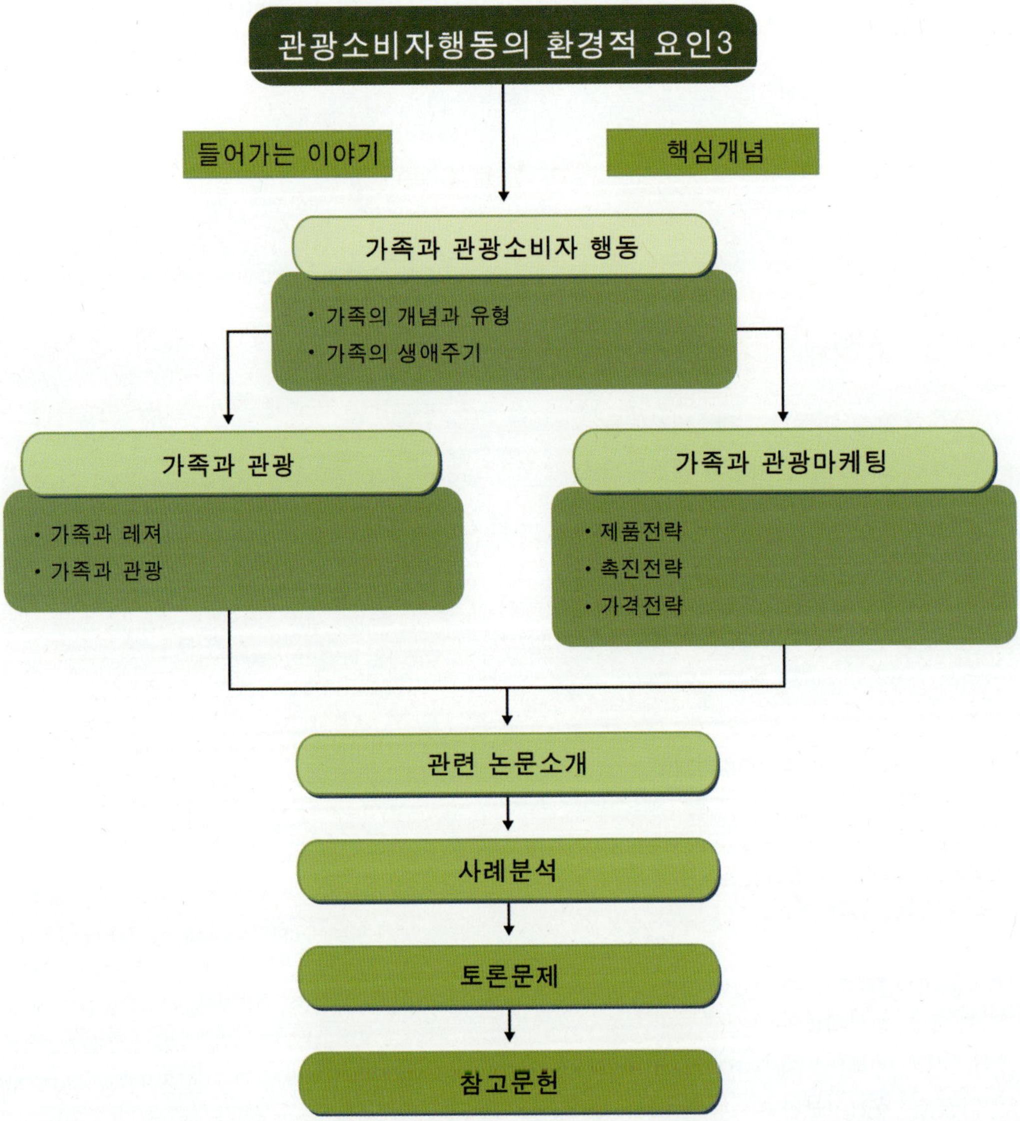
관광소비자행동의 환경적 요인3
들어가는 이야기
핵심개념
가족과 관광소비자 행동
· 가족의 개념과 유형
· 가족의 생애주기
가족과 관광
· 가족과 레져
· 가족과 관광
가족과 관광마케팅
· 제품전략
· 촉진전략
· 가격전략
관련 논문소개
사례분석
토론문제
참고문헌

들어가는 이야기

가족여행이벤트를 활용한 자동차마케팅

▌車마케팅도 '웰빙'…가족 온천욕 즐기며 볼쇼이 발레도 보고

우리 생활 전반에서 '웰빙'이 하나의 문화코드로 자리잡고 있는 가운데 자동차 업계에도 '웰빙' 바람이 불고 있다. 최근 '웰빙 라이프' 테마를 사용한 트라제 광고를 내보내고 있는 현대차는 '2004년형 스타렉스' 출시를 기념, 지난달 말 출고 고객을 대상으로 추첨을 통해 2회에 걸쳐 가족여행 이벤트를 개최했다. 이번 행사는 스타렉스의 다목적 실용주의 미니밴 이미지를 직접 체험할 수 있는 기회를 제공하기 위해 마련된 것.

행사에 참가한 고객들은 전국 5개 지역에서 출발해 고속도로를 달리며 새로 장착된 145마력의 친환경 커먼레일(CRDi) 엔진의 힘을 직접 경험하는 한편, 집결지인 충북 수안보에 도착해 온천욕과 경북 문경새재를 둘러봤다.

기아차는 지난달 29일 정동진 해변 모래시계 공원에서 일출을 배경으로 1000cc급 뉴엔트리카 '모닝'의 이색 신차발표회를 개최했다. 해돋이로 유명한 정동진에서 신차발표회를 가짐으로써 '새로운 시작, 아침의 상쾌함'을 뜻하는 '모닝'의 컨셉과 이미지를 소비자들에게 전달하기 위한 것.

회사측은 "엔트리카의 주요 타깃층인 젊은 사람들이 많이 모이는 정동진에서 모닝을 전시, 고객들의 많은 관심과 문의가 이어졌다"면서 "앞으로도 직접 고객을 찾아나서는 차별화된 판촉활동을 지속적으로 시행할 예정"이라고 설명했다.

-파이넨셜뉴스(2004.3.10), 車마케팅도 '웰빙'…가족 온천욕 즐기며 볼쇼이 발레도 보고-

〈그림 9-1〉 가족여행과 차마케팅

가족을 활용한 관광상품이 늘고 있다. 최근 차마케팅에도 가족여행 이벤트를 활용한 판촉전략을 구사하고 있다.

consumers behavior

Tourism ▪▪▪▪ 핵심개념

1. 가족의 개념
2. 가족의 유형
3. 가족의 기능
4. 가족의 생애주기
5. 가족과 레저
6. 가족과 관광
7. 가족과 관광마케팅

9-1 가족과 관광소비자행동

(1) 가족의 개념과 유형

가족의 개념

가족이란 부부를 중핵으로 그 근친인 혈연자가 주거를 같이하는 생활공동체를 의미한다(네이버백과사전, 2004). 일반적으로 가족은 준거집단 중 가장 중요한 집단으로 인식되고 있으며 구매의사결정에 여러 가지 형태로 영향을 미친다. 최근 구매의사결정 단위로서 가족에 대한 연구가 이루어지고 있으며, 서비스업체에서도 가족구매의사결정을 활용한 상품개발과 마케팅을 활발히 하고 있다.

가족의 유형

가족의 유형은 가족구성원의 범위에 따라 부부가족, 핵가족, 대가족으로 구분할 수 있다. 부부가족이란 남편과 부인만으로 구성된 가족을 말한다. 최근 아이를 갖지 않고 부부만 사는 가족이 늘고 있다. 핵가족이란 부부와 미혼의 자녀만으로 이루어진 소가족을 의미하는데, 핵가족이라는 용어는 미국의 인류학자 머독(G. p.Murdock)이 처음 사용한 용어로 종전까지의 부부가족이나 표현이라 하여 국제적으로도 널리 쓰이게 되었다. 근대산업사회에서의 개인주의, 사회적 이동성 및 사회보장제도의 발전으로 일찍부터 유럽과 미국에서는 핵가족화의 경향이 촉진되었다. 한국에서도 1960년대 후반부터 고도경제성장과 함께 이 경향이 두드러지고 있다(네이버백과사전, 2004).

대가족이란 하나의 가옥 안에서 3대 이상의 직계친(直系親)이나 방계친(傍系親)을 포함한 세대원이 동거하는 생활공동체를 말한다. 고대 및 중세의 자급자족 체제에서는 생산을 위한 노동력을 가족 안에서 유지해야 할 필요가 있었다. 대가족의 성립에는 이러한 사회적·경제적 요인이 작용하였으며, 대가족 내부에서의 지배와 종속은 가족노동력의 규율을 중심으로 이루어진 것이다. 종종 대가족은 가부장적 가족 또는 부모·자식 중심가족과 혼동되는 경우가 있다. 미국의 인류학자 머독은 대가족·소가족 대신 확대가족·핵가족이라는 용어를 쓰기도 했다(네이버백과사전, 2004).

가족의 기능

가족의 기본적인 기능은 사회적으로 인정된 성적(性的) 질서를 유지시키고(성적 기능 및 생식적 기능) 자녀와 부모간의 협력관계 형성을 통해 사회적인 질서를 유지시킨다는데 있다(경제적 기능 및 교육적 기능). 가족의 기능을 좀더 구체적으로 살펴보면 다음의 4가지로 설명할 수 있다.

첫째, 구성원의 경제적 안정이다. 가족은 어린이나 노약자를 보호하며 물질적·정신적 안정을 제공한다. 경제적 안정에 대한 책임을 누가 지느냐 하는 문제는 최근 들어 급격한 변화를 보이고 있다. 최근 주부들의 직장생활이 늘어나고 남편들의 실직률이 증가하면서 다양한 가족구성원의 경제적 역할이 나타나고 있다. 둘째, 가족구성원의 정서적 안정이다. 가족이 있음으로 인해서 구성원은 개인적 혹은 사회적인 문제를 해결해나가는데 도움을 받는다. 실직이나 가까운 친구의 사망, 학교문제와 같은 많은 문제를 해결하는데 서로 도움을 주고 정서적 안정을 갖게 한다.

셋째, 자녀의 양육과 사회화이다. 사람은 사회화과정을 거치며 이 과정에서 가족이 가장 큰 역할을 담당한다. 사회화과정에서 자녀들은 그 사회의 문화와 일치하는 기본적인 가치관이나 행동양식을 배우게 된다. 가정에서 자녀들은 개성이 발달하고 다른 사람과의 대인관계능력을 기르고, 적절하게 옷을 입고 양식있는 예절과 말하는 방법을 배우며 적합한 직업이나 기술을 선택하게끔 교육을 받는다. 이러한 사회화과정은 교육을 통해서도 이루어지고 부모나 형제자매들을 모방하면서 이루어지기도 한다. 어린시절의 사회화가 소비자의 소비행동에도 많은 영향을 미치게 되는데, 소비자의 사회화란 예산을 작성하고 가격을 매기고 상표에 대한 태도를 형성하는 등의 소비와 직접적으로 관련된 것과 어린 남학생이 처음 면도기를 사든지, 어린 여학생이 처음으로 브래지어를 구입하는 등의 내면적 동기와 관련된 소비와 간접적으로 관련된 것으로 설명할 수 있다. 사회화과정은 어린이일 때뿐만 아니라 성인이 되어서도 계속 경험하는 과정이다. 신혼부부가 가정을 이룬 후 서로 같이 살면서 소비생활에 적응하는 것도 일종의 지속적인 사회화과정이다.

넷째, 가족의 중요한 기능 중의 하나는 가족구성원에게 적합한 생활양식을 형성한다는 것이다. 이 때 부부의 개별적인 목표와 공동의 목표가 생활양식에 큰 영향을 미친다. 교육에는 얼마나 투자를 하는지, 텔레비전은 몇 시간이나 시청하는지, 외식은 얼마나 자주하는지 어떤 취미활동을 하는지 등은 그 가족이 어떠한 생활양식을 형성하게 되

〈그림 9-2〉 가족과 레저 사회화

가족과 사회화

가족은 자녀들의 1차 교육기관으로서 자녀들의 사회화과정을 책임진다. 사진은 2004년 여름 충북 영동의 한 유원지에서 가족들이 야유회를 즐기는 모습이며 자녀들은 야유회와 같은 레저활동을 통해 레저를 즐기는 법을 배우게 된다.

는지 결정적 요인이 된다. 소비자생활양식은 소비자의 소비패턴에 영향을 미친다(김세범 · 전영종 · 허남일, 1997).

(2) 가족의 생애주기(family lifecycle)

사람이 일생을 살면서 유아기, 청소년기, 청년기, 중년기, 노년기, 죽음의 생애주기를 가지고 있듯이 가족도 신혼기, 자녀양육기, 중년기, 노년기 등의 가족생애주기를 가지고 있다. 가족의 생애주기는 나이, 소득, 가족상황의 변화를 반영한다. 남녀가 결혼을 하고 어린 자녀를 기르고 그들이 성장하는 것을 보살피고 출가를 시키고 은퇴를 하는 과정을 거치면서 연령의 변화와 가처분소득, 그리고 다른 가족구성원에게 해야 할 일들이 달라져 구매행동에도 영향을 미치게 되는 것이다.

전통적 가족생애주기 모델

소비자연구에서 가장 보편적으로 알려진 가족생애주기 모델은 〈표 9-1〉과 같다. 이 모델은 가족생애주기를 9단계로 나누어 설명하고 있으며 각 단계에서 구매되는 제품과 의사결정과정을 설명하고 있기 때문에 최근까지 인구통계적인 자료나 소비자분석에 유용하게 사용되고 있다. 이 모델은 가족생애주기의 단계에 따란 소득이 다르고 가정의 관심사가 달라지기 때문에 구매의사도 달라지게 된다는 점에 착안하여 설명하고 있다. 독신자들은 옷이나 오락, 여행과 같은 취미생활에 소비를 많이 하지만 신혼부부들은 내구재 구매에 더 많은 돈을 지출하게 된다. 자녀들이 생기게 되면 유아 관련제품의 구매가 늘게 되고 가전제품들을 많이 구매하게 되는 현상이 자연스럽게 설명된다.

〈표 9-1〉 전통적 가족생애주기

가족생애주기 단계		구매 또는 행동패턴
1. 미혼단계	젊고 독립하여 혼자 살고 있는 단계	재정적 부담이 거의 없음. 패션의 의견선도자. 오락지향적. 기본적인 부엌장비, 가구, 자동차, 휴가용품 구입
2. 신혼부부기	자녀가 없음	미래보다 경제적으로 풍부함. 내구재 구매율이 가장 높음. 자동차, 냉장고, 난로, 가구를 구입. 휴가를 즐김
3. 중년부부 1기	막내자녀가 6세 미만	가족구매가 절정에 달함. 유동자산과 저축금액이 적음. 신제품에 관심이 많음. 세탁기, 건조기, TV, 아이용 음식, 기침 감기약, 비타민, 인형, 장난감, 스케이트 등을 구입
4. 중년부부 2기	막내자녀가 6세 이상	재무상태가 호전됨. 취업주부가 늘어남. 광고로부터 영향을 적게 받음. 보다 큰 포장제품을 구입. 많은 식품, 자전거, 피아노 등을 구입
5. 중년부부3기	부양자녀가 있는 방년부부	재무상태가 더욱 호전됨. 취업주부가 더 많음. 직업을 가지는 자녀도 생김. 광고에 영향을 잘 받지 않음. 내구재 굼가 많음. 새로운 가구를 구입하며 자동차 여행을 즐기고 보트, 잡지를 구입함. 치과치료를 받음.
6. 노년부부 1기	자녀가 출가하고 가장은 취업한 상태	자기집 소유비율이 최고조에 달함. 재무상태와 저축수준에 만족. 여행, 오락, 자기교육에 관심이 있음. 기부와 사회봉사활동을 함. 신제품에 관심이 없음. 휴가를 즐기고 호화품 구입
7. 노년부부 2기	자녀가 출가하고 가장은 퇴직한 상태	소득이 현격하게 감소함. 집은 소유하고 있음. 건강, 수면, 소화를 증진시키는 의료제품을 구입함.
8. 고독생존 1기	배우자와 사별했지만 소득 있음	소득이 아직 양호한 수준임. 그러나 집을 소유하고 있지 않은 경우가 많음. 의료품 구입이 많음.
9. 고독생존 2기	배우자도 사별하고 소득도 없음	의료서비스와 관련 제품을 필요로 함. 소득이 격감함. 특별한 주의, 애정, 보호가 필요함.

출처 : Peter & Olson(1987), 'Consumer Behavior'의 내용을 김세범 · 전영종 · 허남일(1997), 「소비자행동론」, p.258에서 재인용.

다양한 가족생애주기 모델

가족생애주기(FLC : family lifecycle) 개념이 마케팅분야에서 중요시되는 것은 시장 세분화의 기초가 되기 때문이다(안종수 · 김성혁, 1993). 가족생애주기 모델 중 가장 많이 알려진 3가지 모델은 다음과 같다〈표 9-2〉.

〈표 9-2〉 다양한 가족생애주기모델

Well & Gubar(1966)		Murphy & Staples(1979)		Gilly & Enis(1982)	
단계	인구비율(%)	단계	인구비율(%)	단계	인구비율(%)
		1. 미혼			
1. 독신		2. 신혼부부		1. 독신	
2. 신혼부부	8.2	3. 기타 젊은 층	8.2	2. 신혼부부	8.2
3. 보금자리 I	2.9	a. 자녀없는 이혼자	2.9	3. 보금자리 I	2.9
(6세 미만의	24.2	b. 자녀있는 부부		(6세 미만의 막내자녀)	18.4
막내자녀)		c. 자녀있는 이혼자	0.1	4. 보금자리 II	
4. 보금자리 II	13.2	4. 중 · 장년층	17.2	(6세 이상의 막내자녀)	9.0
(6세 이상의		(남자가장 35~64세)	1.9	5. 홀부모 I	
막내자녀)	14.7	a. 자녀없는		(6세 미만의 막내)	0.3
5. 보금자리 III		중년부부		6. 홀부모 II	
(부양자녀있는		b. 자녀없는 이혼자	4.7	(6세 미만의 막내)	0.1
장년부부)	5.5	c. 자녀있는 부부	0.3	-이상 부인나이 34세	
6. 빈보금자리 I		d. 자녀있는 이혼자	33.0	이하	
(출가자녀 있으며		e. 출가자녀 없는	1.8	7. 독신 II	2.6
취업중인 노인부부)	5.2	부부	5.5	8. 자녀없는 부부	10.3
7. 빈보금자리 II		f. 출가자녀 없는	0.1	9. 만혼부부	1.4
(출가자녀 있으며		이혼자		10. 보금자리 III	31.6
퇴직한 노인부부)	0.2	5. 노년층		(6세 이상의 막내)	
8. 고독한 독신기		(남자가장 65세	5.2	11. 홀부모 III	1.1
(취업)	2.0	이상)	2.0	(6세 이상의 막내)	
9. 고독한 독신기		a. 노인부부		-이상 부인나이 64세	
(퇴직)		b. 독신노인	17.2	이하	6.1
	23.3			12. 독신 III	5.2
기타		기타		13. 빈보금자리	
					2.8
				기타	

출처 : 안종수 · 김성혁(1993), 「가족생활주기에 나타나는 관광행동의 특징」, pp.185~186에서 인용.

9-2 가족과 관광

(1) 가족과 레저

가족은 개인의 레저생활을 형성하는데 있어 사회집단 중 가장 중요한 집단으로 자리매김한다. 가족이 레저생활에서 중요한 이유는 가장 유대감이 강한 사회집단이며 개인의 초기 레저생활패턴을 형성하는데 결정적인 역할을 하기 때문이다(Crandall, Nolan & Morgan, 1980). 가족생애주기의 각 단계에서 레저에 미치는 영향을 다양하게 나타나지만, 부모와 그들 자녀와의 역동적인 관계는 가족구성원의 레저형태를 결정하는 중요한 요인으로 알려지고 있다. 예를 들어 부모들이 어린자녀들을 서커스, 놀이공원, 테마파크 등으로 같이 놀러가는 경우 어린 자녀들이 원하는 경우도 있지만, 원하지 않는 경우도 있다. 어린자녀가 원하지 않지만 부모가 그러한 매력물을 즐기기 때문에 가는 경우도 어린 자녀들의 그러한 경험은 그들의 레저습관을 바꿀 수 있는 것이다.

레저는 가족의 기능을 강화하는 역할을 하는 것으로도 알려져 있다. 가족의 중요한 기능은 앞서 살펴보았듯이 구성원의 경제적 안정, 가족구성원의 정서적 안정, 자녀의 양육과 사회화, 가족구성원에게 적합한 생활양식을 형성시키는 것이다. 가족들이 모여서 하는 레저활동은 가족구성원들이 서로에게 가지는 정서적 유대를 증가시킬 수 있으며 결과적으로 가족응집성을 증대시킨다고 할 수 있다. 한 연구결과에 따르면 가족의 외식빈도가 높아지고 스포츠지향성, 문화지향성, 여행지향성 레저를 즐기는 가족일수록 가족의 정서적 안정이 높아지고 사회화과정이 원활히 된다고 한다(하헌국, 1995). 현대와 같이 많은 사회문제가 발생하고 가족의 유대감이 약해지는 상황에서 레저의 활성화로 사회문제를 해결하고 가족의 소중함을 느낄 수 있는 기회를 많이 마련할 필요가 있는 것이다.

〈그림 9-3〉 가족과 레저스포츠

가족과 레저스포츠
가족의 레저패턴에 자녀의 역할은 결정적이다. 사진은 속초시 청초호 수변도로에서 인라인 스케이트를 타려고 나온 가족의 자녀모습.

(2) 가족과 관광

가족관광에서 자녀가 없을 때와 있을 때의 관광행동상의 차이는 두드러지며 자녀가 있는 경우 자녀의 교육적 효과를 고려한 관광행동을 보여주고 있다. 그 동안 가족관광행동을 연구한 결과는 가족생애주기별 의사결정권자가 누구인지에 대해 관심있게 분석하고 있다. 국내외를 막론하고 가족생애주기별로 약간의 차이는 있지만 가족관광시 의사결정은 부부가 공동으로 하는 경우가 많으며 자녀가 성장할수록 남편과 자녀의 의사결정영향력이 커진다는 흥미있는 결과를 보여주고 있다(안종수 · 김성혁, 1993).

가족의 관광행동을 분석하는 것은 최근 업계의 관심사가 되고 있으며 이를 활용한 관광상품도 많이 나타나고 있다. 하와이는 가족을 주제로 한 '2004 콜로아 플랜테이션 데이 페스티벌' 상품을 최근 선보였다. 이 상품은 플랜테이션 라이프스타일(집단 농경사회의 생활방식)을 소재로 가족중심의 행사와 교육·가족과의 재회·건강·음식·요리·음악 등의 주제 중 하나를 정해 그에 맞는 내용의 프로그램들이 집중적으로 보여준다. 하와이 카우아이 섬의 남쪽 해안에 위치한 콜로아에서 개최되며 2004년 7월 24일부터 8월 1일까지 9일간 개최된다. 올해로 19년째 맞이한 이 축제는 하와이의 사탕수수산업의 역사와 전통을 기념하기 위해 시작된 것으로 행사기간 중 각종 스포츠이벤트, 공예 전시회, 로데오 경기, 하이킹, 역사 투어 등 다채로운 프로그램이 열린다. 대부분의 행사는 무료로 입장이 가능하다(여행신문, 2004.7.12).

〈그림 9-4〉 하와이 카우아이섬의
〈콜로아 플랜테이션데이〉 페스티벌

하와이의 콜로아 플랜테이션데이페스티벌은 하와이 카우아이섬 남쪽 콜로아의 가족생활을 상품화한 것이다.
사진출처: 하와이관광청(www.gohawaii.or.kr)

최근 한국의 아웃바운드 관광이 활성화되면서 가족을 주제로 한 여행상품을 개발하여 아웃바운드 수요 일부를 국민국내관광으로 유도하려는 시도를 한국관광공사를 중심으로 하고 있다. 아웃바운드관광, 즉 해외여행객의 통계치를 살펴보면 1998년에 307만명, 1999년에 434만명, 2000년에 551만명, 2001년에 608만명, 2002년에 712만명, 2003년에 708만명, 2004년에 800만명 추정(상반기 6월까지 410만명인 점 감안하여 추정)이다. 매년 아웃바운드 관광시장은 100만명 정도씩 증가하고 있으며 해마다 인바운드 관광수요와의 차이가 벌어지고 있어(2004년 상반기인 6월까지 한국관광수지 적자가 20억 700만달러로 전년 동기대비 21.1% 증가) 관광수지 측면에서 심각한 문제로 대두되고 있다(한국관광공사 해외여행통계를 필자가 정리, 2004.7). 이를 부분적으로 극복하려는 노력이 2003년부터 한국관광공사에서 매월 실시한 '2003 체험! 가족여행단' 시범사업이며 국내 체험여행 저변 확대에 어느 정도 기여한 것으로 나타났다(여행신문,2004.7.12). 다음은 한국관광공사의 '2003 체험! 가족여행단' 시범사업과 관련된 기사내용을 발췌한 것이다.

지난 3월부터 12월까지 참가 가족대표 323명을 대상으로 한 설문조사에서 전체 90% 이상이 체험 프로그램 내용에 대해 만족(대단히 만족 55.4%, 대체로 만족 40.3%)한 것으로 나타났다. 특히 매월 프로그램마다 참가자 90% 이상이 만족을 표시해 이들 프로그램이 상품화될 경우 좋은 반응을 얻을 수 있을 것으로 분석된다.

여행안내에 대한 만족도 역시 응답자 90% 이상이 만족한다고 답했다. 이는 프로그램과 더불어 여행안내 또한 만족도를 결정짓는 요소로 상당한 비중을 차지한다는 것을 시사하는 사례다. 이외 숙박시설과 음식 등에 대한 만족도에도 대부분이 만족한다고 응답해 지난해 '체험! 가족여행단' 프로그램이 좋은 반응을 얻은 것으로 나타났다.

참가동기를 묻는 질문에서는 '가족간 특별한 추억을 만들기 위해서(26.1)'가 가장 많이 꼽혔으며 '관광공사 주최의 신뢰성'도 25.6%를 차지해 여행상품 구매에 있어 업체신뢰도가 크게 작용하는 것으로 나타났다. 체험여행을 실제 경비를 지급하고서라도 참가하거나 추천할 의향이 있는지를 묻는 질문에서는 참가자 65.2%가 추천할 의향이 있다고 답해 체험 여행에 대해 긍정적으로 인식하고 있는 것으로 분석된다.

이와 같이 업계에서는 가족집단이 하나의 중요한 목표시장(target market)으로 인식되고 있으나, 아직 학계에서 제안하는 가족생애주기와 같은 개념을 도입하여 관광상품을 개발하는 단계까지 가지는 못하고 있어 향후 상당한 잠재성이 있는 분야로 분석된다.

〈표 9-3〉 한국관광공사 2004 체험가족여행단 7월 행사프로그램

	일 정	프 로 그 램
제1일	08 : 00~12 : 00	서울에서 지리산으로 이동
	12 : 00~13 : 00	중식 후 인월요업 역사관 둘러보기
	13 : 00~13 : 40	지리산 뱀사골로 이동
	13 : 40~16 : 00	지리산 뱀사골 여름계곡과 숲체험 -뱀사골에 얽힌 전설과 함께 하는 시원한 물놀이 -지리산 숲과 함께 숨쉬며 숲과 하나되기
	16 : 00~17 : 30	성삼제 정상에 올라 멋진 풍경보며 사진 한 컷
	17 : 30~18 : 30	성삼재 출발~호텔도착
	18 : 40~19 : 40	석식
	19 : 40~21 : 00	다과 및 친목시간
	21 : 00~	휴식
제2일	06 : 00~	기상, 온천욕 및 수영하기
	08 : 00~09 : 00	조식
	09 : 40~10 : 10	구수한 가수 조영남씨 노래가 생각나는 화개장터 구경
	10 : 15~10 : 40	화개장터 출발~최참판댁 도착
	10 : 40~12 : 00	박경리 대하소설〈토지〉의 배경무대 최참판댁 구경 -소설 속 이야기 들으며 함께 하는 한옥여행
	12 : 30~13 : 30	중식
	13 : 30~15 : 00	최참판댁 출발~청학동 도착
	15 : 00~19 : 00	[청학동 입소] 1. 기초예절 및 사자소학 배우기 2. 우리가락 배우기(판소리, 민요) 3. 택견배우기
	19 : 00~20 : 30	석식 및 방 청소(단체활동)
	20 : 30~21 : 00	4. 훈장님에게 청학동 유래 듣기 5. 모닥불 피워놓고 별을 보며 바비큐 파티
제3일	06 : 00~07 : 00	기상 후 기(氣)체조로 마음과 몸을 맑게
	07 : 00~08 : 30	식사 및 휴식
	08 : 30~11 : 00	6. 삼성궁 견학 -한국의 고대역사와 만나다
	11 : 00~12 : 00	7. 수묵화 그리기 체험
	12 : 00~13 : 00	중식
	13 : 00~14 : 00	8. 전통예법과 가족간의 예절배우기
	14 : 00~	서당퇴소 후 집으로

〈그림 9-5〉 한국관광공사 '2004 체험가족여행단' 7월 행사 개요

『2004 체험! 가족여행단 7월 행사 참가가족 모집』

여름방학 특선!

「지리산/청학동(서당)피서 · 옛 생활체험 (전북 남원/경남 하동)」

한국관광공사는 「여름방학 특선! 지리산/청학동(서당 피서. 옛 생활체험(전북 남원/경남 하동)」 이라는 테마로 종전보다 하루를 연장하여 2박 3일간의 7월 체험! 가족여행단을 모집합니다. 이번 7월 체험! 가족여행단의 프로그램으로는 뱀사골 계곡에서 물놀이와 숲체험, 화개장터 · 최참판댁 · 삼성궁 관람 · 청학동(서당)에서 전통예절, 택견, 수목화그리기, 판소리 체험 등이 예정되어 있습니다. 여름방학을 체험가족 여행단과 함께 가족들 간의 특별한 추억을 만들기 바랍니다.

1. 행사안내

▣ 테　　마 : 여름방학 특선! 지리산/청학동(서당)피서 · 옛 생활체험

▣ 내　　용 : 뱀사골 계곡 물놀이와 숲체험, 화개장터 · 최참판택 · 삼성궁 관람, 청학동(서당)에서 전통예절, 택견, 수목화그리기, 판소리 체험

▣ 여행일자 : 1차 7월 16일(금)~7월 18일(일) : 2박 3일
2차 7월 23일(금)~7월 25일(일) : 2박 3일

▣ 여행장소 : 전북 남원, 경남 하동

2. 신청 안내

▣ 신청기간 : 2004년 6월 30일(수)~7월 7일(수)

▣ 참가비용 : 중학생 이상 성인 11만원 / 아동(만3세~초등학생) 9만원
여행경비에는 숙식, 교통편 등 여행에 필요한 일체의 금액이 포함되어 있으며, 한국관광공사가 참가비 외의 나머지 여행경비를 지원합니다.

▣ 모집인원 : 회차별 16가족(60여명)
행사 진행상 반드시 어른 2인 이상이 신청자에 포함되어 있어야 접수가 가능합니다. 2인 가족은 응모를 받지 않습니다.

▣ 신청방법
첨부된 7월 신청서를 내려받아서, 팩스(02-725-2012)나 이메일(kimchi@tournfood.com)로 보내 주시면 됩니다.

▣ 접수처
(주)다음레저(TEL.02-725-2005/ Fax.725-2012/ E-MAIL:kimchi@tournfood.com)

▣ 선정방법 : 전산추첨 후 회차별 16가족 선발

▣ 선정공지
7월 8일(목)한국관광공사 홈페이지 〈체험! 가족여행단〉알림 코너와 (주)다음레저 홈페이지에 게재될 예정.

▣ 문의 : 한국관광공사 국내진흥팀 (02-729-9469) / (주)다음레저 (02-725-2005)

9-3 가족과 관광마케팅

가족을 목표시장으로 구성한 관광상품은 최근 많이 출시되고 있다. 가족관광상품의 관광마케팅 동향을 마케팅 4P 중 제품, 촉진, 가격전략으로 나누어 사례를 통해 살펴보도록 한다.

(1) 제품전략(product)

2004년 스위스의 한국 관광마케팅전략은 가족마케팅이다. 스위스 관광청은 최근 12일의 일정으로 최수종·하희라 부부를 스위스로 초청 취리히, 루체른, 제네바, 발라르, 체르마트, 쌔오리츠, 하이디마을 등을 돌아보며 사진 및 비디오 촬영 등을 하는 등 이들 부부가족의 단란한 여행모습을 담았다. 이러한 이미지와 이들 부부의 여행체험기 등을 각종 매체에 알리는 한편, 브로셔, 홍보비디오, 다이어리 제작 등에 사용해 올 한해 스위스 관광마케팅에 적극 활동될 예정이다. 특히 지금 시점이 여름 성수기를 앞두고 있는 때여서 스위스 관광청은 보다 호소력있게 다가갈 수 있을 것으로 기대하고 있다. 다음은 스위스 관광청에서 기획하고 준비하고 있는 가족관광상품의 특성과 관련한 기사를 발췌하였다(여행신문, 2004.7.5).

최수종·하희라 부부가 여행한 코스는 스위스 최고의 가족여행 코스로 꼽히는 곳으로 취리히 동물원, 루체른 우편버스와 교통박물관 체험, 제네바 적십사 본사 및 박물관 견학, 스위스 농가체험, 전통 치즈만들기 체험, 호수에서의 가족용 레저체험, 초콜릿 공장 견학 등 아이들을 중심으로 한 각종 교육, 레저용 활동 등이 중심이 된 것으로 알려졌다.

최수종·하희라 부부에게는 민서(6세), 윤서(5세) 두 자녀가 있으며, 이들 가족도 "모처럼만의 가족의 소중함을 확인할 수 있는 단란한 시간이었고, 아이들이 한껏 성숙해지는 체험 기회였다"고 소감을 밝히기도 했다.

스위스관광청은 가족여행지로서의 이미지 부각 활동에 나서는 한편, 여행사 등과 가족여행 상품도 개발해 곧 선보일 예정이다. 실수요를 잡기 위한 포석인 셈. 최수종 부부는 이미 지난 2월 스위스 명예 홍보대사로 선정된 바 있으며, 이들 가족의 여행에 관한 자세한 정보는 스위스 관광청 홈페이지(www.myswitzer land.co.kr)에서 찾아볼 수 있다.

(2) 촉진전략(promotion)

가족관광상품의 촉진전략은 TV나 책자를 통한 홍보전략과 기념품 증정을 통한 촉진전략으로 행해지고 있다. 괌과 사이판의 클럽리조트 PIC는 어린이가 있는 가족을 대상으로 관광상품 촉진전략을 펴고 있다. 여름 성수기간 동안 가족여행객들을 겨냥, 어린이들을 위해 써머 캠페인을 실시하는 것이다. 행사기간 동안 PIC를 방문하는 모든 어린이 고객에게 특별 기념품을 제공한다. PIC괌은 로고가 새겨진 어린이용 모자를, 사이판은 로고가 새겨진 어린이용 수영모자를 증정한다. 또 DFS괌, 사이판에서는 어린이 골드카드 소지자에게 DFS로고가 새겨진 미니 선풍기를 제공한다. 행사기간은 2004년 7월 1일부터 9월 30일이다.

문화관광부와 한국관광공사가 국민국내관광 활성화를 위해 '내나라 사랑여행-Love Korea' 캠페인을 펼치면서 Outbound 시장의 일부를 국내여행으로 유도하는데 본격 나서고 있다. 한국관광공사는 지난달 1일부터 두 달간 국내 홍보용 TV CF 등을 지상파 3사를 통해 집중 방영하는 등 여름휴가로 해외여행을 꿈꾸는 국민들의 마음을 국내여행으로 되돌릴 계획이다. 정부가 국내여행 활성화를 위해 TV 광고를 실시하는 것은 이번이 처음으로 4억 5,000만원의 예산을 들여 두 달간 지상파 3사에만 총 115회의 광고를 실시할 예정이다. 한국관광공사의 CF는 '내나라 여행을 통해 자기 자신과 가족의 꿈, 추억, 미래와 만나고 농어민 등과의 뜻 깊은 교류를 통해 따뜻한 세상을 꿈꾼다'는 컨셉으로 제작됐다. 한국관광공사는 또 서울 및 수도권 지하철 내부와 역사, 고속버스 터미널, 전광판 등 다양한 매체에 광고캠페인을 통해 국내여행 활성화와 그로 인한 농어촌 지역경제 발전을 호소할 계획이라고 밝혔다.

홍콩관광청은 가족관광시장 활성화를 위해 최근 가족여행객을 위한 '가족가이드 책자'를 발간했다. 이 책자는 가족단위로 홍콩여행을 즐기는 개별 여행객을 겨냥해 온 가족이 함께 다닐 수 있는 여행일정과 부모가 따로 즐길 수 있는 여행일정을 담고 있다. 먹거리와 교통수단, 쇼핑 등 주제별 소개를 비롯해 아이들을 위한 교육장소나 가족이 꼭 봐야할 곳 등도 정리돼 있다. 특히, 12세 미만의 어린이를 동반할 경우 어린이 가이드와 할인 쿠폰도 제공된다. 2004년 8월 31일까지 유효한 쿠폰북에는 주요 여행명소마다 각종 무료 선물과 할인혜택 등을 담고 있다. 또한 100홍콩 달러(한화 약 1만5,000원)를 쓸 때마다 스탬프를 받아 3개를 모으면 홍콩 역사박물관이나 문화박물관의 입장권을 무료로 받고 5개를 모으면 테디베어 인형을 받을 수 있다.

(3) 가격전략(promotion)

가족관광상품의 가격전략은 할인전략과 같은 가격대비 추가보너스 상품제공으로 행해지고 있다. 타이항공은 타이항공에서 개발한 여행프로그램인 로얄오키드 홀리데이스(Royal Orchid Holidays : ROH)에 대해 항공료의 최대 75% 할인을 해주는 행사를 진행한다. 구체적으로 2004년 7월 1일부터 10월 31일까지 여행업계와 언론계, 가족여행객에게 항공료 할인하며 12세 이하 동반어린이는 무료이다. 타이항공은 이 기간동안 여행업계나 언론사 직원이 방콕이나 태국 내 지역에서 ROH를 2박 이상 이용할 경우 항공료를 정상가에서 75% 할인된(AD75) 가격에 제공한다. 따라서 타이항공은 현재 판매중인 가장 저렴한 ROH 패키지인 방콕 3박(만다린 호텔 이용)의 경우 일반 정상가는 성수기 기준으로 51만 2,400원이지만 이번 할인을 받으면 41만 6,800원으로 여행이 가능하다고 밝혔다. 할인은 반드시 최종 목적지에서 ROH 프로그램을 사용해야 하며 발권시 재직증명서를 제출하여야 한다. 타이항공은 일반여행객을 대상으로 2004년 11월 30일까지 2명 이상의 성인이 ROH를 이용할 경우 12세 이하의 동반 어린이 1명에 대해 항공권과 숙박, 공항-호텔간 교통편, 아침식사를 무료로 제공한다. 이 행사는 태국 방콕, 치앙마이, 푸켓에서 이용이 가능하다(여행신문, 2004.7.12).

미국 LA 한인타운에 위치한 래디슨 윌셔 플라자호텔은 가족관광패키지상품인 '서머쿨 패키지'를 내놓았다. 이 패키지는 올 여름 성수기간 동안 LA에 친지 방문 등을 목적으로 방문하는 여행객들을 위해 마련된 것으로 3박 이상 투숙시 1박을 무료로 제공하는 것이다. 즉, 3박 요금으로 4박을 이용할 수 있다. 이 행사는 오는 8월 31일까지 실시하며 객실 이용시 1박당 가격은 119달러(14% 세금 별도)이다. 이밖에 헐리우드가 내려보이는 전망좋은 객실로 배정되며 가족이 함께 투숙시 추가요금없이 이용할 수 있다. 예약시 특급호텔 사우나 쿠폰 1매도 제공한다(여행신문, 2004.7.8).

〈그림 9-6〉 스위스 가족관광상품 홍보대사 최수종 · 하희라부부

출처: 스위스 대사관 홈페이지.

〈그림 9-7〉 PIC리조트클럽의 기념품 제공을 통한 촉진행사

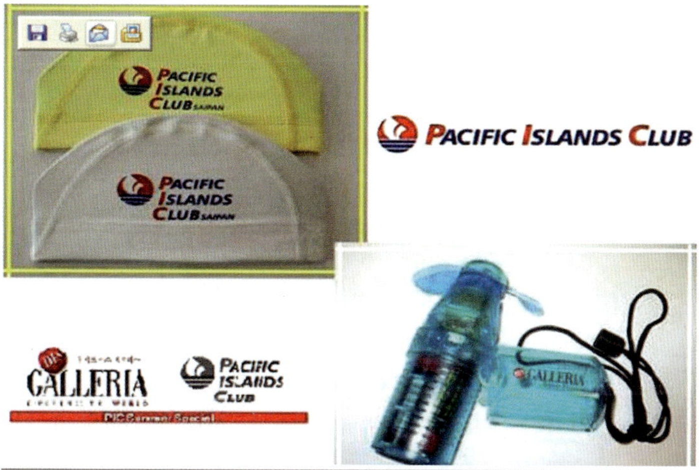

2004 PIC Summer Campaign
오는 9월 30일까지 여름 캠페인 실시,
어린이를 위한 다양한 선물 제공

consumer's behavior

관련 논문소개

1. 논문제목

Subjective norms : Effects on job satisfaction(주관적 규범 : 직무만족에의 영향)

2. 저자 : Lam, T., Pine, R., & Baum, T.

3. 출처 : Annals of Tourism Research, Vol. 30(1), 2003, pp.160-177.

4. 내용소개

(1) 연구목적

홍콩 관광산업에서의 신입 스탭은 대부분이 중국인들이며 이들의 이직률이 상당히 높은 편이다. 1994년부터 2000년까지의 홍콩의 호텔 신입사원이 12개월 내에 이루어지는 이직률은 27~47% 정도였다. 여행사나 항공사의 경우 60% 정도로 매니저들은 추정하고 있다. 이직률은 운영자에게는 비용적 요소로 인식되며 이러한 비용적 요소를 줄이기 위해서 운영자들은 노력하고 있다. 이 연구는 신입사원들의 직무만족도와 이직의사에 영향을 미치는 요인을 분석하려는 목적으로 시도되었다. 영향을 미치는 요인으로는 미충족기대치(unmet expectations)와 주관적인 규범(subjective norms)이 포함되었다. 또한 이 연구의 결과를 통해 중국인 피고용주를 고용한 사업체에 대해 이직률을 낮추는 제안을 하기 위해 시도되었다.

(2) 연구방법

조사대상자는 입사한 지 3개월에서 6개월된 호텔, 여행사, 항공사 종업원을 대상으로 하였다. 조사대상 호텔은 홍콩호텔협회(the Hong Kong Hotels Association)에 등록된 83개 업체를 무작위추출하여 선별하였으며, 14개 업체가 조사에 응하였다. 여행사의 경우 홍콩정부의 산하법인인 여행사등록청(the Travel Agents Registry)에 등록이 되어 있는 업체 중 200인 이상의 종업원을 둔 5개 여행업체를 조사자 선정하는 방법(judgmental sampling method)으로 선정하였으며, 이중 2개 업체만이 조사를 허용하였다. 항공사도 유사한 방법으로 조사되었으며 홍콩에 기반을 가진 11,000 이상의 종업원을 가진 1개 항공사를 조사하였다.

전체 521매의 설문을 시도하였으나 417매가 완료되어 80%의 응답률을 보였다. 이중 호텔종업원이 119명, 여행사가 170명, 항공사가 165명으로 구성되었다.

(3) 연구결과

이 연구의 분석결과 주관적 규범(subjective norms)이 직무만족에는 긍정적으로 이직의사에는 부정적으로 작용하는 것으로 나타났다. 조사대상자들이 중요하게 생각하는 주변인들이 현 직무상황이 만족스러운 조건이다라고 말해주면 조사대상자들은 그렇게 생각하는 경향이 있는 것으로 나타났다. 또한 이러한 주변인들이 조사대상자에게 직장을 그만두어서는 안된다라고 말하면 조사대상자들의 이직의사가 많이 주는 것으로 나타났다. 이러한 분석결과는 조사대상자들이 그들에게 중요한 준거집단에 의해 직장에서의 사회화 초기단계에 큰 영향을 받는 것을 보여주고 있다.

(4) 시사점

중국문화에서의 가족, 친척, 친한 친구는 중국인들의 행동규범에서 매우 중요하다. 중국인들은 이러한 중요한 준거집단의 기대치에 부응하려고 노력하며 이러한 사회관념은 면목(the concept of face)이라는 개념으로 보편화되어 있다. 매니저들은 종업원들의 면목을 살려주는 경영을 해야 하면 이런 상황에서 반목과 갈등대신 조화와 상생의 직무관계가 형성되는 것이다. 중국문화에서는 부모와 자식간의 관계가 효와 존경이라는 사상을 중심으로 이루어지며, 이것은 직장에서의 원로들에 대한 존경으로 이어지고 있다. 따라서 이를 활용하여 신입사원에게 직장의 원로들과 상담할 수 있는 기회를 제공하는 것도 중요하다고 할 수 있다.

사례분석

1. 주제 : 광주광역시 북구 문화의집 가족레저공연상품 제안사례

2. 출처 : 한국문화관광정책연구원 문화도시문화복지 Vol. 98호. '문화의집 '가족문화 장터'로 키우자' 2001.3.1.

3. 내용

(1) 이용자 중심 프로그램 개발 필요

"반바지 차림에 슬리퍼 신고, 온 가족 모두 음악회로 오세요."

지난 해 여름, 광주 북구 문화의 집에서는 다소 파격적인(?) 음악회 하나를 준비하고 있었다. 이름하여 '아빠와 함께 하는 숲 속의 작은 음악회'. 공연내용이 특별히 파격적인 건 물론 아니었다. 두 시간 정도의 공연내용은 사물놀이와 퓨전 타악연주, 통기타 가수들의 노래공연과 민중가요 가수들의 무대, 조금 특색 있는 순서가 있었다면 음악공연 사이에 아빠들이 나와서 귀신 이야기를 들려주는 순서를 마련한 정도였다.

굳이 '파격적'이라는 단어를 붙인 까닭은 '아이들 손잡고, 간식거리도 싸들고 소풍 나오듯 편안하게 오십시오' 하는 관람지침(?)에 있었다고 하겠다. 가끔은 공연도 보고 싶고, 음악회에 가고 싶지만 잠시도 가만 있어주질 않는 아이들 때문에 늘 TV만 지켜야 하는 엄마 아빠들, 격식 있는 공연장은 돈 때문에 혹은 아이들 때문에 엄두도 못내는 엄마 아빠들에게 눈치보지 않고 즐길 공연을 한 번 마련하자는 취지였다. 긴긴 여름밤, 잔디밭에서 공연도 보고, 귀신 이야기도 듣고, 아이들은 아빠 무릎에서 잠을 자기도 하는 편안한 자리를 만들어볼 작정이었다.

하지만 공연 당일, 애써 준비한 보람도 없이 아침부터 비가 주룩주룩 내리기 시작하는 것이었다. 우천시에는 실내 공연장으로 자리를 옮기기로 했지만 가족소풍과 같은 공연은 해낼 수 없을 거라는 생각이 들었다. 공연시간은 다가오고, 이런 날씨에 누가 얼마나 오겠냐며 한숨을 쉬고 있던 순간에도 북구문화의집 가족들은 공연장에 보조의자를 가져다 놓느라 정신이 없었다. 그런데 아빠 엄마 손을 잡고 밀려든 가족 관람객들은

어느새 300석 규모의 공연장을 다 메우고, 보조의자 150개도 모자라 되돌아가는 사태가 벌어졌다. 공연은 시종일관 뜨거운 박수 속에 진행됐고, 귀신 이야기를 신청한 아빠 가운데 스티로폼으로 만든 바위 소품까지 준비하는 열성 이야기꾼도 있어 인기를 독차지했다.

비록 애초에 생각했던 가족소풍 분위기의 음악회는 아니었지만 이 행사를 통해 느낀 점이 많았다. 첫째, 경제적 부담과 육아의 부담을 없앤 문턱 없는 예술공연이 필요하다는 것과 둘째, 각각의 사이클 속에서 바쁘게 살아가는 가족을 이어줄 프로그램이 필요하다는 것, 그리고 또 한 가지 주민참여 프로그램의 영역을 넓혀가야 한다는 것을 피부로 느끼게 되었던 것이다.

지난 1997년 10월에 개관해 올해로 개관 4년째에 접어드는 북구문화의 집. 북구문화의 집에서는 주민들의 문화적 욕구를 반영하되, 생활여건과 문화여건을 함께 고려하는 프로그램을 개발하고자 한다.

(2) 주민 생활여건에 맞는 문화프로그램 운영

지난해 6월에 열린 '주부를 위한 작은 영화제—일상을 색칠하는 영화와의 만남'은 전업주부들이 문화에서 소외되는 경향이 있고, 특히 육아문제가 걸림돌이 된다는 점을 고려해 탁아서비스를 병행하는 방식으로 진행했다. 이 행사는 광주지역 최초의 주부를 위한 영화제라는 기록도 세웠는데, 함께 온 아이들을 위한 애니메이션을 별도로 상영하고, 유아를 돌볼 자원봉사자들이 함께 해 주부들의 호응이 컸다.

가족을 이어줄 프로그램, 참여형 프로그램 등 틈새 프로그램이 필요하다. 제3회 광주비엔날레가 열린 지난해 4월에는 '광주비엔날레 열 배로 즐기기' 프로그램을 특별 운영하기도 했다. 이는 미술감상에 관한 관심과 욕구는 있되, 미술 전문지식이 부족한 초보감상자들을 위한 프로그램이었는데, 비엔날레 재단의 협조를 통해 관람료 할인혜택을 받으면서, 전문 도센트(docent)의 작품 해설을 함께 들을 수 있어 호응이 높았다.

이 강좌의 또다른 효과는 지역축제에 새로운 관심과 애정을 주민 스스로 가질 수 있었다는 점이다. 2000년 4월에서 6월까지 1기와 2기로 나눠 실시된 '광주비엔날레 열 배로 즐기기' 강좌에는 80여명의 주민들이 참여했다. 북구문화의 집에서는 프로그램 기획의 중요한 기준으로 지역적 특색을 생각하고 있다. 문화의 집이 지역문화의 거점이자 지역 주민들의 커뮤니티 공간이어야 하는 만큼 프로그램의 내용 또한 지역 주민들의 정서에 부합해야 할 것이다. 하지만 이러한 필요성에도 불구하고 지금 이 시대를 살아가는 지역 주민들의 문화적 더듬이가 어디로 향해 있는가를 포착하는 일이 쉽지 않다. 다원화되고 있는 각각의 삶과 지역이 안고 있는 문화적 전통과 특수성을 고려할 때 그 어려움은 배가된다.

consumer's behavior

토론문제

1. 가족여행 이벤트가 효과적일 수 있는 상품의 마케팅 사례를 설명하세요.

2. 가족의 개념/ 유형/ 기능을 설명해 보세요.

3. 가족의 생애주기 모델을 사례를 들어 설명해 보세요.

4. 당신의 가족관광에서 의사결정자는 누구인지 설명해 보세요.

5. 2003년부터 시행된 한국관광공사의 '체험! 가족여행단' 시범사업의 배경과 효과를 설명해 보세요.

6. 스위스관광청의 가족마케팅 사례의 특징을 설명해 보세요.

7. 홍콩관광산업에서 신입사원 대부분이 중국인들이며 이들의 이직률은 높은 편이다. 이들의 이직률을 줄이기 위한 방법으로 가족, 친척, 친구 등과 같이 주관적 규범(subjective norms)이 효과가 있을까요?

8. 우리가 생활하면서 레저생활을 할 때 가족과 함께 하기를 원하지만 지금 현재 할 수 없는 경우를 레저 프로그램의 사례를 들어 설명해 보세요.

참고문헌

김세범 · 전영종 · 허남일(1997). 「소비자행동론」. 형설출판사.

네이버백과사전(2004). www.naver.com

스위스 관광청 홈페이지. www.myswitzerland.co.kr

안종수 · 김성혁(1993). 가족생활주기에 나타나는 관광행동의 특징. 관광학연구. 17 : 183-195.

여행신문(2004.7.12). '2003 체험! 가족여행단'.

여행신문(2004.7.5). '2004년 스위스의 한국 관광마케팅전략은 가족마케팅이다'.

여행신문(2004.7.12). '타이항공 ROH 여행업계 75%할인'.

여행신문(2004.7.8). '3박 투숙 1박이 공짜'.

하헌국(1995). 가족 여가지향성이 가족응집성 및 적응성에 미치는 영향. 관광학연구. 18(2) : 105-124.

한국문화관광정책연구원(2001). 문화의 집 '가족문화장터'로 키우자. 문화도시문화복지 Vol. 98호.

파이낸셜뉴스(2004.3.10). 車마케팅도 '웰빙'…가족 온천욕 즐기며 볼쇼이 발레도 보고.

Lam, T., Pine, R., & Baum, T.(2003). Subjective norms : Effects on job satisfaction. *Annals of Tourism Research*. 30(1) : 160-177.

Wang,K., Hsieh, A., Yeh, Y., & Tsai, C.(2004). Who is the decision-maker : the parents or the child in group package tours?. Tourism Management. 25(2) : 183-194.

nsumer's behavior Tourism

제10장 관광소비자행동의 환경적 요인 4

준거집단

❦들어가는 이야기
❦핵심개념

10-1. 준거집단과 소비자행동
  (1) 준거집단의 개념
  (2) 준거집단의 유형
  (3) 준거집단의 파워
  (4) 구전커뮤니케이션
  (5) 혁신의 확산
  (6) 다양한 준거집단의 영향력

10-2. 준거집단과 관광
  (1) 준거집단과 레저
  (2) 준거집단과 관광

10-3. 준거집단과 관광마케팅
  (1) 준거집단과 제품전략
  (2) 준거집단과 촉진전략

❦관련 논문소개
❦사례분석
❦토론문제
❦참고문헌

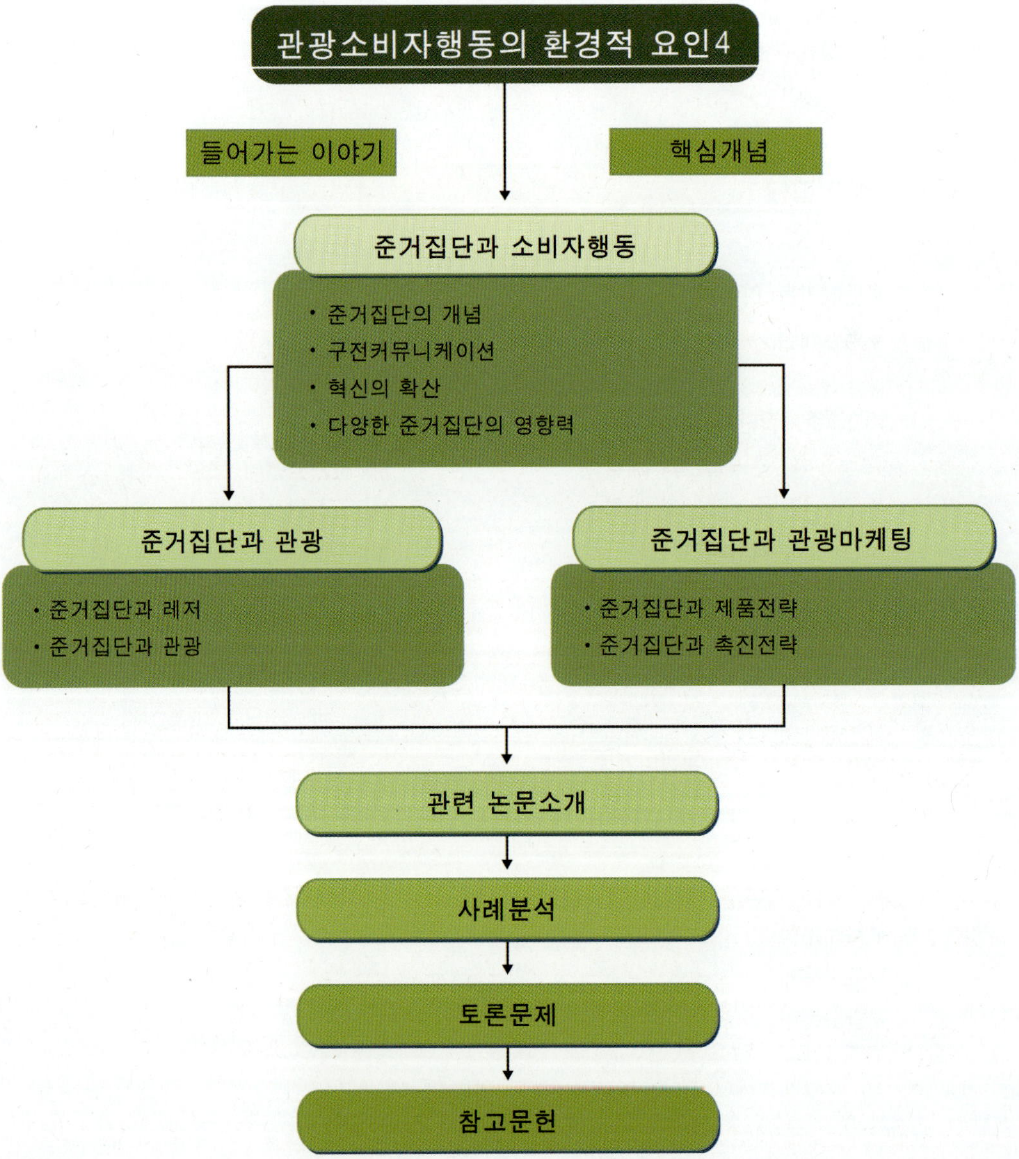
관광소비자행동의 환경적 요인4
들어가는 이야기
핵심개념
준거집단과 소비자행동
· 준거집단의 개념
· 구전커뮤니케이션
· 혁신의 확산
· 다양한 준거집단의 영향력
준거집단과 관광
· 준거집단과 레저
· 준거집단과 관광
준거집단과 관광마케팅
· 준거집단과 제품전략
· 준거집단과 촉진전략
관련 논문소개
사례분석
토론문제
참고문헌

들어가는 이야기

욘사마와 관광소비자행동

▌NHK '한국! 알고싶다! 보고싶다!' 특집

'욘사마' 신드롬이 일본 열도를 강타하는 가운데 일본 공영방송 NHK가 자사 방송 최초로 한류관련 프로그램을 8시간 연속 방송할 예정이다. NHK는 오는 19일 오후 자사 위성채널인 BS2에 한류관련 프로그램 '한국의 날-한국! 알고 싶다! 가고 싶다! 보고 싶다!'를 특별 편성했다. NHK가 한국뿐만 아니라 특정 국가의 문화현상을 장시간 집중 방송하는 것은 처음 있는 일이다 .

NHK는 이번 특집에서 일본 내에 불고 있는 한류 진원지인 한국 명소를 직접 소개할 예정이다. 중계차 두 대를 동원해 드라마 '겨울연가' 촬영지인 남이섬과 춘천, 명동 등을 비추고 그 곳 한국 젊은이와 일본 관광객을 인터뷰해 내보낸다. 또 미리 실시한 설문조사를 토대로 한국 젊은이들의 이성관과 가치관을 비롯해 연예계에 대한 생각도 일본 시청자들에게 전달한다.

'한류 열풍을 준비하는 그들' 편은 한류스타를 꿈꾸는 신인 한국배우 김정욱, 정애연씨의 활동도 소개한다. 이를 위해 NHK는 지난달 20일부터 30일까지 김정욱과 정애연의 동선을 종일 따라다니며 취재했다. 방송사 드라마와 광고 오디션을 보는 장면 등을 녹화했다. NHK가 김씨와 정씨를 낙점한 이유는 두 사람 이 소속된 기획사 제로베이스의 매니저 배경렬씨 때문. 한국에서 '겨울연가'가 방영될 때 배씨가 배용준과 박용하의 매니저로 활약한 인연을 주목했기 때문이다.

한편, NHK는 오는 20일부터 '겨울연가' 무삭제판을 역시 BS2를 통해 방송할 예정이다. 일본 성우가 더빙한 기존 방식이 아니라 배용준과 최지우의 목소리가 그대로 흘러 자막과 함께 전파를 타게 된다 분량도 종전처럼 60분으로 편집하지 않고 원작 분량(63~72분) 그대로 방송된다. 이로써 '겨울연가'는 NHK를 통해서만 4번째 방송되는 셈이다.

-매일경제신문, NHK '한국! 알고싶다! 보고싶다!' 특집, 2004년 12월 1일-

〈그림 10-1〉 일본인의 준거집단이 된 겨울연가의 두 주인공과 드라마의 배경으로 관광객 유치에 성공한 남이섬

춘천 남이섬에 국제관광도시 제주에 버금가는 외국인 관광객이 몰려들고 있다. 남이섬측은 7일 KBS 드라마 겨울연가 열풍으로 개인과 단체 손님이 몰려 올해만 11월7일 현재 일본인 7만7천명 등 총 20만7천명의 외국인이 다녀갔다며 일본인 관광객 가운데는 특히 순애보 드라마의 흔적을 반추하려는 30~40대 주부들이 가장 큰 비중을 차지하고 있다고 밝혔다. 남이섬의 내국인 관광객은 제주의 20% 수준인 1백만명에 불과하지만 외국인 관광객 수만큼은 제주(작년 22만1천명, 올해 11월 현재 27만명)를 바짝 뒤쫓고 있다.
(경향신문, 남이섬 국제관광지로 부상, 2004.11.)

consumers behavior

Tourism ▪▪▪▪ **핵심개념**

1. 준거집단
2. 준거집단의 유형
3. 준거집단 파워
4. 구전커뮤니케이션
5. 혁신의 확산
6. 사회적 구조망
7. 사회집단모델
8. 레저의 사회세계
9. 한류

10-1 준거집단과 소비자행동

(1) 준거집단(reference group)의 개념

준거집단이란 한 개인이 자신의 신념·태도·가치 및 행동방향을 결정하는데 준거기준으로 삼고 있는 사회집단을 말한다. 개인은 스스로가 동일화하고 있는 특정한 집단규범에 따라 행동하고 판단하는 것이라고 하는데, 그 때 그 집단을 개인의 준거집단이라고 한다. 준거집단이란 말은 1942년 미국의 사회심리학자 H.H.하이먼의 논문 〈지위의 심리학〉에서 처음 사용되었다. 하이먼에 따르면, 지위와 태도·행동·사회적 전망 등과의 사이에는 여러 가지 관련성이 있는 것이며, 이 논문에서 다룬 '주관적 지위'는 어떤 사람이 다른 여러 개인과의 관계에서 파악한 자기 자신의 위치에 대한 견해를 가리키는 것이었다(네이버 백과사전).

준거집단을 살펴봄으로써 소비자에게 정보를 제공하거나 영향력을 미칠 수 있는 방법을 알아낼 수 있다. 준거집단의 영향력을 이용하는 전형적인 방법은 가족, 평범한 이

웃과 같은 주부, 유명인을 광고에 등장시키는 경우이다. 광고의 등장인물들은 소비자의 준거집단 대리인의 역할을 하면서 소비자와 등장인물을 동일시하도록 유도하는 것이다.

(2) 준거집단의 유형

준거집단은 소비자에 따라 그 구성원인 경우도 있고 그 집단에 속하기를 열망하는 경우도 있다. 준거집단의 유형은 다음과 같이 분류할 수 있다〈그림 10-2〉.

〈그림 10-2〉 준거집단의 유형

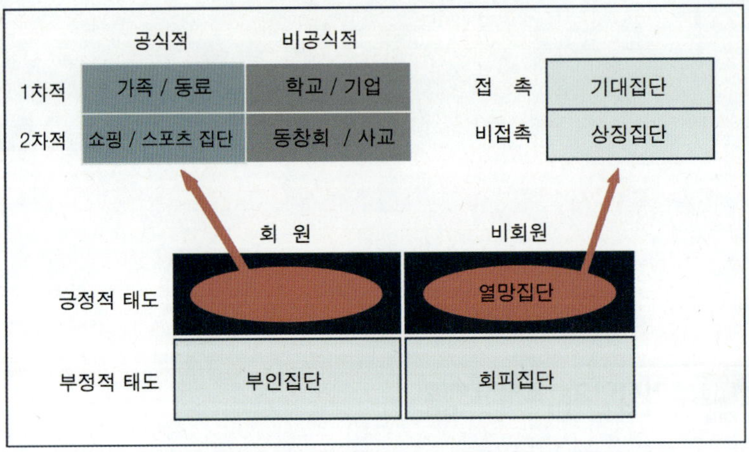

출처 : 임종원 · 김재일 · 홍성태 · 이유재(2000). 「소비자행동론: 이해와 마케팅에의 전략적 활용」, p.440에서 인용.

회원집단(membership group)

회원집단은 다시 일차적 · 이차적 집단과 공식 · 비공식의 기준에 따라 분류된다. 일차적 집단은 가족, 친구, 사업동료 등과 같이 정규적으로 빈번하게 접촉을 하는 사람들로 구성이 된다. 이차적 집단은 쇼핑집단, 정치집단, 조합원, 스키동호인과 같이 그다지 빈번한 접촉은 안하는 경우가 이에 해당된다. 일차적 집단은 개인이 제품에 대한 신념, 취향이나 선호도 등을 형성하는데 영향을 더 많이 미칠 뿐만 아니라 구매행동에 직접적인 영향을 미치므로 마케터에게는 이차적 집단보다 더 중요하다.

공식적 조직구조와 역할여부를 기준으로 집단을 공식집단과 비공식집단으로 구분할 수 있다. 공식집단이란 사장, 재무이사, 비서와 같은 특정한 조직구조와 자금모집, 교육, 정보조정과 같은 특정역할을 가진 집단이나 비공식집단은 명확하지가 않다.

■ 열망집단(aspirational group)과 회피집단(dissociative group)

열망집단은 개인이 집단에 대한 구성원 자격이 없고 대면접촉을 하고 있지는 않지만 집단의 구성원이 되거나 그 집단의 구성원들과 같아지기를 갈망하는 집단이다. 이 집단이 제품구매에 미치는 영향은 간접적이다. 열망집단에는 기대열망집단(anticipatory aspirational group)과 상징열망집단(symbolic aspirational group)의 두 가지 종류가 있는데, 전자는 개인이 장래 어느 시점에 참여하리라고 기대되는 집단이며 현재 접촉을 하고 있는 경우가 많다. 직장상사의 경우가 이러한 집단의 좋은 예이다. 상징열망집단은 개인이 속하리라고 기대하지 않는 집단이며 접촉하고 있지 않은 경우가 많다. 좋아하는 연예인이 이러한 경우에 해당된다.

회피집단(dissociative group)은 개인이 피하고자 하는 집단으로, 속하고자 원하지 않는 집단이다. 때로는 개인이 어떤 집단에 속해 있지만 그 집단의 가치나 규범을 인정하지 않고 자기가 그 집단에 속한다는 것을 부인할 수 있는데 그런 경우는 부인집단(disclaimant group)이라 부른다.

(3) 준거집단의 파워

준거집단에게는 집단구성원들에게 영향을 미치는 파워가 존재하며, 이를 준거집단의 사회적 파워(social power)라고 한다. French & Raven(임종원외 4인, 2000, p.441에서 재인용)은 사회적 파워를 여섯 가지로 설명하고 있다.

첫째, 준거적 파워(referent power)이다. 한 개인이 특정 개인이나 집단을 존경하거나 특성을 선호하는 경우 발생하는 능력을 말한다. 나이키의 경우 타이거우즈를 광고모델로 이용함으로써 우즈를 따라하기를 열망하는 사람들을 목표시장으로 한 효과적인 마케팅전략을 구사함으로써 브랜드 충성도를 높이고 막대한 수익을 올릴 수 있었다

둘째, 정보적 파워(information power)이다. 다른 사람들이 원하지만 알지 못하는 정보를 알고 있기 때문에 발생하는 능력을 말한다. PC통신이나 인터넷에서의 영화동호회, 식도락동호회, 자동차동호회, 컴퓨터동호회와 같은 집단을 예로 들 수 있다.

셋째, 합법적 파워(legitimate power)이다. 사회적 합의에 의해 발생하는 능력을 말한다. 국민의 합의에 의해 형성된 정부, 국회 등의 국가기관이나, 대학생들의 투표로 당선된 대학 총학생회장을 예로 들 수 있다.

〈그림 10-3〉 친구는 준거집단?

사회심리학에서의 태도 연구에 의하면, 개인은 스스로가 동일화하고 있는 특정한 집단규범에 따라 행동하고 판단한다고 하는데, 그 때 그 집단을 개인의 준거집단이라고 한다.
영화 '친구'에서 또래집단이 강력한 준거집단이 됨을 알 수 있다.
사진출처: 친구(jangdonggun.pe.kr/friend)

넷째, 전문적 파워(expert power)가 있다. 구체적 지식이나 기술을 소유함으로써 발생하는 능력을 말한다. 인터넷전문가, 교수, 학자, 변호사, 전문경영자 등이 여기에 해당한다.

다섯째, 보상적 파워(reward poer)가 있다. 보상과 같은 긍정적 강화를 제공하는 개인이나 집단에게 발생하는 능력을 말한다. 회사에서 종업원들에게 인센티브를 제공하는 것도 보상적 파워에서 기인한다고 볼 수 있다.

여섯째, 강제적 파워(coercive power)가 있다. 강제성을 띠기 때문에 단기효과는 누릴 수 있지만 지속적인 효과가 있기는 힘들다.

(4) 구전커뮤니케이션

고객의 수요가 고도화, 다양화, 개성화됨에 따라서 대중시장(mass market)이 사라지게 되었다. 생활하면서 듣는 직장동료나 친구의 의견 한마디가 TV나 라디오의 광고보다 더 신뢰가 가고 설득력이 있다는 것은 누구나가 공감하는 바이다. 한 사람이 다른 사람과 의사소통의 결과 다른 사람의 태도나 행동에 영향을 미치는 효과를 개인적 영향(personal influence)이라고 하며 사람 상호간의 의사소통(interpersonal communication) 또는 구전(口傳) 커뮤니케이션(word-of-mouth communication)이라고도 한다.

소비자들이 친구나 다른 준거집단으로부터 새로운 상품, 레스토랑, 쇼핑몰에 대해 배우는 방법은 두 가지가 있다. 첫째, 준거집단과 같이 상품이나 서비스를 이용하거나 이들이 이용하는 것을 관찰하는 방법과 둘째, 준거집단으로부터 소언이나 정보를 구하거나 습득하면서이다. 미국인의 절반이 상품을 구매하기 전에 다른 사람으로부터 조언을 받는다고 하며 40%의 사람들이 주변사람들이 자신들에게 구매조언을 듣기 위해서 온다고 한다는 통계자료는 준거집단이 주변인들의 소비자행동에 커다란 영향을 미친다는 것을 보여준다.

다음 〈표 10-1〉은 남녀소비자들이 상품이나 서비스를 구매하기 전에 다른 사람들의 조언을 구하는 비율을 보여준다.

〈표 10-1〉 상품 구매전 구전 커뮤니케이션의 영향 받는 남녀 비율

Product	Men	Women
New doctor	45 %	47 %
Legal advice	41	42
Car mechanic	40	49
Restaurant	39	38
Movie	26	28
Personal loan	17	20
Automobile	15	22
Hair cut	10	24

출처 : Hawkins, D. I., Best, R. J., & Coney, K. A., (2001). *Consumer Behavior : Building Marketing Strategy.* Boston: Irwin McGraw-Hill. p.239에서 인용.

(5) 혁신의 확산

소비자 개개인이 신제품을 선택함으로써 사회 전체로 신제품이 널리 보급되는 과정을 혁신의 확산(diffusion of innovations)이라 말할 수 있다. 많은 기업들이 신제품을 개발하고 있지만 약 80%의 신제품이 실패를 경험한다. 이렇게 높은 실패율에도 불구하고 기업들은 왜 꾸준히 신제품을 개발하고 있는 것일까? 이 질문에 대한 해답은 수익성이며 보통 제품의 수익은 제품수명주기상에서 볼 때, 도입기를 지나 성숙기로 접어들 때 최대가 된다.

혁신의 의미

혁신에서 새롭다는 의미는 다음과 같은 점을 시사한다. 첫째, 소비자들이 기존 제품과는 명백히 다르다고 인식하여 새롭게 느낄 수 있어야 한다. 둘째, 특정시장에 보급된 비율이 낮아야 신제품이라 할 수 있다. 셋째, 시장에 도입된지 시간적으로 오래 경과되지 않은 제품이어야 한다. 넷째, 소비자의 사용상황이나 사용시스템에 얼마나 변화를 야기시켰는가의 정도에 따라서 신제품을 분류하기도 한다.

혁신의 유형

혁신의 유형에는 연속적 혁신(continuous innovation)과 불연속적 혁신(discontinuous innovation), 단계적 혁신(dynamically continuous innovation)이 있다. 연속적 혁신 제품은 소비자들이 사용습관을 바꾸지 않아도 되므로 기존제품을 대체시키면서 신규수요를 자극하므로 신속히 확산될 수 있다. TV시장에서 브라운관 TV가 PDP TV로 소비자들의 관심이 옮겨지고 있는데, 신제품이기는 하지만 TV를 보는 방법은 전과 같기에 연속적 혁신의 예라고 할 수 있다.

불연속적 혁신은 타이프나 주산 대신 개인용 컴퓨터가 등장하면서 이러한 기능을 대체하는 경우 이용하는 방법이나 사용시스템이 완전히 바뀌기 때문에 불연속적인 혁신이라고 할 수 있다. 단계적 혁신은 연속적 혁신과 불연속적 혁신의 중간단계로 소비자의 구매와 사용습관을 약간 바꾸면서 기존 제품을 변경하는 경우이다. 아날로그 카메라시장에서 디지털 카메라는 신제품이다. 디지털카메라에서는 사진을 찍을 때 필름이 필요 없으며 인화를 하지 않아도 된다. 이것은 메모리카드가 필름을 대체했기 때문이다. 그러나 소비자의 사진찍는 방법은 과거와 똑같이 계속되므로 단계적 혁신사례라고 할 수 있다.

혁신의 확산에 영향을 미치는 요소

혁신 또는 신제품이 목표시장에 얼마나 빨리 확산되는가에 영향을 미치는 요소는 상대적 이점(relative advantage), 부합성(compatibility), 단순성(simplicity), 관찰가능성(observability), 접근성(accessibility)과 용이성(availability), 시험사용가능성(triability)의 6가지이다. 첫째, 상대적 이점은 기존 제품에 비해 신제품이 갖는 상대적 이점을 말하며 신제품의 확산에 중요한 영향을 미친다. 노트북 컴퓨터의 경우 가볍고 작은 신제품들이 속속 출시되고 있으며 이러한 특성이 신제품 노트북의 확산에 기여하는 것이다. 둘째, 부합성은 신제품이 소비자들의 욕구, 신념, 가치관이나 경험과 일치되는 정도를 나타낸다. 노래방의 급속한 확산은 가무를 즐기는 한국적인 문화와 음주를 하지 않고도 유흥을 즐기고자 하는 욕구에 적절히 부합한 결과이다.

셋째, 단순성은 신제품을 이해하거나 사용하기가 얼마나 쉽다고 인식되는가를 나타낸다. 컴퓨터시스템 소프트웨어가 Dos에서 윈도우 프로그램으로 넘어가면서 사용하기 쉬운 마우스와 그림의 인터페이스로 인해 컴퓨터 사용자들을 급속히 확산시킨 것이 단순성의 신제품 확산 예가 될 것이다. 넷째, 관찰가능성인데 사람들의 눈에 잘 띄는 신제품일수록 확산속도가 빠르다는 것이다. 대우의 공기방울 세탁기는 백화점 등에서 내부가 보이도록 특수하게 제작된 세탁기를 전시하여 공기방울의 효과를 보여주면서 확산을 용이하게 했다. 다섯째, 접근성과 용이성인데 24시간 영업하는 편의점이 주택가, 특히 대학가에 확산되고 있는 것이 그 예가 될 것이다. 여섯째, 시험사용가능성은 소비자가 제한된 범위 안에서 신제품을 시험적으로 사용할 수 있는 경우 그 신제품이 시장에서 성공할 확률이 높다는 것이다. 맥주나 탄산음료의 경우 시판할 때 시음회를 가짐으로써 제품의 맛을 소비자들이 직접 경험할 수 있게 하는 것이 일반화되어 있다.

(6) 다양한 준거집단의 영향력

유명인이나 다른 유사 준거집단의 영향력은 광고주가 그들의 시장을 설득할 때 효과적으로 활용될 수 있다. 유명인의 이러한 상품 설득력은 대단히 크며 이러한 과정은 동경(운동선수), 열망(유명인의 생활방식), 동조(개인이나 상황), 인정에 의해서 이루어진다. 만약 프로골퍼 안시현이 K사 제품의 골프채를 사용한다면 안시현을 좋아하는 소비자는 "안시현선수가 그 골프채를 사용한다면 좋은 골프채일거야. 내가 그 골프채를 사용하면 그녀처럼 잘 치겠지"라고 생각할 수 있을 것이다.

소비자행동에 영향을 미치는 준거집단의 설득유형은 다섯 가지로 설명할 수 있다. 유명인 설득형, 전문가 설득형, 회사경영자-직원 설득형(광고에 자사제품의 경영자나 직원 출연), 보통인 설득형(일반인이 광고에 출연), 상표 캐릭터 설득형(닌자거북이와 같은 업체가 만든 캐릭터 활용)의 다섯 가지가 있다.

〈그림 10-4〉 일반인도 준거모델?

우리사회의 몸짱 열풍을 불러온 아줌마 정다연씨

이제는 일반인이 광고에 출연하는 시대가 되었다. 몸짱 아줌마 정다연씨의 경우는 일반인이 보통 사람들에게 몸매를 가꾸는 준거모델이 된 대표적인 사례라고 할 수 있다.

사진출처: CJ주식회사 (www.cj.co.kr)

10-2 준거집단과 관광

(1) 준거집단과 레저

한 개인의 레저활동을 설명하는데 있어 다양한 준거집단 모델이 활용되어 왔다. 레크리에이션이나 레저의 경우 사회집단모델(Social Groups Model), 사회세계(Social Worlds), 사회조직망(Social Networks)의 개념이 하나의 준거집단으로 인식되어 왔다.

▌레저와 준거집단

민족성, 교육수준, 소득수준과 레크리에이션 패턴에는 상관관계가 있다는 연구결과는 이미 많은 학자들이 증명하고 있다(Kelly, 1987, 1989, 1996 ; Kelly & Godbey, 1992). 1930년대에 Neumeyer & Neumeyer는 집단적 자극이 감정적인 경험을 강화하기 때문에 레크리에이션을 즐기는데 많은 도움이 된다는 연구결과를 발표하였다. 자주 언급되는 레저동기로서 '가족과 시간을 보내기 위해서'라는 동기와 '가족구성원과의 친목을 위해서' 가 있어왔다(Orthner & Mancini, 1991). 레크리에이션은 또한 할아버지와 손자와의 세대차이를 막는 역할을 하고 있다(Swedburg & Ostiguy, 1994). Stokowski(1988)에 따르면 사람들은 사회적 역사(social histories)를 가지고 대인관계(interpersonal relationships)를 유지하고 있으며, 지역사회의 사회적 구조망(social networks)이 사람들의 레저패턴을 이해하는데 가장 중요한 요소라고 제안하였다. 사회적 구조망은 한 개인을 둘러싼 여러 형태의 준거집단을 의미하며 보통 사회구조망의 크기가 큰지 작은지와 사회구조망의 강도가 강한 집단인지 약한 집단인지로 설명하며 가족, 친척, 친구, 동료 등 각종 준거집단이 여기에 해당된다.

▌레저와 사회집단모델(Social Groups Model)

1969년에 Burch는 사회인구통계요인으로 다양한 레저활동을 설명하기에는 한계가 있으며 한 개인의 지역공동체, 특히 준거집단의 영향력을 이해해야지 이들의 레저활동을 설명할 수 있다고 주장하였다. Burch는 부모와 같이하는 가족 캠핑을 통해 자녀들의 레저의 사회화과정을 학습하며 이것이 자녀들이 어른이 되었을 때 레저행태를 결정짓는 중요한 요인이라는 점을 지적하였다. 1970년대와 1980년대를 거치면서 이러한 사회집단모델을 활용하여 사람들의 레저활동을 연구하려는 시도는 꾸준히 있어왔으며 나름대로의 성과를 거두었다. Buchanan, Christensen & Burdge(1981)는 다른 형태의 사회집단은 같은 레저활동에 대해 각기 다른 의미를 부여한다는 점을 지적하면서 어떻게 사회집단이 레저활동에 영향을 미치는지에 대해 설명하였다.

▌레저의 사회세계(Social Worlds of Leisure)

사회세계라는 개념은 사회집단과는 다른 의미로 레저연구를 이론화하는데 가장 혁신적인 접근법으로 여겨지고 있다(Stokowski, 1994). 이러한 사회세계의 개념을 활용하여 미국 사회의 카드게임인 브리지 클럽을 연구한 Scott(1990)의 연구는 준거기준을 활용하여 브리지클럽 세계내에서 여러 형태의 브리지 플래이어 세계가 공존한다는 것을 제안하였다. 레저의 한 형태로 옥션에 참가하는 사람들을 연구한 Glancy(1988, 1990)의 연구도 레저의 사회세계 개념을 활용한 독창적인 연구이다. 옥션에서의 참가자들이 다른 역할을 수행하면서 다중의 사회적 유대관계를 발전시킨다는 것이다. 이러한 사회세계 개념을 활용하여 Walter(1984)는 산악인의 세계와 산악인이 아닌 외부인의 세계를 비교하여 개인의 소속된 사회세계에 따라 한 개인이 같은 레저활동에 대해 가지고 있는 다양한 경험과 느낌을 제시하고 있다.

▌레저의 사회구조망(Social Networks in Leisure)

사회구조망 접근법은 한 개인의 집단내의 관계 뿐만 아니라 개인을 둘러싼 보다 넓은 사회구조망 구조를 분석하고 개인의 레저활동을 이해하는데 레저활동이 발생하기 전의 개인의 일상생활권에서의 다양한 사회적 관계를 분석하는데서 시작한다는 점에서 포괄적인 접근법이라 할 수 있다.

(2) 준거집단과 관광

준거집단이 어떻게 개인의 관광행동에 영향을 미치는가에 대한 연구는 다양하게 시도되고 있다. 준거집단이 관광행동에 미치는 영향에 대한 몇 가지 연구주제는 다음과 같다.

첫째, 준거집단이 관광목적지를 선택하는데 어떻게 영향을 미치는가? 둘째, 휴가여행에서 동반자는 누구인가? 셋째, 快여행을 하는데 준거집단이 여행자의 만족을 어떻게 증가시키는가? 하는 것이다.

준거집단이 관광목적지를 선택하는데 개인에게 미치는 영향은 직접적인 영향, 규범적인 영향, 장기적인 사회화의 영향, 관광목적지에 거주하는 사회집단 구성원의 영향 등 다양하다(Crompton, 1981). 준거집단의 직접적인 영향은 영향력있는 준거집단 구성원이 구전으로 영향력을 행사하는 것을 의미한다. 혼자 여행지를 결정했지만 결정한 후 관광목적지에 대해 준거집단의 의견을 구하는 경우 준거집단이 규범적인 영향을 미쳤다고 할 수 있다. 준거집단의 종류에 따라 개인이 구하는 여행정보의 경우도 다양하다는 것이 분석되었다. 미국 텍사스로 겨울에 여행하는 노인여행자들은 목적지를 선택하기 전에 아주 친한 사회구조망(strong social network ties)에게서 정보를 구하지만, 목적지에서의 활동이나 의료정보와 같은 생활정보는 친하지 않은 사회구조망(weak social network ties)에서 구하는 것으로 나타났다(Stkowski, 1992).

10-3 준거집단과 관광마케팅

관광마케팅전략을 수립하는데 준거집단을 활용한 전략이 효과적일 수 있다. 최근 한류열풍이 지속되면서 문화관광부, 한국관광공사, 관련 지자체에서 이를 이용한 관광상품과 촉진전략을 수립하고 있어서 이를 중심으로 소개하고자 한다.

(1) 준거집단과 제품전략(product)

최근 일본에서 '욘사마' 열풍을 일으키고 있는 배용준의 '겨울연가'가 2004 일본 최고 히트상품으로 선정되면서 준거집단을 활용한 대표적인 사례가 됐다. 일본 최고의 은행그룹 스미토모의 SMBC 컨설팅은 2일 '욘사마' 배용준이 주연한 한국드라마 '겨울연가'가 올해 최고의 인기상품이라고 밝혔다. SMBC 측은 "동양 최고를 의미하는 '동쪽의 요코즈나'에 드라마 '겨울연가'가 선정됐다"며 한국 드라마 촬영지 여행상품과 드라마 DVD등의 '한류 관련 상품'도 이에 맞먹는 순위를 기록했다고 전했다(헤럴드 프리미엄, 2004.12.2).

〈그림 10-5〉 일본 최고의 상품으로 선정된 겨울연가와 이를 관광상품으로 개발한 춘천시

한류열풍은 드라마가 인기리에 방영되면서 시작되었고 드라마 촬영지도 관광목적지로서 인기를 모으고 있다. 춘천시는 관광상품의 수명주기를 연장하는 제품전략을 수립하고 있다.

춘천시는 겨울연가의 열기를 이용하여 외국인 관광객 결혼식 이벤트상품을 개발하였다. 춘천시는 드라마 '겨울연가'로 인해 한류열풍의 중심지가 되고 있는 관내 관광지를 신혼여행지로 만들기 위해 외국인 결혼예정자를 초청해 결혼식을 주선하는 방안을 구상중에 있다고 2004년 11월 30일 밝혔다. 이를 위해 외국인 10여 쌍을 공모해 결혼식 지원에 나서기로 했다. 또 관광객들이 즐겨 찾는 '준상이네 집'에서 첫날밤을 갖고 춘천고 담장과 남이섬 등을 둘러보는 관광코스 개발에 나설 예정이다. 시 관계자는 "춘천이 결혼식장소와 신혼여행지로 각광을 받으면 드라마의 인기가 사라져도 계속해서 사랑받을 수 있을 것"이라며 "장기적인 관광대안 차원에서 이번 행사를 기획하고 있다"고 했다. 시는 특히 2004년 10월 29일 남이섬에서 열린 일본인 이케자와 하야또(20)씨와 나츠꼬(여·17) 부부의 경우처럼 주변 관광지와도 연계해 사업 추진에 나설 것으로 알려졌다. 시는 관련 세부사항의 검토가 끝나는 대로 예산 배정 및 협찬 모집에 나설 것으로 알려졌다. 김진국 춘천부시장은 지난 8월 일본내 중앙일간지 기고를 통해 춘천에 오시면 누구나 욘사마가 될 수 있으니 가족 모두 춘천을 방문해 줄 것을 제안하기도 했다(강원일보, 2004.12.1).

(2) 준거집단과 촉진전략(promotion)

마케터가 상품을 특정 집단활동에 적합한 것으로 포지셔닝하는 경우가 종종 있으며 여러 형태의 준거집단 영향력을 활용한 광고전략을 세울 수 있다. 예를 들면 만약 이 상품을 구매하여 사용하면 당신은 준거집단과 같은 선택을 한다는 메시지를 광고를 통해서 보내는 것이다.

한국관광공사는 JATA 박람회에서 한국부스 18개를 확보하여 한국의 관광홍보를 하였다. 2004년 9월 23일부터 26일까지 일본 도쿄에서 개최되는 'JATA 국제관광회의 & 세계여행박람회 2004(JATA World Tourism Congress & Travel Fair 2004)'에 한국관광공사를 비롯해 9개 지방자치단체가 부스를 마련하고 관광한국을 세계에 알렸다. 또 여행업계 관계자들도 국제관광회의 등 관련행사에 참석해 일본관광산업의 최신동향을 접하였다. 한국관광공사는 9월 24일 '도쿄 빅사이트(Tokyo Big Sight)'에서 개막하는 JATA 세계여행박람회에 총 5개의 부스를 마련하며 경기도가 4개 부스를 차리는 것을 비롯해 서울 2개, 광주, 전남, 제주, 전북, 대구, 경북, 경남이 각각 1개 부스씩 총 18개의 부스를 설치하고 관광홍보 활동을 펼쳤다. 행사 전에 한 인터뷰에 따르면 강중석 관광공사 도쿄지사장은 "일본에서 거세게 불고 있는 한류열풍에 맞춰 한국측 부스도 한류를 컨셉으로 꾸밀 예정"이라며 "한류에 대한 일본인들의 관심이 높은데다가 다른 지역 부스보다도 눈에 잘 띄기 때문에 많은 홍보효과를 얻을 것"이라고 예측했다. 12개 일본전문 랜드 및 여행사 관계자들도 일본국제관광진흥기구(JNTO)의 초청으로 9월 24일 열리는 'JATA-JNTO 인바운드 상담회'에 참석해 일본 각 지역의 관광관련 업체들로부터 최신 정보를 얻었으며(여행신문, '한류컨셉으로 日 관심 집중', 2004.9.6) 대표적인 준거집단으로 자리매김하고 있는 한류스타와 한류컨셉을 한국관광 촉진 전략의 중심으로 연출하고 있다.

consumer's behavior

관련 논문소개

1. 논문제목

'Understanding the behavior of Hong Kong Chinese tourists on group tour packages'

2. 저자 : Wong. S., & Lau. E.

3. 출처 : Journal of Travel Research. 2001. Vol. 40(8월). pp.57-67.

4. 내용소개

(1) 연구목적

이 연구는 세 가지 연구목적을 가지고 수행되었다. 첫째, 아웃바운드(해외) 홍콩관광객중 단체 패키지관광객의 행동특성을 분석하고, 둘째, 홍콩인들이 해외단체관광 상품을 구매할 때 중국의 문화적 가치관의 역할을 분석하며, 셋째, 가이드 인솔 외국여행패키지로 여행을 할 때 나타나는 관광행동과 중국의 문화적 가치 사이의 관계를 파악하는 것이다.

(2) 연구방법

이 연구는 Bond의 중국가치설문(Chinese Value Survey : CVS)을 기초로 조사와 분석을 하였다. Bond의 CVS는 중국인의 가치를 측정하는 40 항목으로 구성되어 있으며 22개의 국가에서 사용되었다. Bond의 CVS의 중국인 가치군은 4가지로 분류되었으며 사회적 통합(integration), 유교적 직업다이너미즘, 인간애, 도덕적 수양이다. 조사는 비확률표집법을 사용하였으며 단체관광경험이 있고 17세 이상인 자를 대상으로 200명을 조사하였다. 조사장소는 홍콩에서 가장 붐비는 거리인 Tsim Sha와 Mongkok에서 행해졌는데 여행사가 밀집해 있고 보행자가 많이 다니는 곳이다. 분석방법은 관광객 행동특성과 중국 문화적 가치를 분석하기 위해서 단순기술통계분석법이 사용되었으며, 중국 문화적 가치의 그룹화를 위해서 요인분석(Factor analysis)이 사용되었다. 관광객 행동과 중국 문화적 가치와의 관계분석을 위하여 Canonical Correlation Analysis가 사용되었다.

(3) 연구결과

이 연구의 분석결과는 다음과 같다. 이 연구의 조사대상자는 35세 이하가 60퍼센트 이상으로 대다수였으며 직업은 사무직이 많았고 여성의 비중이 약간 높았으며 미혼과 기혼의 분포는 거의 같았다. 조사대상자들은 단체패키지 관광경험이 많은 편이었는데 2~3번의 경험이 있는 사람들이 35.5퍼센트였으며 6번 이상의 경험자도 25.5퍼센트로 상당수 있었다. 이들이 좋아하는 관광목적지는 중국과 동남아시아였으며 여행시 동반자는 주로 친척들이나 친구들이었으며 직장 동료들과는 같이 여행하지 않는 것으로 나타났다. 여행시에는 4인 이상의 단체로 여행하는 것으로 나타났다. 가이드 인솔 단체관광행동 특성을 살펴보면 신기하거나 지역의 고유한 활동을 보거나 하는 것을 선호하여 지역의 고유 음식이나 음료를 여행 중에 먹어보려는 경향이 있었다. 또한 여행 중 모험활동을 기피하며 여행시 편지를 쓰지 않았다. 여행전에 관광목적지에 대한 정보 수집도 하지 않는 것으로 나타났다.

여행에 영향을 미치는 중국의 문화적 가치관은 신뢰, 적응, 예의, 신중의 네 가지였으며 이 중에서 여행기간동안 신중히 행동하는 것을 제일 중요하게 생각하였다. 중국의 문화적 가치요인은 사회적 융화, 유교적 직업다이너미즘, 개인적 복지, 도덕성으로 분류되었다. 관광행동 유형과 4가지 중국문화적 가치요인간의 관계를 분석한 결과 관광행동 중 그룹/개인여행, 모험적/안전적 활동의 두 가지 유형과 사회적 융화, 개인적 복지간의 관계가 유의성이 있는 것으로 나타났다. 다시 말해서 홍콩관광객들이 단체관광을 할 때 안전한 활동이라고 여겨지는 단체활동에 활발히 참여한다는 것이다.

(4) 시사점

이 연구의 결과는 마케터들에게 몇가지 시사점을 던져주고 있다. 먼저, 단체관광객들은 목적지에 대해 사전에 조사하지 않으며 이것은 이들이 여행사에 주로 의존하고 여행 중에 쉽게 만족할 수 있다는 것을 의미한다. 조사대상자들은 여행 중 사진찍기가 중요한 활동이며 여행상품 개발자는 여행일정을 세울 때 이러한 활동을 여행일정에서 고려해야 할 것이다. 이 연구의 결과에서 분석된 여행자들의 여행활동시 최우선적으로 고려하는 안전성과 문화적인 가치요인인 신중성은 최근 여행사들의 모험활동을 중시하는 상품들의 경향과 반대된다. 해외 패키지투어 사고시 희생자들에게 HK$180,000을 보상해주는 해외패키지 여행자안전제도인 The Package Tour Accident Contingency Fund Scheme와 같은 제도를 활성화시키고 이러한 제도가 있다는 것을 적극적인 홍보를 통해서 알려야 한다. 여행자들이 중요한 가치로 생각하는 사회적 융화를 만족시키는 활동을 투어가이드가 개발할 필요도 있다. 예를 들어, 저녁식사중 그 지역의 춤을 여행객끼리 같이 출 수 있도록 경쟁시키거나 즐기는 분위기를 연출하는 것도 하나의 좋은 방법일 것이다. 관광객들의 신기성과 고유성을 추구하는 욕구를 충족시킬 수 있도록 여행일정에 지역고유의 음식을 포함시키고 지역주민들과 사진을 찍을 수 있는 기회를 제공해야 할 것이다.

사례분석

1. 주제 : 떠오르는 새로운 표적시장 키튼시장과 준거집단을 이용한 마케팅

2. 출처 : 한국경제신문. '키튼시장 : 아이들 잡아야 불황에도 '스마일''. 2001.1.5

3. 내용

경기침체가 장기화될 것이라는 우려 속에서도 '키튼(Kitten) 마켓'은 흔들리지 않는 황금시장으로 주목받고 있다. 키튼은 어린이(Kids)와 소년(Teens)의 합성어이며 10대 전체를 말한다. 얼마 전까지만 해도 10대 소비자라고 하면 주로 중·고등학생을 지칭했지만 최근에는 그 영역이 10대 초반까지 넓어졌다. 특히 10~13세를 대상으로 하는 시상이 급부상, '프로틴(Preteen)'이라는 신조어가 생겼을 정도다. 2000년 국내 전체인구에서 10대 비중은 14.7%, 2003년에는 11%로 감소하지만 한 자녀 가정이 늘어남에 따라 부모들의 자식에 대한 관심과 소비지출은 오히려 더 늘어날 것이라는 전망이다.

키튼 그룹의 구매파워

백화점, 화장품업계, 외식산업 등 소비시장 전반에 걸쳐 키튼은 강력한 영향력을 발휘하고 있다. 롯데, 현대, 갤러리아 등 주요 백화점의 지난해 신장률은 17~20%에 그쳤으나 10대를 타깃으로 하는 영캐주얼 코너만은 99년 대비 50% 이상 늘어났다. 롯데백화점 카드고객을 살펴보면 10대 비중은 전체의 0.2%로 전년에 비해 0.1% 포인트 줄어들었다. 그러나 객단가는 69500원에서 17만8천원으로 껑충 뛰었다. 객단가 증가율면에서는 20대와 30대 고객을 앞섰다. 14세부터 20세 손님에게만 발급하는 쿨플러스카드 회원도 40만명을 넘어섰다고 이 백화점 관계자는 말한다. 키튼고객의 특징은 불황에도 영향을 받지 않는다는 것이다. 외환위기 당시 소비시장이 전반적으로 움츠러든 상황에서도 10대 시장의 매출은 오히려 폭발적인 증가세를 보였다. 화장품업계가 대표적인 예다. 98년 화장품시장은 전년 대비 3천6백억원 정도 외형이 줄어들었으나 10대 전용을 표방한 화장품은 최근 3년동안 매년 1백%의 신장률을 보이고 있다. 10대가 주고객인 패스트푸드 업계 또한 해마다 25% 이상 늘어나고 있다.

키튼 소비

부모세대가 제품에 대한 정보나 지식을 가지고 소비를 하는 것에 비해 키튼은 유행, 감수성, 패션 등에 좌우되며 즉흥적으로 상품구매를 결정하는 특성이 있다. 이러한 사실은 소비자 마케팅 전문기관인 월드마케팅이 지난해에 실시한 "10대 프로파일" 조사에서도 잘 드러난다. "헤어스타일이나 의상에서 남의 주목을 받고 싶다"고 답한 응답자가 전체의 48.1%에 달했다. "유행이나 패션에 따라 옷을 구입한다"에도 40.2%가 그렇다는 답을 내놓았다. 또 "내 맘에 드는 옷을 사는데는 돈이 아깝지 않다"라는 질문에는 48.4%가 고개를 끄덕였다. 이밖에 "윗사람과 의견이 다를 경우 웃어른의 말을 따른다"에는 43%만이 긍정으로 답해 권위가 통하지 않는 세대임을 보여줬다. "모르는 사람들과의 모임에서도 쉽게 어울릴 수 있다"라는 질문에는 50.7%가 동의를 표시해 다른 연령층보다도 훨씬 사교적인 성격을 지니고 있는 것으로 나타났다.

이처럼 자유분방하고 유행에 충실한 반면 싫증을 빨리 내고 변화에 민감하다는 특성도 갖고 있다. 이는 작년말 삼성패션연구소가 동대문시장을 찾은 10대를 대상으로 실시한 조사에서도 그대로 입증됐다. 이 조사에 따르면 2주일에 한번 꼴로 동대문 쇼핑몰에 오는 고객은 전체의 19%인 것으로 밝혀졌다. 1999년의 31%에서 현저히 줄어든 수치다.

마케팅전략

전문가들은 "키튼그룹이 그 어떤 계층보다도 뚜렷한 소비성향과 특징을 보이는 만큼 '핀포인트 마케팅전략(Pin-Point, 족집게식 전략)'이 요구된다"고 지적했다. 또 "지금까지 기업들이 소비자들에게 일방적으로 퍼부어 온 공격적인 마케팅이 아니라 고객들과 항상 대화하고 여론을 수렴하는 쌍방향의 '퍼미션(Permission)마케팅'이 필요하다"고 입을 모았다. 구체적인 방법으로는 ① 또래심리와 군중심리에 의해 영향을 많이 받는 성향에 주목하고 그들의 준거집단을 이용할 것, ② 구전을 통해 많은 정보를 주고받으므로 입소문과 "넷전(net와 전의 합성어)"을 확산시킬 것, ③ 10대 정서에 맞는 전용상품을 출시할 것, ④ 디지털시대의 주류세대라는 점을 감안해 디지털 매체를 활용할 것, ⑤ 활발한 스포츠마케팅 구사 등을 제시했다.

토론문제

1. 일본의 '욘사마' 신드롬의 특징에 대해 설명하세요.

2. 준거집단을 설명해 보세요.

3. 준거집단의 유형은 어떤 것들이 있을까요?

4. 준거집단의 파워를 사례를 들어 설명해 보세요.

5. 구전커뮤니케이션의 특징을 설명해 보세요.

6. 혁신의 확산에 대해 사례를 들어 설명해 보세요.

7. 레저에 영향을 미치는 다양한 형태의 준거집단에 대해 설명해 보세요.

8. 준거집단이 관광에 어떻게 영향을 미치는지 사례를 들어 설명해 보세요.

9. 준거집단을 활용한 관광마케팅 사례를 설명해 보세요.

10. 홍콩관광객이 해외여행시 가장 중요하게 생각하는 문화적 가치관을 설명하세요.

11. 키튼(kitten) 마켓과 같이 준거집단을 이용한 마케팅 사례를 설명해 보세요.

참고문헌

강원일보(2004.12.1). '준상이네 집에서 하룻밤을'.

경향신문(2004.11.7). '남이섬 국제관광지로 부상'.

김세범 · 전영종 · 허남일(1997). 「소비자행동론」. 형설출판사.

네이버 국어사전(2003). www.naver.com.

네이버 백과사전(2003). www.naver.com.

매일경제신문(2004.12.1). 'NHK 한국! 알고 싶다! 보고싶다!'

박근수(1997). Understanding the social network structure of korean older adults' tourist behavior : A preliminary step in tourism development.

여행신문(2004.9.6). '한류컨셉으로 日 관심 집중'.

임종원 · 김재일 · 홍성태 · 이유재(2000). 「소비자행동론 : 이해와 마케팅에의 전략적 활용」. 경문사.

한국경제신문(2001.1.5). 키튼시장 : 아이들 잡아야 불황에도 '스마일'.

헤럴드 프리미엄(2004.12.2). '배용준 겨울연가 2004 일본 최고 히트상품'.

Buchanan, T., Christensen, J. E., & Burdge, R. J.(1981). Social groups and the meanings of outdoor recreation activities. *Journal of Leisure Research*, 13(3), pp.254-266.

Crompton, J. L.(1981). Dimensions of the social group role in pleasure vacations. *Annals of Tourism Research*, 8, pp.550-568.

Glancy, M.(1990). Socially organized role-taking : Becoming an auction player. Leisure Siences, 12 pp.349-366

Glancy, M.(1988). The play-world setting of the auction. *Journal of Leisure Research*, 20(2), pp.135-153.

Hawkins, D. I., Best, R. J., & Coney, K. A.(2001), *Consumer Behavior : Building Marketing Strategy*. Boston : Irwin McGraw-Hill

Kelly, J. R., & Godbey, G.(1992). The sociology of leisure. State College, PA : Venture Publishing.

Kelly, J. R.(1996). Leisure. Boston : Allyn & Bacon.

Kelly, J. R., & Ross, J. E.(1989). Later-life leisure : Beginning a new agenda. Leisure Sciences, 11(1), pp.47-59.

Kelly, J. R.(1987b). Freedom to be : A new sociology of leisure. New York, NY : Macmillan.

Orthner, D. K., & Mancini, J. A.(1991). Benefits of leisure for family bonding. In B. L. Driver, P. J. Brown, & G. L. Peterson(Eds.), Benefits of leisure(pp.289-301). State College, PA : Venture Publishing.

Schiffman, L. G., & Kanuk, L. L.(1991). Consumer Behavior. Englewood Cliffs. Stokowski, P. A.(1994). Leisure in society : A network structural perspective. New York, NY : Mansell Publishing.

Scott, D.(1990). An analysis of adult play groups : Theoretical and empirical considerations. Unpublished doctoral dissertatio, The Pennsylvania State University, University Pa가, PA.

Stokowski, P. A.(1992). Social networks and tourist behavior. American Behavioral Scientist, 36(2), pp.212-222.

Stokowski, P. A.(1988). A revised sociology of leisure : The social relationships and network structure of leisure behaviors. Unpublished doctoral dissertation, University of Washington, Seattle.

Swedburg, R, & Ostiguy, L.(1994, August). Outdoor recreation can help fill the generation gap. Parks & Recreation, pp.37-40.

Walter, J. A.(1984). Death as recreation : Armchair mountaineering. Leisure Studies, 3, pp.67-76.

Wong. S., & Lau. E.(2001). Understanding the behavior of Hong Kong Chinese tourist on group tour packages. Journal of Travel Research.

nsumer's behavior

Tourism

제11장 관광소비자행동의 환경적 요인 5

상황적 요인

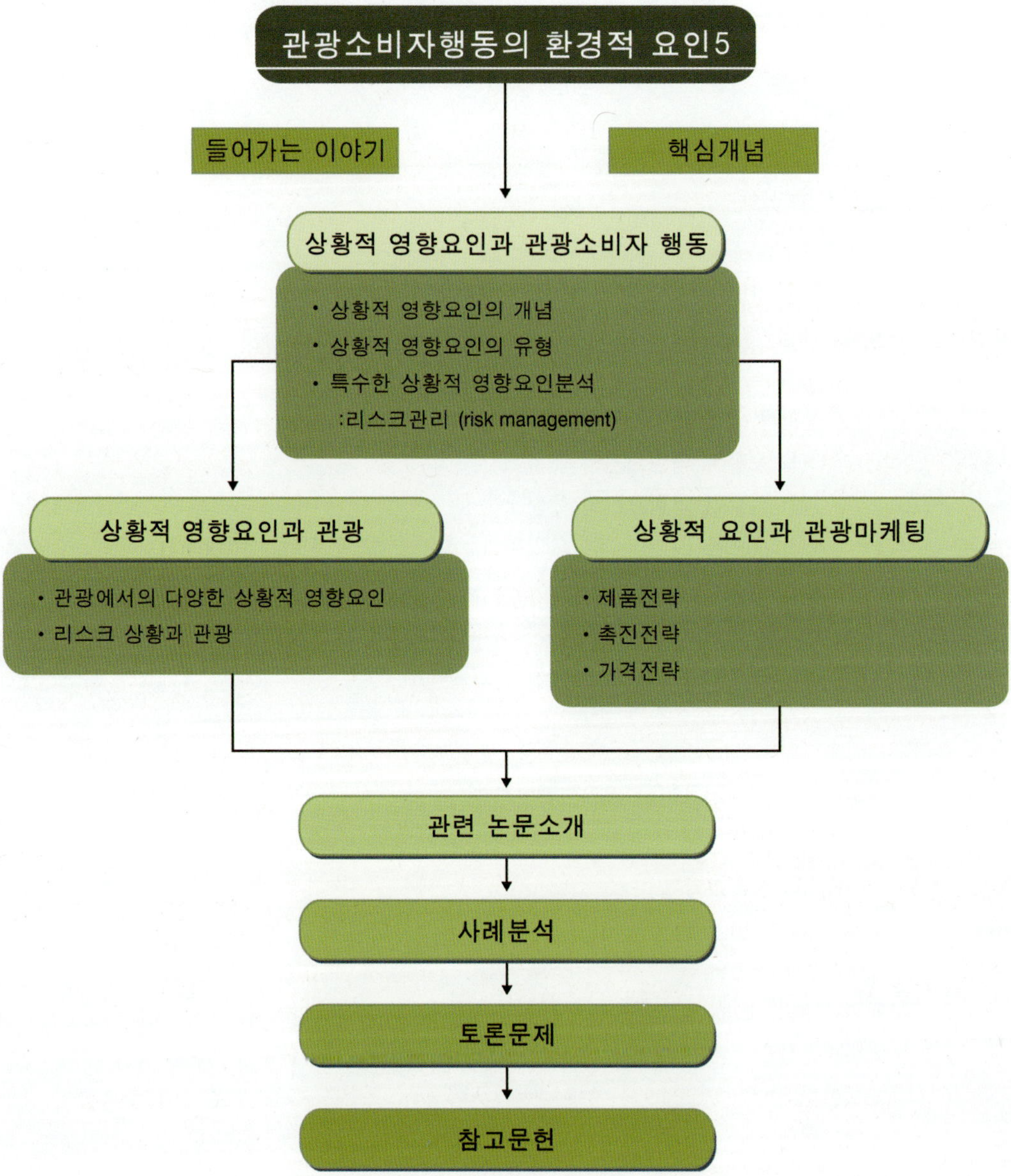
관광소비자행동의 환경적 요인5
들어가는 이야기
핵심개념
상황적 영향요인과 관광소비자 행동
· 상황적 영향요인의 개념
· 상황적 영향요인의 유형
· 특수한 상황적 영향요인분석
:리스크관리 (risk management)
상황적 영향요인과 관광
· 관광에서의 다양한 상황적 영향요인
· 리스크 상황과 관광
상황적 요인과 관광마케팅
· 제품전략
· 촉진전략
· 가격전략
관련 논문소개
사례분석
토론문제
참고문헌

들어가는 이야기

사스극복과 중국관광의 도약

China Forever…“중국이 달라졌다”.

– 새로운 각오, 새로워진 중국인, ‘안전’, ‘건강’, ‘문명’ 세 가지 보장.

어떤 이들은 이번 사스로 인해 중국의 발전이 몇 년 정도 늦어졌을 것이라고 한다. 하지만 사스 후 방문한 베이징은 이전의 모습을 벗어던지고, 거리는 훨씬 깨끗해졌고 사람들의 표정에서는 더 큰 도약을 다짐하는 각오가 엿보였다. 전화위복이라고 했던가. 이번 환난을 계기로 중국이 10년 더 빨리 성장할 수 있다는 가능성을 중국인들에게서 엿볼 수 있었다.

지난 6월 30일 부산지역 중국여행사 관계자 60여 명이 베이징을 방문했다. 공식적으로 사스에서 해방된 후 베이징을 찾은 첫 외래 방문객이었다. 이들을 맞이하는 현지의 반응은 그야말로 열렬했다. 베이징시 여유국은 출국장을 나서기에 앞서 대대적인 환영행사를 마련했다. 이 소식은 중국 국내외 50여개 매체를 통해 전세계로 전해졌다. 중국인들은 사스 후 제일 먼저 중국을 찾아준 한국인들에게 호감을 표시했다.

이날 공항까지 직접 마중을 나온 베이징시 여유국 위창지양(于長江) 국장은 환영사에서 “걱정하지 마세요. 베이징 여행은 안전합니다”라며 희색을 나타냈다. 또 “사스 이후 하루빨리 여행업을 회복하기 위해 적극 힘쓸 것이고, 베이징시 여유국은 관광객들에게 ‘안전’, ‘건강’, ‘문명(발전된 여행문화)’ 이 세 가지 만큼은 반드시 보장한다”고 강조하는 한편 “한국에서 가장 먼저 베이징에 방문해준 데 대해 진심으로 감사한다”고 말했다.

청결해진 베이징

베이징은 지난달 24일 세계보건기구(WHO)로부터 여행제한 조치가 취해진 지 두 달 만에 해제조치를 얻어냈다. 지난 30일, 여행자제 권고지역과 감염지역에서 해제된 지 막 일주일가량 지난 베이징의 거리는 활기를 되찾은 모습이었다. 외견상 이미 그곳에 사스의 공포는 없었다.

공공버스를 가득 메운 중국인들, 천안문에서 관광객들을 대상으로 지도와 국기를 파는 행상 등을 통해 사스의 공포가 사라졌음을 간접적으로 짐작할 수 있었다. 중국의 상징으로 비춰지곤 하던 천안문 광장은 섭씨 36도의 폭염이였지만 한국관광객들도 눈에 띄었고 가족끼리 나들이 나온 중국인들이 사진을 찍느라 여념이 없었다.

사스를 극복해내고 예전의 모습을 회복한 베이징시에서 이전과 달라진 모습을 발견할 수 있었다. 바로 확연하게 청결해진 도시의 모습이 그것이었다. 고층빌딩과 수많은 외국계 기업들이 들어선 현대적인 도시 이면에 한때 베이징의 발목을 붙잡는 게 있었다면 사람들의 위생관념과 보건의식이었다. 사스 이전에 거리 아무 곳에나 침을 뱉거나 쓰레기를 버리는 행위 등 그들 수도의 이미지를 훼손시키던 모습은 이제 없었다. 길거리에 침을 뱉으면 50위엔(한화 약 8천원)의 벌금을 물리고 침을 뱉은 사람에게 뱉은 침을 닦도록 하는 규정을 공식적으로 만들었다.

베이징 거리에는 '귀달린 쓰레기통'이라 불리는 새로운 명물이 등장했다. 기존의 휴지통이 옆에만 구멍이 나 쓰레기를 버릴 수 있었다면 새롭게 등장한 귀달린 쓰레기통은 휴지통 옆에 침을 뱉을 수 있는 통을 매달았다. 이제 행인들은 길에 침을 뱉는 대신 이 귀달린 쓰레기통을 사용하는데 익숙해진 모습이다. 이 새로운 명물은 사스 해제 기념으로 박물관에 들어갈 예정이기도 하다.

베이징시 여유국은 빠른 시일 내에 여행업을 회복하기 위해 팔을 걷어부쳤다. 베이징이라는 관광상품을 브랜드화하는데 힘쓰는 한편 관광목적지로서의 베이징을 부각시키기 위해 기존의 관광명소 뿐 아니라 새로운 20~30여개의 새로운 여행상품을 개발, 이를 국가여유국 해외사무소를 통해 해외에 널리 홍보할 계획이다. 또 지난 28일부터는 평소에 단체요금이 적용되지 않던 자금성, 이화원, 베이징동물원 등에 대해 비수기 요금을 적용 중이기도 하다. 또 이번 7월 한 달 동안에는 약 1500명 규모의 일반 단체객을 매주 금요일 한 차례씩 국회의사당에 해당하는 인민대회당에 초청해 만찬을 겸한 연회를 베푸는 등 해외 관광객을 다시금 베이징으로 불러들이기 위해 노력하고 있다.

▌중국관광 '재도약'

이번 사스는 중국 국내적으로 여행업에 대해 돌아보는 계기가 되기도 했다. 베이징시 여유국 측은 현안문제로 군소업체의 난립과 주먹구구식의 경영 등을 꼽았다. 이를 타계하기 위해 대외적으로 여행업을 적극 개방하기로 결정했다. 위 국장은 언론과의 인터뷰를 통해 가까운 시일 내에 국제적으로 20위권 안에 드는 유수 여행사 사장단을 초청해 여행업 발전에 대한 세미나를 개최하겠다고 밝힌 바 있다. 또 중국 국가여유국에서도 지난 6월에 당초 2005년으로 예상됐던 중국 내 해외자본의 독자 투자 및 직접 경영을 올 해부터 허용하겠다는 방침을 발표하기도 했다.

중국 전역의 여행업 관리와 프로모션을 담당하고 있는 중국 국가여유국은 지난 주 전세계 해외 사무소에 나가있는 지국장들을 베이징으로 불러들여 사스 후 부흥방안에 대한 논의를 가졌다. 회의 결과에 따르면, 일단 사스로 인해 불투명했던 하반기 계획들이 모두 원래대로 진행될 예정이며 당초 계획보다 더 큰 규모로 대대적으로 진행할 예정이다.

중국은 '차이나포에버(China Forever)' 캠페인을 내년 상반기까지 전개하는 한편 전세계 대상 프로모션에 나선다. 7월 말에는 중국 국가여유국 국장을 단장으로 일본을 방문해 로드쇼를 개최한다. 여유국 관계자에 따르면 이번 일본 방문에서는 일본단체관광객에 한해 중국을 무비자로 방문할 수 있도록 하는 방침을 공식발표할 계획이다. 9월 말에는 유럽, 미주, 일본, 한국 등의 미디어 및 여행업 관계자를 초청해 장강삼협 크루즈 팸투어를 실시하고 해당상품에 대한 판매를 본격적으로 개시한다.

한편, 국제적인 회의와 관광전 등이 잇달아 개최돼 회복된 중국의 이미지를 널리 알릴 수 있을 것으로 기대된다. 8월 초에는 베이징에서 이창동 문화관광부 장관도 참석하는 '아세안+3'을 개최하고 아시아 여행업 발전에 대한 협의가 있을 예정이다. 10월에는 세계관광기구(WTO) 총회가 관련업계 대표 1000여명이 참석한 가운데 개최되며 11월 중국국제관광교역전(CITM)도 예정대로 곤명에서 개최된다.

이런 중앙의 움직임에 따라 아직 본격적인 활동이 연기돼 있던 중국국가여유국 서울사무소도 8월 초에 오픈기념식을 가질 예정이다. 또 9월 부산관광전에는 보다 큰 규모로 참석하겠다고 밝혔으며 아직 장소는 확정되지 않았으나 2주 정도 대규모의 관광사진전도 개최한다.

-여행신문(2003.7.14), 'China Forever... 중국이 달라졌다'-

〈그림 11-1〉 중국관광과 사스

사진은 한국 팸투어관광단의 중국방문모습
사스로 인해 중국은 호된 시련기를 겪었다. 사스를 극복하면서 중국관광은 급속한 성장을 할 것으로 예상된다.

consumers behavior

Tourism ■■■ **핵심개념**

1. 상황적 영향요인
2. 상황적 영향요인 유형
3. 리스크관리
4. 관광에서의 다양한 상황적 영향요인
5. 리스크 상황과 관광
6. 상황적 영향요인과 관광마케팅

11-1 상황적 영향요인과 관광소비자행동

(1) 상황적 영향요인의 개념

▌상황적 영향요인의 개념

소비자들이 제품을 구매하고 사용하는 상황은 소비자행동에 영향을 미친다(김세범 · 전영종 · 허남일, 1997). 상황적 영향요인(situational influence factor)이란 특정시간에 특정장소에서 일어나는 일시적 상태나 조건이다(임종원 · 김재일 · 홍성태 · 이유재, 2000). 사업상 출장여행을 많이 다녀야 하는 사람과 직장 출퇴근용으로 구입하는 사람이 자동차구입시 고려요소와 선택기종이 다를 수 있을 것이다. 졸업여행지를 결정하는데 발리테러와 같은 국제적인 테러가 발생하는 경우 여행지 선택에 있어 비교적 안전한 곳으로의 여행을 유도할 것이다. 이와 같이 상황적 요인이란 제품이나 소비자와는 무관하게 구매의사 결정에 영향을 미치는 경우를 말하는 것이다.

(2) 상황적 영향요인의 유형

마케팅을 하는데 관련된 상황은 커뮤니케이션상황(the communications situation), 구매상황(the purchase situation), 소비상황(the usage situation), 처분상황(the disposition situation)의 네 종류가 있다(Hawkins, Best & Coney, 2001).

커뮤니케이션상황(the communications situation)

커뮤니케이션상황(the communications situation)이란 인적·비인적 매체를 통해 정보에 노출되는 상황으로 잠재소비자가 판매원이나 다른 소비자들과 이야기하는 것, 광고, 상점내 진열 등을 통한 의사소통을 포함한다. 소비자가 정보를 얻는 상황 자체가 소비행동에 영향을 미치는 것이다. 이러한 상황에는 소비자가 혼자/단체인지, 기분이 좋음/나쁨, 급함/급하지 않음과 같은 여러 상황이 포함되며 이것은 소비자가 마케팅커뮤니케이션을 보고 듣는 정도에 영향을 미친다. 고객과 의사소통하는 것은 매우 중요한 마케팅전략이 되기 때문에 이러한 커뮤니케이션상황을 적절히 분석하여 대처하는 것이 필요하며 판매 후 서비스도 매우 중요하다. 커뮤니케이션의 내용과 그것을 둘러싼 상황도 중요한데 광고상황(ad context)이 이에 해당된다. 광고상황이란 광고의 전후에 있는 것으로 잡지의 기사, 라디오나 TV의 프로그램, 다른 제품의 광고 등을 말한다. 광고의 상황은 소비자의 정보처리 및 태도형성에 인지적 영향(cognitive influence)과 감정적 영향(affective influence)을 미칠 수 있다. 마케터가 소비자에게 효과적인 커뮤니케이션을 하기 위해 고려해야 하는 여러 커뮤니케이션상황의 사례는 다음과 같다.

- 한국아시안컵대표팀이 어제 쿠웨이트를 4 : 0으로 대파했다.
- 기말고사가 내일 시작한다.
- 감기에 걸렸다.
- 더운 여름에 운전을 하는데 차에어컨이 고장났다.
- 내일부터 여름휴가를 간다.

구매상황(the purchase situation)

구매상황(the purchase situation)은 소비자가 제품이나 서비스를 구입하는 상황으로 소비자행동에 많은 영향을 미친다. 주부가 아이들과 쇼핑을 할 때와 다른 주부들과 쇼핑을 할 때 관심있는 물건의 종류나 구매하는 품목이 다르다. 음료수나 스낵이 야구장이나 극장 등에서 슈퍼마켓에 비해 훨씬 비싸게 팔리고 모자나 선글라스는 해수욕장이나 놀이동산에서 잘 팔리며 삶은 계란이나 오징어는 기차내에서 잘 팔린다. 구매상황에 있어 중요한 요소는 상점내부환경(음악, 제품위치, 제품진열기법, 내부배치, 의자의 배치, 색상, 냄새, 향기, 혼잡성), 상점입지, 구매목적, 시간이 있다. 음료를 구매하려고 하는데 다음과 같은 구매상황에서 발생할 경우 소비자의 구매의사에 영향을 미칠 수 있는 사례는 다음과 같다.

- 기분이 우울하다.
- 친한 친구가 "이 음료수는 별로야"라고 말한다.
- 속이 거북하다.
- 마트에 들어갔는데 계산대에 많은 사람들이 줄서서 기다리고 있다.

소비상황(the usage situation)

소비상황(the usage situation)은 제품을 사용하는 상황이다. 음료를 마시는 상황에 따라 다른 유형의 음료를 선택할 수 있을 것이다. 다음과 같은 상황에 여러분에게 적절한 음료는 어떤 것일까요?

〈그림 11-2〉 서울우유 광고 중에서

- 소개팅을 나가서 마음에 드는 파트너와 같이 있는 경우.
- 기말고사를 끝내고 금요일 밤에 친한 친구와 비디오를 보는 경우.
- 6세된 딸과 20개월된 아들과 같이 만화영화를 보는 경우.
- 자취를 하는데 집이 그리운 경우.

마케터는 이러한 소비상황을 고려하여 자사제품이 어떠한 소비상황에서 적절하게 소비될 수 있는 지를 파악할 필요가 있다. 최근 서울우유에서 광고를 내보내고 있는 가족사랑시리즈는 우유를 통해서 가족사랑을 돈독히 할 수 있다는 메시지를 보내고 있다. 친정엄마가 시집간 딸네 집에 놀러와서 마루를 열심히 닦고 있는데 딸이 엄마를 야단친다. "엄마는 맨날 일만 해?" 장면이 바뀌어 엄마가 우유를 마시면서 멘트가 흐른다. "하루에 세 번만 얘기해 주세요, 사랑해, 사랑해, 사랑해". 이러한 서울우유의 광고는 사랑하는 가족을 위해 우유를 주라는 메시지를 주고 있으며 소비자들로부터 신선하다는 반응을 얻고 있다.

▌처분상황(the disposition situation)

처분상황(the disposition situation)은 제품을 구매하기 전이나 구매후에 발생하며 소비자는 상품을 처분하는 상황을 자주 경험한다. 소비자는 상품을 처분할 때 손쉬운 것을 구매할 때 중요한 요소로 고려할 수 있는데, 마케터는 도의적이고 윤리적인 상품을 활용하여 효과적인 마케팅프로그램을 개발해야 하며 이 과정을 원활하게 하기 위해서 처분상황을 이해할 필요가 있다. 다음과 같은 상황에서 여러분의 상품처분 결정을 내려보세요.

- 놀이동산에서 캔에 든 음료수를 마시고 캔을 버리려고 하는데 쓰레기통이 옆에 있고 재활용수거함은 30m 앞에 있는 경우.
- 수업이 끝나고 강의실에서 신문을 보다가 갑자기 친구와의 영화를 보기로 한 약속시간이 늦은 것을 깨닫고 달려가는 경우
- 침대를 새로 사서 기존의 침대를 처분하려고 하는데 아파트 쓰레기장에 버리면 관리실에 10,000원을 내야 하고 인근 야산에 다른 사람이 가구를 종종 불법으로 버리는 곳을 알고 있는 경우.

(3) 특수한 상황적 영향요인 분석 : 리스크관리

최근 국제적인 9·11 테러나 사스와 같은 질병으로 인한 산업 파급효과가 커지면서 특수한 상황인 위기시 소비자들의 행동을 분석하여 그에 대처하려는 움직임이 빨라지고 있다. 소비자들은 리스크를 어떻게 인식하고 반응하며 업체에서는 리스크관리(risk management)를 어떻게 하는지 그 경영방법에 대해 살펴보도록 한다.

▌소비자들의 리스크(risk) 인식과 행동반응

현재 우리가 사는 사회는 여러 가지 위험으로 가득차 있다. 2001년 9월 11일 이후 전 세계가 위험한 곳이라는 인식이 확산되어 왔으며 사스라는 전염성 병이 이러한 인식을 확인시키는 결정적인 계기가 되었다. 재미있는 것은 세계화(globalization)라는 개념이 확산되면서 天災와 人災도 늘어가고 있다는 것이다. 벨기에의 전염병재해연구소(Belgium's Centre for Research on the Epidemiology of Disasters)와 경영자문회사인 A.T.Kearney의 공동연구는 세계화가 진행되면서 재해들이 늘고 있다는 현상이 있다는 것을 확인하고 있다(Economist, 'Living dangerously', 2004.1.22).

지진이 자유무역이 늘어나는 것으로 인해 발생된다는 것은 비논리적이나 특정 기술

의 발전이 우리 생활에서의 리스크를 유발하는 경우도 많다. 유전자가 변형된 작물이 가지고 있는 잠재적인 위험성, 냅스터와 같은 새로운 기술과 사업의 등장이 기존의 잘 형성된 음반산업을 망하게 하는 경우, 테러리즘이나 그 소문만으로도 세계적으로 산업을 침체시킬 수 있으며, 사스와 같은 전염병은 여행산업 전체를 쑥밭으로 만들 수 있다. 세계화는 경쟁을 심화시키고 있으며 동시다발적 커뮤니케이션 기술의 발달은 한 업체의 명성을 순식간에 망쳐버릴 수 있다. 따라서 이러한 다양한 리스크상황을 이해하고 효과적으로 대처하는 것이 업체의 생존에 필수적으며 이를 위해서는 소비자들이 리스크 상황에 어떻게 행동하는지 그 심리와 행동패턴을 이해할 필요가 있다.

〈그림 11-3〉 세계화와 재해는 연인?

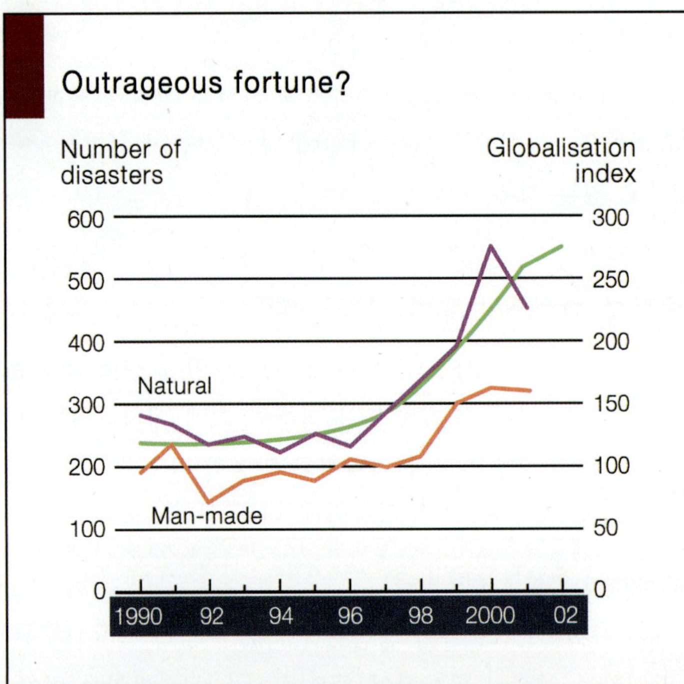

재해와 세계화의 관계는?

세계화가 진행되면서 재해도 늘고 있다. 이것은 재미있는 분석이지만 아직 이러한 관계에 대한 과학적인 분석은 이루어지지 않았다.

출처 : Economist, 'Living dagerously', 2004.1.22에서 인용

현재까지 알려진 분석결과는 소비자들은 리스크상황에 대체적으로 비합리적으로 대응한다고 알려져 있다. 리스크상황에 가장 심각한 문제는 소비자들의 공포이다. 1998

년의 LCTM 헤지펀드 도산사태는 소비자들의 공포가 얼마나 큰 파장을 불러올 수 있는지에 대한 좋은 사례라고 할 수 있다.

LTCM은 존 메리웨더에 의해서 지휘되던 세계 최고의 헤지펀드(hedge fund)였다. 두 명의 노벨경제학자를 포함하여 하버드와 MIT의 최고의 금융공학자들이 참여한 LTCM은 말 그대로 세계 최고의 금융집단이었던 것이다. 1994년 출범 첫 해에 LTCM은 28%의 수익을 올렸다. 그 해에 다른 많은 펀드들이 마이너스를 기록하였다는 사실에 비교한다면 이 수익률은 엄청난 것이었다. 그들의 놀라운 수익률 기록은 계속되었다. 1995년에는 59%의 수익률을 올렸고, 1996년에는 다시 57%의 수익률을 기록하였다. 여러 은행들이 LTCM에 투자하고 싶어 안달을 할 정도였다. 그러나 그들은 펀드의 규모가 너무 커져서 추가 투자를 받을 수 없다고 거절하였다. 1997년에는 25%의 수익률을 올렸는데, 시장의 혼란을 감안하면 여전히 경이로운 수익률이라 할 수 있었다. 그러나 1998년 상반기에 처음으로 14%의 손실을 보였다. 그러나 불행하게도 이것은 이후 LTCM이 걷게 될 기나긴 손실 행진의 시작일 뿐이었다.

LTCM은 러시아에 지나칠 정도의 규모로 투자하였다. 러시아의 단기채권 수익률은 120%까지 치솟았으나 LTCM은 일정한 시간이 지나면 안정을 되찾을 것이라고 믿었다. 그들은 러시아의 신용을 분석하지 않고 "핵 강국은 망하지 않는다"라는 상투적인 문구를 믿고 만 것이다. 그들은 그들이 개발한 모델을 믿었다. 그러나 그 '모델'이 한 나라의 장래를, 단순히 시장뿐만 아니라 그 나라의 정치가들과 입법가들 및 그 나라의 열정까지도 정확하게 예측할 수는 없었다.

몇 년간 신화적인 기록을 올리며 헤지펀드의 제왕의 자리에 군림하였던 LTCM은 핵 강국 러시아의 몰락과 함께 월스트리트를 충격으로 몰아가며 비참한 몰락의 길로 치달았다. 당시 LTCM의 파생상품 계약금액이 명목상 1조 5,000억 달러에 이르렀으니, 이 거대한 펀드의 붕괴가 월스트리트에 얼마나 치명적인 충격을 미쳤는가는 상상이 될 것이다. LTCM이 돈을 잃고 있던 시절, 그들은 하루에 5억 5,500만 달러(약 7,200억원)를 잃기도 하였다. 손실은 마치 성서에 나오는 역병과도 같이 매일 이어졌다. 1998년 4월까지는 LTCM에 투자된 1달러가 4배를 넘어 4.11달러를 기록하였지만, 겨우 다섯 달 뒤인 구제 시점에서는 고작 33센트밖에 남지 않았던 것이다. 역사상 가장 IQ가 높았던 펀드는 다른 평범한 주식투자가들이 자신의 돈을 두 배 이상 불리는 동안에 77%의 자산을 잃은 것이다.

(출처 : http://blog.naver.com/theclassic80/80002964024)

이러한 LTCM의 도산사태는 연쇄부도의 위험을 초래했으며, 이 과정에서 금융자산을 가장 안전한 곳으로 피난시키려는 공등급선호(flight to quality)가 일어났다. 이 과정에서 발생한 범세계적 신용경색은 세계 각국이 전세계 경제동조화 현상이 가지는 글로벌리스크(global risk)에 노출되고 있다는 문제를 확인시켜주었다.

국내기업의 리스크관리

국내의 기업업종 중 1980년대 이후 리스크관리가 가장 중요한 경영전략으로 인식되는 분야가 금융업종이다. 1997년 외환위기 이후 세계적으로 금융업체들의 도산이 늘어가면서 리스크관리의 필요성이 대두되었으며, 리스크관리를 위한 국제적인 기준도 도입되었다. BIS 자기자본비율이 리스크관리의 기준이며 국내업체들도 기업경영의 건전성 확보를 위해 BIS를 높이기 위해 노력하고 있다.

BIS란 국제결제은행, 즉 Bank for International Settlements의 약자로 1988년 7월에 '은행 자기자본비율 규제에 관한 국제적 통일기준(BIS협약)'이 마련되었다. 1996년에 금리, 주가, 환율 등의 변동에 따라 발생할 수 있는 '시장리스크를 감안한 BIS기준 자기자본비율 산정제도'(수정 BIS협약)이 도입되었다. 바젤 은행감독위원회는 1999년 6월 '신자기자본규제기준'(신 BIS협약, Basel II)를 발표하고 2006년 말부터 적용할 계획이다. 국내 은행들은 1995년 말부터 BIS 자기자본비율 기준을 적용하고 있으며 국내은행들은 1997년 외환위기 당시 BIS기준 자기자본비율이 7%로 국제기준인 8%에 미달되었으나, 공적자금 투입 및 자구노력을 통해 정상화되고 있다. 신 BIS협약은 선진국과 같이 2006년 말부터 적용할 계획이다. 신 BIS협약 기준에 따르면 국내은행들의 자기자본비율은 현재수준보다 2~3%p 하락하는 것으로 추정되며, 외국계 은행들이 이를 시장지배력 확대의 계기로 삼을 가능성이 예측되고 있다(삼성경제연구소, '국내 은행의 리스크관리현황과 시사점', 2004.7.27).

이제는 리스크관리 정도가 경쟁력의 정도로 평가받고 있는 것이다.

11-2 상황적 요인과 관광

(1) 관광에서의 다양한 상황적 요인

관광에서의 상황적 요인은 다양하게 정의되고 있다. 관광개발에서의 지역주민이 처해있는 상황적 요인 변수는 관광객과의 접촉수준, 관광산업의 중요성 인식, 관광개발의 수준 인식, 지역변화의 속도인식, 지역정책의 만족수준, 정책에 대한 의사반영 수준, 개발혜택 배분규범, 직업의 관광관련성과 같이 8가지로 정의되기도 했다(고동완, 2001). 외식부분에서의 소비자의 상황적 요인은 패스트푸드 레스토랑에서 4가지의 다른 상황, 즉 평일의 점심식사, 쇼핑중의 스낵, 시간에 쫓기는 상황하의 저녁식사, 시간이 넉넉한 상황하의 가족과 함께 하는 저녁식사로 측정되기도 했으며(Miller & Ginter, 1979) 2가지 레스토랑의 유형을 이용하는 2가지 상황을 점심을 먹는 이유에 따라 회담을 할 경우와 계약을 체결한 경우로 나누어 분석하기도 하였다(Schurr & Calder, 1986). 레스토랑 선택요인을 상황적 요인에 의해 분석한 경우도 있는데, 친구・친지와의 식사상황, 사업목적상황, 주말 가족식사상황의 3가지로 분석하였다(Filliatrault & Ritchie, 1988). 이외에도 식사상황과 관련된 상황을 시간적 제약, 혼자 식사, 가족동반식사, 친구동반식사, 주중식사, 주말식사, 배가 고픈 상황, 목이 마른 상황, 혼자 있는 상황, 다른 사람과 같이 있는 상황, 점심상황, 디저트, 손을 사용하여 먹을 상황, 날씨상황, 동반자관계, 시간적 상황, 이용목적, 심리적 상황, 정기적인 모임, 사업목적상 약속장소 이용상황, 생일이나 결혼기념일 등 가정행사 상황 등이 활용되었다(이정실, 2003 ; 조상철, 2000 ; Cradello, 2000 ; Verlegh & Candel, 1999).

〈표 11-1〉 관광에서의 다양한 상황적요인

연구자	관광분야	상황의 유형
고동완(2001)	관광지개발	관광객과의 접촉수준, 관광산업의 중요성 인식, 관광개발의 수준인식, 지역변화의 속도인식, 지역정책의 만족수준, 정책에 대한 의사반영 수준, 개발혜택 배분 규범, 직업의 관광관련성
Miller & Ginter(1979)	외식부분	평일의 점심식사, 쇼핑중의 스낵, 시간에 쫓기는 상황하의 저녁식사, 시간이 넉넉한 상황하의 가족과 함께하는 저녁식사
Schurr & Calder(1986)	외식부분	회담을 할 경우, 계약을 체결한 경우
Filliatrault & Ritchie(1998)	외식부분	친구·친지와의 식사상황, 사업목적상황, 주말 가족식사상황
이정실(2003); 조상철(2000); Cradello, (2000); Verlegh & Candel(1999)	외식부분	시간적 제약, 혼자식사, 가족동반식사, 친구동반식사, 주중식사, 주말식사, 배가 고픈 상황, 목이 마른 상황, 혼자 있는 상황, 다른 사람과 같이 있는 상황, 점심상황, 디저트, 손을 사용하여 먹을 상황, 날씨상황, 동반자관계, 시간적 상황, 이용목적, 심리적 상황, 정기적인 모임, 사업목적상 약속장소 이용상황, 생일이나 결혼기념일등 가정행사 상황

출처 : 필자가 정리하였음.

이러한 상황을 활용한 연구들이 공통적으로 제안하는 바는 정도의 차이는 있지만 상황적 요인이 포함되었을 때 소비자의 행동을 이해하고 예측하는데 효과적이라는 것이다.

〈그림 11-4〉 국내 관광산업의 Risk

(2) 리스크상황과 관광

2001년부터 2003년까지의 관광산업은 세계적인 리스크상황을 겪으면서 어려움을 겪었다. 2001년 9월 11일의 뉴욕 쌍둥이빌딩 테러를 시발로, 발리테러, 2002년에 확산된 사스는 국내외의 관광업체들을 심각하게 위축시키거나 도산시키는 계기가 되었다. 관광산업에서의 리스크상황에 대한 관심은 높아져 가고 있다.

리스크상황과 관련된 연구는 관광수요예측을 하는데 있어 기존의 수요예측모델이 위기상황(crisis situation)이 발생할 경우 잘 맞지 않는다는 문제제기를 하고 있다(Prideaux, Laws, & Faulknerc, 2003). 따라서 리스크상황시 관광수요를 예측할 수 있는 수요모델의 개발이 필요하다는 점을 지적하고 있다. 리스크상황에 맞는 관광수요예측모델은 위험 시나리오(risk scenarios), 정치적 리스크(political risk), 혼돈이론의 활용(application of chaos theory)을 통해 효과적으로 활용할 수 있다는 것이다. 이것은 일반적인 상황에서의 관광소비자행동과 리스크상황에서의 관광소비자행동의 차이를 분명히 보여주는 예라고 할 수 있다.

관광산업에서 대표적인 위기상황이었던 테러와 사스의 확산은 이러한 관광소비자행동을 예측하는데 많은 어려움을 주었다. 베트남 관광산업은 2002년 10월 발리 폭발테러가 터진 후 정치·종교적 분쟁위험이 상대적으로 낮은 국가로 평가되면서 관광객이 오히려 늘어나는 어부지리를 봤다. 2002년의 경우 발리테러 '덕'을 봐 관광객이 전년에 비해 13% 증가한 263만명에 달했으며, 올해도 사스가 본격화되기 전인 첫 1.4분기에만 관광객 입국이 한해 전에 비해 11% 증가하는 호조가 이어진 것으로 집계됐다. 사스의 경우도 세계보건기구(WHO)에 의해 '방문금지국'으로 규정되지도 않았으며 상대적으로 사스 확산이 주춤해진 국가로 평가받아 왔다. 그럼에도 불구하고 호텔 및 항공기 예약률이 지난 97~98년의 아시아 금융위기 때는 물론 9·11 테러 후에 비해서도 더 떨어져 업계가 울상이다. 더욱이 사스영향이 앞서의 위기상황들에 비해 더 오래갈 것으로 전망돼 업계관계자들은 전전긍긍하고 있다. 호치민시의 고급 호텔인 카라벨의 간부는 "사스 이전에는 객실판매율이 95%였으나 이제는 20% 수준에 불과하다"면서 "다른 호텔들도 마찬가지"라고 말했다. 그는 "사스피해가 극심하다"면서 "베트남 관광산업이 완전 마비됐다"고 강조했다(연합뉴스, 2003.4.28. '베트남 관광산업에도 사스피해 가시화').

반면 국내 경주의 경우 사스의 영향으로 내국인 관광객이 증가하고 있다. 관광객의 거주지역을 분석했을 때 사스(SARS. 중증급성호흡기증후군)의 영향으로 올해 상반기

신라고도 경주를 찾은 내국인 관광객이 늘어나고 외국인 관광객은 감소하였다. 2003년 6월 29일 경주시에 따르면 지난 1월부터 5월 말까지 보문관광단지와 불국사, 경주박물관 등 경주지역 사적지를 찾은 국내외 관광객은 384만4천여명으로 지난해 같은 기간의 371만9천여명보다 3.4% 늘어났다. 이 가운데 내국인 관광객은 369만명으로 지난해 355만명보다 3.9% 증가했으나 외국인은 15만4천여명으로 1년새 1만5천명이나 감소했다. 경주시 관계자는 "사스로 인해 내국인이 국내관광으로 눈길을 돌려 관광객 수가 늘어났다"고 분석했다(연합뉴스, 2003.6.30. '경주, 사스영향 내국인 관광객 증가').

관광산업의 리스크상황은 테러, 사스와 같은 요인 이외에도 태풍, 폭설과 같은 기상상황, 환율, 파업, 시위, 전쟁, 분쟁과 같은 정치적 상황, 소비자 불만이나 악성 루머와 같은 사회적 상황 등 다양하다. 위기관리와 사후 대응이 얼마나 적절했는지에 따라 기업의 성쇠가 결정될 수 있다. 국내 관광기업들은 돌발적인 사고에 상시적으로 노출되어 있으나 대응시스템은 극히 취약하다. 리스크관리를 영업이나 관리와 마찬가지로 경영의 범주에 포함시켜 대처능력을 키워야 한다(여행신문, 2001.12.17. 강신겸 칼럼 '관광기업의 위기관리 경영').

11-3 상황적 요인과 관광마케팅

상황적 요인 중 리스크상황은 최근 관광산업에서 큰 관심거리가 되었으며 관광소비자행동에 많은 영향을 주었기에 이 부분에서는 리스크 상황을 중심으로 관광마케팅 사례를 분석해 보도록 하겠다. 국제사회 질서가 복잡해지고 관광이 일상화되면서 관광기업의 경영환경은 예상치 못한 돌발사태가 발생할 가능성이 높아졌다. 위기는 기업에 긴장을 유지시키는 등 긍정적인 측면도 있으며 새로운 사회기회들도 다수 등장하게 되는데, 테러사건 후 호주는 '안전한 나라'의 이미지를 홍보하면서 오히려 관광객이 늘어난 경우가 좋은 예가 될 것이다.

(1) 제품전략(product)

한국 관광산업을 관광수지적자로 인한 심각한 위기상황으로 규정한 이창동 前 문화관광부장관은 이러한 위기상황을 극복할 관광상품전략을 관광인프라와 인력 측면에서 제안한 바 있다(동아일보, 2003.12.9. '李문화 관광산업 심각한 위기상황'). 문화관광부가 제시한 제품전략은 중국인 복수비자 발급과 골프장 건설 완화인데 관광수지 적자의 주 원인을 어학연수와 해외 골프관광으로 분석하고 있기에 국내 골프장을 많이 짓고 가격을 낮추면 이러한 수요를 국내로 흡수할 수 있다고 분석하고 있다.

(2) 촉진전략(promotion)

사스로 인해 동남아시아의 관광산업이 타격을 받고 있을 때 태국은 '역(逆) 사스 마케팅'을 전개하였다. 태국의 '타일랜드 스마일 플러스' 관광캠페인은 '하나를 사면 하나는 공짜'(Buy one get one free)라는 모토로 진행된다. 태국 주요 관광지의 호텔에서 1박 요금을 내면 2박째는 무료로 이용할 수 있는 프로그램으로, 틀에 박힌 패키지상품이 아닌 자유여행을 하면서 할인혜택을 받을 수 있는 게 특징이다. 이 프로그램을 이용하는 여행자들에게는 '빅 스마일' 쿠폰을 주는데, 태국내 84개 주요호텔과 10개 골프장, 14개 레스토랑, 쇼핑센터, 스파와 마사지센터 등과 연계된 여행시설에서 50~20%의 할인혜택을 받을 수 있다. 또한 태국정부는 사스발생과 감염에 대해 안심할 수 있도록 태국을 방문하는 모든 외국인 관광객들을 대상으로 사스에 감염될 경우 10만달러(1억 2천만원)를 지급하는 무료보험혜택을 제공하기로 했다. 태국의 리스크극복 상품촉진전략으로 태국정부관광청 서울사무소는 2003년 6월 7일 3시 강남 고속버스터미널 센트럴시티에서 '타일랜드 스마일 플러스 여행설명회'를 열었고, 6월 5일부터 8일까지 서울 삼성동 코엑스 3층 대서양관에서 열리는 제16회 한국국제관광전(KOTFA)에도 참여해 대대적인 홍보활동을 펼쳤다(디지털타임스, 2003.6.2).

(3) 가격전략(price)

급작스런 환율변동은 관광산업에 큰 위기를 불러오기도 한다. 다음 기사는 환율변동으로 아픔을 겪고 있는 구미주 인바운드 업계의 현실을 설명하고 있다. 이러한 상황을 대처하기 위해서 어떠한 가격전략을 전개해야 할지 생각해보자.

2004년 12월 현재 환율 급락사태가 진정될 기미를 보이지 않는 가운데 2005년 구미주 인바운드 업계에 적신호가 켜졌다. 원/달러 환율은 지난달 15일 1,100원 선이 무너진 이후 하락세 행진을 거듭해 현재(12월 6일) 1,040원선 아래로 떨어진 상태이다. 환율이 1,040원 아래로 떨어진 것은 1997년 이후(종가 기준) 처음이다. 하지만 외환시장을 비롯한 전반적인 분위기가 달러 하락추세에 맞춰져 있어 환율이 더 떨어지거나 현 상태에서 보합세를 이룰 가능성이 높아 보인다. 환율이 종전보다 무려 100원 이상 하락하면서 구미주 인바운드 업계는 비상이 걸린 모습이다. 시장 특성상 현재 입국 예정이거나 진행 중인 단체들이 최소 6개월에서 1년전 당시 환율로 계약 완료된 것들이어서 그에 따른 환차손 부담을 고스란히 떠안고 있다. 당시 환율 변동 방어선이라 생각했던 1,130~1,100원 선에서 상품가를 출시했지만 최근 한달 새에 환율이 끝도 없이 추락하면서 속수무책격으로 피해를 입고 있다. 브릿지 여행사 박병배 사장은 "지상비 원가에 반영한 10~15% 수익분을 환차로 고스란히 까먹고 있다"면서 "환율 하락이 계속되면 원가 보전은 커녕 내년 상반기까지 적자를 면치 못할 것"이라고 우려했다.

이번 환율 급락은 전혀 예상치 못한 결과인데다 너무 급작스럽게 이뤄져 이렇다할 대비책도 없는 상태다. 업계관계자는 "예상치 못한 사태에 어디서부터 손을 써야 할지 모르겠다"고 하소연했다. 몇몇 여행사에서는 현지 모객 여행사에 환차를 고려한 지상비 인상을 요구해 놓고 있지만, 거의 기대하고 있지 않는 분위기이다. 일각에서는 편법으로 인바운드 지상비 금액을 은행에서 바로 아웃바운드 행사진행비로 역지불하고 있지만 이도 궁극적인 해결책은 되지 못하고 있다.

더욱 큰 문제는 계속된 달러 약세가 주변 경쟁국들과 가격경쟁력 격차를 더욱 벌여놓고 있다는 점이다. 내년 영세율마저 적용되지 않으면 호텔비 상승에 따른 지상비 인상은 불 보듯 뻔한데 과연 누가 비싼 한국관광상품을 구입하겠느냐는 반문이다. 업계 관계자들은 "가뜩이나 홍콩이나 싱가포르 등 주변국에 밀리는 상황에 이같은 환율 하락은 그나마 갖고 있던 장점마저 상실케 하고 있다"며 "한번 목적지를 바꾼 이들을 다시 유치하기란 정말 어렵다"고 내년도 구미주 시장 전체에 대한 어두운 전망을 밝혔다.

출처 : 여행신문(2004.11.22), '일본-패키지 감소에 경쟁도 치열'

관련 논문소개

1. 논문제목

Tourism Crisis Management : US response to September 11(관광위기관리 : 9월11일 테러에 대한 미국의 반응)

2. 저자 : Adam, B. & Sinclair, M. T.

3. 출처 : Annals of Tourism Research, Vol. 30(4), 2003, pp.813-832.

4. 내용소개

(1) 연구목적

이 연구의 목적은 다음과 같다. 첫째, 위기로 인한 활동의 하강추세가 상응하는 조치를 취할 정도로 규모가 클 것인지를 분석하고, 둘째, 위기로 인한 충격이 조정경비를 최소화하는 상응조치를 취할 정도로 장기화되는지를 분석하며, 셋째, 어떠한 형태의 정책이 집행되어야 하는지 분석할 목적으로 수행되었다.

(2) 연구방법

이 연구는 미국의 관광산업이 9・11 테러에 어떠한 영향을 받았는지를 CGE model을 적용하여 경제적 분석을 시도하였다.

(3) 연구결과

이 연구에서 CGE model을 적용한 결과 9・11 테러에 상응하는 조치를 취하지 않을 경우 테러공격은 미국 GDP를 $30억 정도 감소시키는 효과가 있으며, 특히 항공산업과 숙박산업에 악영향을 미칠 것으로 분석되었다. 전체 직업 중 50만개 이상이 없어질 것으로 예측되었다. 첫번째 연구목적인 테러로 인한 경제활동의 하강성은 심각한 고민거리로 분석되었다. 실업과 혼란이라는 사회적 경비로 인해 9·11테러와 관련하여 조정 경비를 줄이려는 정책이 시행되었음이 분명하며 두번째 연구목적도 분석되었다. 정책에 대한 반응은 두 가지 범주로 고려될 수 있다. 첫째, 자신감을 회복하고 현금의 흐름을 높이는 상대적으로 저비용정책이다. 여기에는 신용대출, 상환방법, 테러행위와 관련된 기업활동의 책임한도, 세금의 연기 등이 포함된다. 두번째 범주의 정책은 고비용이며 정부도 이와 관련된 자원의 희소성 때문에 어떠한 정책이 가장 비용효율성이 있는지 따져 보아야 한다. 여기에는 항공산업에 대한 보상지출, ATSSSA내의 항공산업의 안전을 높이는 방안, TIRC Six-Point Plan에 포함된 관광산업에 종사하는 근로자와 소비자의 세금 신용점수를 확대하는 방안이다

(4) 시사점

전체적인 결론은 위기로 인해 가장 심하게 타격을 받은 부문에 보조금을 지급하는 것이 GDP와 직업을 유지할 수 있다는 점에서 가장 효율적인 정책적 반응이라는 것이다. 정책집행자는 어느 부문에 보조금을 지급하여야 하는 결정에 매우 신중하여야 하며, 상대적으로 타격을 받지 않은 부문에 대한 보조금은 역효과를 낼 수 있음을 인식하여야 한다. 또한 관광상품에 대한 보조금 지급이 관광소비자 지출에 대한 보조금 지급보다 더 효과가 있다는 결론이다. 9·11 테러의 경우 ATSSSA 보상금 지급은 테러전의 업계 시장점유율에 따라 행해졌지만, 미국 항공업체들에 대한 보상이 가장 적절한 정책이었다.

이 연구의 결과는 다른 형태의 관광산업 위기시 일반화될 수 있다. 호텔이나 캐이터링(레스토랑) 산업은 특정 사건에 의해 가장 악영향을 받을 수 있으며 보조금 지급 정책을 세우는 것이 가장 효과적인 대응방안이라는 점이다.

사례분석

1. 주제 : 변화하는 관광소비상황에 발빠르게 대응하는 랜드사들의 사례분석

2. 출처 : 여행신문. '[랜드의 현주소] 여행업의 꽃이 시들고 있다-3. 변화와 차별화로 승부한다' 2004.12.2

3. 내용

랜드업계가 벼랑 끝에 몰렸다고 모두 멍하니 하늘만 바라보고 있는 것은 아니다. 나름대로 최선의 방안을 마련해 시장변화에 대처하고 있으며, 그 중에는 어느 정도 성과를 거두고 있는 시도도 있다. 이들에게는 혼자가 아닌 협조와 네트워크 강화를 모색한다는 공통점이 있다. 그나마 랜드업계의 모범생(?)이라고 할 수 있는 일본 랜드사들은 랜드연합체 결성이라는 새로운 시도를 확대해 가고 있다. 지난해 3월 JTS, 미래재팬, 스타재팬, 한스트래블의 4개 일본전문 랜드사들이 결성한 '예스재팬'은 현재 한일 선박상품을 중심으로 기반을 다져 성공사례로 꼽히고 있다.

부산지역의 주요 일본 랜드사들도 올해 '프로 재팬'이라는 연합체를 결성해 공동모객, 공동영업에 따른 시너지효과를 누리고 있다. ANT, MK, 세이세이투어가 올해 중순 결성한 '규슈 이야기'도 이와 같은 맥락에서 해석할 수 있다. 이강명 JTS 소장은 "일본은 현지 옵션이나 쇼핑에 대한 의존도가 거의 없기 때문에 비용상 최대의 효율성을 나타내는 인원을 모객하는 것이 관건"이라며 "적정인원 모객이 개별업체로서는 힘이 들지만 연합체를 통해서는 훨씬 수월하다는 장점이 있다"고 말했다.

최근 4기 집행부를 출범시킨 좋은 랜드도 '여행사를 위한 랜드사의 모임'이라는 당초 결성취지를 살려 공동영업 강화 등 심기일전을 다짐하고 있다. 지역별 전문 랜드사들이 공동으로 사무실을 이용하며 각자의 전문성을 발휘하고 있는 좋은랜드는 '랜드업계의 새로운 운영방식으로 모범을 보이고 있다.

패키지 대신 개별여행시장의 소비자 서비스와 상품개발에 공을 들이는 랜드사도 있다. 클럽 말레이시아 김인수 소장은 "고객들은 꽉 짜여진 패키지보다 가족 등 소그룹 형태의 맞춤여행을 선호한다"며 "지난 여름의 경우 300명 이상을 모객하는 쾌거를 올

렸다"고 말했다. 김 소장은 더욱 다양한 FIT상품을 개발할 계획이다.

태국과 캄보디아, 발리 등 동남아시아 전문 랜드사인 VIP투어는 매달 여행사와 랜드사를 대상으로 무료 영화감상 이벤트를 진행하는 한편, 지방 여행사 대상 팸투어 등의 노력을 통해 신생 랜드사로는 빠르게 시장진입에 성공했다. 최근에는 오리엔트타이항공과 PSA 계약을 맺고 항공사가 주체가 되는 기존 방식이 아닌 여행사 위주의 연합상품을 운영해 호응을 얻고 있기도 하다.

최근의 어려움에도 불구하고 미주 또한 내실을 다지는 랜드사들이 눈에 띈다. 시장상황이 어렵기 때문에 적극적인 프로모션은커녕 신상품 출시 자체를 자제하는 분위기이지만, 이들은 여전히 상품개발에 대한 의지를 놓지 않고 있다. 특히 당장 물량이 줄어 마음이 편치 않아도 수배 및 행사 진행에 쏟았던 시간들을 사진이나 브로셔 등의 자료정리에 투자해 향후 시장을 내다본 상품기획을 준비 중이다.

경쟁이 치열해지는 온라인 시장도 무조건 서울 우선을 고집해서는 안된다. 필리핀 랜드사인 마스터 투어의 고승범 소장은 "특정 현지 여행사가 저렴한 호텔 예약사이트를 운영해 점유율을 높이고 있다. 서울사무소에서 그 요금을 맞추려고 하는 것은 무리"라며 "어차피 서울에 사무실이 있는 곳을 선호하는 소비자가 있는 만큼 욕심을 버리고 거래하는 현지가 사이트를 만들어 행사하고 물량을 키워 윈윈할 수 있도록 해야 한다"고 말했다.

토론문제

1. 사스를 극복하려는 중국의 여행업 발전전략의 특징을 설명하세요.

2. 상황적 영향요인이란 무엇인지 사례를 들어 설명하세요.

3. 상황적 영향요인의 유형에 대해 사례를 들어 설명하세요.

4. 소비자들이 리스크인식과 행동반응이 일반적인 상황일 때와 어떤 차이가 있는지 설명하세요.

5. 관광에서의 다양한 상황적 요인을 사례를 들어 설명하세요.

6. 관광에서의 리스크 상황에서의 소비자행동의 특징을 설명하세요.

7. 관광에서의 리스크 상황에서의 관광마케팅 사례를 설명해 보세요.

8. 9·11 테러후 미국이 취했던 관광위기관리를 분석해보세요.

9. 변화하는 관광소비상황에 발빠르게 대응하는 랜드사들을 사례를 들어 설명하세요.

참고문헌

고동완(2001). 인구통계적 특성과 상황적 특성에 따른 관광영향 인식의 차이. 「관광학연구」 제25권 제3호(36) pp.63-80.

김세범·전영종·허남일(1997). 「소비자행동론」. 형설출판사.

네이버 국어사전(2003). www.naver.com.

네이버 백과사전(2003). www.naver.com.

동아일보(2003.12.9). '李문화 관광산업 심각한 위기상황'.

디지털타임스(2003.6.2). '태국관광청, 역 사스 마케팅을 펼쳐라'.
삼성경제연구소(2004). 국내 은행의 리스크관리현황과 시사점.
여행신문(2004.12.9). '구미주 인바운드 적신호'.
여행신문(2004.12.2). '[랜드의 현주소] 여행업의 꽃이 시들고 있다-3. 변화와 차별화로 승부한다'.
여행신문(2004.11.22), '일본-패키지 감소에 경쟁도 치열'
여행신문(2003.7.14). 'China Forever... 중국이 달라졌다'.
여행신문(2001.12.17). 강신겸 칼럼'관광기업의 위기관리 경영'.
연합뉴스(2003.6.30). '경주, 사스 영향 내국인 관광객 증가'.
연합뉴스(2003.4.28). '베트남 관광산업에도 사스피해 가시화'.
임종원 · 김재일 · 홍성태 · 이유재(2000). 「소비자행동론 : 이해와 마케팅에의 전략적 활용」. 경문사.

Adam, B. & Sinclair, M. T.(2003). Tourism Crisis Management : US response to September 11, *Annals of Tourism Research*. 30(4), pp.813-832.
Blackwell, R. D., & Miniard, P. W., Engel, J. F.(2001). *Consumer Behavior*. Orlando : Harcourt, Inc.
Economist(2004.1.22) Living dangerously.
Gibson, H. J., Willming, C., & Holdnak, A.(2003). Small-scale event sport tourism : fans as tourists. *Tourism Management*. 24(2). pp.181-190.
Hawkins, D. I., Best, R. J., & Coney, K. A.(2001), *Consumer Behavior : Building Marketing Strategy*. Boston : Irwin McGraw-Hill.
http : //blog.naver.com/theclassic80/80002964024.
Miller, K. E. & James L. G.(1979). An Investigation of Situational Variation in Brand Choice Behavior and Attitude, *Journal of Marketing Research* 16, February.
Prideaux, B., Laws, E., & Faulknerc, B.(2003). Events in Indonesia : exploring the limits to formal tourism trends forecasting methods in complex crisis situations. *Tourism Management*. 24, pp.475-487
Schiffman, L. G., & Kanuk, L. L.(1991). Consumer Behavior. Englewood Cliffs. N.J. : Prentice-Hall.

제4부

관광소비자행동의 개인적 요인

nsumer's behavior

Tourism

제12장 관광소비자행동의 개인적 요인 1

지각/ 학습

관광소비자행동의 개인적 요인1

들어가는 이야기

핵심개념

지각과 소비자행동

- 지각의 개념
- 지각과 관련된 여러가지 개념
- 이미지

학습과 소비자행동

- 학습의 개념
- 학습의 유형
- 기억

지각 / 학습과 관광

- 지각과 관광소비자행동
- 학습과 관광소비자행동

관련 논문소개

사례분석

토론문제

참고문헌

들어가는 이야기

새로운 이미지 창출위한 노스웨스트항공의 홍보전략

▌노스웨스트 브랜드 홍보 캠페인 개시

노스웨스트항공이 새로운 브랜드로 이미지와 광고 캠페인을 시작했다.

노스웨스트항공은 이달부터 한국을 포함한 아시아·태평양 시장에 새 로고와 슬로건을 런칭하고 광고 캠페인을 시작했다. 인쇄, 인터넷, 옥외 광고 등을 통해 노출되는 새로운 광고에서 노스웨스트항공은 '플라잉 스마트(Flying Smart)'라는 새로운 슬로건을 앞세워 새로운 서비스와 자사만의 차별성을 부각시켰다.

▌노스웨스트항공측은 "단순히 로고만 바뀐 것이 아니라 기존의 무겁고 오래된 이미지에서 탈피해 새로운 브랜드를 선보인 것이다. 일도 스마트하게 하고 여행도 스마트하게 하는 30~40대 비즈니스 출장자에게 초점을 맞췄다"고 설명했다. 은색, 빨강, 검정 세 가지 색이 조화를 이룬 새로운 로고는 지난 4월에 제작돼 이번 광고를 통해 일반에게 처음 선보였으며 항공기(사진) 외장 디자인도 변경됐다.

▌노스웨스트 항공은 미국의 여러 항공사들 중에서 가장 많은 아시아의 도시들을 운항하고 있으며, 일본 운항횟수, 아시아 행 및 아시아내에서의 가장 많은 운항횟수를 자랑하고 있다. 인터넷을 통해 미국내에서뿐 아니라 아시아·태평양 지역의 14개 주요 도시에서 셀프 서비스 탑승수속을 하고 있기 때문에 공항에 가지 않고도 인터넷을 통해 아시아 4개국 언어로 번역된 국가별 웹사이트에 들어가 탑승권을 발급받을 수 있다.

또한 지난 4월 나리타공항의 터미널을 이전해 환승이 훨씬 편리해졌다. 더 넓고 쾌적한 2개의 월드클럽 라운지에서 인터넷을 손쉽게 이용할 수 있으며 발권 카운터와 탑승구간의 거리도 짧아졌다.

-여행신문, '새 이미지로 스마트하게', 2003년 10월 13일-

〈그림 12-1〉 노트웨스트 항공의 새로운 로고와 브랜드 전략

노스웨스트항공은 최근 로고를 바꾸면서 새로운 이미지로 거듭나기 우해서 노력하고 있다. 노스웨스트항공은 '플라잉스마트(Flying Smart)'라는 새로운 슬로건을 앞세워 새로운 서비스와 자사만의 차별성을 부각시키는 광고 홍보전략을 펼치고 있다.

핵심개념

1. 지각
2. 감각
3. 절대식역
4. 변별식역
5. Weber의 법칙
6. 잠재의식적 지각
7. 이미지
8. 이미지의 유형
9. 학습
10. 학습의 유형
11. 기억
12. 단기기억
13. 장기기억
14. 지각과 관광마케팅

12-1 지각과 소비자행동

(1) 지각(perception)의 개념

지각이란 개인이 자극을 의미있고 이치에 맞는 세상의 그림으로 선택하고 조직하고 해석하는 과정으로 정의된다. 따라서 지각이란 우리가 우리 주위를 둘러싼 세상을 어떻게 보는가라고 할 수 있다. 두 사람이 같은 조건에서 자극에 노출되었어도 이 두 사람이 자극을 인식하고 선택하고 조직하고 해석하는 과정은 개인의 요구, 가치, 기대에 근거한 매우 개인적인 과정이므로 다르게 나타날 수 있다.

정보처리과정은 자극이 지각되고 정보로 변형되고 저장되는 일련의 과정이다. 정보처리과정 모델은 4단계로 구성되어 있으며 정보의 노출(exposure), 주의(attention), 해석(interpretation), 기억(memory) 과정으로 진행된다. 이 4단계 중 앞의 3단계를 지각(perception)이라고 한다〈그림 12-2〉.

〈그림 12-2〉 소비자 의사결정 정보처리과정

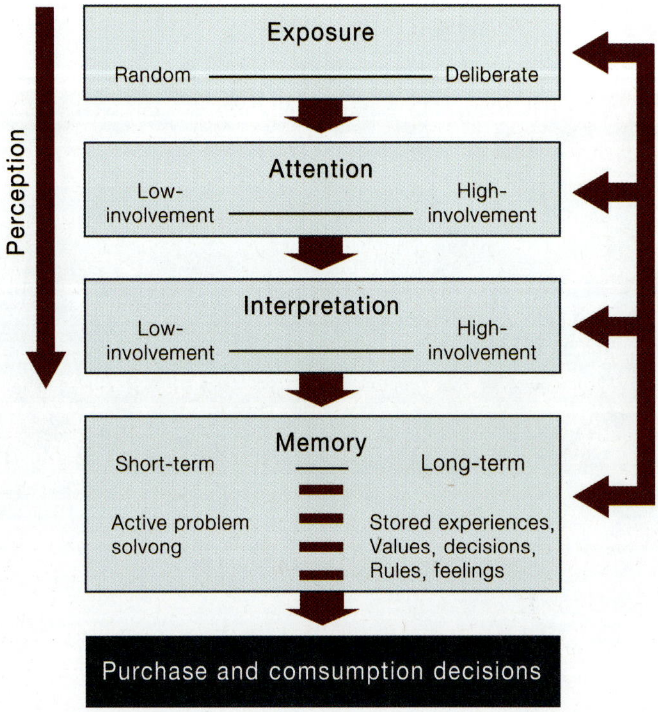

정보의 노출(exposure)은 시각이라는 한 개인의 감각수용신경의 범주 안에 빌보드광고와 같은 자극이 들어올 때 발생한다. 주의(attention)는 감각수용신경이 감각을 뇌로 전달할 때 발생한다. 해석(interpretation)이란 수용된 감각에 의미를 부여하는 과정이다. 기억(memory)이란 해석된 의미를 즉각적인 의사결정을 위해 단기적으로 사용하거나 장기적으로 보유하는 것을 의미한다.

(2) 지각과 관련된 여러 가지 개념

지각과 관련된 중요한 개념은 감각(sensation), 절대식역(absolute threshold), 변별식역(differential threshold), Weber의 법칙, 잠재의식적 지각(subliminal perception)이 있다.

▌감각(sensation)

감각이란 자극(stimuli)에 대한 감각기관의 즉각적이고 직접적인 반응을 말한다. 자극이란 어떠한 형태의 감각이 투입되는 단위를 의미한다. 상품, 패키지, 브랜드명, 홍보와 광고가 자극의 좋은 예이다. 감각 수용기관은 오감과 같은 인간의 감각기관으로서 감각 자극을 받아들이는 기관이다.

절대식역(absolute threshold)

개인이 감각을 경험할 수 있는 제일 낮은 수준을 절대식역이라 한다. 사람이 '있는 것'과 '없는 것' 사이의 차이를 간파할 수 있는 지점이 그 자극에 대한 사람의 절대식역이다. 태국 배낭여행을 가서 파타야에 있는 태국전통 안마시술소 간판을 찾아가려 하다가 발견했는데 간판을 발견한 그 거리를 절대식역이라 한다.

소비자들은 보통 자극에 대한 노출빈도가 증가할수록 덜 주의를 기울이게 된다. 소비자가 특정수준의 자극에 익숙하게 되는데 이것을 감각적응(sensory adaptation)이라고 한다. 이것은 마케터들이 인쇄물광고나 TV 광고를 주기적으로 바꾸는 이유가 되고 있다.

변별식역(differential threshold)

두 자극 사이에서 분간할 수 있는 최소한의 차이를 변별식역 혹은 바로 느낄 수 있는 최소가지차(J.N.D.=just noticeable difference)라고 부른다. 2004년 대전 동물원 입장료가 3500원에서 4500원으로 인상된 것을 대전 시민들이 민감하게 반응하였다. 하지만 자동차의 구매가가 1000원 내렸다고 해서 소비자들이 여기에 대해 민감하게 반응하여 자동차 판매량이 늘지는 않을 것이다. 이것은 상품의 종류에 따라서 변별식역이 다르다는 것을 설명해준다.

Weber의 법칙(Weber's law)

19세기의 독일 과학자인 Weber는 두 자극 사이의 최소가지차는 절대적 양에 있는 것이 아니라 첫 자극의 강도에 대한 상대적인 양이라는 사실을 발견했다. Weber의 법칙은 최초의 자극이 강할수록 두 번째 자극이 차이가 있는 것으로 지각되기 위해서는 더 큰 추가적인 강도가 필요하다는 것을 말한다.

잠재의식적 지각(subliminal perception)

사람들은 의식적 인식 아래에서도 역시 자극을 지각한다. 의식적으로 자극을 인식하지 않고도 자극을 지각할 수 있다. 너무 약하거나 너무 간단해서 의식적으로 보거나 들을 수 없는 자극임에도 불구하고 하나 이상의 수용세포에 의해서 충분히 지각될 수 있다. 이러한 과정은 수용기의 절대식역 아래에서도 지각되기 때문에 잠재의식적 지각

(subliminal perception) 혹은 식역하의 지각이라고 불린다.

마케터들은 1950년대부터 이러한 잠재의식적 지각을 활용하였지만 이러한 마케팅 방법이 소비자를 설득하였다는 과학적인 연구결과가 현재까지 없는 실정이다.

(3) 이미지(image)

이미지란 마음속에 그려지는 사물의 감각적 영상(映像), 심상(心象)을 의미한다. 소비자는 소비자행동 연구에서 중요한 많은 지속적인 지각, 즉 이미지를 가지고 있다. 상품과 브랜드는 개인에게 상징적 의미를 부여하며 자신의 개인적 상과 일치하는 상품을 선택하려는 성향이 있다. 소비자는 자기에게 주어진 수많은 마케팅정보를 상표, 제품, 점포, 기업의 이미지로 재구성하려고 한다. 제품의 품질, 디자인, 가격, 구매의 편리성, 사후관리 등 여러 단편적인 정보에 대해서 일일이 지각하고 평가하기에는 소비자의 능력과 주어진 시간이 부족하므로 소비자는 각 부분을 통합한 전체적인 자기 평가를 바탕으로 의사결정을 한다. 따라서 이미지는 여러 원천에서 나온 정보를 처리하여 형성되는 대상에 대한 총체적 지각(total perception)이라 볼 수 있다.

이미지를 성공적인 마케팅의 정수로 활용한 것이 포지셔닝(positioning)이다. 포지셔닝이란 한 제품이 소비자의 마음속에 위치하는 상품의 이미지이며 제품의 실제 특성보다 제품의 포지셔닝이 제품의 성공에 더 중요하다고 알려져 있다.

기업의 이미지와 상표의 이미지는 소비자가 그들의 경험과 지식 및 신념을 바탕으로 만들어낸 지각의 총합이므로 소비자의 구매행동에 강한 영향력을 발휘한다. 강하고 분명한 기업이미지는 자사제품을 구매하는 소비자에게 자신감을 부여한다. 많은 기업들이 이미지 쇄신을 위해 사명을 바꾸고 회사의 로고(logo)를 교체하고 있다. 포항제철을 포스코로, 자연농원을 에버랜드로, 한국화약그룹이 한화그룹으로 바꾼 경우가 그 사례라고 할 수 있다.

▌이미지의 유형

- 상표이미지(Brand Image)

상표이미지는 소비자가 상표에 대해 가지고 있는 전체적인 인상을 말한다. 현재의 경쟁적 환경에서는 같은 성격을 가지고 있는 제품들이 계속 시장에 유입되고 제품의 구매 선택의 폭이 넓어지고 있기 때문에 소비자는 의사결정을 간소화하기 위해 광고메시지와 제품의 사용경험을 바탕으로 상표를 구분하여 구매전에 제품선호도를 결정하려는 경향이 있다.

소비자의 상표이미지에 영향을 미치는 중요한 요소는 제품의 포지셔닝(positioning)이다. 마케팅관리자는 목표세분시장의 욕구를 충족시킬 수 있도록 자사상표를 포지셔닝시키려고 노력한다.

- 점포이미지(Store Image)

경영자들은 그들의 점포가 모든 소비자에게 일관된 인상을 준다고 믿고 있다. 그러나 실제로는 소비자가 한 점포의 각 부문마다 다르게 지각을 하고 동일한 회사의 각각의 점포에도 다른 인상을 가지고 있다.

12-2 학습과 소비자행동

(1) 학습의 개념(learning)

소비자들은 일상생활에서 학교에서 가르쳐주지 않는 많은 것들을 무의식적으로 배운다. 학습이란 과거 경험의 결과로 일어나는 지식, 태도 및 행위의 변화로 정의된다. 소비자들은 상표에 대한 신념과 태도, 가치, 습관, 기호 등 자신들의 구매와 소비에 영향을 미치는 많은 것들을 학습을 통해 습득하며, 이러한 의미에서 소비자행동은 본질적으로 학습된 행동(learned behavior)이라고 할 수 있다.

(2) 학습의 유형

학습과정은 전통적으로 두 가지 관점에서 연구되어져 왔다. 인지적 학습(cognitive learning)과 행동적 학습(behavioral learning)의 두 가지이다.

인지적 학습(cognitive learning)

인지적 학습에서의 학습은 소비자가 여러 가지 대안에 대한 정보를 취득하고 처리하여 이 정보를 소비자가 가지고 있던 기존의 신념과 통합하는 적극적 과정이라고 할 수 있다. 소비자의 인지적 학습은 제품이나 서비스를 직접적으로 사용해 본 경험, 다른 사람이 사용하는 것을 관찰, 신문·잡지 등의 대중매체나 친구, 가족 등 인적 정보원으로부터 제품관련 정보를 처리한 결과로서 일어난다〈그림 12-3〉.

〈그림 12-3〉 인지주의 학습이론

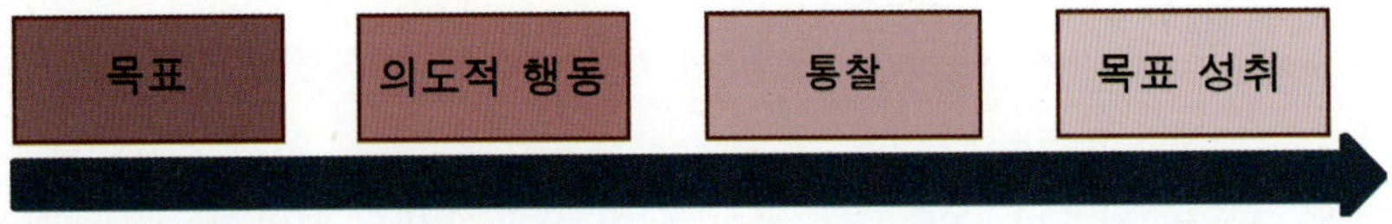

출처 : Runyon, K. E.(1987), *Consummer Behavior and the Practice of Marketing*, Merril Publishing Co.의 내용을 김세범 · 전영종 · 허남일(1997). 「소비자행동론」. p.383에서 재인용.

행동적 학습(behavioral learning)

소비자들은 때로는 인지적 노력이 없이도 호의적 태도나 구매행동과 같이 어떤 반응을 나타내도록 유도될 수 있다. 행동적 학습(behavioral learning)은 환경내의 사건들간에 관련성이 있다고 보게 될 때에 일어나며, 파블로프식(고전적) 조건화와 수단적(조작적) 조건화 및 대리적 학습에 의해서 하게 된다.

고전적 조건화(classical conditioning)는 제품이 긍정적인 자극과 연상되도록 마케팅에 적용한다. Miller Lite 맥주는 흥분을 자아내는 스포츠이벤트 동안 자주 광고된다. 스포츠이벤트에 의해 생성된 흥분은 제품과 반복되어 쌍으로 연상되기 때문에 이러한 연상이 사람들에게 Miller Lite 상표를 사도록 영향을 준다.

도구적 조건화(instrumental conditioning)는 행동의 결과가 다시 수행되는 행동의 빈도나 확률에 어떻게 영향을 미치고 있는가에 관심을 보이고 있다. 소비자가 롯데월드를 방문하고나서 경험한 만족이 반복구매의 가능성을 높여 준다. 그러나 방문경험이 소비자를 만족시키지 못했다면 반복구매는 일어나지 않는다.

대리적 학습(vicarious learning)은 소비자가 직접 행동함으로써 학습하는 것이 아니라 다른 사람(모델)이 어떤 행동을 하는 것을 관찰함으로써 학습하는 것으로, 흔히 모델링(modeling)이라고도 한다. 관찰자는 모델이 행동 후 좋은 결과를 얻게 되면 이 모델의 행동을 모방하게 되고, 좋지 못한 결과를 얻게 되면 이런 행동을 하지 않도록 학습하게 된다.

(3) 기억(memory)

기억은 이전 학습경험의 축적된 전체 결과물이다. 기억은 단기기억(short-term memory)과 장기기억(long-term memory)으로 구성된다.

▌단기기억(short-term memory)

단기기억은 정보나 감각의 저장을 위해서 제한된 용량을 가지고 있다. 컴퓨터 시스템으로 비교하자면 현재 사용되고 있는 파일과 비교할 수 있다. 단기기억은 생각(thinking)과 같은 의미로 사용된다. 따라서 단기기억과정은 활동적이며 역동적인 과정이라고 할 수 있다.

단기기억에서 정보를 처리하는 과정은 두 가지 형태가 있는데, 정교한 활동(elaborative activities)과 보유연습(maintenance rehearsal)의 두 가지이다. 정교한 활동이란 운용기억(working memory)에서 정보를 해석하고 정교화하기 위해서 이전에 저장된 경험, 가치, 태도, 신념, 느낌을 사용하는 것이다. 보유연습이란 문제해결을 위해서 혹은 장기기억으로 변환하기 위해서 현재의 기억 속에 정보를 담아둘 목적으로 정보를 지속적으로 반복하는 것이다.

▌장기기억(long-term memory)

장기기억은 단기기억에서 적절히 정보처리가 이루어진 후 정보를 거의 무제한적으로 그리고 영구적으로 저장한다. 장기기억은 정보를 저장하였다가 단기기억의 정보처리와 관련된 정보를 인출하여 주고, 단기기억에서 충분한 정보처리가 이루어진 후에 이를 다시 저장하는 역할을 수행한다. 장기기억이란 무제한적이고 영구적인 기억으로 시각, 청각코드 등의 다양한 코드형태로 기억된다.

장기기억의 종류는 어의기억, 사건기억, 과정기억 등으로 구분하며 마케팅과 가장 관련이 높은 것은 어의기억이다. 어의(語義)기억(semantic memory)은 사실, 사물 및 그들의 속성 그리고 세상의 또다른 일들에 대한 개인의 일반적으로 추상적인 지식체계를 일컫는다. 어의기억에는 각 사물에 대한 정보를 '있는 그대로' 저장하는 대신에 각 개별 정보의 의미를 포함한 일반적인 형태로 저장한다. 따라서 동일한 사안일지라도 광고주-소비자, 판매자-구매자 등의 각 사람은 기억 속에 다르게 인식되고 저장한다. 각각의 개념은 감정과 기존에 저장되어 있는 유사한 기억개념과 관련하여 인식된다.

consumer's behavior

12-3 지각/ 학습과 관광

(1) 지각과 관광소비자행동

지각이 관광소비자행동에서 활용되는 부분으로는 관광목적지의 거리(distance), 관광목적지의 이미지(image), 항공사의 이미지, 광고 등이다. 관광목적지에 관한 지각은 관광소비자의 의사결정에 큰 영향을 미친다. 예를 들어 거리가 먼 관광목적지는 이것이 여행을 저해하는 장애요인이 된다고 알려져 있으나 즐거움을 추구하는 관광여행의 경우 수요를 촉진시키는 촉진요인이 되기도 한다.

관광과 같은 서비스상품의 포지셔닝전략과 홍보는 제조업체에서 만들어내는 제품들과 비교해서 마케터들에게 몇몇 특이한 문제를 던져주고 있다. 서비스란 무형이기 때문에 이미지가 경쟁사의 서비스상품과 차별화하는 핵심요소가 된다. 따라서 마케팅의 목적은 소비자가 특정 브랜드명에 특정 이미지를 연결시키도록 유도하는 것이다. 많은 서비스 업체들은 광고에 유형적 단서(tangible cues)로서 실제로 근무하는 서비스 종사자들을 등장시키고 있으며, 차별화하기 위해서 사람에 초점을 두는 주제를 사용한다. 예를 들어 Harrah의 카지노는 '사람들의 장소'라고 포지셔닝을 하고 있으며 Ritz-Carlton은 회사 모토인 '우리는 숙녀와 신사를 섬기는 숙녀와 신사들입니다'를 활용하여 '손님 체험'을 홍보하고 있다.

서비스 환경의 디자인은 서비스 포지셔닝 전략의 중요한 부분이며 소비자의 업체인상이나 소비자와 종업원의 행동에 민감하게 영향을 준다. 물리적인 환경은 은행, 소매점, 전문직 사무실과 같은 서비스 업체의 인상을 호의적으로 창출하는데 특히 중요하다. 그 이유는 고객이 이러한 서비스업체가 제공하는 서비스 질을 객관적으로 판단할 수 있는 객관적인 기준이 많지 않기 때문이다.

(2) 학습과 관광소비자행동

관광소비자행동은 하나의 학습행동이다. 관광객이 자신과 외부환경변화에 적응하는 학습과정은 관광소비자행동에 지대한 영향을 미친다. 현대인들은 관광이나 레저를 할 수 있는 환경이 개선되면서 이러한 활동을 할 수 있는 기회에 노출되어 있다. 하지만 관광소비자행동을 제대로 학습할 수 있는 기회가 많지 않아 잘못된 관광·레저행태를 보이는 경우가 많이 있다. 최근 정선의 강원랜드가 야기시키고 있는 도박중독자 문제가 그 대표적인 문제라고 할 수 있다. 대전을 비롯한 많은 지자체들이 추진하고 있는 경륜장 건설도 시민단체들이 반대하는 가장 큰 이유는 도박중독 문제이다. 2004년 한국사회에서 성매매특별법이 발효된 이후 대대적인 단속에 들어가자 태국을 비롯한 동남아 등지에서 골프와 섹스를 접목한 관광이 폭발적인 인기를 누리며 이들 목적지로의 비행기 티켓이 10월에서 12월까지 매진되는 예년에 없었던 현상이 나타나는 것도 한국사회의 관광행태가 너무 자극적이고 원초적인 동기로 이루어지는 경향이 있다는 점에서 문제라고 할 수 있다. 관광소비자행동을 다양하게 유도하기 위해서는 초등학교, 중학교, 고등학교, 대학교육에서 정규교과과정이나 교양과목으로 관광과 레저교육을 체계적으로 할 필요가 있다.

한국사회에서 관광을 학습의 한 수단으로 활용하는 것이 수학여행이다. 최근에는 유치원부터 대학에 이르기까지 수학여행 프로그램을 운영하고 있다. 이러한 수학여행 프로그램의 그 동안 지적되어 온 문제점을 개선하고 효과적인 학습기회를 마련해주기 위해서 한국관광공사에서 수학여행프로그램 자료집을 제작하여 배포해 오고 있나. 나음은 수학여행 프로그램의 개선 필요성과 배경에 관련한 기사이다.

수학여행 프로그램을 기획할 때 학교의 동의를 얻기 위해서는 수학여행을 학습의 연장선상에서 이해해야 한다는 지적이 제기됐다. 한국청소년개발연구원의 윤철경 연구위원은 지난 11일 관광공사 관광안내센터에서 열린 수학여행진흥사업설명회에 참석해 이간이 밝히고 수학여행 프로그램 개발시 여행업계가 유의해야 할 사항에 대해 설명했다.

윤 위원은 수학여행은 어디까지나 학교교육의 일환이므로 학습체험이 제공돼야 하지만, 학습내용의 범위는 역사유적뿐만이 아닌 자연, 문화와 예술, 생활일반에 대한 체험 등으로 확대가 가능하다고 전제하고 교육성외에 즐거움이란 양대 요소를 갖추고 있어야 한다고 주문했다. 윤 위원은 또 이를 학교에 제안할 때는 수학여행 상품보다 수학여행 프로그램이라는 표현을 사용하는 편이 좋다고 덧붙였다.

윤 위원은 교육성을 갖추기 위해 학교교육과정과 연계된 내용의 분명한 주제를 가지고 체험위주의 세밀한 프로그램 구성과 진행이 뒤따라야 하며 여행지에 대한 안내 프로그램이 강화돼야 한다고 지적했다. 수학여행의 또다른 요소인 즐거움에 대해서는 학생의 참여도를 높이면서 교사와 학생이 친밀해 질 수 있는 공동체적 활동의 중요성을 강조했다.

여행업계의 수학여행 프로그램 개발을 유도하기 위해 관광공사가 실시한 이날 행사는 당초 50명 가량이 참여할 것으로 예상됐으나, 여행사와 지자체 등의 열띤 관심을 얻으며 150여 명이 참가할 만큼 성황리에 진행됐다. 공사는 이날 주제발표에 이어 숲해설가협회, 한국레크리에이션

협회 등 유관기관을 소개하고 수학여행프로그램 자료집 작성에 대해 설명했다.

오는 8월 중에 발간될 예정인 수학여행 프로그램 자료집은 공사가 일선 수학여행 담당 교사들에게 우수 수학여행 프로그램과 여행사를 소개하기 위해 준비중인 안내 책자이다. 공사는 여행사의 프로그램을 접수받아 수학여행진흥협의회를 거쳐 수록여부를 결정하겠다고 밝히고 여행업계에 학교측의 관심을 유도할 수 있는 참신한 테마의 프로그램을 요청했다.

(출처 : 여행신문, 2002년 6월 17일)

12-4 지각과 관광마케팅

(1) 지각과 관광마케팅

최근 FTA 체결로 농촌과 농민이 심각한 고민에 빠져 있다. 농민들은 전국적인 데모를 계속하고 있으며 쌀농사로 풍족한 생활을 영위하는 것은 힘든 현실이 되었다. 이제 농촌의 대안은 무엇인가? 농촌은 관광서비스업을 하나의 대안으로 제시하며 돌파구를 찾으려고 시도하고 있다. 이러한 한국 농촌의 상황과 국민의 정서를 감안하여 기업과 농촌이 연계한 사업과 마케팅이 시도되고 있다.

하이트맥주는 2003년 3월부터 6월까지 농촌 숙원사업을 해결해 주는 '고향의 꿈 대잔치' 캠페인을 실시하였다. 이것은 하이트맥주 탄생 10주년 및 창사 70주년 기념행사의 일환으로 맥주 판매수익 중 일부를 적립해서 농촌지원 사업에 사용하려는 목적으로 시도되었으며, 신제품인 프라임맥주는 병당 2원, 하이트맥주는 병당 1원을 적립하였다. 하이트맥주는 지원을 신청한 185개 마을 중 10개를 선정하여 각 5천만원씩을 지원하였으며 경기도 이천 부래미마을의 경우 하이트맥주 지원으로 건립된 마을회관을 '하이트관'으로 명명하였다. 하이트맥주의 '고향의 꿈 대잔치' 지원내용은 다음 〈표 12-1〉와 같다.

하이트맥주는 '고향의 꿈 대잔치'를 광고 문안으로 사용하는 등 마케팅수단으로 활용하고 있으며, 인기연예인을 모델로 한 '고향의 꿈 대잔치' 포스터를 제작・배포하고 제품 판매액으로 농업을 지원하다는 내용을 홍보하면서 농촌과 연계한 기업의 이미지를 높이고 있다.

〈표 12-1〉 '고향의 꿈 대잔치' 지원내용

도별	대상마을	숙원사업
경기	이천시 부래미마을	녹색관광 체험마을 조성
강원	양양군 탁장사마을	방재림 및 무선방송시스템 설치
충북	괴산군 기성마을	마을회관 신축
충남	서천군 새멀마을	황토찜질방 건축
전북	정읍시 백학마을	경로당 신축
전남	무안군 석교마을	노인회관 건립
경북	예천군 회룡포마을	마을연결 구름다리 건설
경북	성주군 광산리	홈페이지 전산장비 제공
경남	하동군 평사리	돌담길 조성
제주	남제주군 감산리	민속자료실 설치

출처 : 하이트맥주 홈페이지, www.hite.com

〈그림 12-4〉 하이트맥주의 고향의 꿈 대잔치 포스터

하이트맥주는 한국농촌에 대한 국민의 정서를 활용한 '고향의 꿈 대잔치' 캠페인을 실시하여 친환경적 기업의 이미지를 높이는 마케팅전략을 구사하였다.

consumer's behavior

관련 논문소개

1. 논문제목

'영화관광의 부상과 성공조건'

2. 저자 : 고정민

3. 출처 : 삼성경제연구소 CEO Information. 2004. 2. 25. 제439호.

4. 내용소개

(1) 연구목적

한국의 영화산업이 국제적인 관심을 받고 있는 가운데 한류열풍이 하나의 관광상품으로서 정착하고 있다. 영화나 드라마가 발생시킨 직접효과를 종영 이후 '영화관광'으로 이어가려면 세트장 건설, 마케팅 등에서 체계적 접근이 필요하며 즉흥적인 투자는 자칫 예산낭비와 환경훼손을 초래한다. 이 연구는 최근 한국의 영화산업이 활성화되면서 관광상품으로서의 수익창출도 되고 있는 점에 착안하여 다음과 같은 연구목적을 가지고 수행되었다. 이 연구는 영화관광의 사례분석을 통해 핵심성공요인(Key Factors for Success)을 도출하려는데 그 목적이 있다.

(2) 연구방법

이 연구의 연구방법은 사례분석(case study)이다. 이 연구의 주제인 영화관광의 유형별로 로케이션 분석에는 뉴질랜드와 정동진의 사례가, 세트장 부분은 유니버셜 스튜디오와 부천의 사례가, 영화클러스터 분석에는 할리우드와 부산의 사례가 분석되었다.

(3) 연구결과

이 연구의 분석결과는 다음과 같다.

첫째, 로케이션과 장소 측면에서 분석된 뉴질랜드는 영화 '반지의 제왕' 촬영지이다. 2001년 12월부터 1년 간격으로 개봉했던 '반지의 제왕' 3편이 모두 세계 박스오피스 10위 안에 드는 흥행기록을 수립하였다. '반지의 제왕'은 1998년부터 2002년까지 약 5년간 뉴질랜드에서 촬영과 후반 작업을 하였다. 뉴질랜드 출신의 피터잭슨 감독과 뉴질랜드 정부가 유치에 적극적이었으며 독특한 자연환경, 영어사용, 미국과 호주에 비해 저렴한 제작비용 등이 유치성공에 결정적으로 기여하였다. 뉴질랜드 정부는 이 영화를 통해 관광지로서 거듭나기 위해서 정부차원에서 영화촬영지를 관광지로 개발하고 적극적인 홍보에 나섰다. 뉴질랜드 정부는 '반지의 제왕' 홍보비로 1,870만 달러를 지출하였으며 투자청, 관광청, 무역진흥청, 영화진흥청의 4개 기관이 서로 협력하였다. 또한 뉴질랜드 정부는 촬영 유치방안으로 2003년 12월 영화 제작비의 12.5%를 되돌려주는 시책을 발표하였다. 영화 흥행과 홍보활동으로 뉴질랜드는 영화제작지와 관광지로 부상하였으며 '프로도 경제(Frodo Economy)' 효과를 창출하였다. 프로도 경제란 영화 '반지의 제왕'이 뉴질랜드 경제에 미친 파급효과를 지칭하는데 프로도는 영화의 주인공 이름이다. 뉴질랜드는 영화촬영지로 관광수입을 올리고 있고, 단역배우 출연, 세트장 건설, 숙박 및 요식업 운영 등으로 2만개 가량 신규 고용이 창출되었다. 또한 호빗톤(Hobbiton) 마을의 배경으로 사용된 마타마타 농장의 경우, 사유지를 개방하여 인당 미화 33.5 달러의 입장료를 받고 있으며 하루 200여명의 관광객이 방문하고 있다. 2001년 '반지의 제왕' 개봉 이후 뉴질랜드의 외국 관광객 수는 연 평균 5.6% 증가하였다. 세계 관광객 증가율이 2001년 -0.5%, 2002년 2.7%, 2003년 -1.2%로 부진한 것을 고려하면 상당한 증가율로 평가되며 현재 뉴질랜드 관광객 중 9% 정도가 영화 '반지의 제왕'의 영향을 받은 것으로 조사되고 있다.

둘째, 세트장 부분의 분석사례는 대표적인 테마파크인 유니버셜 스튜디오이다. 유니버셜 스튜디오는 세계 4개국에서 영상 테마파크를 운영하고 있다. 미국 6대 메이저의 하나인 유니버셜 스튜디오는 1909년에 설립되었으며 영화촬영 현장을 세계 최초로 상업적 테마파크로 개발하였다. 1915년부터 영화촬영을 위해 할리우드 지역에 유니버셜 시티를 조성했는데, 1964년 이 곳을 구경하는 프로그램을 시작하였으며, 방문객이 영화세트를 둘러보는 것 외에 각종 어트랙션(놀이기구)과 멀티미디어 설비를 체험하도록 하여 다양한 체험기회를 제공하고 있다. 유니버셜 스튜디오는 현재 미국 할리우드, 플로리다, 스페인, 일본 오사카의 4개소가 있으며, 2006년에는 중국 상하이에서 개장할 예정이다. 오사카시의 유니버셜 스튜디오는 시(市)가 지역경제 활성화를 위한 방안으로 전략적으로 유치한 것이다. 2001년 오사카에서 개장한 일본 유니버셜 스튜디오는 가장 성공한 모델로 평가받고 있다. 당초 연간 입장객 수를 800만명으로 예상하였으나 개장 첫 해에 1,100만명을 기록하였고 상화(三和) 종합연구소는 유니버셜 스튜디오 설립으로 인한 경제적 파급효과가 관서지역에 4,198억 엔이며 이외 지역에 1,703억 엔으로 추정하였다. 직접적 효과는 테마파크에 1,392억 엔, 호텔이 584억 엔, 운송업이 511억 엔으로 추정되고 있다.

〈그림 12-5〉 할리우드의 영화 클러스터

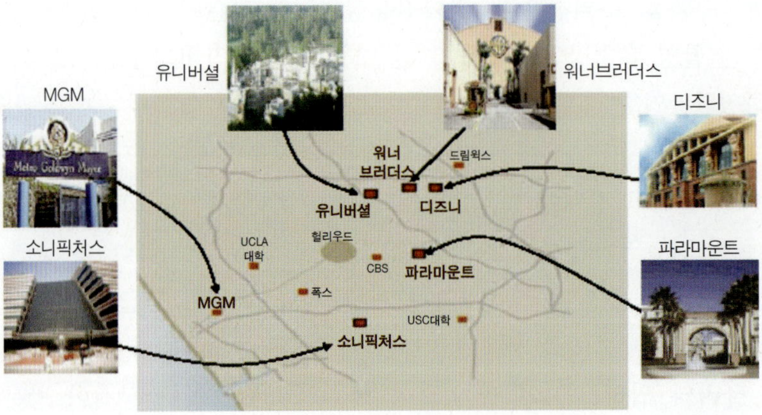

셋째, 영화를 테마로 하는 대표적인 클러스터 지역이 할리우드이다. 미국의 영화산업은 처음 동부에서 시작하여 1900년대 초에 서부의 할리우드 지역으로 이동하였다. 이후 할리우드는 촬영에 적합한 기후조건, 개방적인 분위기 등에 힘입어 영화산업의 중심지로 발전하였다. 현재 할리우드는 영화산업의 제작과 유통의 메카로서 세계시장을 장악하고 있다. 할리우드를 포함한 로스앤젤레스 지역은 영화제작과 영화관련 관광과 소비가 동시에 이루어지는 복합클러스터라고 할 수 있다. 로스앤젤레스에는 매년 2,200만 명의 관광객이 방문하고 있으며 디즈니의 디즈니랜드에 매년 1,200만명, 유니버셜 스튜디오에 500만명이 입장하고 있다. 로스앤젤레스의 이러한 영화테마파크 이외에 할리우드 스타들이 거주하는 고급주택단지인 비버리힐스는 관광코스로 인기를 끌고 있으며 아카데미 시상식, 로스앤젤레스 영화제, 아메리칸 필름마켓(AFM) 등의 세계적인 영화축제들이 이 곳에서 개최되며 관광객을 끌고 있다.

(4) 시사점

영화산업을 통한 관광산업의 활성화를 위해서 이 연구의 결과는 마케터들에게 몇가지 성공전제조건을 제시하고 있다. 다음 〈그림 12-6〉은 성공조건을 한눈에 제시하고 있다.

〈그림 12-6〉 영화+관광의 성공조건

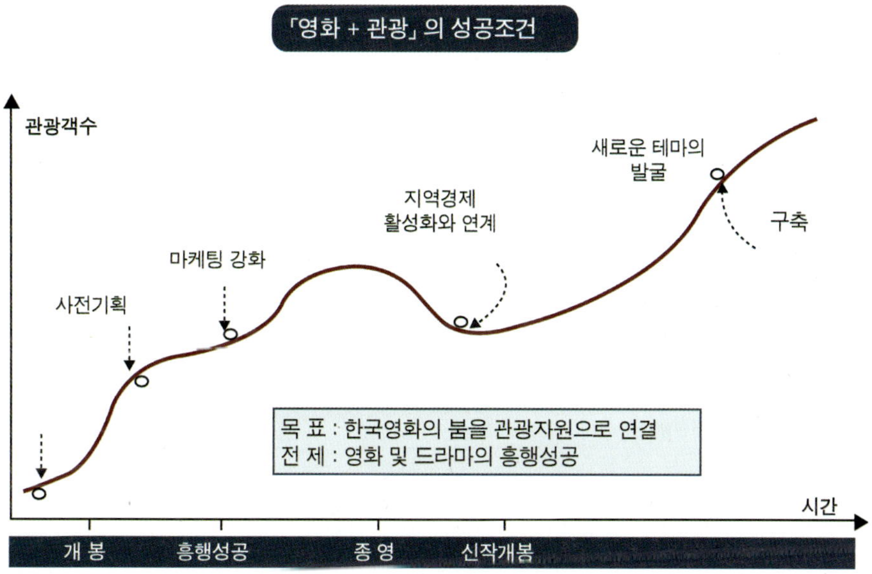

사례분석

1. 주제 : 세계각국의 상징물과 이미지를 고려한 관광마케팅 사례분석

2. 출처 : 한국관광공사 청사초롱. '세계각국의 상징물과 이미지'. 2004.11.17

3. 내용

〈그림 12-7〉 국가별 상징물 사례

국 가	시그니춰	주요상징물 · 이미지
프랑스	Maison de la France franceguide.com 프랑스 관광청	에펠탑(건축물), 세느강(장소), 개선문(건축물), TGV(교통수단), 샹제리제(지형), 삼색기(국기)
스페인	España 스페인 관광청	투우(문화예술), 축구(문화예술), 플라밍고(문화예술), 가우디(문화예술)
중 국	중국 국가여유국	만리장성(건축물), 천안문(건축물), 삼국지(문화예술), 한자(문화예술), 팬더곰(동물)
영 국	BRITAIN 영국 관광청	셰익스피어(문화예술), 버킹검궁 · 타워브리지(건축물), 엘리자베스 여왕(국가원수)
캐나다	캐나다 관광청	단풍잎(자연), 오대호(자연)
홍 콩	홍콩관광진흥청	빅토리아 트램(장소), 홍콩 항구(상소), 홍공 느와르(문화예술)
스위스	Switzerland. 스위스 관광청	알프스(자연), 융프라우(자연), 초콜릿(음식), 시계(생산품), 마태호른(자연), 적십자(문화예술)

한 국가의 상징물은 그 국가의 첫인상이며 그 첫 인상이 호감도와 여행 목적지로서의 선택으로 연결된다. 한국은 전 세계적으로 볼 때 인지도 자체도 높지 않을 뿐만 아니라 한국과 구체적으로 연결되는 상징물의 부족으로 한국에 대한 이미지 형성이 미약한 실정이다. 정치·사회·경제적으로 강력한 후광효과를 가져올 국가 브랜드의 한 구성요소가 되는 국가의 상징물 제정을 위해 각 국가별 국가관광기구(NTO)의 시그니춰(심볼마크+로고타입), 국가 상징물 또는 이미지를 살펴보았다.

▌국가별 상징물 사례

국가별 상징물 사례는 다음 〈그림 12-7〉과 같다.

▌싱가포르 : 머라이언

싱가포르는 연간 800만명의 관광객이 다녀가는 대표적인 관광도시국이다. 싱가포르의 공식 상징물은 머라이언으로 1972년 리콴유 당시 수상에 의해 지정되었다. 머라이언은 상반신은 사자, 하반신은 물고기 모양을 한 상상의 동물이다. 이후 싱가포르 정부가 머라이언 석상을 만들어 세우고 이를 적극적으로 홍보한 결과 내·외국인 모두 인식하는 상징물이자 관광명물로 통하게 되었다. 싱가포르의 경우 문화자원을 잘 활용하고 이미지화하여, 전략적이고 일관된 전략으로 관광상징물 관리에 성공한 경우이다.

〈그림 12-8〉 싱가포르의 상징 머라이언

벨기에의 오줌싸개 동상

벨기에의 도시 브뤼셀의 상징 오줌싸개 동상(Mannekin Pis)은 60cm의 크기에 불과하지만 매년 엄청난 관광객이 방문하고 있다. 또한 벨기에를 방문한 각국 국빈들이 이 동상에 입힐 옷을 가져와 입히는 것이 관례처럼 되어 시립박물관에는 이 옷들을 입은 실물 크기의 오줌싸개 동상 모조품이 전시되어 있다. 이렇듯 세계 유명 상징물의 경우 감동적인 스토리와 치밀한 홍보로 포장되고 꾸준히 관리되면서 성공한 사례가 많다.

〈그림 12-9〉 벨기에의 오줌싸개 동상

호주의 관광상징 관리

호주관광공사는 2000년 시드니 올림픽을 계기로 호주 브랜드 재개발에 착수해 2004년 호주의 자연과 생활을 응축하는 'Life in a Different Light'이라는 새로운 브랜드를 개발하고 국내외적으로 가장 잘 알려져 있는 '캥거루'를 이용해 로고를 제정했다. 국내외적으로 가장 잘 알려진 상징물을 선택하여 시장별 홍보물에 이용함으로써 홍보비용을 최소화하면서 최대한의 효과를 거두었다는 평가를 받고 있다.

〈그림 12-10〉 호주의 관광상징

Tourism Australia

시사점

외래관광객 유치 1,000만명을 목표로 관광산업을 활성화시키려는 한국의 경우 앞서 사례분석한 관광선전국들의 상징물 관리전략을 참고하여 한국관광상징물을 발굴해야 할 것이다. 다음의 5가지 사항을 고려하여 상징물을 개발할 것을 제안한다.

첫째, 배타성이다. 한국이 타국과 중복되지 않는 상징요소들은 상모, 청사초롱, 김치, 불고기, 인삼, 태권도, 38선, 남북분단, 월드컵, 불국사, 다도해, 참선 등이 있다.

둘째, 긍정성과 독창성이다. 이중 부정적인 38선, 남북분단 등은 관광상품으로서의 다각적인 개발을 하되, 대내외적으로 관광의 최일선에서 바로 접하게 되는 상징물에서는 제외할 필요가 있다.

셋째, 내·외국인 합의성이다. 이중 외국인에게도 어느 정도 알려져 있고 내국인에게도 충분히 공감을 얻는 요소는 김치, 불고기, 인삼, 태권도, 월드컵, 참선 등이며 앞서 든 주제 중 가장 인지도가 높거나 앞으로 호응이 높을 것으로 예상되는 상징물을 충분한 합의의 과정을 거쳐 선택해야 할 것이다.

넷째, 내·외국인 통합 마케팅이다. 제정된 상징물은 외국인뿐만 아니라 내국인 대상으로의 충분한 홍보를 병행하여야 민간의 폭넓은 자발적 협조와 참여로 시너지효과를 끌어낼 수 있다.

다섯째, 전달자가 아닌 수용자의 입장이 강조되어야 한다. 한국에 대한 인지도 자체가 낮은 현실에서 선정된 상징물은 전 세계적으로 일관되게 활용되어야 하며, 참고로 정보 나열형보다는 수용자의 입장에서 바라본 story telling(이야깃거리 만들기) 등의 감성적 마케팅이 요구된다.

consumer's behavior

토론문제

1. 새로운 이미지 창출을 위한 노스웨스트 항공사의 브랜드 홍보전략의 특성을 설명하세요.

2. 지각, 감각, 절대식역, 변별식역, Weber의 법칙, 잠재의식적 지각에 대해서 설명해 보세요.

3. 이미지와 이미지의 유형을 사례를 들어 설명해 보세요.

4. 학습과 학습의 유형을 사례를 들어 설명해 보세요.

5. 기억과 기억의 유형을 사례를 들어 설명해 보세요.

6. 지각과 관광소비자행동을 사례를 들어 설명해 보세요.

7. 학습과 관광소비자행동을 사례를 들어 설명해 보세요.

8. 지각을 활용한 관광마케팅을 사례를 들어 설명해 보세요.

9. 영화관광의 성공사례와 조건을 설명해 보세요.

10. 상징물과 이미지를 활용한 다른 나라의 사례를 설명해 보세요.

참고문헌

강신겸 · 민승규(2004). 농업, 농촌발전과 기업의 역할. 삼성경제연구소 CEO Information.

고정민(2004). '영화관광의 부상과 성공조건'. 삼성경제연구소 CEO Information. 제 439호.

김세범 · 전영종 · 허남일(1997). 「소비자행동론」. 형설출판사.

네이버 국어사전(2003). www.naver.com.

여행신문(2003.10.13). '새 이미지로 스마트하게'.

여행신문(2002.6.17). '수학여행 기획은 학습효과 고려가 우선'.

이진희(2003). 「장소마케팅」. 대왕사.

임종원 · 김재일 · 홍성태 · 이유재(1999). 「소비자행동론 : 이해와 마케팅에의 전략적 활용」. 경문사.

한국관광공사 청사초롱(2004.11.17). 세계 각국의 상징물과 이미지를 고려한 상징물과 이미지.

Blackwell, R. D., & Miniard, P. W., Engel, J. F.(2001). *Consumer Behavior*. Orlando : Harcourt, Inc. pp.362.

Hawkins, D. I., Best, R. J., & Coney, K. A.(2001), *Consumer Behavior : Building Marketing Strategy*. Boston : Irwin McGraw-Hill.

Schiffman, L. G., & Kanuk, L. L.(1991). Consumer Behavior. Englewood Cliffs. N.J. : Prentice-Hall.

제13장 관광소비자행동의 개인적 요인 2

태도/ 성격/ 라이프스타일

- 들어가는 이야기
- 핵심개념

13-1. 태도와 소비자행동
- (1) 태도의 개념
- (2) 태도와 행동
- (3) 광고태도
- (4) 태도변화

13-2. 성격과 소비자행동
- (1) 성격의 개념
- (2) 성격과 소비자행동

13-3. 라이프스타일과 소비자행동
- (1) 라이프스타일의 개념
- (2) 사이코그래픽스

13-4. 태도/ 성격/ 라이프스타일과 관광
- (1) 태도와 관광소비자행동
- (2) 성격/라이프스타일과 관광소비자행동

13-5. 태도와 관광마케팅
- (1) 태도와 관광마케팅

- 관련 논문소개
- 사례분석
- 토론문제
- 참고문헌

관광소비자행동의 개인적 요인2

들어가는 이야기

핵심개념

태도와 소비자 행동

- 태도의 개념
- 태도와 행동
- 광고 태도
- 태도 변화

성격과 소비자 행동

- 성격과 개념
- 성격과 소비자행동

라이프스타일과 소비자행동

- 라이프스타일의 개념
- 사이코그래픽스

태도 / 성격 / 라이프스타일과 관광

- 태도와 관광소비자행동
- 성격 / 라이프스타일과 관광소비자행동

태도와 관광마케팅

- 태도와 관광마케팅

관련 논문소개

사례분석

토론문제

참고문헌

들어가는 이야기

관광객 성격에 따른 관광상품 유형

▌전문가, "DMZ 통과 전율을 관광상품으로"

"단, 2분만에 상이한 두 체제를 모두 경험할 수 있는 관광은 세계에서 금강산관광이 유일합니다." 지난 2002년 '평화산업'으로서 금강산관광의 공공재적 성격을 이론적으로 정리해 관광 중단을 막는 데 기여했던 이상만(55) 중앙대 경제학과 교수가 '눈으로 보는 관광'에서 '몸으로 체험하는 관광'으로 개념을 전환해 금강산관광을 활성화해야 한다는 제안을 내놨다.

▌그는 "작년 후반기부터 금강산 육로관광이 시작되면서 예약이 힘들 정도로 관광객이 몰리고 있는 것도 이같은 극적 체험이 어느 정도 작용한 결과로 볼 수 있다"고 분석했다.

이 교수는 최근 외국인 5명을 데리고 육로로 금강산을 다녀온 체험을 예로 들면서 "이들은 비무장지대(DMZ)를 통과한 것에 강한 인상을 받았다"고 전하고 "관광객들이 바로 이 지역이 불과 얼마 전까지 총성이 울렸던 극한 대치의 현장이었다는 사실을 실감할 수 있도록 새로운 안내 프로그램을 개발해야 한다"고 제안했다.

▌그는 "금강산관광의 발전을 위해서는 비용이 많이 드는 시설 중심의 투자보다는 '남북공동장터'와 같이 관광객들의 눈길을 끌 수 있는 볼거리 개발에도 주력하는 것도 필요하다"며 '저비용 고효율' 투자도 강조했다.

-중앙일보, '전문가, DMZ 통과 전율을 관광상품으로', 2004년 11월 29일-

〈그림 13-1〉 DMZ와 관광

비무장지대 DMZ를 관광상품화

한국은 현재 북한과 휴전 (休戰) 중인 국가이다. 즉, 아직 북한과의 전쟁이 종결되지 않은 상태인 것이다. 북한과 대치하는 최전방인 DMZ는 관광객의 성격에 따라서 매력적인 관광상품 주제라고 할 수 있다.

사진출처: 공동경비구역JSA(www.cyberjsa.com)

consumers behavior

Tourism ▪▪▪▪ **핵심개념**

1. 태도(attitude)
2. 태도와 행동
3. 광고태도
4. 태도변화
5. 성격(personality)
6. 성격과 소비자행동
7. 라이프스타일(lifestyle)
8. 사이코그래픽스
9. 태도와 관광소비자행동
10. 성격/ 라이프스타일과 관광소비자행동
11. 태도와 관광마케팅

13-1 태도와 소비자행동

(1) 태도(attitude)의 개념

태도는 사회학 ·심리학 ·사회심리학에서는 인간의 행동을 이해하는 기본적 개념의 하나로 쓰인다. 태도는 '개인이 어떤 사건이나 문제, 물건이나 사람 등에 관해서 어떤 인식과 감정 및 평가를 가지며, 거기에 입각하여 그 대상에 대해 가지고 있는 반응의 준비상태'로 정의된다.

구매행동과 관련된 태도는 제품의 직접적인 경험, 다른 사람으로부터의 구전정보, 대중매체의 광고, 인터넷과 다양한 형태의 DM에 의해서 형성된다. 상표에 대한 태도 역시 일관성 있게 우호적이거나 비우호적으로 상표를 평가하려는 소비자들의 학습된 경향이며, 특정 상표에 대해 소비자가 총체적으로 좋다거나 나쁘다는 평가인 것이다.

태도는 다음과 같은 특성을 가지고 있다.

▌태도는 대상을 갖는다.

태도에 대한 정의를 살펴보면 태도는 그 대상이 있다. 여기에서 의미하는 대상이란 제품일 수도 있으며 제품계열, 상표, 서비스, 제품사용, 광고, 가격, 매체, 소유 또는 소매점포와 같은 소비나 마케팅에 관련된 내용일 수도 있다.

태도는 지속적이며 일관성을 갖는다.

소비자가 어떤 제품이나 서비스에 대해 가지고 있는 태도는 며칠, 몇 주, 몇 개월, 심지어는 몇 년 동안도 계속 유지될 수 있는 것이다. 또 어떤 경우에는 태도가 사그라진 듯하다가 기업의 마케팅활동에 따라 다시 활성화될 수 있는 것이다.

태도는 선천적인 것이 아니라 학습된다.

소비자는 매일의 일상적인 구매경험을 통해, 제품을 소비하면서 태도를 형성하게 된다. 태도는 이런 과정을 거쳐 학습되기 때문에 소비자의 태도 또한 외부의 정보와 경험을 통해 변경될 수도 있다. 따라서 마케팅관리자는 광고나 인적 판매 등을 통해 소비자의 태도를 형성시키고 변화시킬 수 있다.

태도는 방향성과 강도에 있어서 다르다.

태도는 긍정적일 수도 있고 부정적일 수도 있다. 이것은 심리학적인 용어로 극성(valence)이라고도 하는데, 극성은 제품이나 서비스에 대한 평가나 판단에서 기인할 수도 있고 제품을 사용했을 때에 얻는 보상이나 처벌 때문일 수도 있다. 태도는 또한 강도를 갖는데, 사람들의 태도가 얼마나 강한가 약한가에 따라 자신의 태도대로 행동할 가능성이 높기도 하고 낮기도 하다.

태도는 직접 관찰할 수 없다.

태도는 정신적 상태이기 때문에 외관적으로 관찰할 수 없고 질문 등의 방법을 통하여 간접적으로 측정하여 추론할 수 있을 뿐이다. 바로 이 점이 태도를 측정하는데 있어서 어려움을 야기시킨다.

태도는 특정 상황하에서 일어난다.

태도는 상황에 의해 영향을 받는다. 예를 들어 한 소비자가 시간이 없을 때나 점심식사와 같은 특정 상황하에서는 패스트푸드점에 대하여 긍정적인 태도를 가질 수 있지만, 가족과의 외식이나 저녁식사와 같은 다른 상황하에서는 패스트푸드점에 대해 그다지 긍정적이지 않은 태도를 보일 수 있을 것이다. 따라서 태도를 측정함에 있어서도 상황을 고려하는 것이 타당할 것이다.

(2) 태도와 행동

기업이 소비자태도를 계속적으로 추적하고 조사하는 이유중의 하나는 소비자가 어떤 상표에 대해서 좋은 태도를 가지면 이 상표를 다른 상표보다 더 자주 더 많이 구매할 것이라고 생각하기 때문이다. 태도와 행동간의 관계에 관한 초기의 연구에서는 소비자의 어떤 상표에 대한 태도가 이 상표에 대한 행동의 좋은 지표로 사용될 수 있다고 생각했다. 그러나 연구결과가 축적됨에 따라 소비자의 어떤 대상에 대한 태도가 이 대상과 관련된 특정행동의 좋은 예측치가 되지 못한다는 것이 연구자들의 공통된 결론으로 나타났다.

상표에 대한 태도 자체로서는 소비자의 구매행동을 예측하는 것이 쉽지 않았기 때문에 피쉬바인과 에이전(Ajzen)은 피쉬바인 확장모델(Fishbein's extended model)이라고 부르는 모델을 제시하였다. 이 모델은 태도와 주관적 규범으로 소비자행동을 설명하려고 한다. 여기서 행동에 대한 태도는 소비자가 어떤 행위를 수행하는 것에 대한 전반적인 평가를 말하며 수관석 규범이란 소비생활에 있어서 사람들은 다른 사람을 의식하여 소비생활을 하는 것을 말한다. 이 모델에서는 소비자들이 주어진 상황에서 있을 수 있는 여러 가지 행동의 결과들을 의식적으로 검토하고 가장 좋은 결과를 낳는 것을 선택한다고 하여 그들의 이론을 이성적 행동이론이라고 하였다.

(3) 광고태도(attitude toward the ad)

기업은 여러 가지 촉진수단 중에서도 광고를 통하여 상표에 대한 좋은 태도를 소비자의 마음속에 형성하고자 한다. 소비자는 광고를 보았을 때에 상표에 대한 태도뿐만 아니라 광고에 대한 태도를 형성하며, 이 두 태도는 다를 수 있다. 예를 들어, 어떤 소비자가 광고 자체는 재미있다고 느낄 수 있지만, 광고가 선전하는 상표에 대한 태도는 별로 변화가 없을 수 있다. 광고태도는 과연 어느 정도 소비자의 상표태도 형성에 영향력을 행사할까? 상황에 따라서 광고태도의 영향력은 달라진다. 소비자의 관여수준이 낮을 때에 소비자는 광고에서 주고자 하는 실제 메시지보다는 광고태도에 따라 상표에 대한 태도가 좌우된다고 한다.

〈그림 13-2〉 다양한 광고들의 예

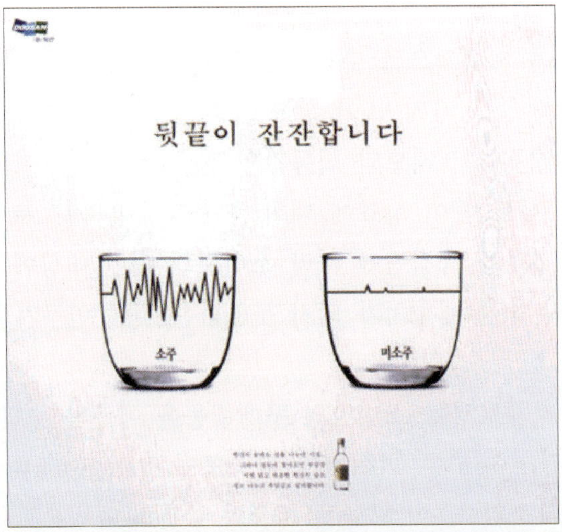

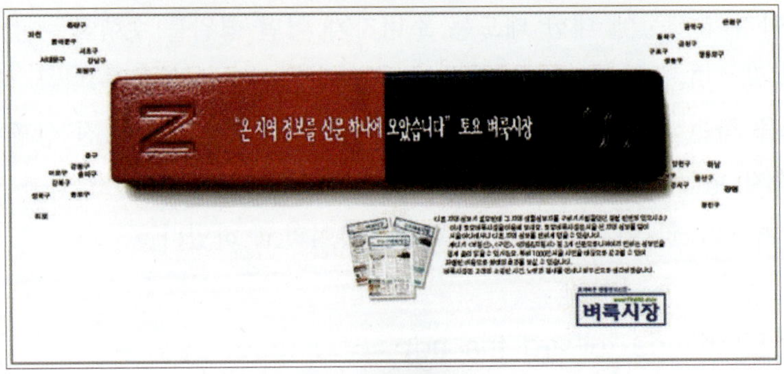

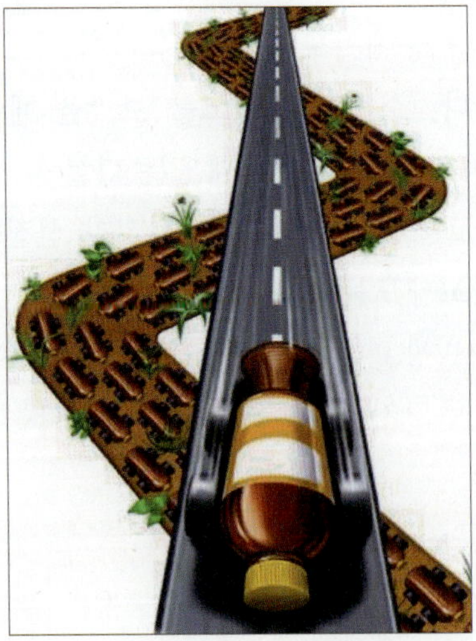

(4) 태도변화(attitude change)

태도형성과 관련된 사항들은 또한 기본적으로 태도변화에도 적용되고 있다. 태도변화도 학습되며 개인적 경험과 다른 정보원에 의해 영향을 받으며 소비자의 성격은 변화되는 태도의 수용성과 빠르기에 영향을 미친다. 마케팅담당자는 제품디자인, 서비스, 가격, 포장, 촉진 등 가능한 모든 방법을 동원하여 소비자들의 태도가 자사의 제품을 가장 좋아하도록 변화시켜야 한다. 이것이 태도변화이며 태도변화는 설득(persuasion) 과정을 통하여 일어난다. 설득은 신념이나 태도를 원하는 방향으로 변화시키기 위해 커뮤니케이션이 전달되는 과정이라고 정의할 수 있다. 마케터들이 효과적으로 구사할 수 있는 태도변화 전략(attitude-change strategies)에는 다음과 같은 것들이 있다. 첫째, 소비자의 기본적 동기 기능(motivational function)을 변화시키고, 둘째, 제품을 준거집단의 유형중 열망집단(admired group)이나 이벤트와 연계시키며, 셋째, 두 개의 충돌되는 태도를 풀어주고, 넷째, 다속성모델의 요소를 변화시키며, 다섯째, 경쟁사 브랜드에 대한 소비자신념을 변화시키는 것이다.

태도변화는 다음과 같은 여러 가지 과정을 거쳐서 일어날 수 있다.

첫째, 소비자는 상표나 제품과 관련된 어떤 메시지를 듣거나 보았을 때에 이 메시지에 대해 열심히 생각하고 이에 따라 메시지와 관련된 나름대로의 생각으로 정리하는데 이 인지적 반응이 상표나 제품에 대해 긍정적이거나 호의적인 경우 태도는 호의적인 방향으로 변화하게 된다.

둘째, 소비자들은 상표에 대한 여러 가지 신념들을 개발하는데, 이 신념들이 결과적으로 상표에 대한 전체적 태도를 형성하기 때문에 소비자들이 상표에 대해 가지고 있는 기존 신념들 자체 또는 각 신념들의 중요성을 변화시키거나 소비자들이 지금까지 상표태도에 관련시켜 생각하지 않던 새로운 신념을 상표태도의 추가적 요소로서 고려하게 함으로써 태도를 변화시킬 수 있다고 본다.

셋째, 소비자들을 기본적으로 상표와 관련된 사실들이 상호 모순되지 않는 상태, 일관성을 원한다.

넷째, 태도변화는 소비자들이 이전에 갖고 있던 생각을 바꿀 수 있는 정보나 메시지를 표시하지 않고도 단순히 상표명을 자주 노출시킴으로써 가능하다는 것이다.

다섯째, 소비자들은 광고 등을 통해 제품에 대한 정보를 받았을 때에 이 정보를 전달한 사람이 어떤 이유에서 이 제품을 전달했는가 추론하게 된다. 기업으로서는 소비자들이 광고를 보았을 때에 출연자의 동기가 제품이 정말 좋기 때문에 광고에 출연했다고 믿게끔 해야 한다.

13-2 성격과 소비자행동

(1) 성격의 개념(Personality)

성격이란 개인을 특징짓는 지속적이며 일관된 행동양식을 말한다. 소비자행동이 외적으로 나타나는 반면에 성격은 소비자 마음속에 존재하여 쉽게 파악할 수 없다. 하지만 성격은 외적행동의 근원으로서 행동에 강한 영향을 미친다. 정의에서 보듯이 성격은 여러 가지 특성을 갖는다. 첫째, 성격이라 불려지기 위해선 사람의 행동이 어느 정도의 일관성을 보여야 한다. 성격의 특성상 마케터가 어떤 제품을 목표로 하여 성격을 변화시켜 소비자의 행동을 바꾸는 것은 불합리하다. 성격적 특성이 소비자의 반응에 영향을 주기 때문에 마케터가 할 수 있는 일은 특정 성격적 특성을 가진 표적집단의 소비자를 파악하여 소구하는 것이다.

둘째, 성격은 타인과 구별되는 행동을 야기한다. 셋째, 상황과 성격은 상호작용을 한다는 것이다. 소비자상황이란 소비자행동이 일어나는 상황을 형성하는 일시적인 환경적 요인들을 뜻한다. 넷째, 성격의 단일 측정으로는 특정한 시기의 개인행동을 정확히 예측할 수 없다는 것이다.

(2) 성격과 소비자행동

대부분의 성격연구의 목표는 소비자행동을 예측하는 것이었다. 심리학자 및 다른 행동과학자들은 성격적 특성이 상표선호도, 점포선호도 및 다른 형태의 구매행위를 예측하는데 도움이 된다고 설명하고 있다. 하지만 지금까지의 증거는 성격이 시장세분화의 유용한 수단이라고 확정적으로 나타나지는 않았다. 성격측정의 결과가 소비자행동을 예측하지 못하는 이러한 실패는 최신의 접근방법의 발달을 촉진시켰다. 하나의 접근방법은 사람의 성격을 측정하기보다는 상표의 성격을 측정하는 것이다. 두번째 접근방법은 성격측정과 의사결정과정 속의 욕구인식과 같은 매개변수를 관련시키는 것이다. 세번째 접근방법은 시장세분화의 더 좋은 표적이 될 수 있는 행동적 개념, 즉 라이프스타일과 같은 개념을 개발하는 것이다.

성격이 소비자행동에 어떻게 영향을 미치는지는 그동안 여러 가지 이론으로 설명되어 왔다. 정신분석이론(psychoanalytic theory), 사회이론(social theory), 자아개념이론(self-concept theory), 특성이론(trait theory)이 그것이다.

▌정신분석이론(psychoanalytic theory)

성격에 대해 가장 널리 연구된 이론 중의 하나인 프로이드의 정신분석이론은 성격의 무의식적 세계를 특히 강조하고 있으며, 성격의 형성이 '구강기(the oral stage)-항문기(the anal stage)-남근기(the phallic stage)' 등의 단계를 거치면서 개성 시스템의 구성요소인 원초아(id), 자아(ego), 초자아(super ego) 등의 세 요소 상호간 갈등의 결과로서 나타난다고 설명하였다.

임상적 실험을 통해 연구된 프로이드의 정신분석이론이 마케팅분야에 응용된 분야로는 동기조사(motivational research)를 들 수 있다. 동기조사는 이드와 초자아가 무의식적인 동기를 창출하여 개인의 행동의 상당수가 이러한 무의식적 동기의 결과로서 나타난다고 본 연구방법으로, 남자들이 헌혈을 거부하는 것을 정력감퇴의 우려 때문이라거나, 여성이 빵을 구울 때에 심각해 보이는 것은 그 행위가 출산을 상징하기 때문이며 소비자들은 운전대에 앉아 있을 때 자유와 권력을 원한다고 보는 것 등이 동기조사에 해당하는 예이다.

▌사회이론(social theory)

사회이론은 인간을 사회적 동물로 인식하여, 인간과 사회와의 상호관계에서 인간행동을 설명하려는 이론이다. 즉, 인간이 특정한 사회적 상황에서 그 사회가 요구하는 조건에 충족하기 위하여 어떻게 행동하는지에 연구의 중점을 두는 것이다. 소비자의 유형을 성격에 따라 다른 사람을 가까이 하는 순응형(Compliance), 다른 사람에게 대한 공격형(Aggressiveness), 다른 사람으로부터 떨어지려는 격리형(Detachment)의 세 가지로 나눌 수 있다. 이러한 소비자의 유형에 따라 소비행동도 설명할 수 있는데, 순응형 소비자는 구강세척제, 비누, 아스피린을 많이 소비하는 유형으로 나타났고, 공격형 소비자는 전기면도기보다 면도칼을 많이 사용하고 애프터쉐이브를 많이 소비하는 것으로 나타났다. 격리형 소비자는 맥주를 적게 마시고 차를 더 많이 마시는 사람이나 상표에 대한 인식이 별로 없는 사람이라는 분석도 있다.

자아개념이론(self-concept theory)

자아개념이론에 따르면 사람은 두 가지의 자아개념을 가지고 있다. 한 개인이 바라는 이상적인 자기 모습을 이상적 자아이미지(ideal self-image)라 하고, 현재의 자기 모습을 실제적 자아이미지(actual self-image)라고 한다. 한 소비자가 자기 스스로 유행선도자라고 생각한다면 보수적인 스타일의 옷을 선택하지 않을 것이다. 소비자들은 자기이미지와 일관성(self-consistency)을 유지하는 방향으로 행동하거나 또는 실제적 자아이미지를 격상시켜서 이상적 자아이미지와 비슷하게 되도록 행동을 한다. 자기 스스로 돋보이게 하고 싶어 하는 욕구가 있는 사람은 상징적 상호작용을 중시 여겨 고급브랜드 가방이나 시계를 구매할 것이며 개성이 강한 사람이라면, 보통사람들이 가장 많이 구매하는 브랜드가 아니라 자신의 개성을 반영하면서 자신의 이미지와 부합하는 상표개성(brand personality)을 가진 브랜드를 선택하게 될 것이다.

특성이론(trait theory)

어떤 사람의 행동을 일정기간에 걸쳐서 관찰해 보면 여러 가지로 다양한 자극양상이 전개되더라도 그 인간의 행동에는 어떤 일관성이나 규칙이 존재하고 있다. 이러한 일관성이나 규칙, 선유경향(predispositions)을 특성(trait)이라고 하며, 이러한 특성은 모든 개개인마다 공통적으로 갖고 있으나, 정도의 차이가 있기 때문에 개인마다 성격이 달라지게 된다.

개인의 행동에 영향을 강하게 미치는 신앙심이나 애국심 등의 특성을 기본적 중심특성(central traits)이라 하고, 개인의 사생활이나 친한 친구들과의 관계에서와 같이 극히 제한된 영향을 미치는 특성을 이차적 특성(secondary traits)이라 한다. 구두쇠같은 요소는 이차적 특성이다. 개인의 성격을 이해하려면 개인의 특성구조(trait structure)를 파악해야 하며 CPI(California Psychological Inventory)나 EPPS(Edwards Personal Preference Scale)와 같은 표준화된 성격검사가 개발되어 성격을 검사하고 있다. 계량적 성격연구인 특성-요인이론은 상품유형이나 상표의 선택행동 연구에도 응용되고 있다.

13-3 라이프스타일과 소비자행동

(1) 라이프스타일의 개념(Lifestyle)

라이프스타일이란 개인이나 가족의 가치관 때문에 나타나는 다양한 생활양식·행동양식·사고양식 등 생활의 모든 측면의 문화적·심리적 차이를 전체적인 형태로 나타낸 밀이다. 소비자행동론 측면에서 라이프스타일이란 사람이 살아가고 시간과 돈을 소비하는 유형이라고 정의된다. 라이프스타일이란 사람들이 그들의 시간을 소비하는 방법(활동), 그들의 환경에서 중요하다고 생각하는 것(관심), 그리고 사람들이 그들 주위의 세상과 그들 스스로를 생각하는 것(의견)에 의해서 확인·규명되는 생활의 유형으로 넓게 정의할 수 있다. 라이프스타일은 사람의 활동, 관심 및 의견(activities, interests, & opinions, AIO)을 반영하고 있다. 최근에 와서 라이프스타일은 성격이나 가치보다 더 많이 사용되는 보편적인 개념이다. 마케팅에서는 라이프스타일을 제품과 표적시장의 일상생활에 연관시키는 광고를 자주 시도한다.

가치는 상대적으로 지속적인데 비해서 라이프스타일은 매우 자주 변화한다. 그러므로 라이프스타일 연구자는 연구방법이나 마케팅전략에서 현재성과 유동성에 주의를 둔다. 가장 효과적인 광고주는 주요 표적시장의 라이프스타일의 경향을 추적하고 광고에 그러한 라이프스타일을 반영한다.

소비자행동론에서 진행된 라이프스타일 연구의 가장 큰 특징은 개개인의 생활방식을 연구하는데 초점이 있는 것이 아니라 소규모 집단의 생활방식을 연구하는데 있다. 대전문화의 거리의 라이프스타일, X-세대의 라이프스타일, 386세대의 라이프스타일 등은 바로 라이프스타일을 지역별, 직업별, 사회계층집단별, 연령별로 소규모 집단의 생활유형을 다루고 있음을 보여주고 있다.

(2) 사이코그래픽스(psychographics)

전통적으로 사이코그래픽스는 소비자 라이프스타일을 측정하는 개념으로 알려져 왔으나, 점차 현대적 해석에 있어서는 가치나 개성 등의 소비자의 심리적 내면 세계와 소비자가 특정 제품의 용법에 대해 어떠한 태도나 감정을 도출하게 되는지에 대한 보다 광범위한 개념까지 포괄하는 것으로 이해되고 있다. 보통 라이프스타일 분석이라 불리우는 사이코그래픽스(psychographics) 연구는 제품을 촉진하기 위하여 실무자들이 사용하기 시작했다. 가치, 개성, 라이프스타일의 세 가지 개념은 사이코그래픽스를 구성하는 주요 구성요소로서, 소비자 특성을 파악하고 소비자행동을 예측하는 데에 그 유용성을 인정받고 있다. 많은 마케터들은 표적소비자들에 대한 통찰을 얻고 그들의 특징을 파악하기 위하여 사이코그래픽스 연구를 수행한다. 사이코그래픽스 연구결과는 소비자 세분시장의 생동적이고 실제적인 특징을 파악하는데 이용된다.

사이코그래픽스는 인구통계학적, 행동적 및 사회경제적 측정치보다 더 종합적이다. 최근까지도 연령이나 소득수준, 성별, 교육수준, 결혼관계 등의 인구통계적 기준에 따라 시장을 분류하여 이에 따라 마케팅활동을 수행하는 것이 큰 주목을 끌었다. 하지만 인구통계적(demographic) 정보만으로는 더 이상 시장의 복잡성이나 역동성 등을 효과적으로 설명해주는 유용성 있는 정보가 되지 못하며 인구통계적 기준만 가지고서는 점차 세분화되어 가는 각 소비자유형의 실체를 파악하는데 그 한계점을 지니고 있기 때문에 소비자의 라이프스타일 등을 연구하는 사이코그래픽스 연구가 필요하게 되었다. 사이코그래픽스는 소비자의 활동, 관심과 의견을 기술하기 위한 진술인 AIO 측정과 상호교환해서 자주 사용되는 용어이다. 예를 들어, 10대나 20대 등의 젊은 층을 대상으로 하는 테마파크의 경우 인구통계적 기준인 소득수준이나 가족구성, 거주지, 나이 만으로 소비자를 분류했을 때와, 각 소비자가 가지고 있는 가치체계, 매체를 접하는 유형, 주로 보는 잡지나 TV, 준거집단의 영향성 등을 고려하였을 때를 비교하여 본다면, 후자의 측면에서 보다 높은 마케팅활동의 성과를 거둘 수 있다. 이 경우 소비자가 우선적으로 고려하는 가치와 욕구를 고려한 제품기획을 할 수 있으며, 소비자의 라이프스타일에 어울리는 매체를 이용하여 광고 등의 촉진활동을 펼칠 수 있으며, 표적집단이 자주 드나드는 지역에 매장이나 판매대 등을 만들 수 있기 때문이다. 이처럼 사이코그래픽스는 인구통계적 변수와 비교하여 볼 때, 보다 포괄적이고 관련있는 유용한 정보를 제공하여 마케터가 소비자행동을 보다 정확히 이해할 수 있도록 한다.

13-4 태도/성격/라이프스타일과 관광

(1) 태도와 관광소비자행동

관광분야의 태도연구는 관광소비자행동의 태도와 지역주민의 태도연구가 있어 왔다. 지역주민이 관광객에 갖는 태도는 지역의 정서와 상황에 따라 다르지만, 일반적으로 환영-무관심-적대감으로 관광객에 대한 태도가 악화되거나 저항(resistance)-회피(retreat)-거리유지(boundary maintenance)-회복(revitalization)-채택(adoption)의 형태로 태도가 긍정적으로 바뀌는 것을 볼 수 있다. 관광지로 유명한 몇몇 지역의 관광개발과정을 보면 후자에 속하는데 프랑스의 랑그독루시옹의 지역주민들이나 호주 시드니의 주민들이 오페라하우스를 만들 때 태도가 그 대표적인 예라고 할 수 있다.

한국에 대한 관광객들의 태도를 경쟁 관광목적지역보다 우호적으로 태도변화를 시키는 설득전략은 중요하다. 관광목적지에 대한 관광객들의 태도를 변화시키는 성공적인 설득전략은 어떤 것들이 있을까? 다음은 한국관광공사 마케팅조사팀에서 제안하는 검증된 효과적인 관광객 태도 변화 설득전략이다(한국관광공사, '지속성, 통일성, 독창성의 황금비율을 추구하자 : 각국 NTO의 관광홍보 캠페인 사례 및 시사점, 2004.5).

국가 이미지이건, 홍보 슬로건이건, 캠페인이건 다음의 3가지 요건을 갖추어야 함을 알 수 있다.

1) 지속성-오래오래

- 성공적인 캠페인 사례-"100% Pure New Zealand"(뉴질랜드), "I ♡ New York"(뉴욕시)-등은 일회성 캠페인이 아닌, 오랜 시간 지속적으로 한 가지 주제만을 각인시켜왔으며 캠페인 자체로서 브랜드를 형성하고 있다.
- 이에 반해 우리나라는 장기비전과 전략을 포함한 장기 관점의 부재로 슬로건이나 캠페인의 활동이 일과성 캠페인이나 이벤트성에 치우쳐 온 경향이 있다. 그 예로 월드컵 기간동안 방송을 통해 확산된 "Dynamic Korea"의 경우 월드컵이 끝난 지금 현재 활용도가 많이 떨어졌으며, 현재 공사 해외 홍보의 경우에도 큰 슬로건 없이 지역적 캠페인만이 진행되고 있는 실정이다.
- 관광산업을 위한 국가차원의 캠페인이 성공적으로 제고되기 위해서는 해외홍보 체

계의 변화뿐 아니라 그동안의 단발성, 이벤트성에 그친 캠페인에서 탈피하여 장기적인 안목으로 전략을 세워야한다.

2) 통일성-각개 전투가 아닌 총력전으로

- "100% Pure New Zealand"는 통일성에서도 아주 좋은 사례이다. 뉴질랜드 관광청은 모든 홍보물과 인쇄물, 사이트에 '100% Pure New Zealand' 슬로건을 활용함으로서 뉴질랜드에 대한 인지도를 높일 뿐만 아니라 뉴질랜드 여행수요를 크게 자극하고 있다.
- "Uniquely Singapore"(싱가포르), "Truly Asia"(말레이시아) 또한 국가 각 조직에 합의가 이루어져, 관광산업뿐만 아니라 국가 전체의 브랜드관리 측면에서 일관성 있는 캠페인이 이루어지고 있다. 싱가포르뿐만 아니라 국가별로 국가 관광캠페인이나 브랜드캠페인을 주도하는 기관에서는 홈페이지나 인쇄물, 광고 등에 슬로건을 지속적으로 노출, 대내외적으로 인지도를 높이려는 노력을 하고 있다.
- 우리나라도 일단 국가홍보 슬로건이 정해지면 되도록 많은 정부조직이 통합된 슬로건하에 전략을 세워야 할 것이다. 정보와 이미지, 슬로건의 홍수 속에서 제 아무리 좋은 말, 좋은 단어로 이루어진 각각의 슬로건이라도 총력전이 아닌 각개전투를 하게 되면 각각에 대한 회상도와 인지도는 크게 떨어질 수밖에 없다. 'Korean Wave' 등 장기간을 목표로 추진 중인 공사의 캠페인도 각 언어별 홈페이지, 인쇄물이나 TV 등 캠페인 전달매체 모두 통일된 슬로건으로 이루어지는 것이 바람직하며 적어도 한 국가에 대해서는 통합된 마케팅이 이루어지는 것이 필요하다.
- 또 호주 관광공사나 뉴질랜드 관광공사 등이 홈페이지에 진행되고 있는 캠페인에 대해 고지하는 것처럼 공사 홈페이지에 공사가 진행하고 있는 캠페인을 소개하는 등 대국민 홍보도 필요할 것으로 보인다.

3) 독창성-일반적인 것, 진부함은 피해야

- "Uniquely Singapore"(싱가포르)가 통일성 면에서는 좋은 사례인 반면, 독창성 측면에서는 다소 부진한 사례이다. 슬로건이 정해진 이후 'Uniquely' 라는 단어는 전혀 'Unique' 하지 않으며 싱가포르의 특색을 표현하는데 진부한 단어라는 평이 많았다고 한다.
- 반면 "100% Pure New Zealand"는 이 점에서도 좋은 사례로 꼽힌다. 대부분의 국가가 Special, Incredible, Wonderful 등의 수식어를 쓰는 데 비해 Pure라는 형용

사를 활용함으로써 뉴질랜드의 독특한 소구 포인트인 청정자연을 전면으로 강조한 것이다. 100%와 Pure를 결합시킴으로써 Pure의 의미를 진부하지 않게 부각시켰으며 슬로건 자체로 어떠한 이벤트보다 큰 효과를 거두고 있다.

- 우리나라는 말레이시아와 비교해서 오랜 문화적 역사와 함께 동양적인 매력에서 결코 뒤지지 않음에도 불구하고 말레이시아는 먼저 "Truly Asia"와 같은 슬로건을 지속적으로 이용함으로써 미주, 구주뿐만 아니라 아시아에서도 진정한 아시아적인 독특한 가치를 지닌 국가인 듯한 브랜드 이미지효과를 거둔 바 있다.
- 상품광고의 방법상의 전략 중에 U.S.P(Unique Selling Point, Unique Selling Proposition Strategy)라는 전략이 있다. 타사의 상품과 다른 점, 그 제품의 차별성을 단 하나만 뽑아 강조하는 전략이다.
- SKY 핸드폰이 자사 상품의 좋은 점들－타사의 핸드폰보다 배터리가 오래 간다거나 가볍다거나 A/S가 잘 된다거나 하는 모든 점들을 홍보하는 대신 핸드폰의 카메라 부분이 위로 젖혀지는 점 하나만을 뽑아 '머리를 써라, 좋은 일이 생긴다.'는 카피와 함께 광고하는 것이 바로 U.S.P의 사례이다. SKY 생산사인 SK 텔레텍은 여전히 시장점유율에서 우세를 유지하고 있다.
- 국가 브랜드 제고를 위한 캠페인 슬로건과 홍보방향도 이러한 전략이 절실히 요구된다.

(2) 성격/ 라이프스타일과 관광소비자행동

성격과 관광소비자행동은 관련성이 있다고 알려져 있다. 관광객은 관광교통수단, 관광목적지, 계절별 선호도 등에 걸쳐 성격 특성별로 차이를 보여주고 있다. 예를 들어 항공여행자는 여행을 하지 않는 사람에 비해 더욱 사교적이며 자신감이 넘치고 기차여행자는 상대적으로 수동적이며 의존적인 성격특성을 보인다는 것이다. 성격/라이프스타일과 관광소비자행동의 특성을 연계한 Plog의 연구(2004)는 많이 인용되는 연구이다.

Plog은 성격을 기준으로 관광소비자들을 의존형관광객(Dependables), 모험형관광객(Venturers), 중간형관광객(Centrics)으로 크게 세 부류의 관광객으로 나누고 다시 이를 6부류로 세분하였다. Plog은 관광객의 성격에 따라 목적지 선택, 선호하는 교통편, 관광목적지에서의 활동, 숙박시설의 선택 등 많은 부분에 있어 다른 특성을 보여준다고 제안하였다. 또한 변화와 신기함을 추구하는 정도가 성격유형을 분류하는 기준으로 활용하였다. 의존형관광객과 모험형관광객의 관광행동의 특징은 다음과 같다.

의존형관광객은 첫째, 빈도수에 있어서 여행을 적게 한다. 둘째, 일단 여행을 하게 되더라도 일정을 짧게 하려는 경향이 있다. 셋째, 관광목적지에서 사용하는 1인당 하루 비용이 다른 유형의 관광객보다 적다. 넷째, 항공보다는 차량을 이용해 이동하는데 집에서 쓰던 것들을 보다 더 많이 가져가서 여행지의 숙소를 집과 같은 분위기로 만들려는 성향 때문이다. 다섯째, 관광지로서 많이 알려지고 유명한 곳을 선호하는데 이러한 관광지를 선택한 많은 사람들에 편승하려는 성향 때문이다. 여섯째, 집에서 하는 여러 레저활동을 관광지에서도 하려고 한다. 10대는 비디오게임을, 성인들은 쇼핑을, 가족들은 미니골프를 흔히 즐긴다. 일곱째, 활동성향이 낮기 때문에 해변가에서 휴식을 취하면서 즐기거나 풀장에서 햇살을 즐기는 경향이 있다. 여덟째, 예전에 방문하지 않았던 관광지에서는 개별관광보다 가이드를 동반한 관광을 즐긴다. 아홉째, 이 그룹에 속하는 관광객들은 기념품이나 자질구레한 장신구를 사서 방문했던 관광지를 기억하려는 성향이 있다. 열째, 이들은 좋아했던 관광지에 반복해서 방문하려는 경향이 있다. 이렇게 하면서 새로운 관광지가 '최근 좋았던 관광지만큼 좋지 않으면 어떻게 하지?' 하는 걱정을 덜 수 있다.

모험형관광객은 의존형관광객의 관광행동과 상이한 특징을 보여준다. 첫째, 이들을 둘러싼 주변 세상을 탐험하는 것이 이들의 인생에 중요하기 때문에 여행하는 것을 중시하며 여행빈도수가 잦다. 둘째, 여행일정이 길다. 셋째, 1인당 하루경비가 많은 편이다. 넷째, 항공교통편을 즐기는데 관광목적지에서 보내는 시간을 더 갖고자 함이다. 다섯째, 관광객이 많이 방문하는 번잡한 곳을 피하고 독특하며 개발이 덜 된 자연미를 간직한 지역을 강력히 선호한다. 여섯째, 독특한 여행경험을 위해서 불편한 숙소도 감수한다. 일곱째, 지역문화와 지역민이 하는 활동에 같이 참여하고 싶어하며 관광객만을 위한 무대화된 상품을 꺼려한다. 여덟째, 국제관광을 하는데 있어 혼자하는 여행(FIT travel)을 패키지여행보다 선호한다. 아홉째, 이들은 여행할 때 무척 활동적이며 깨어있는 대부분의 시간을 방문한 지역을 배우는데 할애한다. 열째, 기념품대신 지역고유의 예술품이나 수공예품을 구매하는 것을 선호한다. 열한번째, 매년 새로운 관광지를 추구하며 그들의 풍부한 추억을 더 풍족하게 만들려고 노력한다.

13-5 태도와 관광마케팅

(1) 태도와 관광마케팅

관광마케팅을 통해 관광목적지에 대한 관광객의 태도를 변화시키려는 시도가 그 동안 꾸준히 있어 왔다. 최근 싱가포르에서는 단순히 '깨끗하고 안전한 도시', '작지만 강한 나라' 라는 이미지에서 벗어나 문화국가라는 브랜드에 도전하기 위해 새로운 브랜드 캠페인인 "Uniquely Singapore"(하나밖에 없는 싱가포르)를 2004년 3월 9일 출범, 싱가포르에서만 경험할 수 있는 독특함을 홍보하고자 하고 있다.

일각에서는 피상적이고 가볍다는 비난도 받고 있지만 싱가포르 관광공사는 다양한 인종, 풍광, 지리적 위치, 전통 등의 면에서 "Unique"라는 단어는 싱가포르를 가장 잘 설명해주는 단어라고 밝혔다. 동 캠페인은 싱가포르가 동남아의 중심에 위치, 동-서를 잇는 다리로서 존재하며 음식, 문화, 예술, 건축 등 극과 극의 색깔을 가지면서 전통과 현대가 조화되어 있는 다양한 문화를 강조할 계획이다.

1996년 새로이 전개되는 아시아 시대라는 지평에서 싱가포르를 자리매김하려는 목적으로 '새 아시아의 싱가포르(New Asia Singapore)'라는 슬로건을 내세운 바 있는 싱가포르 관광공사는 이제 단순히 아시아나 특정 지역에 얽매이지 않고 싱가포르 내에 전 세계 어느 곳에서도 찾을 수 없는 독특한 특징이 있다는 점에 주목했고 이것이야말로 싱가포르를 알리는 이미지라는 사고의 전환에 기반을 두고 새로운 캠페인을 런칭했다.

싱가포르 관광공사는 싱가포르를 다양한 인종과 문화가 융합된 국가로 인식시킬 목적으로 하루 만에 과거와 미래를 돌아볼 수 있는 일일여행, 오랑우탄과 함께 하는 자연 속에서의 아침식사, 1시간에 걸친 중국식 다도(茶道) 시연, 지척에 있는 중국의 절과 이슬람 모스크, 힌두교 사원과 교회를 둘러보는 색다른 경험 등을 홍보할 예정이다. 싱가포르 관광공사는 이 캠페인을 통해 2004년에는 전년보다 24% 증가한 760만 명이 싱가포르를 방문할 것으로 기대하고 있다.

한편, 켄 로우 싱가포르 관광공사 브랜드 담당 국장은 "Uniquely Singapore" 캠페인은 관광공사가 주도하고 있기는 하지만, 단지 관광분야에 국한된 작업이 아니라 국가 브랜드 구축을 위한 통일된 개념이라고 설명한 바 있다.

싱가포르에서 국가 브랜딩을 위한 정부 내 조직체계로는 경제개발청(EDB)이 과거에 해왔던 것과 마찬가지로 외국인투자가들을 상대로 싱가포르 투자환경에 대한 브랜딩 업무를 계속하고 있다. 국제기업 싱가포르(International Enterprise Singapore)는 싱가포르 기업들의 해외 이미지 브랜딩업무를 하며, 인력부는 외국인 인력을 상대로, 특히 관광청(STB)은 관광에 중심을 두면서도 국가 전반적인 브랜딩업무에 가장 적극적으로 참여하고 있다고 밝혔다.

브랜딩작업에서 특별히 역점을 두는 분야는 단순히 경제적 이익 추구가 아니라 다양한 즐거움을 추구하는 투자자들이나 주재원, 관광객들에게 살고 싶은 곳이고 다시 방문하고 싶은 곳으로 강하게 이끌리도록 하는데 주안점을 두는 것으로 알려졌다.

특히 싱가포르 정부는 문화투자를 중시하고 있는데, 리콴유 전 총리는 "경제개발에 50년이 걸렸다면 문화개발에 또다시 50년이 걸릴 것"이라며 문화개발에 장기 투자가 중요하다는 점을 강조해 온 만큼 '하나밖에 없는 싱가포르(Uniquely Singapore)' 라는 국가 브랜딩 업무를 주도하고 있는 싱가포르 관광공사(STB)도 문화를 핵심 부문으로 내세우고 있다.

관련 논문소개

1. 논문제목

'말레이시아 관광시장 분석 최종보고서'

2. 저자 : 이지은

3. 출처 : 한국관광공사 조사연구보고서. 2004. 9. 1.

4. 내용소개

(1) 연구목적

한국관광산업이 외래객 1,000만명 유치를 목표로 매진하고 있다. 외래객 1,000만명 시대의 조기 달성을 위해서 주시장 일본 및 중국시장에 대한 새로운 접근이 시도되고 있으며, 아울러 신규수요의 창출이 요청되고 있다. 말레이시아는 추가적인 신규 수요를 창출할 수 있는 돌파구가 될 수 있다. 1990년에 0.8%였던 말레이시아의 시장점유율이 2003년에는 1.8%로 2배 이상 빠르게 성장하고 있으며, 최근 5개년간(1999~2003)의 연평균 방한 성장률에서도 가장 높은 성장을 기록하고 있다〈그림 13-5〉 참조). 이렇듯 말레이시아가 유망 잠재시장으로 부각되고 있음에도 불구하고 지금까지 충분한 검토와 체계적인 접근이 이루어지지 않아 심층적인 시장 이해의 필요성이 대두되고 있다. 따라서 본 보고서는 중요성이 더해가는 말레이시아 시장에 대한 심층적인 분석을 통해 이들을 위한 수용태세를 점검하고 말레이시아시장 확대방안을 제시하는데 그 목적이 있다.

(2) 연구방법

이 연구의 연구방법은 문헌조사와 설문조사를 병행하였다. 구체적인 조사방법과 내용은 다음 〈표 13-1〉과 같다.

(3) 연구결과

이 연구의 분석결과는 다음과 같다. 콸라룸푸르 거주자 300인을 대상으로 한 설문조사결과는 다음과 같다.

〈그림 13-5〉 주요 국가별 방한외래객 성장률과 시장점유율(1999~2003)

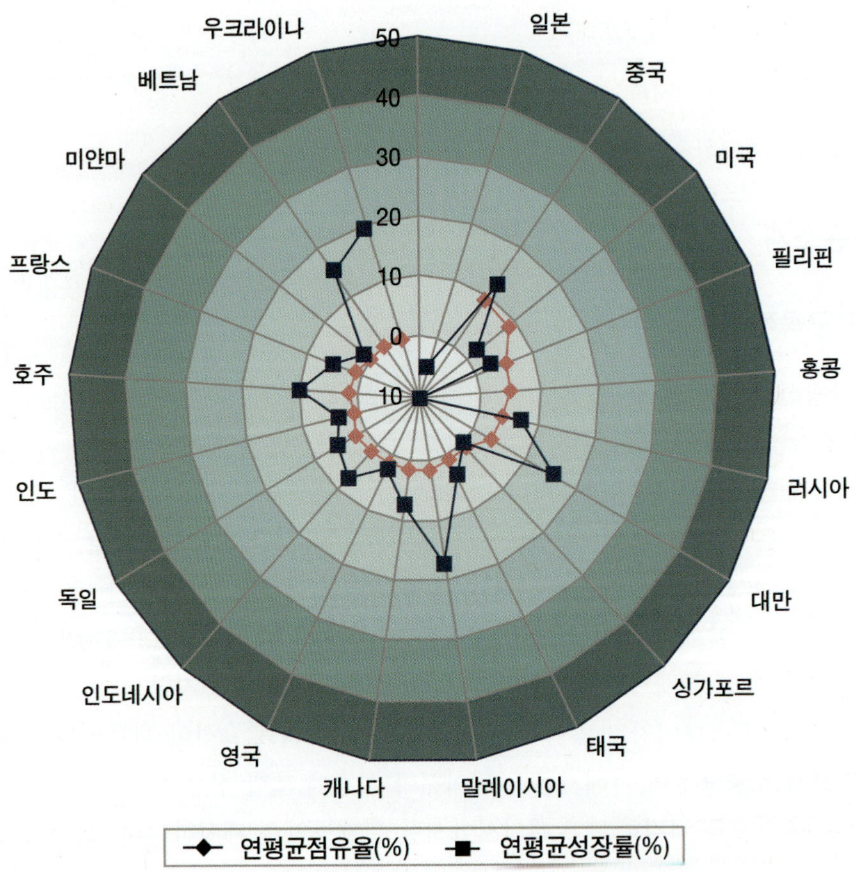

〈표 13-1〉 조사내용과 방법

구 분	내용 및 방법
말레이시아 개황	○분석내용 : 말레이시아 일반개황, 경제, 사회현황 등 ○분석방법 : 2차자료 분석
말레이시아인 해외여행 추세	○분석내용 : 말레이시아인의 해외여행, 방한여행 추세 ○분석방법 : 2차자료 분석
말레이시아 소비자 설문조사	○조사대상 : 콸라룸푸르 거주 소비자 300명 ○조사내용 : 해외여행성향, 한국관광 이미지 등 ○조사방법 : 구조화된 설문지를 이용한 자기기입식 조사 (Street Intercept Survey) ○분석방법 : SPSS 통계 패키지 사용
말레이시아 여행업자 설문조사	○조사대상 : 말레이시아 여행업자(30개 여행사) ○조사내용 : 말레이시아인의 해외여행시장 전망, 한국상품 및 아시아상품 취급현황, 한국관광상품에 관한 의견 ○조사방법 : 구조화된 설문지를 이용한 자기기입식 우편조사 ○분석방법 : SPSS 통계 패키지 사용

▌해외여행 목적지 선택시 주요 고려요인(3개 선택)

질 문	해외여행 목적지 선택 시 가장 중요하게 생각하는 요인은 무엇입니까?(3개 선택)

〈그림 13-6〉 해외여행 목적지 선택시 가장 중요하게 생각하는 요인

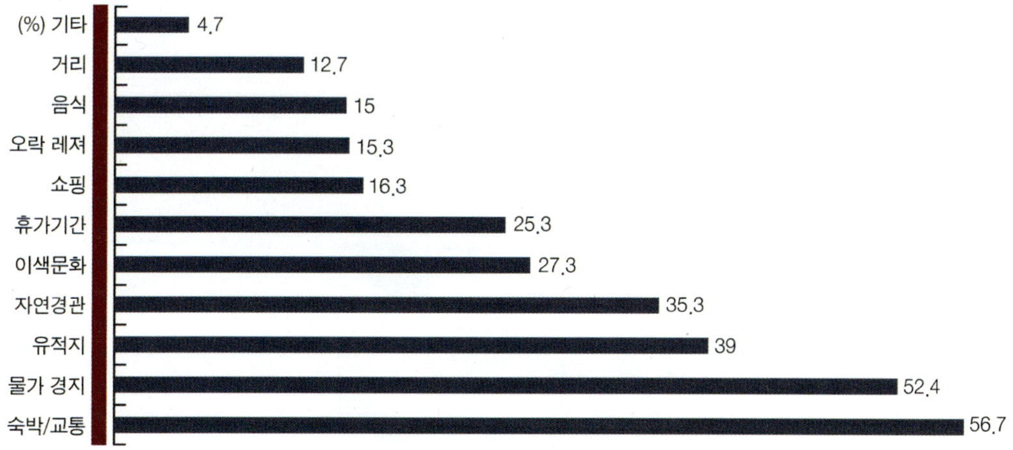

▌아시아국가 중 가장 방문하고 싶은 곳(3개 선택) 〈그림 13-7〉

질 문	다음의 아시아국가 중 가장 방문하고 싶은 곳은 어디입니까?(3개 선택)

▌한국방문 경험 여부 〈그림 13-8〉

질 문	귀하는 한국방문 경험이 있습니까?

▌한국 이미지(자유기술 3가지)

말레이시아인들이 가장 많이 떠올린 한국 이미지는 한국기업(LG, 삼성, 현대, 기아 등), 아름다운 경관, 아름다운 나라(자연, 산 등), 월드컵(축구), 88 서울올림픽, 기후(좋은 날씨, 겨울 등)의 순이었다.

〈그림 13-7〉 아시아국가 중 가장 방문하고 싶은 곳

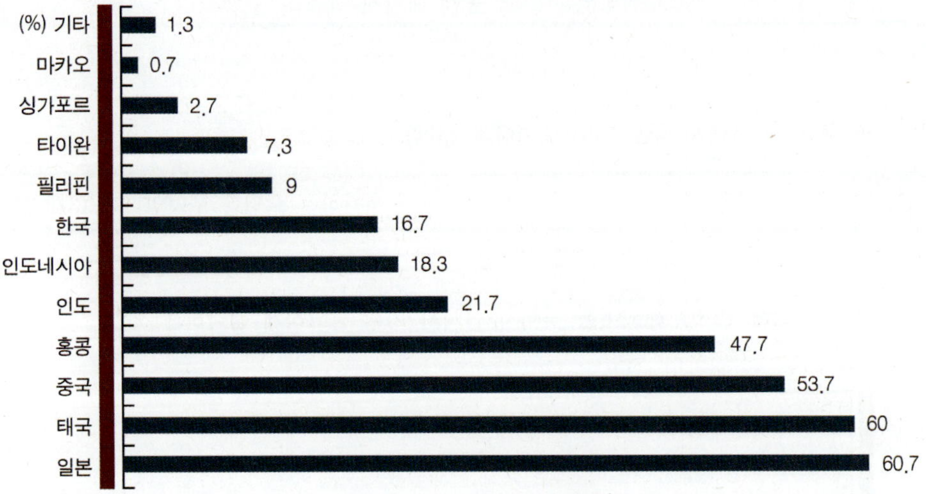

〈그림 13-8〉 한국 방문 여부

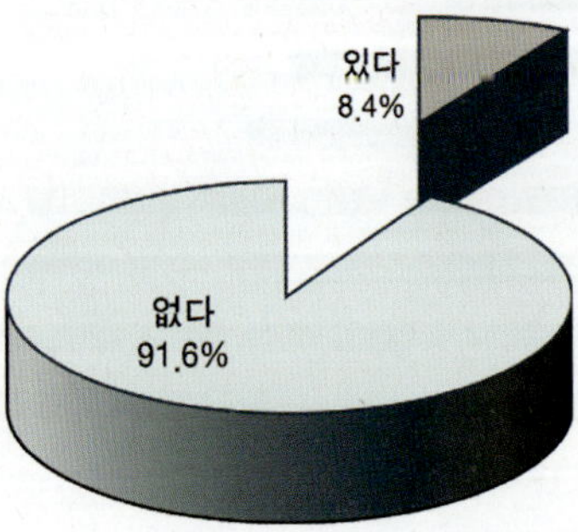

▌한국을 방문하려는 이유(3가지, 자유기술)

말레이시아인들의 한국 방문동기는 겨울체험(눈, 스키 등), 이색문화체험(한국고유문화, 흥미로운 문화), 휴가, 날씨체험(사계절, 추운날씨 체험), 가격적정/저렴, 쇼핑, 아름다운 경관, 아름다운 나라이기 때문이었다.

▌한국관광에 대한 평가 〈그림 13-9〉

▌한국 대중문화(TV 드라마, 영화, 배우, 가수 등) 접촉 경험 〈그림 13-10〉

〈그림 13-9〉 한국관광에 대한 평가

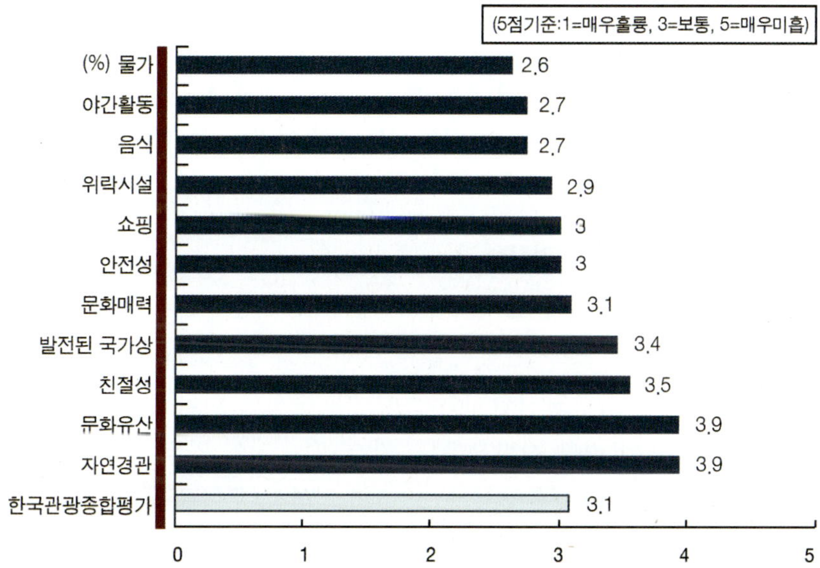

〈그림 13-10〉 한국 대중문화 접촉경험

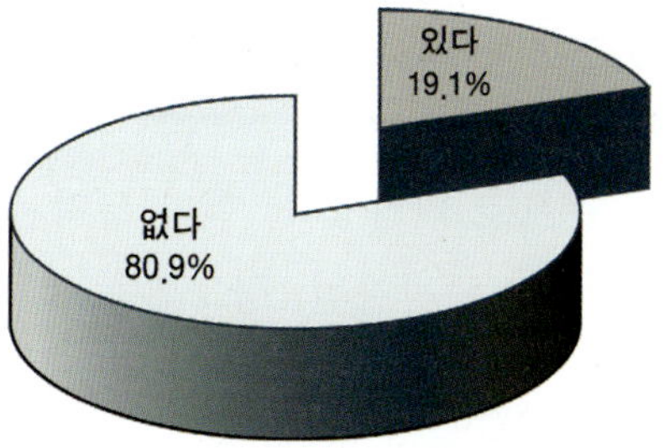

말레이시아 소재 30인의 여행업자를 대상으로 한 설문조사 결과는 다음과 같다.

말레이시아인의 해외여행 현황

● 향후 5년간 말레이시아인 아웃바운드 성장 전망

향후 5년간 말레이시아인의 해외여행이 어떻게 발전할 것으로 예측하느냐란 질문에 36.7%가 '연 1~4% 성장'할 것으로 응답하였고, '연 10%이상 성장'을 전망한 응답자는 33.3%, '연 5~9% 이상의 성장'을 전망한 사람도 26.7%에 이르러, 절대 다수인 96.7%가 성장할 것으로 전망했다.

● 해외여행 저해요인

현재 말레이시아인의 해외여행을 저해하는 주요 요인이 무엇인가에 대해서는 55.2%가 항공노선 부족 등 '접근성 부족'을 가장 많이 꼽았으며, 다음으로는 '전반적으로 낮은 생활수준' 34.5%, '여행문화 결여' 24.1%, '정부의 억제정책' 17.2% 등으로 조사되어 해외여행이 대중적으로 이루어지기 위해서는 제반여건이 좀 더 성숙되어야 함을 시사하고 있다.

● 해외여행상품 개발시 주요 고려사항

해외여행상품을 개발함에 있어 현재 주된 고려사항 1위는 '가격'(72.4%)이 가장 높았으며, 다음으로 교통, 숙박 등의 '관광시설'(48.3%), '쇼핑'(20.7%), '음식'(20.7%), '역사/문화유적'(17.2%), '놀이/휴양시설'(17.2%) 등의 순서로 나타났다.

또한 향후 5년내 주로 고려할 사항으로도 '가격'(71.4%)이 가장 높았으며 교통, 숙박 등의 '관광시설'(35.7%), '놀이/휴양시설'(28.6%), '역사/문화유적'(21.4%), '자연경관'과 '음식'(각각 14.3%) 등의 순으로 나타났다.

이 결과로 볼 때 말레이시아 여행업자들은 해외여행상품 개발시 상품가격을 우선적으로 고려하고, 다음으로 목적지의 관광시설 및 자원을 고려하는 것으로 판단된다.

● 말레이시아인에게 인기 있는 아시아국가

아시아국가 중 말레이시아인의 인기 목적지는 '중국'(86.2%), '한국'(65.5%), '태국'(44.8%), '홍콩'(37.9%), '일본'(20.7%) 순으로 나타났다. 인기 목적지 선정 이유에 대해서 '중국'의 경우, 풍부한 역사문화 유적 및 관광자원, 장노년층 및 화교 고객에게 적합한 목적지, 저렴한 여행경비, 언어소통 원활 등의 의견이 있었으며, '한국'의 경우, 뚜렷한 사계절, 계절상품 다양, 한국드라마/영화의 영향, 다양한 쇼핑상품, 일본보다 상대적으로 저렴한 가격, 새로운 관광지로서의 이미지 강화 등의 의견이 있었다.

이밖에, '홍콩'은 쇼핑환경, 용이한 접근성 등의 의견이, '인도네시아'는 다양한 패키지상품 제공 및 음식, 관광매력 풍부, '태국'은 접근성, 저렴한 여행경비, 다양한 음식 등의 의견이 있었다. 한편, '일본'의 경우는 관광편의시설, 비자 면제를 이유로 꼽았으며, '대만'의 경우 나이트라이프, 다양한 음식이라는 의견을 보였다. 기타 목적지로는 영어 의사소통이 원활한 '호주', '마카오' 및 새로운 관광지로서 '네팔' 등의 의견이 있었다.

- 성장 가능성이 높은 아시아국가

현재 말레이시아인의 아웃바운드 추세를 감안하여 볼 때, 아시아국가 중 가장 성장 가능성이 있는 곳을 중복응답으로 물어본 결과, '중국'(76.9%), '한국'(73.1%), '홍콩'(26.9%), '베트남'(26.9%), '인도'(23.1%), '일본', '태국'(각각 19.2%), '대만', '인도네시아'(각각 7.7%) 등의 순으로 나타났다. 중국은 현재에도 PATA지역 국가 중 말레이시아인에게 압도적으로 인기가 높은 곳으로서, 말레이시아 여행업자들은 향후에도 이러한 추세가 계속될 것으로 전망하고 있는 것으로 나타났다.

성장가능성을 전망하는 이유에 대해서는 '중국'의 경우, 가격경쟁력과 풍부한 관광자원을 가장 많이 꼽았으며 다음으로 취항항공편수 및 직항노선 증가전망, 관광잠재력 보유, 2008 북경올림픽 개최 등의 의견이 있었다. '한국'의 경우에는 인기드라마의 영향, 겨울스키상품 등 사계절 관광상품, 이색적인 문화, 가격경쟁력 등의 의견이 있었다. 그밖에, '홍콩'은 2005년 디즈니랜드 개관, 풍부한 쇼핑환경, 항공권의 가격경쟁력 등을 그 이유로, '태국'은 가격경쟁력, 접근성, 다양한 축제 등 프로모션 제공, 쇼핑환경 등의 의견이 있었다.

기타 의견으로는 색다른 문화를 지닌 '인도' 및 접근성, 음식, 전쟁역사를 지닌 '베트남', NTO의 홍보 및 항공사의 지원, 테마파크, 위생적인 나라라는 이유로 '일본' 등의 의견이 있었다.

- 한국상품 판매여부

본 설문에 응답한 30개사 중 29개 사가 한국상품을 판매하고 있었고, 그렇지 않은 여행사는 1개 사로 나타났다. 한국상품 취급사 비율이 높게 나타난 것은 한국과 어느 정도 연관을 지닌 여행업자들만이 본 조사에 적극적으로 참여했기 때문인 것으로 판단된다.

• 한국상품 취급동기

말레이시아 여행업자들이 한국상품을 취급하게 된 동기는 '소비자의 수요'에 의한 경우가 64.3%로 가장 많았고, '한국시장의 발전가능성을 예견하여 자체적으로 개발'하여 취급하게 되었다는 응답도 32.1%가 나왔다.

• 한국관광의 경쟁력(3가지)

한국상품의 강점이라고 생각하는 것 3가지에 대한 응답내용을 분석한 결과, 눈, 스키, 가을단풍과 관련된 '계절상품'(82.1%)이란 의견이 압도적으로 많았으며, '쇼핑기회/쇼핑상품'(64.3%), '여행안정성'(39.3%), '저렴한 여행상품'(32.1%)의 순으로 나타났다. 이밖에도 '풍부한 위락시설', '흥미로운 문화', '맛있는 음식과 식당', '저렴한 물가', '발전된 국가상', '친절한 국민성' 등이 소수의 의견으로 제시되었다. 상기의 결과로 미루어 말레이시아 여행업자들은 한국관광의 경쟁요인으로 계절이 뚜렷한 자연과 쇼핑환경을 가장 높이 평가하는 것으로 분석되었다.

• 한국관광 취약점

한국관광의 취약점은 '다양한 관광상품 및 관광소재 부족'(58.3%)이 가장 많았고, 이슬람교도를 위한 음식 및 식당 등 '음식'(45.8%) 관련 의견과 가이드 및 관광시설 종사원들과의 언어소통 불가 등 '언어소통'(41.7%), '다양하고 풍부한 광고/홍보물 필요'(12.5%), '비싼 물가'(8.3%) 등의 순으로 나타났다.

기타의견으로는 '여행업자 대상 팸투어 부족', '한국관광 인지도 제고', '계절구분 없는 숙박 확보', '항공편 부족', '안내판 부족', '말레이시아 전문 가이드', '스페셜 이벤트 증대 '등의 의견이 있었다.

• 향후 5년내 한국상품 취급 계획

향후 5년내 한국상품 취급 계획에서는 본 문항에 응답한 22개사 모두 '계획이 있다'고 응답하였다

(4) 시사점

앞서의 분석결과를 바탕으로 말레이시아 관광객들의 태도변화를 유도하기 위한 한국관광산업 진흥방안은 다음과 같다.

▌한국관광 이미지 평가

말레이시아 여행업자들이 한국관광에 대해 11개 부문별로 내린 평가결과를 보면, 5점 만점에 '풍부한 쇼핑기회'가 4.7점으로 가장 높게 나타났다. '아름다운 자연경관'(4.3점), '발전된 국가상'(4.1점), '여행안전'(4.0점), '풍부한 역사문화'(3.9점) '흥미로운 문화'(3.8점)에 대해서도 비교적 높은 평가를 내렸으나, '다채로운 야간여흥'(3.6점), '풍부한 위락시설', '친절한 국민성'(각각 3.3점)에서는 상대적으로 낮은 평가를 받았으며, 특히 '양질의 음식/식당'(3.1점)과 '저렴한 물가'(2.7점) 부분은 가장 낮은 평가를 받았다. 한편, 말레이시아 여행업자들의 한국관광에 대한 전체적인 평가는 5점 만점에 3.8점으로 보통 이상의 평가를 내린 것으로 나타났다.

▌말레이시아인 관광객 유치 증대를 위한 효율적 마케팅방안

말레이시아인 관광객을 유치하기 위한 마케팅 접근방법으로 '상품개발 소재 제공'(80.0%)이 가장 높게 나타났으며, 다음으로 '소비자 대상 한국관광 이미지 광고'(56.7%), '팸투어 실시'(53.3%), '카탈로그 제작지원'(33.3%), '공동마케팅플랜 개발'(30.0%), '공동상품 광고'(26.7%) 등이 필요하다고 응답하였다.

▌효과적인 한국관광상품 홍보매체

말레이시아 소비자에게 한국관광 상품을 홍보하고자 할 때 가장 효과적인 매체는 무엇인지 3가지를 선택해 달라는 질문에 'TV'(86.7%), '신문'(80.0%), '관광안내책자'(36.7%), '선전광고판'(26.7%), '라디오'(20.0%), '잡지', '인터넷'(각각 16.7%) 등의 순으로 응답하였다.

▌방한 관광객 증대를 위한 과제

방한 관광객 증대를 위하여 해결해야 할 과제가 무엇인지 질문한 결과, 무엇보다 선행되어야 할 과제로 TV, 전광판, 브로셔, 카탈로그 제작 등을 통한 '광고 및 홍보활동 확대'(66.7%)를 지적한 응답자가 가장 많았으며, 다음으로 겨울상품 뿐 아니라 사계절의 특성을 적절히 이용한 계절상품개발 및 이벤트 개최 등을 통한 '새로운 관광소재 및 상품개발'(37.5%), 가이드 및 관광종사원들과의 '원활한 언어소통'(29.2%), '단체패키지 요금, 항공료 및 호텔요금 인하'(29.2%) 등의 의견이 있었다.

한편, 한국관광상품의 결점으로 지적되었던 이슬람 식당 확대 및 말레이시아인을 위한 메뉴개발 등 '음식'(20.8%)을 지적한 의견도 있었으며, '관광박람회/산업전 개최를 통한 한국음식, 문화홍보'(16.7%), '한국관광 인지도 제고'(12.5%) 등의 의견도 있었다. 기타의견으로는 언론사, 여행사 대상 팸투어 실시, 영어 안내판 확대, 항공편 증대, 3/4성급 호텔객실 확대, 쇼핑환경 개선, 한국 드라마 방영시 공동마케팅 전개 등의 의견이 있었다.

사례분석

1. 주제 : 일본인 라이프스타일 변화와 신세대 여행패턴

2. 출처 : 여행신문. 1996.11.8

3. 내용

첫 월급타서 해외여행 해외여행패턴에는 어떠한 변화가 있었을 사람들은 '일생동안 적어도 한번은 해외여행을 가겠지'라는 꿈을 꿔왔고 해외여행을 하더라도 직장생활을 시작한 지 1~2년 후 얼마 만큼의 돈을 모은 뒤에 떠났다. 그러나 지금은 첫 봉급으로 과감히 해외여행을 떠나는 여성직장인들이 대부분을 차지할 만큼 여성들의 해외여행이 증가했고 일반인들의 여행수요 및 욕구도 다양해지고 고급화됐다. 이에 따라 본지는 일본관광객들의 라이프스타일 변화에 따른 시장별-신세대,여성, 가족, 장년층, 인센티브, 테마여행-관광형태 조사내용을 3회에 걸쳐 소개하고 일본시장 이해 및 한국인바운드업계 여행상품기획에 도움을 주고자 한다.

▌라이프스타일

일본인은 남자의 경우 평균 28.5세, 여자는 26.2세로 부부가 된후 7~9회의 해외여행을 하며 자녀수는 보통1 ~2명이다. 이들의 연령별 여행패턴을 살펴보면 우선 ▲0~12세까지는 부모님과 더불어 주말이나 방학을 이용해 여행을 떠난다. ▲13~22세는 주로 수학여행이나 해외연수 등으로 여행을 떠나며, ▲미혼기간인 23~28세때는 주로 친구들과 결혼시기인 28~32세는 신혼여행이나 결혼기념일, 휴가기간 등을 이용해 여행한다. 특별히 이 시기를 「DINKS(double Income No Kids : 결혼후 자녀가 없는 맞벌이

기간)」라 한다. 대부분 부부들의 첫 번째 해외여행경험은 신혼여행이며 결혼전 남자는 1회, 여자는 1~2회 정도 한다. 첫아이가 10살이 넘는 ▲33~42세 때는 자녀와 첫번째 해외여행을 시작, ▲50세 이후에는 자녀를 두고 떠나는 부부만의 여행(4~5회)을 떠나며 이때를 「Full Moon」이라 부른다. 은퇴후인 ▲60세 이후에는 실버커플로 여유롭고 한가한 크루즈가 인기있고 3세대가 모두 모여 여행을 떠나기도 한다.

신세대 여행시장

일본 법무성에 따르면 일본인 신세대 젊은관광객들은 지난 94년 1백만명이상 해외여행을 했으며 95년에는 16.3%가 증가한 113명을 기록했다. 특히 해외로의 수학여행이 증가함에 따라 학생들의 해외여행 수요가 증가하고 있다. ▲수학여행 : 보통 사립중·고등학교에서는 해외여행이 보편화되고 있다. 지난해 이론 중학생들의 해외수학여행은 5천49명, 고등학생은 11만9444명을 기록했고 주요목적지는 한국, 중국, 호주, 미국, 하와이순으로 나타났다.

해외수학여행붐이 일기시작한 원인은 해외여행 경험을 바탕으로 산교육을 실시하는데 주요인이 있지만 엔고현상으로 인헤 해외수학여행비용이 국내여행보다 저렴해진 이유도 있다. 실례로 일본에 스키투어 목적지로 인기였던 홋카이도가 캐나다 브리티쉬콜롬비아로 옮겨가고 있는 실정이다.

- 해외연수 : 수학여행외에 젊은층들의 해외여행 목적은 연수이다. 그중 대부분은 영어연수로 여름 및 봄방학을 이용, 미국으로 떠나거나 고등학교 졸업후 유학을 가는 경우도 있다. 지난해 19세 일본 청소년들이 가장 가고 싶어하는 해외연수직역은 역시 미국이었고 가족여행 목적지인 하와이, 괌도 포함됐다.

- 연령별 여행실태 : ▲0~4세 아이들과 5~15세 어린이들의 여행증가율은 매년 각각 20%, 18%로 4세 미만 아이들의 부모동반 여행이 크게 늘어났으며, ▲중학생 및 고등학생(15~19세)은 대학입시 및 빡빡한 학교수업 때문에 해외여행이 어렵고 무엇보다 할인가격에 여행할 수 있는 아이들용 패키지투어를 하기에는 나이가 많고 개별여행하기에는 어려서 4세미만 아이들보다 해외여행이 적은 것으로 나타났다. 부모님과 함께 여행을 떠나는 것을 별로 좋아하지 않는 점도 한 원인이다.
  한편, 대학생들의 30% 이상은 아르바이트로 돈을 모아 해외여행을 떠났으며 해외졸업여행도 증가추세에 있다.

토론문제

1. DMZ 관광상품의 특징을 설명하고 어떤 성격의 관광객이 이러한 상품을 선호할 것인지 설명해 보세요.

2. 태도의 개념과 특성에 대해 설명해 보세요.

3. 태도와 소비자의 행동, 광고태도, 태도변화를 사례를 들어 설명해 보세요.

4. 성격과 소비자행동을 사례를 들어 설명해 보세요.

5. 라이프스타일과 사이코그래픽스를 사례를 들어 설명해 보세요.

6. 태도와 관광소비자행동을 사례를 들어 설명하세요.

7. 성격/ 라이프스타일과 관광소비자행동을 사례를 들어 설명하세요.

8. 태도를 활용한 관광마케팅 사례를 설명해 보세요.

9. 한국은 말레이시아 관광객들에게 어떠한 이미지를 주고 있으며 이들을 유치하기 위한 효율적 마케팅방안을 설명하세요.

10. 일본인 신세대 라이프스타일과 여행패턴의 특징을 설명하세요.

참고문헌

김세범 · 전영종 · 허남일(1997). 「소비자행동론」. 형설출판사.

네이버 국어사전(2003). www.naver.com.

네이버 백과사전(2003). www.naver.com.

여행신문(1996.11.8). '일본인 라이프스타일 변화와 신세대 여행패턴'.

이지은(2004.9.1). 「말레이시아 관광시장 분석 최종보고서」. 한국관광공사 조사연구 보고서.

임종원 · 김재일 · 홍성태 · 이유재(2000). 「소비자행동론 : 이해와 마케팅에의 전략적 활용」. 경문사.

중앙일보(2004.11.29). '전문가, DMZ 통과 전율을 관광상품으로'.

한국관광공사(2004.5). '지속성, 통일성, 독창성의 황금비율을 추구하자 : 각국 NTO의 관광홍보 캠페인 사례 및 시사점'.

Blackwell, R. D., & Miniard, P. W., Engel, J. F.(2001). *Consumer Behavior*. Orlando : Harcourt, Inc. pp.362.

Hawkins, D. I., Best, R. J., & Coney, K. A.(2001), *Consumer Behavior : Building Marketing Strategy*. Boston : Irwin McGraw-Hill.

Schiffman, L. G., & Kanuk, L. L.(1991). 「Consumer Behavior」. Englewood Cliffs. N.J. : Prentice-Hall.

Tourism

제14장 관광소비자행동의 개인적 요인 3

동기/ 지식

- 들어가는 이야기
- 핵심개념

14-1. 동기와 소비자행동
    (1) 동기의 개념
    (2) 동기와 행동

14-2. 지식과 소비자행동
    (1) 지식의 개념
    (2) 지식과 행동

14-3. 동기와 관광
    (1) 동기와 관광소비자행동

14-4. 지식과 관광마케팅
    (1) 지식과 관광마케팅

- 관련 논문소개
- 토론문제
- 참고문헌

관광소비자행동의 개인적 요인3

들어가는 이야기

핵심개념

동기와 소비자행동

- 동기의 개념
- 동기와 행동

지식과 소비자행동

- 지식의 개념
- 지식과 행동

동기와 관광

- 동기와 관광소비자행동

지식과 관광마케팅

- 지식과 관광마케팅

관련 논문소개

사례분석

토론문제

참고문헌

들어가는 이야기

관광업체의 지식전파의 장 CITM

Tourism business booms in China with big market

As one of the fastest growing and most intriguing tourism destinations in the world, China is becoming a magnet for travel-related businesses. Nearly 2,900 such overseas and domestic enterprises gathered in Shanghai Wednesday to attend the 2004 China International Travel Mart(CITM), a jump of 16 per cent from 2002. The CITM shifts between Shanghai and Kunming annually.

The mart has been held five times, three times in Shanghai and twice in Kunming, capital of Yunnan Province. This year there are 1,196 domestic booths and 652 international booths, up 65 percent and 35 percent over last session, said Shen Huirong, director of the Tourism Promotion and International Liaison Department of China National Tourism Administration(CNTA). "CITM has become the largest international tourism fair in Asia with high professional standards and the most widespread global influence," Shen said.

Tourism was among the pioneering industries which opened up to the outside world. In July 2003, CNTA approved the first foreign owned travel service in China. Now there are five totally foreign-owned travel services and 13 joint-venture travel services in the country.

Meanwhile, CNTA has also encouraged China's tourism firms "to go abroad" to expand their business and co-operation in other countries. By the end of this year, Chinese tourists travelled in tour groups to 63 countries and regions with Approved Destination Status, Shen said.

Speaking at the opening ceremony Wednesday, He Guangwei, chairman of the CNTA, said that the five-day mart would play a key role in promoting in-depth communication and friendly co-operation between China and other countries and regions.

-Peopledaily(2004.11.26), 'Tourism business booms in China with big market'.-

consumers behavior

Tourism ■■■ 핵심개념

1. 동기(motivation)
2. 동기와 행동
3. 지식(knowledge)
4. 지식과 행동
5. 동기와 관광소비자행동
6. 지식과 관광마케팅

consumer's behavior

14-1 동기와 소비자행동

(1) 동기(motivation)의 개념

소비자행동에서 동기(motivation)란 목표지향적인 행동을 유발하는 개인의 활성화된 상태를 말한다. 동기란 소비자행동을 유발하는 활성화된 힘이며 행동의 목적과 방향을 제시해준다. 동기는 행동의 이유이며 왜 한 개인이 어떤 일을 하는지를 설명해준다. 이는 일련의 사건을 촉발시켜 행동으로 이끄는 동인, 충동, 욕망으로 구성되어 있다. 동기과정은 욕구 인식 혹은 욕구의 활성화와 더불어 시작한다. 동기모델에서는 욕구인식, 동인상태, 목표지향적 행동, 유인대상물 및 감정의 다섯 가지의 주요개념이 확인되고 있다〈그림 14-1〉.

〈그림 14-1〉 단순한 동기 모델

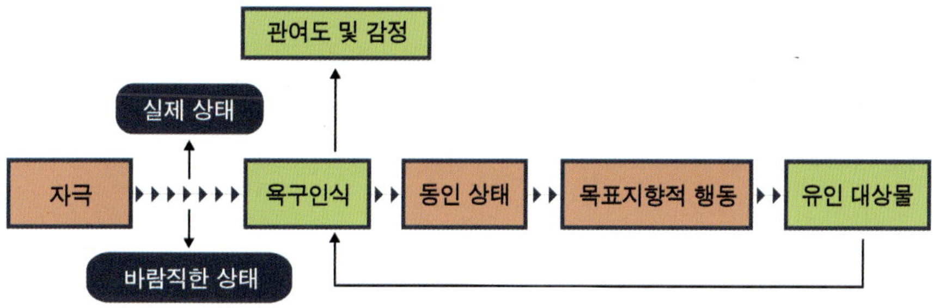

출처 : Mowen, Consumer Behavior, 1995, p. 192 의 내용을 김세범 · 전영종 · 허남일(1997). 「소비자행동론」. p. 481에서 재인용.

욕구

동기는 개인이 처리하는 자극이 존재할 때 시작한다. 어떤 자극도 노출, 주의 및 이해의 정보처리단계를 거치게 된다. 자극은 음식 부족의 결과로 나타나는 생리적 변화와 같은 소비자 내부나 제품에 대해서 듣거나 제품을 보는 것과 같이 소비자 외부로부터 나온다.

동인

욕구가 환기되면 동인 상태를 일으킨다. 동인(drive)이란 정서와 생리적 환기를 느끼게 하는 감정적인 상태이다. 동인이 강할수록 긴급한 반응을 촉발시킨다. 환기는 소비자의 심장박동, 혈압, 동공의 크기를 통해서 측정될 수 있다. 주어진 상황에서 자극에 의해 환기된 개인적 중요성 또는 관심의 수준인 관여도는 소비자행동을 이해하고 설명하는데 매우 중요하다. 관여도는 특정 상황에서 제품이나 서비스와의 개인적 관련성을 높게 지각하여 강하게 동기화된 상태를 의미한다. 제품구매에 관여하는 개인적 동기와 제품이 제공하는 혜택에 따라 관여도는 낮은 수준에서부터 높은 수준으로 이르는 연속산상에 나타난다. 욕구, 가치, 자아개념과 같은 내재적인 개인 특성이 적절한 마케팅 자극과 만날 때 관여도는 활성화되고 느껴진다. 사람이 동기화될 때 행동이 나타나며 이 때의 느낌, 정서 및 분위기가 나타난다. 긍정적 혹은 부정적 느낌인 이들을 감정(affect)이라 말하며 소비자행동에 여러 가지 형태로 영향을 준다.

목표지향적 행동

소비자가 동인상태를 경험하면 소비자들은 목표지향적인 행동을 하게 된다. 목표지향적 행동(goal-directed behavior)은 정보를 탐색하고 타인에게 의사소통을 하고, 바겐세일기간 동안 쇼핑을 하고, 제품과 서비스를 구매하는 것과 같은 욕구상태를 충족시키기 위해 취하는 행동이다.

유인대상물

소비자의 유인대상물(incentive objects)은 욕구를 만족시키기 위해 지각되는 제품, 서비스, 정보 및 사람까지도 여기에 해당된다. 유인대상물은 강화와 유사하며 소비자들은 욕구를 충족시키기 위해 강화를 얻는 행동을 추구한다. 모든 강화물과 같이 소비자 유인은 긍정적일 수도 있고 부정적일 수도 있다. 사람들은 긍정적 유인을 향하고 부정적 유인으로부터는 멀어지기를 바라기 때문에 마케터의 목표는 소비자에게 긍정적으로 강화를 주는 제품, 서비스, 소매점, 광고 등을 개발해야 한다.

(2) 동기(motivation)와 행동

인간동기의 목록은 너무 길기 때문에 마케터에게는 실용성이 적다.

1) Maslow의 욕구단계이론

조직 내에서 동기를 연구하는데 가장 넓게 사용되고 있는 모델이 Maslow의 욕구단계모델(hierarchy of needs model)이다. 심리학자인 Maslow는 중요성의 순서대로 〈그림 14-2〉와 같이 제일 아래에서부터 생리적, 안전, 사회적, 존경, 자아실현의 욕구의 다섯 가지 범주로 분류하고 있다.

생리적 욕구

생리적 욕구는 의식주의 욕구이다. 대부분 인간의 기본적인 욕구로서 이 욕구는 Maslow의 위계체제에서 가장 낮은 수준을 점유하고 있다. 사람들은 모든 다른 욕구에 앞서 생리적 욕구를 만족시키려고 한다.

안전욕구

안전욕구는 고통, 위협 및 질병이 없는 상태는 물론 안전과 안정을 위한 욕구를 포함한다. 생리적 욕구와 함께 안전욕구에 대한 수단이 탈취된 사람은 이 욕구를 얻는데 몰

두하게 된다. 많은 작업자들은 의학적 혜택이 있는 그리고 실직 및 퇴직의 혜택이 있는 직무에 대한 욕구로서 안전욕구를 표현한다.

사회적 욕구

사회적 욕구는 친교, 애정 및 소속에 대한 욕구이다. Maslow의 욕구계층에서 이 수준은 생리적 욕구와 안전욕구와는 구별되는 분명한 욕구이다. 높은 사회적 욕구를 갖고 있는 종업원은 타인과 밀접하게 일하는 것을 즐긴다. 조직이 사회적 욕구를 충족하지 못하면 종업원의 불만은 빈번한 결근, 저생산성, 스트레스와 관련된 행동 및 심지어는 정서적 장애와 같은 여러 형태의 행동에 나타난다.

존경욕구

존경욕구는 자기 자신의 존경, 개인적인 성취감 및 타인으로부터의 인정욕구이다. 이 욕구를 충족시키기 위하여 사람들은 능력과 가치를 위해 성취, 승진, 위신 및 지위에 대한 기회를 탐색한다. 종업원이 존경욕구에 의해 동기화된다고 지각한 관리자는 성공을 위해서 요구되는 근면한 노동과 정교한 기술을 강조할 필요가 있다.

자아실현욕구

자아실현욕구는 개인적 성장, 자아충실 및 자신의 가능성의 실현과 관련되어 있다. 자아실현욕구는 자신의 욕구는 물론 타인의 욕구도 받아들인다. 보통 나타나는 특성은 창의력, 자발성 및 문제해결능력이 포함된다. 종업원으로부터 이 수준의 동기를 인식한 경영자는 그들의 직무에 고유한 성장기회를 발견하도록 도와주어야 한다.

Maslow의 욕구단계는 다음 4가지를 기본가정으로 강조하고 있다.

첫째, 만족한 욕구는 동기요인이 되지 않는다. 한 욕구가 만족하면 다른 욕구가 대신한다. 그래서 사람은 항상 다른 욕구를 만족시키기 위하여 노력한다.

둘째, 대부분 사람들의 욕구는 매우 복잡하다.

셋째, 일반적으로 고차원의 욕구가 행동에 자극을 주기 위해서는 저차원의 욕구가 먼저 만족되어야 한다.

넷째, 저차원의 욕구를 만족시키는 방법보다 고차원의 욕구를 만족시키기 위한 방법이 더 많다.

〈그림 14-2〉 매슬로우의 욕구단계설

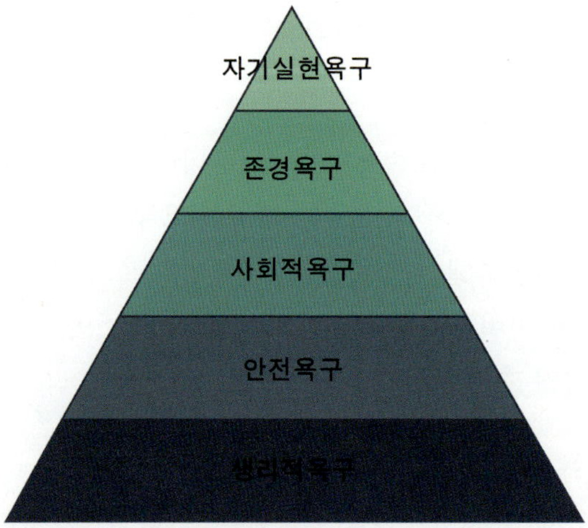

Maslow 이론은 인간 전반적 행동을 이해하는데 유용하다. 친구나 이념을 위해 생명을 바친 예는 역사적으로 많으며 자아실현을 위해 음식이나 쉴 곳을 포기한 몇몇 예외적인 경우는 있지만 소비자들은 이것을 특수한 상황이라 부르며 Maslow의 전반적인 접근법에 대한 타당성을 인정하고 있다. Maslow의 욕구단계를 활용한 마케팅전략은 다음 〈표 14-1〉과 같다.

〈표 14-1〉 Marketing Strategies and Maslow's Motive Hierarchy

Ⅰ. PHYSIOLOGICAL : Food, water, sleep, and, to an extent, sex, are physiological motives	
Products	Health foods, medicines, sports drinks, low-cholesterol foods, and exercise equipment.
THEMES	Band-AID : "Blister-proof your feet." Quaker Oats : "Eating oatmeal is good for your heart" Nordic Track : "Only NordicTrack gives you a total-body workout."

Ⅱ. SAFETY : Seeking physical safety and security, stability, familiar surroundings, and so forth are manifestations of safety needs.	
Products	Smoke detectors, preventive medicines, insurance, retirement investments, seat belts, burglar alarms, sunscreen

THEMES	Sleep Safe : "We've designed a travel alarm that just might wake you in the middle of the night – because a fire is sending smoke into your room. You see, ours is a smoke alarm as well as an alarm clock." Partnership for a Drug-Free America : "Heroin: Dying's the Easy Part." Revo cycling glasses : "Should've worn Revo" under a picture of a wrecked bike.

Ⅲ. BELONGINGNESS : Belongingness motives are reflected in a desire for love, friendship, affliation, and group acceptance.	
Products	Personal grooming, foods, entertainment, clothing, and many others.
THEMES	Olive Garden Restaurants : "Italians didn't invent sharing. They just made it impossible to resist." Tums : "You are important. You are loved. You should take your calcium." J.C.Penney : "Wherever teens gather, you'll hear it. It's the language of terrific fit and fashion."

Ⅳ. ESTEEM : Desires for status, superiority, self-respect, and prestige are examples of esteem needs. These needs relate to the individual's feelings of usefulness and accomplishment.	
Products	Clothing, furniture, liquors, hobbies, stores, cars, and many others.
THEMES	Sheaffer : "Your hand should look as contemporary as the rest of you." New Balance : "One more woman chasing a sunset. One more woman going a little farther. One more woman simply feeling alive. One less woman relying on someone else." Cadillac : "Those long hours have paid off. In recognition, financial success, and in the way you reward yourself. Isn't it time you owned a Cadillac?"

Ⅴ. SELF-ACTUALIZATION : This involves the desire for self-fulfillment, to become all that one is capable of becoming.	
Products	Education, hobbies, sports, some vacations, gourmet foods, museums.
THEMES	U.S.Army : "Be all you can be." Avia : "She wasn't just training her body, she was training her mind." Outward Bound School : "Challenges, adventure, growth."

출처 : Hawkins, D. I., Best, R. J., & Coney, K. A., (2001). *Consumer Behavior: Building Marketing Strategy*. Boston: Irwin McGraw-Hill. p.364에서 인용.

소비자는 제품을 구매하는 것이 아니라 문제해결과 동기 만족을 구매하는 것이다. 예를 들어 소비자들은 향수나 애프터쉐이브로션을 구매하는 것이 아니라 로맨스, 섹스소구, 감각적 즐거움, 다른 감성적이며 심리적인 혜택을 구매한다.

14-2 지식과 소비자행동

(1) 지식의 개념

소비자행동론에서 지식이란 소비자가 무엇을 아느냐이다. 이러한 질문에 대한 대답은 기억내용의 이해에 달려 있다. 소비자 지식이란 제품의 구매와 소비에 관여하는 기억에 저장된 전체 정보의 부분집합을 의미한다. 예를 들어 롤렉스시계와 티멕스시계의 차이는 무엇인가? 어린이들은 주스를 많이 마셔야 하는가? 어떤 제품군이 에버랜드란 브랜드명을 포함하는가? 삼성 SM7 자동차를 생각할 때 무엇이 떠오르는가? 이런 것들이 소비자행동에서 지식이라고 할 수 있다. 마케터는 소비자 지식을 세 가지의 일반적 영역인 제품지식, 구매지식, 사용지식으로 구분하여 조사하는 것이 유용하다.

1) 제품지식(product knowledge)

제품지식은 제품의 존재지식(knowledge of the product's existence)과 제품의 특성지식(knowledge of the product's attributes and associations)으로 구성되어 있다. 소비자는 제품이 존재하는가에 대한 근본적인 지식이 있어야지 소비자 인식의 장으로 진행된다. 제품의 특성지식은 제품과 제품이 연관되어 있는 특성에 대한 지식인데 맥도날드는 소비자에게 황금아치를 떠오르게 하며 나이키라는 이름을 들으면 소비자들은 'Just do it'이라는 슬로건을 생각하는 것을 말한다. 다시 말해서 제품지식이란 제품의 이미지(product image)로서 정의되는 일련의 관련 요소를 말한다. 제품지식(product knowledge)에는 다양한 유형의 정보가 결합되어 있고 다음과 같은 것이 포함된다 : 제품 범주와 이 범주 내에 있는 상표의 인식, 제품용어, 제품 속성이나 특성, 일반적 및 특정 상표에 대한 신념.

일반적으로 마케터는 자신의 상표와 경쟁회사의 상표에 대한 소비자의 지식 혹은 정보에 아주 관심이 많다. 이러한 정보는 두 가지 유형의 분석인 인지도분석(awareness analysis)과 이미지분석(image analysis)에 의해서 분석된다.

2) 구매지식(purchase knowledge)

구매지식은 소비자가 제품을 구매하는데 있어 소유하는 다양한 정보조각의 집합을 의미한다. 구매지식은 제품을 얻는데 관련된 정보로서 이의 기본적인 차원은 제품의 가격, 제품은 어디에서 구매해야 되고, 언제 구매해야 되는지에 대한 결정이다.

구매가격

구매지식에서 가장 중요한 요인은 구매가격인데, 구매가격의 정도에 따라 구매의 성사여부가 달려있는 경우가 많다. 구매지식에서 가격이 중요한 이유는 다음과 같다. 첫째, 소비자들이 최저가의 상품을 구매하기 위해서 많은 시간과 노력을 투자한다는 것이다. 따라서 업체들에게는 소비자에게 상당한 가격 절약을 할 수 있는 가격지식을 창출하는 것이 상당히 중요하다. 둘째, 업체 매니저가 가격결정을 하는 것은 소비자가 가격에 대해서 얼마나 정보를 가지고 있는지에 대한 판단에 달려있다. 소비자가 많은 가격지식을 가지고 있다고 판단되는 경우 업체는 저가전략으로 나아가야 경쟁력이 있을 것이다. 소비자가 가격차이에 대한 지식을 가지고 있지 않다고 판단되는 경우 고가전략도 그 업체에게는 경쟁력이 있을 것이다.

구매장소

구매의사결정에서 소비자가 결정해야 하는 중요사항 중의 하나는 어디에서 제품을 구매해야 하느냐이다. 많은 제품은 매우 다양한 경로를 통해 얻어진다. 주어진 특정 경로는 다수의 경쟁회사로 구성되어 있기 때문에, 소비자는 어느 곳을 선호하는지를 결정해야 한다. 어디에서 구매할 것인가의 결정은 구매지식에 달려 있다. 인터넷 소매상들이 직면하는 가장 큰 도전은 이들의 존재를 소비자에게 어떻게 인식시키는 것인가 하는 것이다. 위치에 대한 지식은 어느 점포가 어느 제품을 취급하고 있는지와 제품이 실제로 점포 내에 어디에 위치해 있는가를 아는 것을 포함한다.

점포 내에서 제품의 위치에 대한 지식은 구매행위에 영향을 미친다. 소비자가 점포에 친숙하지 못할 때 점포 내에서 제공하는 정보에 크게 의존해야 하고 제품위치를 확인해야 할 것이다. 점포 내에 처리해야 할 자극이 많다는 것은 이전에 인식하지 못했던 새로운 욕구나 욕망을 활성화시킬 수도 있으며 계획되지 않은 구매를 할 수도 있다.

구매시기

언제 구매해야 하는가에 대한 소비자들의 의사결정사항은 구매지식의 또다른 구성요소이다. 일년 중 어떤 특정한 때의 세일기간 동안에만 제품이 있다는 것을 아는 소비자들은 그러한 때가 올 때까지 구매를 연기할지도 모른다. 구매시기에 대한 지식은 혁신재구매행위에 중요한 결정요인이 될 수 있다. 많은 소비자들은 가격은 시간이 지남에 따라 떨어진다고 믿고 있기 때문에 신제품을 즉각 구매하지 않을 것이다.

3) 사용지식

사용지식은 소비자 지식의 세 번째 범주를 나타낸다. 사용지식은 제품이 어떻게 이용되고 제품을 사용하는데 실제로 무엇이 요구되는가에 대한 기억 속에 있는 모든 정보이다. 소비자 사용지식에 대한 적절한 이해는 여러 가지 이유에서 중요하다. 첫째, 소비자들은 제품 사용방법에 대한 충분한 정보가 부족할 때 제품을 훨씬 덜 구매한다. 이런 경우 제품 사용방법에 대한 소비자의 교육에 마케팅노력을 경주해야 할 것이다. 소비자가 제품이 사용되는 상이한 방법이나 상황에 대해서 불완전한 정보를 가질 때 구매장벽이 발생한다.

기업은 소비자지식을 증가시키기 위해 어떤 시도를 하는지 고려할 필요가 있다. 기업은 때때로 제품과 무관한 주제에 대한 소비자 교육이 이익이 된다는 것을 인식해야 한다. 기업에게 불평을 말하고 행동을 취하는 방법이라는 팜플렛을 출판한 Coca Cola 회사는 소비자가 기업에 접근할 때 소비자가 무엇을 해야 하는지를 설명하고 있다. 팜플렛은 Coca Cola 회사의 특정 제품을 촉진하지는 않았지만 소비자 불평행동에 대해 소비자교육을 시킴으로써 중요한 혜택을 보고 있다.

(2) 지식과 행동

소비자들은 다양한 정보원을 통해 지식을 습득한다. 우리가 중요하다고 생각하는 준거집단들, 즉 가족, 친구, 동료, 기타의 사람들의 의견이 어떤 제품을 고려할 때 매우 중요하다. 대중매체도 중요한 제품정보원으로 활용된다. 소비자의 경험은 제품에 대한 소비자 지식의 중요한 근간이 되기도 한다. 업체의 마케터가 소비자의 습득경로에 따른 마케팅전략을 구사하는 것은 상당히 중요하다. 예를 들어 크루즈산업에서 많은 경우 소비자들은 처음 이용하는 경우가 많기 때문에 구매를 고려할 때 불안감을 가지고 있다는 점을 인식할 필요가 있다. 이러한 불안감을 줄이기 위해서 Carnival Cruise Lines는 크루즈 여행에서 사용되지 않은 부분에 대해서 환급을 보장해 주었다. 이러한 마케팅 기간동안 백만명의 승객 중 단지 37명만 환급을 신청했다.

마케터는 소비자들이 실제로 무엇을 아는가에 가장 관심이 많다. 소비자의 상표인지도와 상표이미지에 대한 정보가 마케팅활동에 매우 유용하며 이 활동은 소비자의 구매와 사용지식의 내용을 이해함으로써 시작될 수 있다. 소비자가 실제로 얼마나 많이 알고 있는가에 관계없이 스스로를 충분한 양의 정보를 처리하는 것으로 지각할 때는 외부환경을 탐색할 가능성이 적다. 실제로 많은 지식을 소유하고 있는 소비자라 할지라도 지식이 충분하지 않다고 믿는다면 외부환경을 많이 탐색할 것이다.

제품지식의 유형은 다음과 같다.

속성의 다발로서 제품

제품속성에 대한 결정은 마케팅전략에 중요한 요소이다. 기업의 생산능력과 재정적 자원의 한계 내에서 마케팅관리자는 제품에 새로운 속성을 추가하고, 오래된 속성은 제거하며, 기존의 속성은 개선하고자 한다. 마케터는 소비자에게 좀더 소구하기 위하여 상표의 속성을 변화시킨다.

소비자들은 제품속성에 대해 서로 다른 지식수준을 가지고 있다. 제품의 추상적 속성에 대한 지식은 담요의 따뜻함이나 품질, 자동차의 스타일이나 편안함과 같은 제품의 무형적·주관적 특성을 의미한다.

혜택의 다발로서의 제품

소비자는 제품과 상표를 속성이 아니라 결과의 관점에서 생각한다. 결과는 제품이 구매되고 사용될 때 소비자에게 일어나는 특정의 성과이다. 마케터는 제품을 구매하고 사용하여 얻는 소비자의 긍정적인 결과에 초점을 맞추기 때문에 소비자가 제품을 속성이 아니라 구매와 사용으로부터 얻는 혜택의 다발로 생각한다. 이러한 아이디어가 바로 혜택세분화(benefit segmentation)를 이루는 기초인데, 이 과정은 특정 제품이 주는 혜택 충족에 입각해서 소비자를 동질적인 하위집단이나 세분집단으로 나누는 과정이다.

가치만족으로서의 제품

소비자들은 제품과 상표가 안전, 성취 및 행복의 욕구를 달성하는데 도움이 되는 개인적 가치를 갖고 있다고 믿고 있으며, 이러한 개인적 가치에 대한 어떤 지식을 가질 수 있다고 보고 있다. 인지적 입장에서 보면 가치란 소비자들이 성취하고자 하는 중요한 인생목표를 정신적으로 표현한 것이다. 가치란 지식이나 의미의 입장에서 보면 기능적 혹은 사회심리적 결과보다 추상적인 개념이다. 가치란 '나는 인생에서 무엇을 원하는가'와 같이 중요하고 바람직한 최종의 목표를 나타내는 반면, 기능적 및 사회심리적 결과는 '나는 이 제품에서 무엇을 원하는가'와 같이 좀더 구체적이고 유형적으로 추구하는 결과이다.

14-3 동기와 관광

(1) 동기와 관광소비자행동

관광소비자들의 관광동기로 많이 언급되는 동기는 신체적/물리적/건강동기, 문화적 동기, 사회적 동기, 지위/위광동기(status & prstige motivations), 휴식동기, 자아발전동기, 극복동기, 오락동기, 탈출동기, 비교동기, 신기성동기, 생존동기, 교육동기 등이 있다〈그림 14-3〉.

〈그림 14-3〉 관광동기

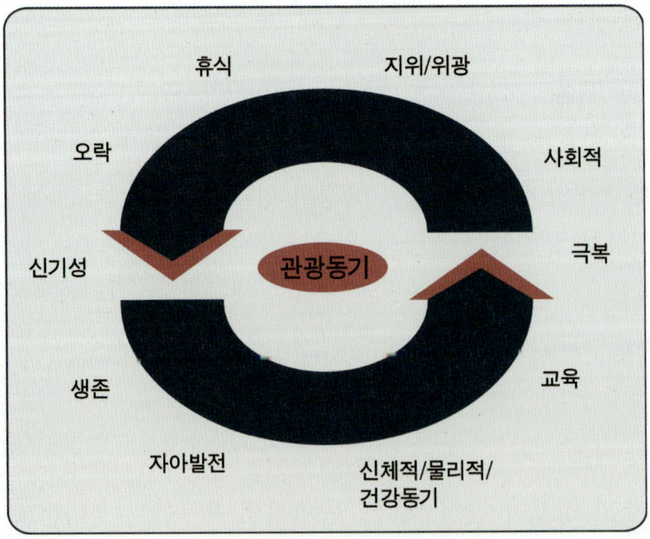

다음은 일본인 관광동향을 분석한 것이다. 2003년까지의 일본인들의 관광동향을 참고하여 일본인들은 어떠한 관광동기를 가지고 여행을 하는지 그 추세를 알아보도록 한다.

재단법인 일본교통공사는 '03년까지의 일본인 국내와 해외여행자의 의식과 행동을 조사・분석해 정리한 책자『여행자 동향 2004』를 발표했다. '01～'03년의 해외여행 목적지에서는 '00～'02년의 1위였던 유럽을 따돌리고 한국이 1위(12.4%)를 기록했다. 다음이 유럽(11.7%), 하와이(9.5%)순으로, 한국이 인기여행지로 자리매김하고 있는 반면 유럽과 하와이는 해를 거듭할수록 점유율이 감소하는 경향을 나타내고 있다. 국내숙박여행에서는 北海島(훗카이도), 長野(나가노), 東京(도쿄), 静岡(시즈오카), 千葉(치바)로 되어 있지만, 東京의 쉐아가 확대되어 静岡를 제치고 3위가 되었다.『상업・오락시설의 확장으로 도시의 매력이 증가해 근교의 테마파크 여행에 의한 숙박수요가 늘었다』고 분석되어진다.

국내・해외 여행을 불문하고 가보고 싶은 여행지 1위는『온천여행』이었다. 1998년 동 조사 개시 이래 6년 연속으로 1위로서 일본인의 온천에 대한 인기는 상당한 것으로 나타났다. 여기에 더해 인기가 날로 더하고 있는 것으로는『도시관광』과『스포츠관광』이라고 한다. 또한 이후로 주목을 받을 수 있는 마켓으로는『남자 혼자의 여행』을 들있다. 여성 혼자의 여행은 여행상품화가 되어 있지만, 동 조사 데이터에 의하면『單身旅行』의 비율은 남성쪽이 높다. 특히 자녀가 성장해 자녀로부터 손을 떼기 시작할 즈음인 40～50대의 남성이 주목되고 있는 것으로 나타났다(한국관광공사, '일본관광시장동향' 2004.11.30).

일본인들의 여행추세를 분석해보면 온천여행과 스포츠관광은 신체적/물리적/건강동기에 해당하며 한국관광은 최근 한류열풍을 감안했을 때 문화적 동기에 해당된다고 할 수 있다. 테마파크 여행이나 도시관광은 오락적 동기에 해당된다. 일본인들의 최근 관광동기 트랜드를 감안하여 관광상품 개발과 마케팅을 한다면 보다 효과적일 것이다.

14-4 지식과 관광마케팅

(1) 지식과 관광마케팅

전세계의 네티즌들은 한국관광에 대해 어떠한 지식을 가지고 있을까? 한국관광공사에서는 최근 한국관광에 대한 전세계 네티즌들의 4483명을 대상으로 해외여행 계획시 인터넷 활용현황(4문항), 한국정보 검색현황(4문항), 한국여행실태 및 의견(7문항)을 조사하였다. 한국관광에 대한 전세계 네티즌들의 의견을 바탕으로 제품지식, 구매지식, 사용지식 측면에서 그 행동을 분석해보도록 하자.

1) 전세계 네티즌들의 한국관광에 대한 제품지식과 관광마케팅 방안

tour2korea.com 콘텐츠 강화 필요

많은 사람들이 일본시장은 성숙시장으로서 성장한계에 대한 우려를 갖고 있었던 점이 사실이다. 그러나 공사가 금년도 관광마케팅 주제를 '한류'로 설정하고 적극적인 공세를 펼치는 한편, 겨울연가가 기폭제가 되어 韓流열풍이 일본열도를 뒤흔들면서 기대 이상의 폭발적인 신규 수요가 창출되고 있다. 따라서 일본 시장 활황의 효과를 극대화할 수 있는 전략이 필요하다.

방한 일본시장은 개인 자유여행이 주도하고 있다. 한국은 국내여행의 연장선으로 인식하여 이루어지고 있으므로 개인 자유여행자를 위한 원스톱 관광정보 서비스를 강화해야 할 것으로 보인다. 자유여행자를 위한 지역 추천여행 코스 제시, 서울 이외 지방 관광지 정보 추가, 지도 및 교통정보, 문화공연정보 강화 등이 요구된다. 또한 겨울연가 등 일본에서 인기리에 방영되고 있는 드라마의 주요 촬영지는 한류방한객의 주요 관심코스가 되므로, 상세한 촬영지 방문정보를 제공해야 한다.

또한 미래의 관광지원인 청소년층이 니스를 파악하여 이들이 요구하는 관광정보 제공에 관심을 기울여야 할 것으로 보인다. 청소년층은 이번 조사 참가자의 반수(46.9%)를 점유할 정도로 한국에 대한 관심을 가장 높은 반면 한국방문 경험률은 중장년층에 비해 현저하게 낮아 높은 시장잠재성을 보여주었다.

■ 한류관심층을 위한 정보 강화
- 겨울연가, 대장금 등 주요 드라마 촬영지 상세 방문 코스 소개
- 한국관광소재와 접목한 한국어 온라인 강좌 신설

■ 자유여행자를 위한 정보 강화
- 지방관광정보 내용 확대(지속추진), 전자관광지도 제공(2005)
- 문화공연정보 강화(지속추진)
※국내 창작공연〈난타, 도캐비스톰 등〉 및 해외 유수초청 공연〈오페라, 연극 등〉 정보 등)

■ 청소년 여행정보 코너 강화
- 실시간 한류 연예인 소식, 공연 정보
- 추천 관광 코스 제공

음식홍보 강화 및 한국관광 상징물 제정 필요

금번 설문결과에 의하면 한국을 대표하는 이미지로 김치(16%)가 1위, 맛있는 음식(9.4%)이 2위로 나타났다. 이것은 김치가 그만큼 세계적인 인지도를 얻고 있다는 사실을 입증하는 한편 순수관광 측면에서 한국관광이미지가 미약하다는 점을 반증해 주는 결과라고도 볼 수 있다.

한국관광을 상징하는 이미지 즉 향후 꾸준하게 해외 광고, 홍보, 판촉사업을 수행할 때 한국을 대표하는 이미지를 무엇으로 할 것인가 하는 문제는 한국관광 홍보활동의 고질적인 문제가 되어왔다. 김치와 음식을 한국관광의 주요 소구요인으로 부각하는 전략과 함께 한국관광을 대표할 수 있는 한국관광 상징물을 개발하는데 최우선적인 노력을 기울여야 할 것으로 보인다.

■ 한국 음식 간행물 발간(2005년초)

■ 한국관광 상징물 개발을 위한 한국관광 이미지 공모제 실시(2005)

체험상품의 개발 필요

전세계적으로 여행경험이 축적되면서 수동적으로 보는 관광에서 적극적으로 참여하는 체험관광에 대한 수요가 폭발적으로 증가하고 있다. 이러한 추세를 반영하듯이 이번 조사결과에서도 문화체험(5.9%→13.5%), 역사유적지 방문(4.8%→9.0%), 한국어 공부(4.7%→8.8%), 한류 체험(3.6%→8.5%) 등이 2003년대비 크게 증가한 것으로 나타났다. 특히 이러한 전통 및 현대 한국문화에 대한 관심은 한류의 영향에서 촉발된 것이므

로 한류를 종합적으로 체험할 수 있는 체험관의 건립과 아울러 주요 드라마의 촬영지를 관광명소화하여 제대로 개발, 관리하는 전략이 필요한 것으로 보인다.

- 공사 TIC 한류관 콘텐트 강화(한류관광지 소개 코너 신설 등)
- 한류를 종합적으로 체험할 수 있는 지역 한류체험관 건립 유도
  (공사/ 문화관광부/ 지자체 협력)
- 주요 드라마 촬영지 개발, 관리
  (지자체의 협력 유도하여 교통, 안내표지판 등 종합적인 안내체계 확보)

2) 전세계 네티즌들의 한국관광에 대한 사용지식과 관광마케팅 방안

근거리 시장 중점 유치 및 한류상품 활용한 원거리 시장 실질수요 창출 필요

한국방문 의향에서, 응답자의 87.1%가 향후 3년내 방문의향을 가진 것으로 나타났는데, 지역별로는 상당히 편차가 있었다. 대만(97.2%), 홍콩(95.6%), 싱가포르(97.3%), 일본(93.2%), 중국(85.4%) 등 역내의 방문의향은 매우 높은 반면, 미국(61.3%), 프랑스(71.7%), 캐나다(77.5%) 등은 상대적으로 저조하여, 향후 관광마케팅의 주력시장은 역시 비용효율성 측면에서 가까운 시장에 역점을 두어야 할 필요가 있음을 보여 준다.

한편, 구미주시장도 종래의 홍보 중심에서 실질적인 수요를 창출할 수 있는 마케팅전략으로 전환해야 할 것으로 분석된다. 겨울연가, 대장금 등이 미국, 멕시코 등에서 인기를 얻기 시작하면서 한국드라마 및 한국문화에 대한 관심이 점차적으로 확산되고 있다. 한국드라마 매니아층인 아시안계를 대상으로 드라마 체험상품 등을 개발, 판매하는 전략이 필요한 것으로 보인다.

- 2005년 일본인 3백만명, 중국인 2백만명 유치 캠페인 전개
- 방문의향이 낮은 구미주 시장대상 실질적 수요 창출
  - 대장금과 연계한 건강추구형 관광(웰빙상품, 한빙상품)
  - 겨울연가와 연계한 자연추구형 관광

3) 전세계 네티즌들의 한국관광에 대한 구매지식과 관광마케팅 방안

온라인상 구매력 강화

온라인상 한국여행관련 예약이나 구매경험이 있는 사람이 전체 응답자의 29.6%에 불과한 점을 볼 때, 온라인상 구매력 강화책 마련이 무엇보다도 요구된다. 많은 관광객들이 목적지와 관련된 관광정보를 온라인상에서 검색하여 관광계획을 세우고 관광상품까지를 구매할 수 있는 체제를 갖추어야 한다. 그리고 온라인상으로 구매하는 항공권, 호텔객실 예약, 여행패키지의 상품가격에 차별화전략을 구사하는 등 다양한 판매전략을 통해 온라인상 구매력을 강화하는 것이 필요하다. 이는 개별여행자에 대한 효율적인 판매체제를 갖추어 판매를 촉진하고 여행자 편의를 증진할 수 있다는 측면에서도 중요하지만, 온라인 구매고객은 데이터를 통한 고객관리(CRM)가 가능하여 재방문 또는 구전마케팅의 도구로 활용할 수 있기 때문에 더욱 체계적인 보완이 필요하다.

- T2K 회원대상 Korea Travel Card 온라인 할인판매
- 한국관광상품 판매사이트의 확대(인기 공연의 해외 판매사이트 확대 등)
- 온라인 한국관광상품의 가격차별화 유도

관련 논문소개

1. 논문제목

'일본관광소비자 마케팅조사'

2. 저자 : 한국관광공사 마케팅조사팀

3. 출처 : 한국관광공사 조사연구보고서. 2004. 7.

4. 내용소개

(1) 연구목적

〈그림 14-4〉 일본인 총 출국자수 대비 방한객 수

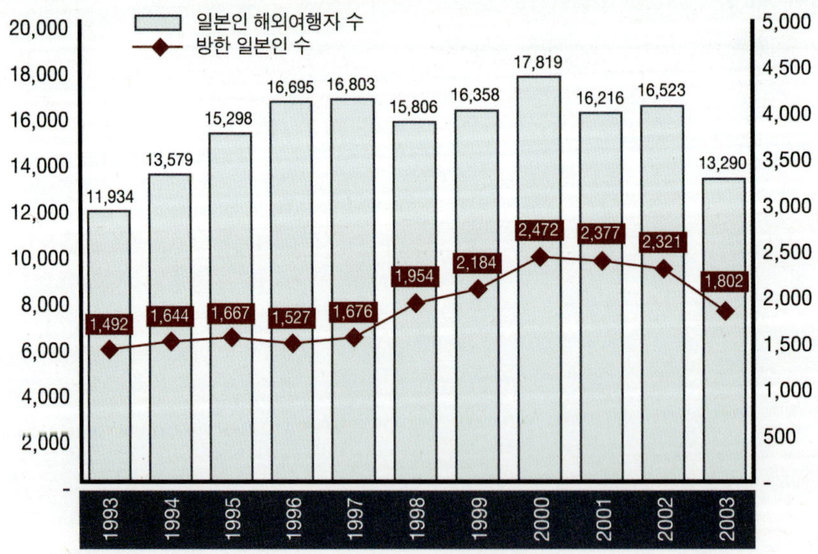

일본인 해외여행 시장은 2002년 관광지출 세계 4위, 2003년 해외여행자 수 1,330만 명의 거대 시장이지만 2003년 일본인 해외여행자 수는 SARS의 영향으로 감소

(-19.5%)하였고, 한국방문객은 22.3% 감소하였다. 이 연구에서는 일본인의 한국여행 욕구와 동기에 대한 심층적인 시장조사를 하고 이에 근거하여 일본인 방한객 감소에 대한 종합적인 규명과 대책을 제시하는데 그 목적이 있다.

(2) 연구방법

이 연구의 연구방법은 정성적 조사와 정량적 조사를 병행하였다. 구체적인 조사방법과 내용은 다음 〈그림 14-5〉과 같다.

〈그림 14-5〉 조사방법

정성조사

조사 대상	해외여행경험자 (한국/기타국가)	여행업종사자	방한 일본인 여행객
조사 방법	집단심층토의 (Focus Group Discussion)	개인심층토의 (In-Depth Interview)	참여관찰 (Participant Observation)
조사 내용	∘해외여행 니즈/동기 ∘한국관광 경험 ∘한국관광 이미지 ∘한국관광 상품/정책 개선점	∘ 한국 관광객의 특성 ∘ 한국관광의 소구점 ∘ 한국관광의 개선점 ∘ 신상품 기회요인	∘방한 일본인 접점별 형태/반응 ∘한국관과의 문제점 및 개선점 도출

정성조사에서 도출된 마케팅 선략 모형을 정량 조사를 통해 검증

정량조사

조사 대상	해외여행경험자 (한국/기타국가)
조사 방법	온라인 조사(Online Survey)
조사 내용	∘한국관광시장의 경쟁력 평가 ∘시장세분화 및 타겟시장 설정 ∘신상품 개발 및 마케팅 전략 방향 도출

(3) 연구결과

이 연구의 분석결과는 다음과 같다.

1) 한국관광이미지

일본 여행자들에게 한국은 '음식', '쇼핑', '에스테', '편안한 여행'으로 포지셔닝 되어 있고 대만이 한국과 유사하게 포지셔닝 되고 있다.

〈그림 14-6〉 일본인의 아시아 주요국 관광이미지

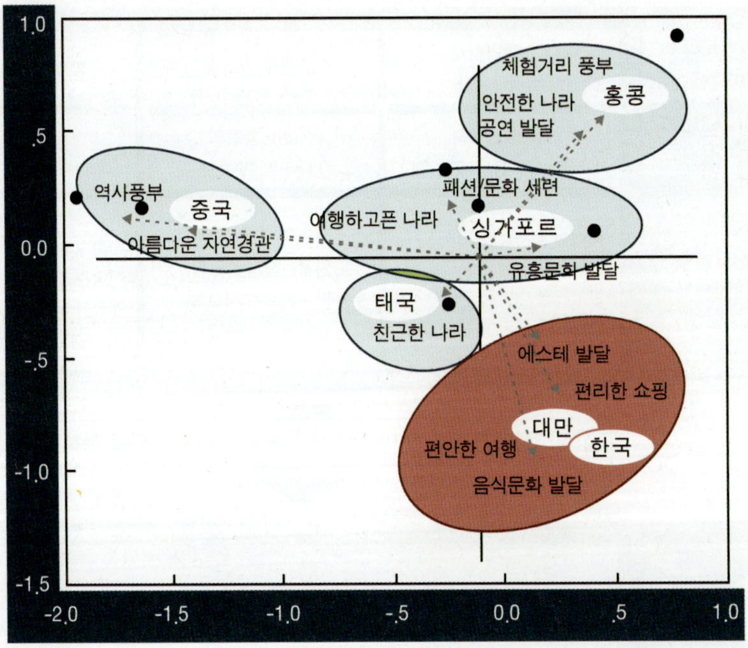

정성적 조사에서 나타난 한국의 이미지 분석결과를 바탕으로 한국의 차별적 이미지 구축을 통한 '편안하고 실속있는 여행'이미지를 개발하고 음식, 쇼핑, 에스테의 편향된 이미지 개선을 통해 다양한 관광욕구를 충족시킬 필요가 있는 것으로 나타났다.

2) 주요국과의 이미지 비교

중국은 일본인들이 아시아에서 가장 가고 싶은 나라로 '자연경관', '역사유적' 그리고

'음식문화'가 우수한 곳으로 평가되고 있으며 홍콩은 '쇼핑', '음식' 등에서 한국과 가장 경쟁하는 지역이고 여행경비가 저렴한 곳으로 인식되고 있다. 대만 역시 한국과 유사하게 포지셔닝되어 있다〈그림 14-7〉.

3) 한국관광 SWOT 분석 〈그림 14-8〉

4) 인구통계학적 세분시장 접근방안

한국관광에 대한 일본시장은 성/연령별 세분시장의 니즈를 반영하여 마케팅활동을 전개할 필요가 있다.

- 20~30대 여성 : 쇼핑, 음식, 에스테를 체험할 수 있는 경제적 부분 패키지상품 제시
- 40~50대 여성 : 역사유적이나 미술관/박물관을 관람하는 고품질의 편리한 패키지 상품 제시
- 20~30대 남성 : 삶의 활력을 느낄 수 있는 개별여행 상품 제시
- 40~50대 남성 : 자연풍경관광과 휴식을 취할 수 있는 개별여행 상품 제시

5) 지역별 타깃시장 접근방안

한국관광공사 해외지사 소재 지역별로 소비자의 한국방문 경험 및 향후 한국관광 의향에 따라 타깃집단 선정하고 차별화된 마케팅전략 구현 필요하다.

(4) 시사점

앞서의 분석결과를 바탕으로 한국관광의 일본 관광시장 활성화를 위해서 세부적인 과제를 다음과 같이 정리할 수 있다.

1) 한국관광 이미지 다변화를 위한 통합적 마케팅활동 전개 〈그림 14-10〉, 〈그림 14-11〉

2) 일본여행자의 니즈를 반영한 다양한 관광상품 개발 〈그림 14-12〉

3) 한국관광의 경쟁우위 요인 강화

한국관광의 경쟁요인인 음식, 쇼핑, 에스테 만족도 제고 노력을 통해 한국관광 대표

소재로 정책적 육성한다.

▌음식 만족도 제고

- 본고장 맛을 기대하는 일본인의 니즈에 부응하는 저렴하고 맛있는 음식점 집중 발굴 소개(일본인이 선호하는 불고기, 돌솥비빔밥 등)
- 음식부문에서 불만이 높은 음식점 위생 및 청결문제 개선

▌쇼핑 불만족 요인 개선

- 과다한 쇼핑일정이 높은 불만요인으로 지적됨에 따라 패키지 일정 중 쇼핑점 방문 횟수 제한
  (이는 일본 측 여행사의 요청, 법 제정 추진 등으로 강제화되고 있는 사항임)
- 쇼핑강매 행위에 대한 불만요인 개선을 위한 계도활동 강화
  (동대문, 남대문, 명동 등 일본인 주 방문지역을 우선적으로 실시)
- 고품질 쇼핑상품 및 독창적 기념품 생산으로 일본인의 구매 촉진
  (일본에서 인기 있는 드라마, 영화와 관련한 캐릭터상품 개발 등)

▌에스테의 수준을 세계적 수준으로 제고하여 높은 부가가치 창출

- 현재 일본인이 인지하고 있는 때밀이 수준을 웰빙 에스테로 특화
  (고급 천연재료를 사용한 전신 및 부분 마사지 코스 개발)
- 높은 기술력을 인정받고 있는 성형관광 코스 개발

4) 전략적인 홍보 및 광고 시행

인터넷을 한국관광 One-Stop 정보매체로 강화하는 방안을 마련하여야 한다. 이 연구의 정량조사 결과 인터넷(37.1%)이 제 1의 해외여행 정보원으로 확인되었다. 또한 개별여행 선호추세가 빠른 속도로 진행되어 개별적 여행수배에 도움을 줄 수 있는 정보제공 필요성 대두되었다. 일본의 경우를 벤치마킹하여 인터넷을 통해 지역별로 당일여행, 1박2일, 2박3일의 다양한 모델 코스 제시하는 방안도 제안되었다.

오프라인 홍보매체도 개별여행자의 욕구를 반영할 필요가 있다. 예를 들어, 일본에서 인기 있는 해외관광정보물인 '지구를 간다', '루루부', '라디오 Cocolo' 프로그램 등을 통한 흥미 있는 체험여행정보 제공한다. '서울 워커'와 같은 배낭여행자용 정보책자 제작, 배포할 수도 있다. 알려지지 않은 자연경관을 촬영한 대형 포스터 제작, 배포한다.

Wrapping Bus와 같은 신종 이벤트 마케팅 도입 검토 〈그림 14-13〉

- 일본에서 큰 인기를 끌고 있는 '겨울연가' 및 배용준 등 이미지 부각
- 비교적 광고노출이 적은 후쿠오카나
- 센다이 지역 대상 활용
- 광고 노출도가 높은 도쿄, 오사카, 나고야 지역대상으로는 지하철 1량 전체 내부를 한국관광홍보 차량으로 디자인

5) 가격전략의 도입으로 관광객 유치 증대

가족단위 관광객이 증가하고 있는 추세를 반영하여 가족단위 관광객에 대한 가격혜택 제공(고궁, 국립중앙박물관, 시립/도립 박물관, 민속관 등)한다.

- 입장료 무료, 10세 이하 어린이 반액 서비스 제공 등
- 인터넷을 One-Stop 정보매체로 강화하기 위한 전략으로 인터넷사이트 쿠폰 소지자에게 '볶음김치', '김' 등의 한국적이면서도 가벼운 선물 제공

6) 관광객 수용태세 개선

〈그림 14-7〉 한국과 주요 경쟁국가 관광이미지

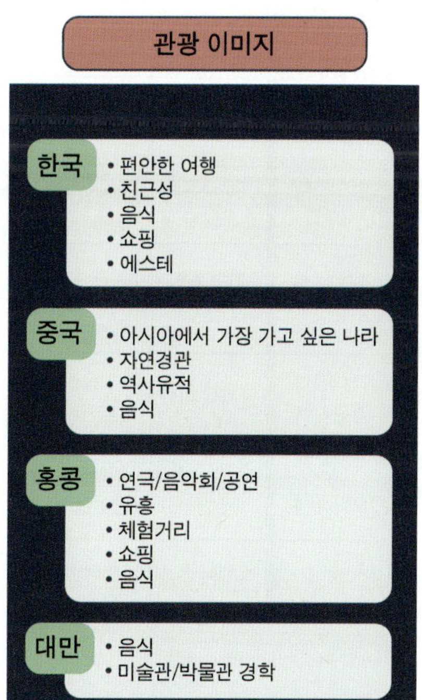

〈그림 14-8〉 한국관광 SWOT 분석

강점 S	약점 W
∘ 지리적 인접성 ∘ 역사적/문화적 친근성 ∘ 저렴한 여행 경비 ∘ 다양한 에스테 문화 ∘ 안전한 나라 ∘ 한류(韓流)를 통한 이미지 개선 ∘ 일본과 차별화 되는 다양한 음식문화	∘ 다연풍경, 역사유적 관광매력 인지 취약 ∘ 만족도/재방문 의향 낮음 ∘ 상품강매, 낮은 상품의 질 ∘ 청결성 불만(거리, 숙박시설 등) ∘ 낮은 종사원 서비스 수준 (택시기사, 음식점, 숙박업 등)
기회 O	**위협 T**
∘ 양국간 문화교류 증대로 젊은층의 ∘ 한국에 대한 거부감 감소 ∘ SARS로 인한 동남아 여행 기피 ∘ 테러위협으로 인한 단거리 여행 선호	∘ 다양한 역사/음식문화를 체험하기 위한 ∘ 중국 방문자 증가 ∘ 저렴한 경비로 대만에서 한국과 비슷한 ∘ 문화체험이 가능하다는 이미지 확산 ∘ 홍콩의 이미지 변신 노력 ∘ 이라크 파병관련 테러위협

〈그림 14-9〉 한국관광의 일본 지역별 타깃시장 접근방안

집단 구분	도 쿄			오사카		나고야	후쿠오카	센다이
	1차 타겟	2차 타겟	3차 타겟	1차 타겟	2차 타겟	1차 타겟	1차 타겟	1차 타겟
시장 크기	24.1%	7.0%	12.0%	20.0%	23.8%	39.8%	32.6%	39.6%
계층 특성	남녀 20~30대 사무직, 주부	여성 20~30대 주부, 사무직	남성 40~50대 사무직	남성 40~50대 전문 기술직	여성 주부	20대, 40대 사무직	남성 30대 사무직	20대 사무직
소구 요소	쇼핑	에스테 음식	활동성 및 휴식	자연풍경 관광/유흥	쇼핑	스포츠 활동성 음식	스포츠, 유흥활동의 즐거움	쇼핑 음식
강조 이미지	쇼핑 역사유적관광	경제적 여행	편리한 휴양시설	경제적 여행	고품질 패키지	활동적인 개별여행	다양한 여행경험	신나는 관광
주요 상품 예시	쇼핑, 음식	음식, 에스테 미술관/박물관 관람	스포츠 오락/유흥	자연풍경 관람/유흥	쇼핑 공연관람	개별여행 스포츠 활동	쇼핑, 음식	쇼핑, 에스테 음식
접근 채널	인터넷	인터넷	인터넷	인터넷	인터넷	인터넷 경험자 추천	인터넷	여행사 직 경험자 추천

〈그림 14-10〉 한국 관광이미지 다변화와 통합적 마케팅

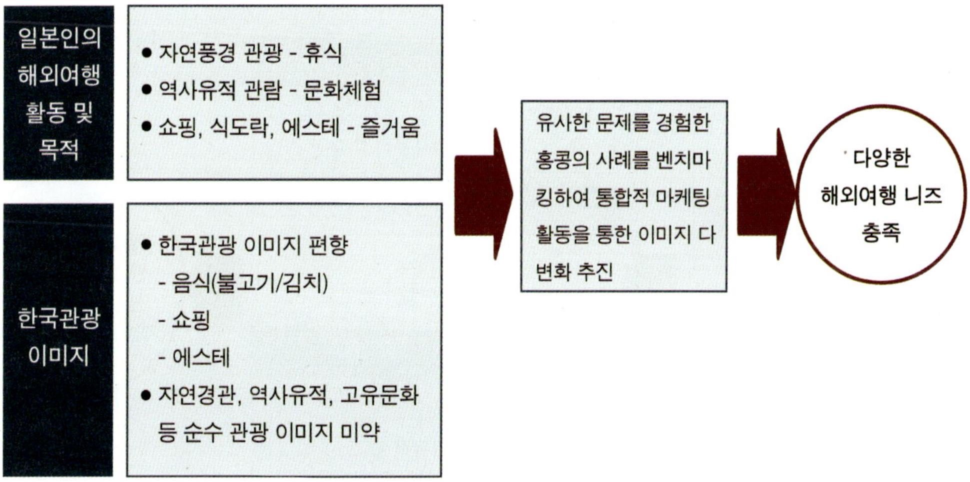

〈그림 14-11〉 홍콩의 통합적 관광마케팅

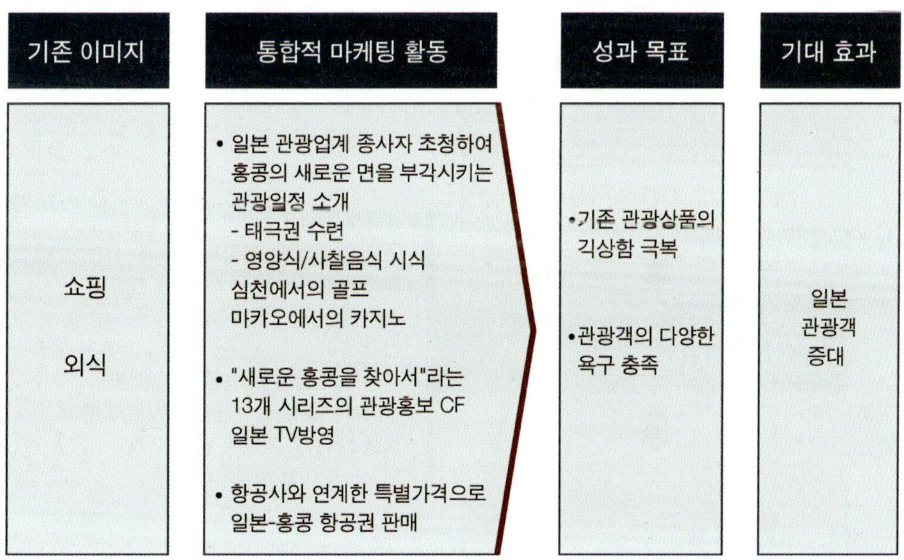

〈그림 14-12〉 일본여행자의 욕구를 반영한 다양한 관광상품 개발

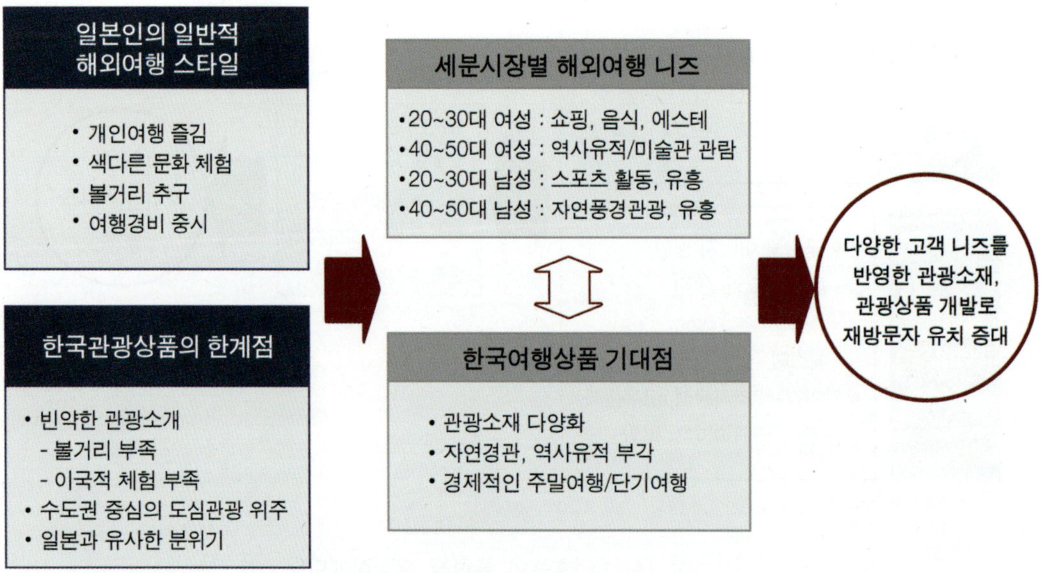

〈그림 14-13〉 지방관광상품 활성화 방안

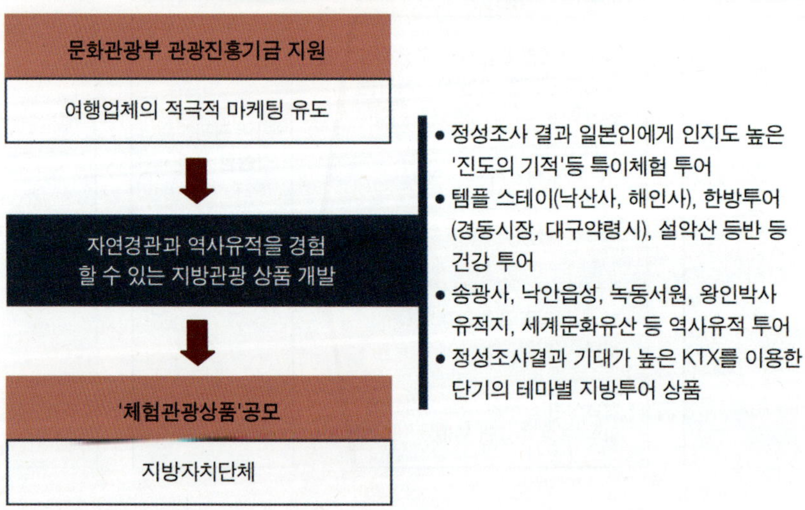

〈그림 14-14〉 일본 JNTO 홈페이지

[일본 JNTO홈페이지의 예]
(개별여행자를 위한 이른 하코네 지역 추천관광코스)

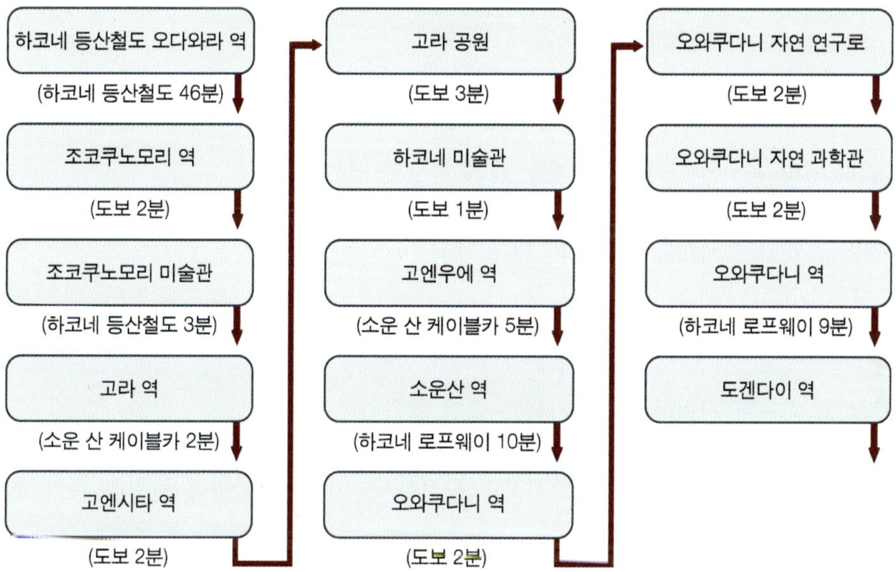

자료원 : 일본국제관광진흥회 홈페이지

〈그림 14-15〉 관광객 수용태세 개선

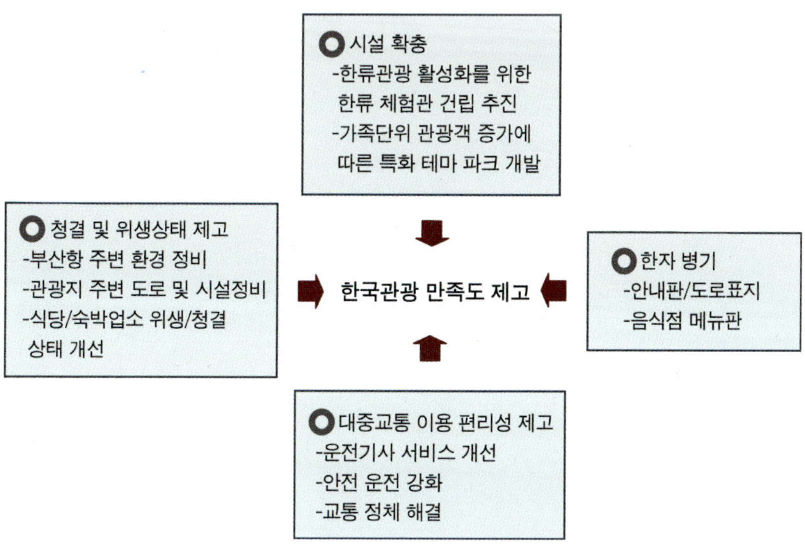

consumer's behavior

토론문제

1. 중국관광시장의 성장요인과 CITM의 특징을 설명하세요.

2. Maslow의 욕구단계모델을 사례를 들어 설명해 보세요.

3. 지식의 개념을 사례를 들어 설명해 보세요.

4. 동기와 관광소비자행동을 사례를 들어 설명하세요.

5. 지식을 활용한 관광마케팅을 사례를 들어 설명하세요.

6. 일본관광객들의 한국 Inbound 시장을 활성화시키기 위한 방안을 관광객 동기 측면에서 설명해 보세요.

참고문헌

김세범・전영종・허남일(1997). 「소비자행동론」. 형설출판사.

네이버 국어사전(2003). www.naver.com.

네이버 백과사전(2003). www.naver.com.

한국관광공사 마케팅 조사팀(2004.9). '전 세계 네티즌 대상 한국관광 설문조사 결과'.

한국관광공사 마케팅 조사팀(2004.7). 「일본관광소비자 마케팅조사」. 한국관광공사 조사 연구보고서.

한국관광공사(2004.11.30). '일본관광시장 동향'.

Blackwell, R. D., & Miniard, P. W., Engel, J. F.(2001). *Consumer Behavior*. Orlando : Harcourt, Inc. p.362.

Hawkins, D. I., Best, R. J., & Coney, K. A.(2001), *Consumer Behavior : Building Marketing Strategy*. Boston : Irwin McGraw-Hill.

Peopledaily.(2004.11.26). 'Tourism buisiness booms in China with big marke'.

저/자/소/개

박근수(朴根秀) 교수는 현재 배재대학교 관광·이벤트경영학과에 재직중이다. 저자는 한양대학교 관광학과를 졸업하고 미국 The Pennsylvania State University에서 관광레저학 박사학위를 취득하였다. 강원도의 경동대학교에서 4년간 교수로 재직한 바 있으며 중국 안휘성 합비대학교 객좌교수로 위촉되었다.

문화관광부 위촉 문화관광축제 자문위원, 문화관광축제 평가위원, 건설교통부 살고싶은 도시만들기 평가위원, 충청남도 지역혁신위원회 문화관광분과위원, 충청북도 문화관광축제 평가위원, 대전광역시 공무원교육원 중견간부양성과정 정책개발 지도교수, 대전광역시 도시균형발전위원회 위원, 충남 예산군 정책자문위원, 국회 문화관광산업연구회 특별회원, 충남발전연구원 객원연구위원, 국제관광학회 편집위원장, 한국호텔경영학회 편집위원, 뉴턴관광레저연구소 소장, 한국관광산업개발연구소 이사, 한국국제관광개발연구원 감사, 배재대학교 뉴턴 (NewTurn) 연구회 지도교수로서 활동하고 있다. 방송활동으로는 KBS '생방송대전입니다', MBC '시대공감', TJB '이슈인 충청', TJB '모닝와이드' 여행 & 레저 패널로 활동하고 있다.

저서로는 '여가', '건축과 디자인', '환경보존과 미래', 연구보고서는 '위생문화신기술박람회 활성화방안', '21C 웰빙형 문화관광콘텐츠포럼', '유성관광특구평가결과보고서', '단양군 문화관광 종합계획', '당진 2008/ 2006 쌀사랑음식축제 평가보고서', '2008년 북경올림픽 대비 충청남도 대응방안', '2006 금산세계인삼엑스포 사후관리방안 연구', '동해안 바다이벤트 지역별 특성화방안', '제5회 익산보석문화축제 평가용역 연구보고서', '2001/2002년 문화관광부 문화관광축제 종합평가보고서', '고성군 수성문화제 행사발전 방안', '99강원국제관광엑스포의 지역주민역할에 관한 연구' 등 다수가 있으며 Event Management, *旅遊學刊* (중국학술지), 관광학연구, 호텔경영학연구, 문화관광연구, 관광개발논총, 한국사상과 문화, 국제관광연구, 한국정책논집 등 국내·외 학술지에 40여 편의 논문을 발표한 바 있다.

개정신판

관광소비자행동

2009년 2월 20일 초판 1쇄 발행
2022년 7월 30일 초판 7쇄 발행

지은이 박근수
펴낸이 진욱상
펴낸곳 백산출판사
교　정 편집부
본문디자인 편집부
표지디자인 오징은

등　록 1974년 1월 9일 제406-1974-000001호
주　소 경기도 파주시 회동길 370(백산빌딩 3층)
전　화 02-914-1621(代)
팩　스 031-955-9911
이메일 editbsp@naver.com
홈페이지 www.ibaeksan.kr

ISBN 978-89-7739-688-3　92980
값 25,000원